초보 드링커를 위한

세상 모든 술 안내서

초보 드링커를 위한
세상 모든 술 안내서

글·그림 이야기고래 김성욱

BM (주)도서출판 성안당

CONTENTS

PROLOGUE · 008

PART 01 술에 관하여

CHAPTER 01 술 LIQUOR · 012
SECTION 01 술이란? · 014
SECTION 02 술이 되는 과정 · 018
SECTION 03 당이 되는 과정 · 024
SECTION 04 그리고 물 · 027

CHAPTER 02 술의 흐름 · 028
SECTION 01 오래된 술, 발효주 · 030
SECTION 02 생명의 물, 증류주 · 032
SECTION 03 화합의 술, 혼성주 · 037
SECTION 04 숙성 · 038

PART 02 자연의 힘으로 빚은 술, 발효주

CHAPTER 01 와인 WINE · 048
SECTION 01 와인이란? · 050
SECTION 02 와인의 제조 과정 · 060
SECTION 03 와인의 분류 · 064
SECTION 04 세계 유명 와인 산지 · 072
SECTION 05 와인 즐기기 · 106

CHAPTER 02　맥주 BEER · 128

SECTION 01　맥주란? · 130
SECTION 02　맥주의 제조 과정 · 136
SECTION 03　맥주의 분류 · 140
SECTION 04　맥주 즐기기 · 154

CHAPTER 03　청주 & 탁주 · 170

SECTION 01　청주(약주), 탁주란? · 172
SECTION 02　청주와 탁주의 제조 과정 · 176
SECTION 03　우리 술의 핵심, 누룩 · 180
SECTION 04　주세법상의 청주·탁주·약주 · 186
SECTION 05　청주와 탁주 즐기기 · 188

CHAPTER 04　사케 SAKE · 200

SECTION 01　사케란? · 202
SECTION 02　사케의 제조 과정 · 204
SECTION 03　사케의 분류 · 210
SECTION 04　사케의 용량과 풍미 · 212
SECTION 05　사케 즐기기 · 214

✦ 다양한 나라의 발효주(양조주) · 222

PART 03　술의 매력적인 진화, 증류주

CHAPTER 01　위스키 WHISKY · 230

SECTION 01　위스키란? · 232
SECTION 02　위스키의 제조 과정 · 238
SECTION 03　나라별 위스키 분류 · 247
SECTION 04　위스키 즐기기 · 278

CHAPTER 02 브랜디 BRANDY · 294

SECTION 01 브랜디란? · 296
SECTION 02 브랜디의 제조 과정 · 298
SECTION 03 브랜디의 분류 · 302
SECTION 04 브랜디 즐기기 · 311

CHAPTER 03 진 GIN · 320

SECTION 01 진이란? · 322
SECTION 02 진의 제조 과정 · 326
SECTION 03 진의 종류 · 332
SECTION 04 진 즐기기 · 340

CHAPTER 04 럼 RUM · 350

SECTION 01 럼이란? · 352
SECTION 02 럼의 제조 과정 · 356
SECTION 03 럼의 분류 · 360
SECTION 04 럼 즐기기 · 368

CHAPTER 05 테킬라 TEQUILA · 380

SECTION 01 테킬라란? · 382
SECTION 02 테킬라의 제조 과정 · 388
SECTION 03 테킬라의 분류 · 392
SECTION 04 테킬라 즐기기 · 394

CHAPTER 06 보드카 VODKA · 402

SECTION 01 보드카란? · 404
SECTION 02 보드카의 제조 과정 · 407
SECTION 03 보드카의 종류 · 412
SECTION 04 보드카 즐기기 · 414

CHAPTER 07 소주 SOJU · 422

SECTION 01 소주란? · 424
SECTION 02 소주의 제조 과정 · 426
SECTION 03 소주의 분류 · 430
SECTION 04 주세법 · 441
SECTION 05 일본 소주 · 444
SECTION 06 소주 즐기기 · 446

CHAPTER 08 백주 BAIJIU · 456

SECTION 01 백주란? · 458
SECTION 02 백주의 제조 과정 · 462
SECTION 03 백주의 분류 · 463
SECTION 04 백주 즐기기 · 472

CHAPTER 09 리큐어 LIQUEUR · 482

SECTION 01 리큐어란? · 484
SECTION 02 리큐어의 제조 과정 · 486
SECTION 03 리큐어의 종류 · 490
SECTION 04 리큐어 즐기기 · 500

✦ 다양한 나라의 증류주 · 511

PART 04 술과 함께 떠나는 여정

CHAPTER 01 함께할 술 만나기 · 518

SECTION 01 바로 너! 술 고르기 · 520
SECTION 02 술 만나기 · 526
SECTION 03 술 맛보기 · 532

CHAPTER 02 술 여정의 마지막 준비 · 550

SECTION 01 술의 그림자 · 552
SECTION 02 술과 우리의 몸 · 554

EPILOGUE · 558

PROLOGUE

세상에는 참 많은 술이 있습니다.
새로운 종류의 술을 만나는 것은 언제나 즐거운 일이었습니다.
다양한 술을 만나는 그 즐거움은 술이 가진 다양한 풍미는 물론이고, 술에는 여러 이야기가 있기 때문이기도 했습니다. 특히 새로운 술을 마주했을 때, 그 술을 처음 소개해 준 이나 책, TV, 인터넷 같은 매체를 통해 들은 이야기는 그 술 고유의 맛을 더 돋보이게 하고, 더 흥미롭게 만들었습니다.
세상에는 흥미롭고 맛있는 술이 정말이지 많고, 그래서 그런 새로운 술을 만나는 일은 지금도 여전히 즐겁기만 합니다.

세상이 좁아진 덕에, 이제는 술이 태어난 곳도 그리 어렵지 않게 찾아갈 수 있게 되었고, 집 근처에서도 다양한 술을 손쉽게 만날 수 있는 세상이 되었습니다.
마트의 주류 코너만 둘러봐도, 예전에는 전문 주류점이나 면세점에서나 볼 수 있었던 특별한 술들을 쉽게 볼 수 있습니다. 심지어 요즘은 온라인으로 주문하고 직접 찾아갈 수 있는 스마트오더 덕분에, 정말 다양한 종류의 술을 가까이에서 만날 수 있게 되었습니다.

《세상 모든 술 안내서》는 처음 접하거나 잘 몰랐던 술들을 쉽고 재미있게 알려주는 친절한 안내자 역할을 하기를 바라며, 쓰고 그린 책입니다
이 술이 어떤 종류의 술인지, 어떤 이야기를 품고 있는지, 어떤 맛을 지녔는지 궁금한 분들에게 도움이 되었으면 좋겠습니다. 쉽게, 너무 무겁지 않게, 그러나 어느 정도는 풍부하게, 그래서 곁에 두고 오래오래 꺼내 볼 수 있도록 말이죠.

    '술 안내서'라는 이름으로 블로그에 글을 게재하며 시작된 글과 그림이, 《세상 모든 술 안내서》로 나오기까지 10년에 가까운 시간이 흘렀습니다.
    전체적인 내용을 만들고 다듬는 데만도 3년이 넘는 시간이 걸렸습니다. 마지막까지 수정에 수정을 거듭했지만, 부족한 점을 다 채우려면 앞으로 100년이 더 있어도 모자랄 것 같아, 결국은 용기를 내어 세상에 내놓게 되었습니다. 완벽하게 마무리된 책(어디까지나 저의 입장에서)으로 만들겠다고 하면, 어쩌면 이 책은 끝내 나오지 못했을지도 모릅니다.
    부족한 책이지만 이렇게 번듯한 모습으로 세상에 나올 수 있었던 건, 그 과정을 함께하며 정성껏 다듬어주신 출판사 관계자분들 덕분입니다. 감사하다는 말씀을 드립니다.

    어떤 가치든 가격으로 매겨지는 세상에 살고 있어, 술의 가치 역시 가격으로 판단되기도 합니다. 하지만 내가 빚은 한 잔의 막걸리가, 참된 위로와 함께 받은 소주 한 잔이, 사랑하는 사람과 함께하는 와인이, 하루의 수고를 담은 시원한 맥주 한 잔이 누군가에게는 최고의 술이 될 수 있습니다.
    나에게 맛있는 술이, 결국 가장 맛있는 술입니다.
    세상에는 맛있는 술이 참 많습니다.

이야기고래 김성욱

PART

01

술에
관하여

CHAPTER 01 술

✦

CHAPTER 02 술의 흐름

CHAPTER 01

술
LIQUOR

술이란?

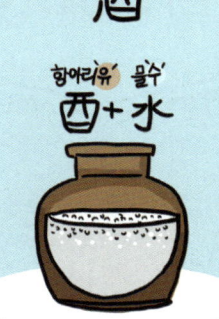

　술이란 과연 무엇일까요? 술의 사전적 의미는 알코올이 함유되어 있어 마시면 취하는 음료의 총칭으로 정의되며, 법적으로는 1% 이상의 알코올을 함유한 음료를 말합니다.

　지금부터 술에 대해 간단하게 알아볼 텐데요, 술을 지칭하는 단어부터 알아보겠습니다. 그럼, 우리나라의 '술'이라는 단어에 대해서 먼저 살펴보겠습니다.

　'술'이란 단어는 술이 끓으면서 만들어지는 모습을 보고 물에서 불이 생긴다고 하여 '수불'로 불리던 것이 '수블 → 수본 → 수울 → 수을 → 술'로 변했을 것으로 추측하고 있습니다. 문헌상의 기록에는 '수을'의 기록만 있어 정확한 유래는 알 수 없습니다.

　중국의 술酒이라는 단어는 '항아리, 술그릇 유酉'에 '물 수水' 자가 더해진 것입니다. 뾰족한 항아리에 담겼던 술의 모습에서 유래되었으니 정말 오래되었다는 것을 알 수 있습니다. 서구의 일반적인 단어인 알코올Alcohol은 아랍어로 화장품을 말하며 연금술사, 화학자들로부터 시작된 증류주를 말하는 것입니다.

　술은 아주 오래전부터, 우리 인간들이 이 땅에 살기 전부터 있었습니다. 어쩌면 신들이 이 세상에 발 딛고 있을 때부터 존재했을 것입니다. 술에 관한 기원에 신과 악마들이 심심찮게 등장하는 것을 보면 말이죠. 신화에도 꼭 등장하는 것이 술이며, 술에 관한 이야기는 많습니다. 신과 악마가 등장하는 술의 기원을 하나씩만 알아볼까요?

술의 기원

악마는 술의 재료가 되는 열매를 맺는 나무의 거름으로 양, 사자, 원숭이, 돼지를 사용했다고 합니다. 그래서 처음에 술을 마시면 양처럼 순하다가 곧 사자처럼 용맹해지고, 다시 원숭이처럼 춤추다 결국 마지막에는 돼지처럼 더러운 바닥을 뒹굴게 된다는 이야기가 생겼습니다.

신에 관한 이야기는 이렇습니다. 술의 신이 술을 만들 때 술에만 들어가는 재료를 넣었는데 바로 '솔직함, 슬픔, 분노'였습니다. 그리고 술의 신은 조금 더 생각하더니 마지막으로 '망각'과 '후회'라는 재료를 넣었다고 합니다. 결국 악마가 만든 술이든 신이 만든 술이든, 마지막까지는 맛보지 않는 게 좋겠습니다.

인간이 신의 자리를 차지한 이후 이 술이라는 것을 알게 됩니다. 아마 처음에는 과일이 익고 썩어 없어지는 자연스러운 과정 중, 썩기 이전에 물이 생기고 이상한 냄새가 나는 상태의 과일을 먹게 되면서부터였을 것입니다. 이런 과일의 물을 먹으면 이상하게 기분이 좋아지는 것을 알게 되었고, 이 상태가 된 과일을 찾아 먹기 시작하면서 서서히 술에 대해서 알았을 테죠.

이후 농경 생활을 하면서 가축의 젖을 이용해서도 술을 만들고 마침내 술을 끓여서 만드는 증류법까지 알게 되었습니다. 이렇게 인간의 역사와 술의 역사는 자연스레 함께하게 됩니다.

술, LIQUOR, 酒

술의 분류

이제 현실로 돌아오겠습니다. 술의 종류는 크게 두 가지로 나뉩니다. 발효주와 증류주입니다.

발효주는 재료를 발효시켜서 만드는 술로 와인, 맥주, 막걸리, 청주, 사케 등이 이에 속합니다. 가장 단순하고 원초적인 술의 모습이라 할 수 있는 과실주, 와인 등과 곡물로 만드는 술들을 말합니다.

증류주는 발효주(양조주)를 증류, 즉 끓여서 만드는 술입니다. 소주, 위스키, 브랜디, 보드카, 진, 테킬라, 백주 등 높은 도수의 술이 바로 증류주입니다. 또한 여러 술을 섞어서 만드는 혼성주도 있습니다.

따라서 술은 크게 발효주와 증류주로 구분하지만 혼성주를 포함해 세 가지로도 분류하는데요, 혼성주는 말 그대로 발효나 증류주에 여러 성분을 섞어 만든 술입니다. 여러 종류의 술을 섞어서 만들거나 증류주에 과일, 뿌리, 약재, 향료 등 각종 재료를 섞어서 만드는 술이죠. 좁은 범위로는 증류주 가운데 리큐어를 '혼성주'라고 부릅니다.

술이 되는 과정

아주 오래전, 인류는 우연히 웅덩이에 떨어진 과일을 발견하고 맛보게 되었을 것입니다. 그 과일은 독특한 맛을 가지고 있었고, 이를 먹은 사람들은 기분이 좋아지는 경험을 했을지도 모릅니다. 이렇게 인류는 처음으로 '술'이라는 것을 만나게 되었을 것입니다. 이후 사람들은 웅덩이에 과일을 일부러 넣어두고 시간이 지난 뒤 꺼내 먹으며 과일이 술이 되는 방법을 알게 되었을 것입니다.

술은 어떤 과정을 거쳐 만들어질까요? 술이 만들어지는 과정을 간략히 살펴보겠습니다.

포도처럼 당을 가지고 있는 과일은 바로 발효시켜 와인과 같은 술로 만들 수 있으며, 이때 '당 → 효모발효 → 술알코올'이 되는 과정을 거칩니다.

이렇게 한 번의 발효로 술을 만드는 것을 '단발효'라고 하며, 가장 단순하고 자연스러운 방식의 술 제조법이라고 할 수 있습니다.

이런 자연스럽고 간단한 과정으로 술은 만들어집니다.

과거 사람들은 효모의 존재를 알 수 없었습니다. 그저 어떤 조건이 있으면 술이 된다는 것을 알게 되었을 뿐이죠. 때문에 술이라는 것은 알 수 없는 어떤 존재나 힘에 의해 만들어지는 것으로 생각했을 것입니다.

발효 FERMENTATION
당에서 술이 되는 과정

참고로 효모는 산소가 없을 때 당을 분해하여 이산화탄소와 술을 생성하며, 이와 같이 산소가 없을 때 발효하는 것을 '혐기성 발효'라고 합니다.

효모의 발견

인간은 오래전부터 술에 발효를 일으키는 어떤 존재가 있다는 것을 어렴풋이 알았습니다. 그 존재가 작은 미생물임을 알아낸 것은 현미경이 발명된 17세기, 맥주에서 미생물을 관찰한 네덜란드의 과학자 안톤 판 레이우엔 훅에 의해서였습니다. 이후 19세기 독일의 생리·해부학자 테오도어 슈반이 발효나 부패를 일으키는 미생물이 있음을 주장했으며, 1859년 유명한 생물학자 파스퇴르는 미생물인 효모가 발효를 일으키는 것을 증명해 냈습니다. 미지의 영역, 신의 영역으로 여겨졌던 술이 과학의 영역으로 들어오게 된 것이죠.

균류, 곰팡이류에 속하는 단색 미생물인 효모는 1,500종 이상의 수많은 종류가 있으며, 이 중에서 술과 식품에 작용하는 사카로미세스속 효모가 대표적인 효모종입니다. 사카로미세스는 '당곰팡이'

LOUIS PASTEUR 1822~1895

라는 뜻을 가졌는데, 이 이름은 처음 미생물의 존재를 주장했던 테오도어 슈반의 동료가 지었다고 합니다.

사카로미세스 세레비시아
S. CEREVISIAE
사카로미세스의 대표종
CEREVISIAE → CEREVISIA (라틴어 맥주)
맥주효모, 빵효모

효모 중의 효모

사카로미세스속의 효모 중에서 가장 유명한 종은 '맥주와 빵의 효모'로 불리는 사카로미세스 세레비시아입니다. 빵과 맥주, 와인 등 대부분의 술에 사용되는 대표 종이며, 상면발효 에일 맥주에 사용하는 효모이기도 합니다.

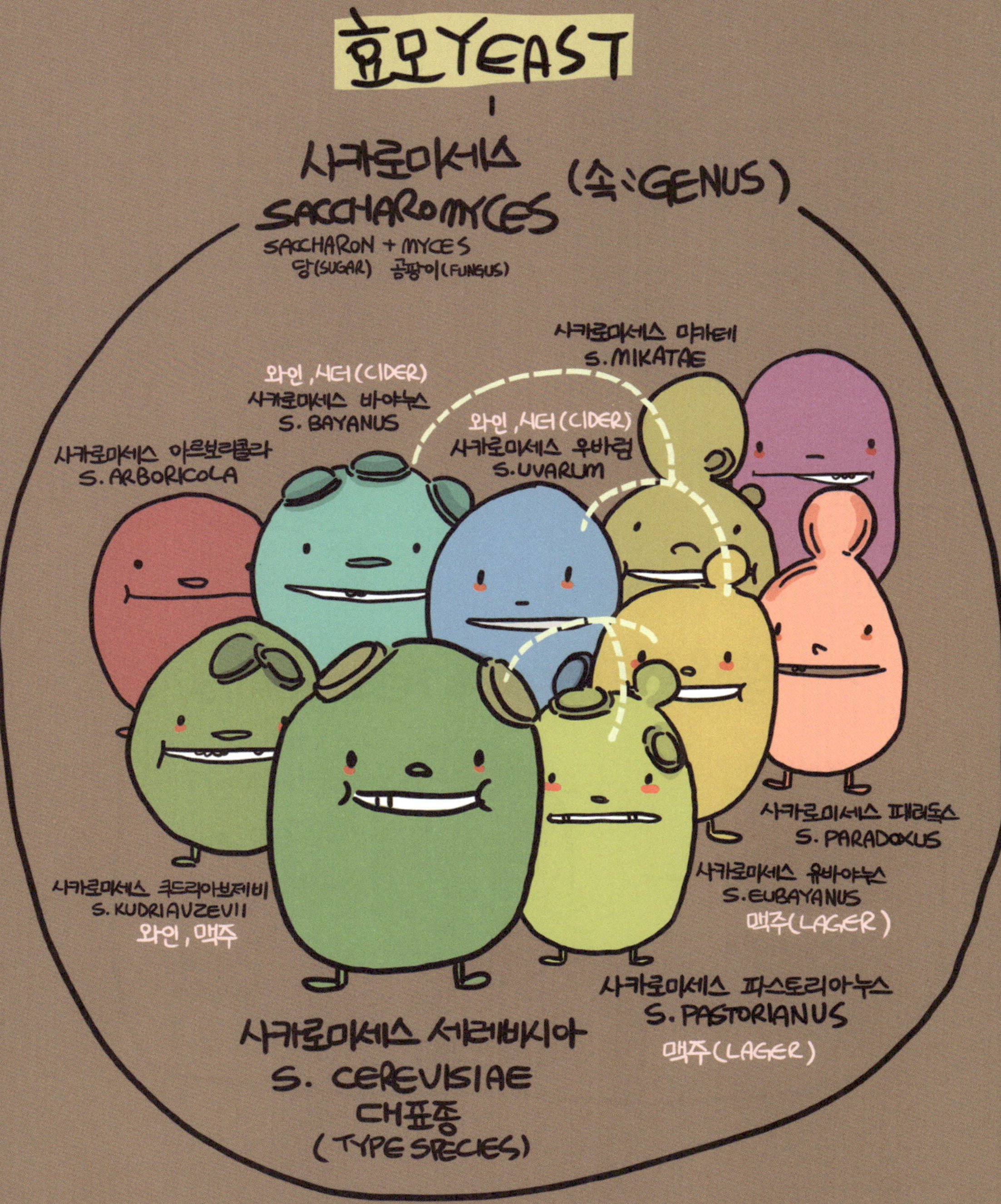

효모 YEAST

사카로마이세스 SACCHAROMYCES (속: GENUS)
SACCHARON + MYCES
당(SUGAR) 곰팡이(FUNGUS)

사카로마이세스 아르보리콜라
S. ARBORICOLA

와인, 시더(CIDER)
사카로마이세스 바야누스
S. BAYANUS

사카로마이세스 미카테
S. MIKATAE

와인, 시더(CIDER)
사카로마이세스 우바럼
S. UVARUM

사카로마이세스 쿠드리아브제비
S. KUDRIAVZEVII
와인, 맥주

사카로마이세스 파라독스
S. PARADOXUS

사카로마이세스 유바야누스
S. EUBAYANUS
맥주(LAGER)

사카로마이세스 파스토리아누스
S. PASTORIANUS
맥주(LAGER)

사카로마이세스 세레비시아
S. CEREVISIAE
대표종
(TYPE SPECIES)

발효의 이해

알코올은 당을 효모가 분해하는 발효 과정에서 생성됩니다. '발효'란 미생물이나 효소가 유기물을 분해하거나 변환하는 과정을 말합니다. 발효 Fermentaion의 어원은 라틴어 'Fervere 끓다'에서 유래했으며, 이 단어에서 파생된 'Fermentum'은 효모 또는 발효물을 뜻합니다.

과거에는 효모 Yeast와 같이 끓는 현상을 보고, 자연적으로 발생하는 현상으로 이해했으나, 과학의 발전으로 효모가 발효를 일으키는 것을 알게 되며, '발효'라는 것을 보다 정확하게 이해하게 되었고, 발효는 크게 알코올 발효, 젖산 발효, 초산 발효 세 가지 유형으로 나뉘게 된다는 것을 알게 되었습니다.

알코올 발효는 술을 만드는 데, 젖산 발효는 김치 등 발효 식품에, 초산 아세트산 발효는 식초 제조에 주로 활용됩니다. 이처럼 세 가지 종류의 발효 유형은 각각 독립적으로 쓰이지만 모두 술이 만들어지는 과정에 관여를 하고 있습니다.

■ 알코올 발효

알코올 발효 Alcohol Fermentation는 당을 효모가 분해하여 알코올과 이산화탄소를 생성하는 가장 기본적인 발효 과정이며, 특히 술을 만드는 데 있어 가장 핵심적인 작용입니다.

■ 젖산(유산) 발효

젖산균이 당포도당을 분해하는 과정에서 젖산이 형성됩니다. 주로 김치, 치즈 등을 만드는 데 사용하는 익숙한 발효 과정입니다. 젖산은 pH를 낮춰 유해균들의 생성 및 성장을 억제하는 역할을 하며, 부드러운 풍미를 생성하기도 합니다.

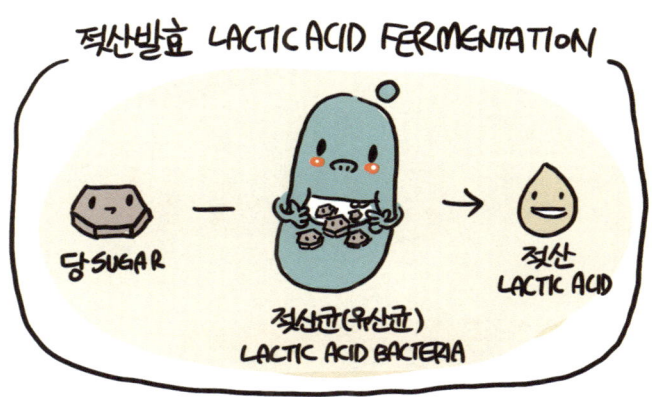

와인에서 젖산 발효Malolactic Fermentation/MLF는 사과산 Malic acid을 젖산으로 변화시켜 부드러운 풍미를 주는 효과가 있습니다. 말로락틱 Malolactic은 말산 Malic 과 젖산 Lactic 의 합성어로, 말산을 젖산으로 만드는 발효이며 젖산 전환 Malolactic Conversion 이라 할 수 있습니다.

■ 초산 발효

초산 발효도 주요 발효 중 하나로, 초산을 생성하는 발효 과정입니다. 식초를 만드는 과정이라고 이해하면 됩니다. 6~10% 정도의 낮은 도수의 알코올에서 활발히 일어나며, 산소를 이용한 초산균의 산화 작용으로 알코올이 초산으로 전환됩니다. 일정량의 초산은 풍미에도 도움이 되지만 과도하면 술이 아닌 식초가 되기 때문에 술 제조 과정에

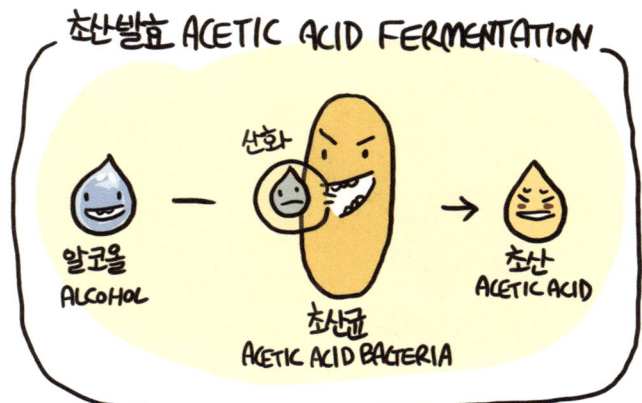

서 조심해야 하는 발효이기도 합니다. 이를 방지하기 위해 공기와의 접촉을 억제하고, 적절한 시기에 알코올 농도를 높여 과다한 초산 발효를 방지합니다.

SECTION 03

당이 되는 과정

인류가 존재하기 전부터 있던 자연 상태의 술과 수렵 생활을 하면서 얻은 과일로 만든 술을 마시던 인간들은 이 술들만으로는 만족하지 못했습니다. 농경 생활을 하기 시작하면서부터 주변 땅을 경작하여 쉽게, 많이 얻을 수 있는 곡물들로도 술을 만들면 좋겠다고 생각했던 것이죠. 인간들은 우연 또는 어떤 계기로 인해 곡물에서도 술을 얻게 되었을 것이고 이 과정에는 오랜 시간이 걸렸을 것입니다.

술을 만들려면 당이 있어야 하는데 보리, 수수, 쌀, 감자, 옥수수 등의 곡물은 전분으로 이루어져 있습니다. 효모는 전분을 직접 분해할 수 없으므로, 전분을 당으로 바꾸어야 효모가 이를 분해하며 술을 만들 수 있습니다. 다행히 전분은 여러 종류의 당으로 이루어져 있습니다. 그런데 당 스스로는 술이 될 수 없고 효모를 만나야 하는 것처럼 전분도 어떤 존재를 만나 도움을 받아야 합니다. 이때 전분을 당으로 바꿔서 분해되도록 도움을 주는 존재가 바로 '효소'입니다.

예를 들어 곡물을 씹은 후에 그걸 발효시켜 술을 얻기도 하는데요, 침에는 효소 아밀라아제라가 있어서 전분을 당으로 바꿀 수 있는 것입니다. 여러 곡물을 모아놓았을 때 싹이 난 곡물로 인해 당화된 곡물들이 발효되어 술이 된 경우도 있었을 것입니다. 혹은 비축해 놓은 곡물이 상하는 것 같더니 술이 된 경우도 있었겠죠.

또한 보리, 쌀, 수수 등 곡물의 전분을 당화한 후 발효해 맥주나 막걸리, 청주와 같은 술을 만들 수도 있으며, 이때 '곡식의 전분 → 효소당화 → 당 → 효모발효 → 술알코올'의 과정을 거치게 됩니다. 여기서 당화하는 역할을 해주는 것이 바로 맥아, 누룩누룩 안의 누룩곰팡이, 침의 아밀라아제와 같은 '효소'라고 정리할 수 있습니다.

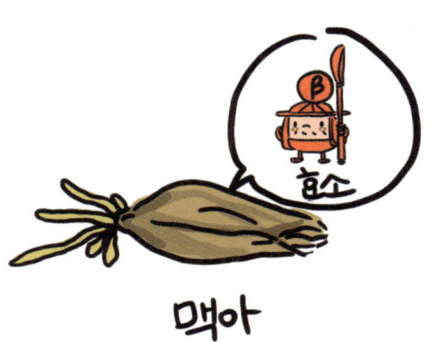

맥아

누룩

우리나라를 비롯한 동양에서 술을 만들 때는 곰팡이의 일종에서 나온 당화 효소를 이용하는데, 이 효소를 포함하는 '누룩'이라는 것을 활용합니다. 전통적으로 서양에서는 맥아를, 동양에서는 누룩을 이용해 왔습니다.

동양의 누룩에는 곰팡이와 효모가 포함되어 있습니다. 곰팡이는 당화 효소 아밀라아제를 생성하기 때문에 누룩은 당화와 효모로 인한 발효를 동시에 합니다.

반면 서양에서는 보리가 싹을 틔울 때 생성되는 효소 아밀라아제를 이용해서 곡물을 당화했습니다. 이후 공기 중에 있는 자연효모나 이전에 사용했던 곡물을 이용하여 배양해 놓은 배양효모를 사용해 발효시켜 술알코올을 얻었습니다.

당화 효소의 발견

효소는 여러 생물학적 반응을 촉진하는 촉매제로, 대부분 단백질로 이루어져 있습니다. 또한 영양소를 분해·흡수·소화·배설·해독하는 등 생체촉매로서의 기능을 합니다.

효소의 영어 명칭인 엔자임 enzyme 은 '효모 속에 있는'이라는 뜻입니다. 독일의 생리학자 퀴네가 효모를 넣어 발효시키는 중에 알코올이 생성되는 것을 보고 이렇게 이름 붙였습니다. 이후, 발효가 효모에 의한 것임을 파스퇴르가 증명하면서 미생물만으로 발효가 이뤄진다고 보는 견해는 몇십 년 동안 정설로 받아들여졌습니다. 하지만 독일의 화학자 부흐너가 살아 있는 효모가 없어도 발효에 관여할 수 있는 것을 확인하면서 효소는 미생물이 아닌 물질을 지칭하게 되었습니다.

이처럼 다양한 곰팡이, 맥아 혹은 우리 침에서 생성되는 당화 효소는 여러 가지가 있지만, 술에 작용하는 주요 효소는 다음과 같습니다.

- 알파아밀라아제(α-amylase) 주로 녹말과 다당류를 당화시키는 효소
- 베타아밀라아제(β-amylase) 전분의 말단에 작용해 말토스를 절단하는 방식으로 분해하는 효소
- 글루코아밀라아제(glucoamylase) 당류의 말단부터 포도당을 절단하는 효소
- 말타아제(maltase) 맥아당을 분해하여 포도당으로 가수분해하는 효소
- 자이메이스(zymase) 당의 분해를 촉매하는 효소

그리고 물

술이 만들어질 때 필수적인, 그러면서도 가장 흔하고 가장 소중한 요소가 있습니다. 바로 물입니다. 물은 재료를 당화하거나 발효하는 데에도 사용되며 도수를 낮추는 데에도 사용됩니다.

물은 연수와 경수로 나뉩니다. 연수는 유기물 미네랄이 적게 포함된 물로 칼슘과 마그네슘의 양을 수치화한 값인 경도가 150mg/L 이하인 부드러운 물입니다. 경수는 경도가 150mg/L 이상인 물로 유기물을 좀 더 많이 포함합니다. 빗물이 토양에 스며들면서 유기물들을 포함하기에 연수는 주로 빗물에서 나오고, 경수는 지하수에서 나오는 경우가 많습니다. 두 종류의 물 모두 장단점이 있지만 연수는 부드럽고 가벼우며 경수는 보다 질감을 가지고 있습니다.

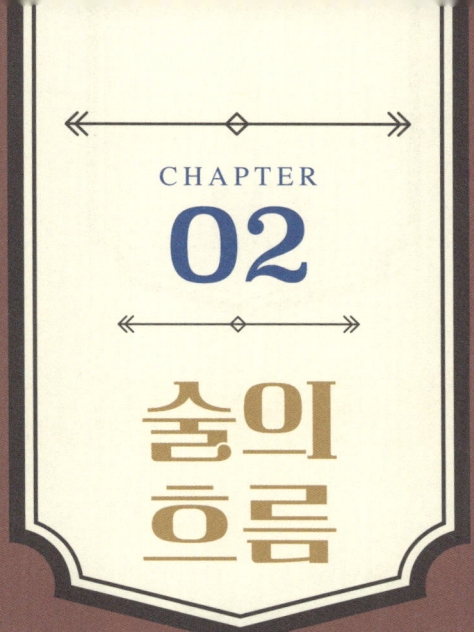

CHAPTER
02

술의 흐름

SECTION 01

오래된 술, 발효주

지금까지 술이 되는 과정을 간단히 알아보았습니다. 앞서 설명한 방식으로 만들어지는 술을 발효주 양조주, Fermented Liquor 라고 부릅니다. 즉, 발효주는 효모가 당을 분해해서 만들어지는 것이 술이며, 이렇게 비교적 간단하고 자연적인 방식으로 만드는 술입니다. 술이 만들어지는 가장 자연스러운 과정을 거치기 때문에 오래된 술들은 대부분 발효주에 속하겠죠. 가장 오래된 술로 알려진 와인이 대표적인 발효주입니다. 앞에서 살펴본 당화 과정을 거쳐 만들어지는 맥주, 막걸리, 청주 등도 발효주에 속합니다.

지금까지 당화 과정에 대해 아주 간략하게 살펴봤지만 인류가 이 과정을 알기까지 약 2,000년 정도의 시간이 걸렸을 것으로 추측하고 있습니다.

단발효

당화하는 과정 없이 발효만으로 술을 만드는 발효법을 '단발효'라고 합니다. 여러 차례 언급했지만 가장 오래된 방법이자 가장 단순하게 술이 만들어지는 과정입니다. 대표적인 단발효 발효주 양조주 로 포도주 와인 가 있습니다. 포도를 으깨어 발효하면 포도주가 됩니다.

복발효

당화를 하고 발효하는 두 번의 과정을 통해 술을 생산하는 것을 '복발효'라고 합니다. 복발효에는 발효 단계에 따라 두 가지의 발효법이 있습니다.

먼저 맥주처럼 당화 과정을 거친 다음 발효 과정을 거쳐 술을 생산하는 방법을 '단행복발효'라고 합니다. 반면에 우리나라의 막걸리나 일본의 사케처럼 누룩 안에 있는 효모와 효소를 이용해서 당화와 발효를 함께하는 방식을 '병행복발효'라고 합니다.

자연 상태에서 발효하는 술들은 도수가 20% 미만입니다. 도수가 대략 18%를 넘어가면 효모가 죽게 되어 더는 발효가 일어나지 않지요. 그래서 대부분의 발효주는 20% 미만의 도수를 가지고 있습니다. 기온차를 적절히 이용하면 20% 이상의 도수도 얻을 수 있겠지만 자연 상태에서는 어렵습니다.

그렇게 오랫동안 발효주를 알고 즐기던 인류는 깜짝 놀랄 만큼 획기적인 또 다른 술의 종류를 알게 됩니다. 생명의 물, 증류주를 발견한 것입니다.

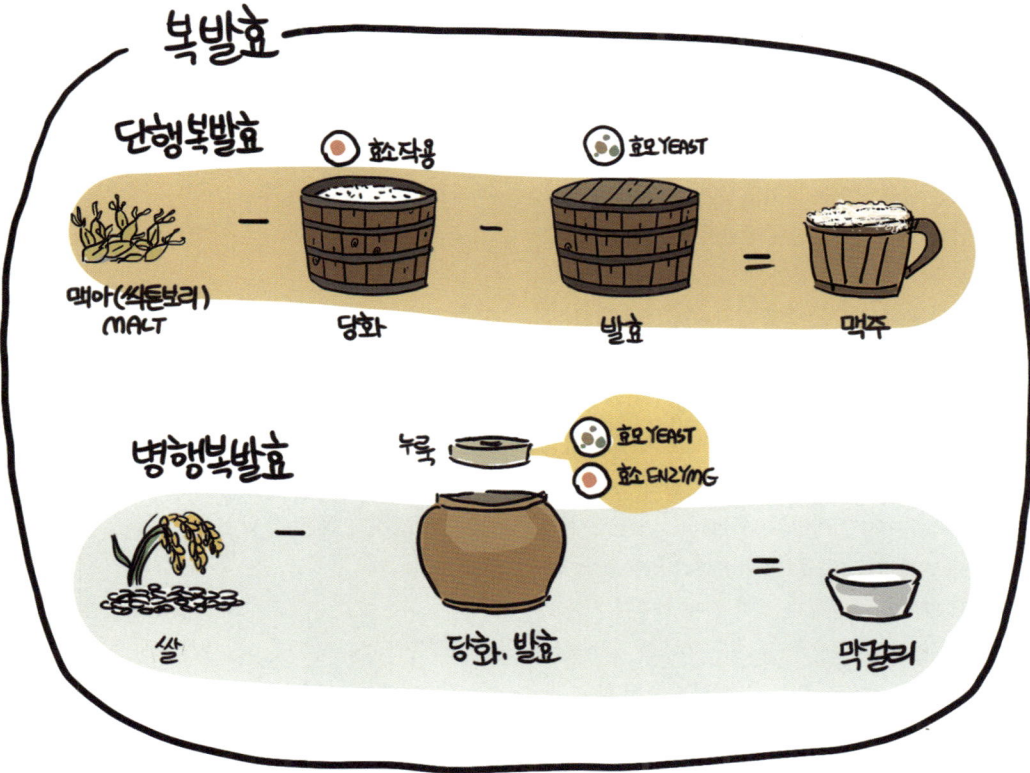

생명의 물, 증류주

인류는 과일이 발효되면 와인과 같은 술이 된다는 걸 알았고, 세월이 지나 곡물을 발효하여 맥주와 같은 술을 만드는 방법도 알게 되었죠. 또 세월이 한참 지나 증류 기술이 발달하면서 위스키와 같은 증류주 Spirit가 등장했습니다. 대표적인 증류주는 바로 소주입니다. 쌀을 발효해서 만든 술인 막걸리를 증류하면 소주가 됩니다.

기원전의 기록에도 증류에 대한 기록은 남아 있으나, 지금과 같은 증류 기술이 정립된 것은 화학의 기초를 수립한 아랍의 연금술사들 덕분입니다. 기록에 따르면 그들 중 가장 유명한 연금술사이자 '아랍 화학의 아버지'라 불린 중세 과학자 자비르 이븐 하이얀 Jabir Ibn Hayyan이 770년경 화학 성분을 분리하는 실험을 했고, 그 실험을 통해 향수, 화장품, 증류주 등을 만들 수 있는 증류장치를 만들었습니다. 화학을 뜻하는 'chemistry'는 연금술을 뜻하는 'alchemy 아랍어로는 al kimia'에서 유래했으며, 술을 뜻하는 'alcohol'도 아랍어 관사인 'al'과 화장용 가루를 뜻하는 'kohl'에서 유래한 것으로 보고 있습니다.

이후 아랍의 증류 기술은 십자군 전쟁 등을 통해 유럽에 전해졌습니다. 우리나라의 소주 역시 아랍에서 몽골을 거쳐 전해진 증류 기술에 의해 탄생한 것입니다.

쌀을 당화하고 발효해서 만든 술이 막걸리 혹은 청주라면, 이를 증류해서 만든 술이 바로 소주입니다. 소주燒酒는 한자로 '태우는 술'이라는 뜻이며, 아락주 혹은 로이슬주 등으로 불렸는데 한 방울씩 증류되는 모습을 보고 붙여진 이름입니다.

처음에 소주는 약용으로 사용되었다는 기록이 남아 있으며, 이후 다양한 재료를 활용하여 만들어졌습니다.

증류주의 전파 경로

아랍의 증류 기술이 유럽으로 전해지자 해당 지역에서 경작하던 작물들을 가지고 증류를 하기 시작했습니다. 포도주를 즐기던 곳에서는 포도주를 증류해서 브랜디를 만들었고, 맥주를 즐기던 곳에서는 맥주를 증류하여 위스키를 만들었죠.

또한 증류 기술이 동양으로 전해지며 백주와 소주가 만들어지고, 신대륙으로 넘어가면서는 그곳에 있던 농작물을 가지고 테킬라, 럼, 라이위스키, 옥수수로 만든 위스키가 증류되기 시작했습니다.

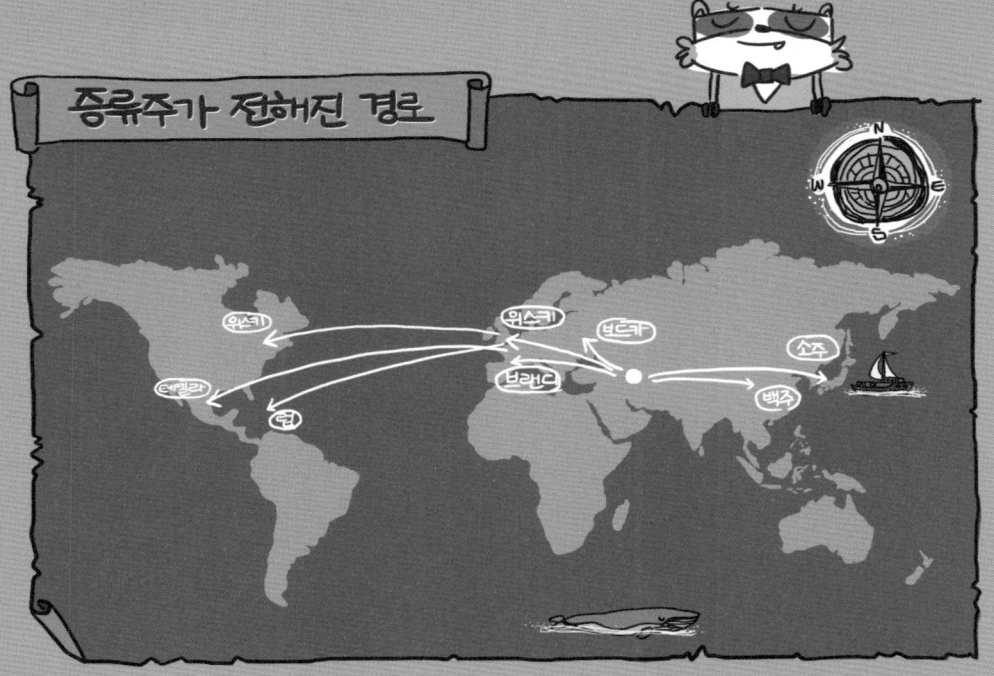

증류의 원리

증류주가 만들어지는 원리를 간단히 알아볼까요?

증류할 때는 에탄올의 끓는점 78.4℃이 물의 끓는점 100℃보다 낮다는 점을 이용합니다.

발효되어 도수를 가지고 있는 에탄올을 포함한 술을 끓이면 술에 포함되어 있던 에탄올이 기체화되었다가 다시 액체화되는 과정에서 높은 도수, 즉 에탄올이 많이 포함된 술을 얻을 수 있습니다.

이런 과정을 통해 증류주가 만들어집니다. 과정은 단순해 보이지만, 술의 역사에 증류주가 등장하기까지는 아주 오랜 시간이 걸렸습니다. 인간이 신의 손에서 벗어나기 시작하면서, 증류도 인류 역사와 함께하기 시작했습니다.

인류에 의해서 길들여진 술은 술 이상의 의미를 가졌습니다. 제조에 많은 양의 곡물이 필요한 증류주는 높은 도수 덕분에 부패하지 않아 보관이 용이하여 화폐처럼 사용할 수 있었습니다. 무엇보다 세균의 존재를 몰랐던 때는 일종의 약으로 사용되기도 했죠. 그래서 당시 증류주를 가리키는 단어 중에는 이러한 의미가 담긴 경우가 많았습니다.

우리에게 친숙한 증류주

보리를 발효시켜 맥주를 만들고, 그 맥주를 증류해서 만든 술이 바로 위스키입니다. 과거에는 '위스게 베하'라고 불렸으며, '생명의 물'이라는 의미입니다.

브랜디도 포도주를 증류해서 만드는 술입니다. '브랜디'라는 이름은 '태운 와인'이라는 뜻이며 초기에는 '오드비'라고 불렸습니다.

위스키의 어원인 위스게 베하와 브랜디의 오드비 모두 '생명의 물'이라는 뜻입니다. 과거에는 증류주가 열사병이나 복통 등의 강장제로도 사용되었기 때문에 이 이름이 잘 어울리는 것 같습니다.

술의 연금술사, 증류기의 종류

증류기는 증류를 하는 술의 재료가 다양한 것처럼 비슷하면서도 다른 모습을 하고 있습니다. 지역과 목적에 따라 다르며, 세월이 지나면서 발전하기도 하고 변함없이 이어져 내려오는 경우도 있습니다. 증류기는 크게 단식 증류기와 연속식 증류기로 분류합니다.

■ 단식 증류기

단식 증류기는 단순한 초기 증류기의 모습을 하고 있습니다. 원하는 도수를 얻기 위해서는 한 번 증류하고 다시 증류해야 하는 경우도 있습니다. 서양에서는 주로 구리를 이용해 만든 증류기를 사용해 왔는데, 구리는 내구성과 열전도율이 좋고 황화합물 등 불순물을 흡착 및 제거하는 데 효율적이기 때문입니다. 단식 증류기는 지역마다 조금씩 다른 모습으로 발전해 왔습니다. 오늘날 규모가 있는 증류소들은 효율이 좋은 전문 제조업체의 증류기를 사용하고 있습니다.

단식 증류기는 증류하는 데 비용과 시간이 많이 들어 효율이 떨어지지만, 비교적 다양하고 깊으면서 개성 있는 풍미가 술에 생성되는 장점이 있습니다. 물론 개성 있는 풍미를 원하지 않을 수도 있기에 이런 점은 단점이 될 수도 있습니다.

■ **연속식 증류기**

산업혁명이 일어나고 모든 기기의 효율성을 높이던 19세기 초반, 단식 증류기에도 혁명과 같은 일이 일어났습니다. 기둥 같은 곳에 증류탑을 세워 연속해서 증류하는 증류기가 개발된 것이죠. 이로써 적은 수고로 높은 도수의 알코올을 얻을 수 있게 되었습니다.

연속식 증류기는 효율이 좋지만 가볍고 단순한 풍미가 생성되는 것이 특징입니다. 관점에 따라 가볍고 단순한 풍미는 또한 깨끗하다는 장점으로도 작용할 수 있습니다.

지금은 증류기가 발전해서 건물 크기의 연속식 증류기가 작동하고 있으며, 95% 이상의 도수에 엄청나게 많은 양의 알코올을 짧은 시간 동안 생성하고 있습니다. 우리나라의 희석식 소주를 증류하는 증류기도 이런 대형 연속식 증류기입니다. 풍미는 없지만 높은 도수를 얻기에는 최적인 증류 방법이라고 할 수 있습니다.

화합의 술, 혼성주

증류주
SPIRIT

+

과일, 허브, 약초, 향신료
FRUIT, HERB, SPICES...

=

혼성주
LIQUEUR, CORDIAL

사람들은 증류주가 만들어진 후, 증류주의 장점을 이용하기 시작했습니다. 생명의 물인 증류주에 여러 재료를 넣어 약으로 사용하기도 했으며, 과일이나 허브 같은 재료의 성분을 보존하는 데 사용하기도 했습니다.

발효주, 증류주와 함께 제조 방식으로 분류되는 술 가운데 하나가 혼성주입니다. 혼성주는 말 그대로 다양한 재료를 섞어 만드는 술로, 각 나라별로 주변에서 구할 수 있는 다양한 재료들을 활용해 만들었습니다.

우리나라에서 지금도 흔히 볼 수 있는 여러 가지 담금주가 대표적인 혼성주입니다. 보통 높은 도수의 증류주에 인삼, 더덕 등을 복분자, 오디의 열매를 담가 만드는 담금주도 혼성주 중 하나입니다.

해외에서도 여러 과일, 허브, 약초, 향신료 등을 담그거나 즙 등을 이용해서 혼성주를 만들었습니다. 이러한 술을 '리큐어'라고 하며, 리큐어 Liqueur는 '녹이다'라는 의미를 가지고 있으며, 여러 재료를 알코올에 넣어서 만든 술입니다. 법적으로는 각 나라마다 다른 기준을 가지고 있으며, 대부분 어느 정도의 당 함량이 포함되어야 하는 조건을 가지고 있습니다.

숙성

시간을 담는 숙성

예전에는 술을 만들고 나서 바로 소비하였으나, 점차 보관 또는 이동이 필요해지면서 자연스럽게 술을 숙성하게 되었습니다. 서양에서는 술을 보관하고 이동할 때 나무통을 주로 사용했다면, 동양에서는 옹기 항아리에 담아 보관하는 경우가 많았죠. 즉, 주위에서 쉽게 구할 수 있는 용기를 활용해 술을 보관하거나 담아서 이동했습니다. 이런 과정에서 숙성된 일부 술에서 좋은 풍미가 생성되는 것을 발견하고 의도적으로 숙성을 하게 되었습니다.

와인의 경우 오크통에서 숙성하며 오크통 풍미를 더하고, 스테인리스나 콘크리트 숙성을 통해 와인에 구조감을 더하고 있습니다. 청주와 사케도 숙성을 통해 더욱 부드럽게 만들고 풍미를 조금 더 깊게 만들기도 합니다. 중국의 백주와 우리나라의 전통 소주도 옹기, 스테인리스통 숙성을 통해 거침에 부드러움을 더합니다.

오늘날 숙성은 발효 기술의 발전으로 과거에 비해 더욱 많이 사용되고 있으며 계속해서 늘어나고 있습니다.

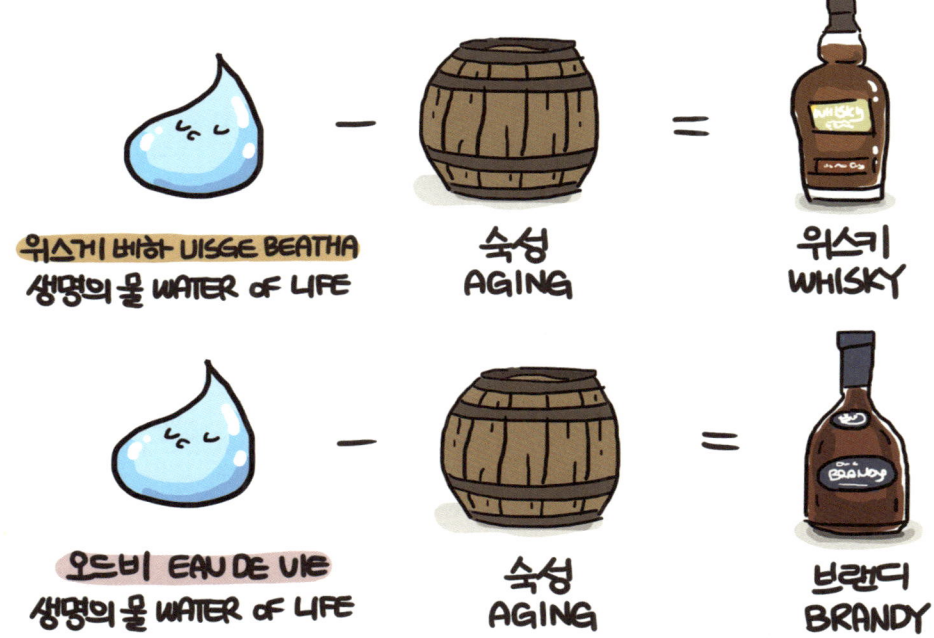

오크통 숙성

증류주는 일반적으로 투명하거나 황금색을 띠며, 이 중 황금색 증류주는 서양 술에서 자주 볼 수 있는 특징입니다. 이는 오크통 숙성을 거치며 다양한 풍미와 함께 황금색을 얻게 되는 것이죠.

오늘날 오크통 숙성은 많은 증류주에 사용하고 있습니다. 과거 '화이트 스피릿'이라 불렸던 증류하지 않은 술들도 오크통에서 숙성합니다. 럼과 테킬라는 물론이고, 진, 보드카, 그리고 우리나라의 소주까지도 오크통 숙성을 하고 있으니 말이죠. 이제 오크통 숙성은 일종의 유행과도 같다고 볼 수 있으며, 특히 비교적 가격대가 높은 고급 증류주에서는 필수 과정이 되었습니다.

이렇게 오크통 숙성의 유행을 이끈 대표적인 증류주는 위스키와 브랜디입니다. 다른 술에서 오크통 숙성이 보다 좋은 것을 얻기 위한 선택이라면, 생명의 물인 위스게 베하 그리고 오드비에 오크통 숙성은 지금의 위스키와 브랜디가 되기 위한 필수 조건이죠. 위스키가 인기를 얻으며 오크통 숙성은 이제 거의 모든 술 전반에서 중요한 요소가 되었습니다.

나무에서 오크통까지

오크통은 과거 서양에서 술을 담아 운반하거나 보관했던 나무로 만든 통을 말합니다. 동양에서는 항아리에 술을 담아 유통하거나 이동했다면, 서양에서는 나무통에 술을 담아 보관하거나 이동했습니다. 여러 나무를 사용했지만 참나무의 장점 덕분에 참나무통을 많이 사용했습니다. 참나무를 오크통으로 사용하기 위해서는 최소 70년에서 많게는 150년까지 나무가 자라야 하며, 참나무 한 그루에서 보통 200L가량의 오크통 2~3개를 만들 수 있습니다. 오크통은 보통 3~4회 재사용하며, 전체 수명은 약 70년 정도입니다.

참나무에서 생성되는 주요 성분들

숙성 중인 참나무에서는 풍미를 유발하는 많은 성분이 생성됩니다. 그중 다섯 가지 주요 성분은 다음과 같습니다.

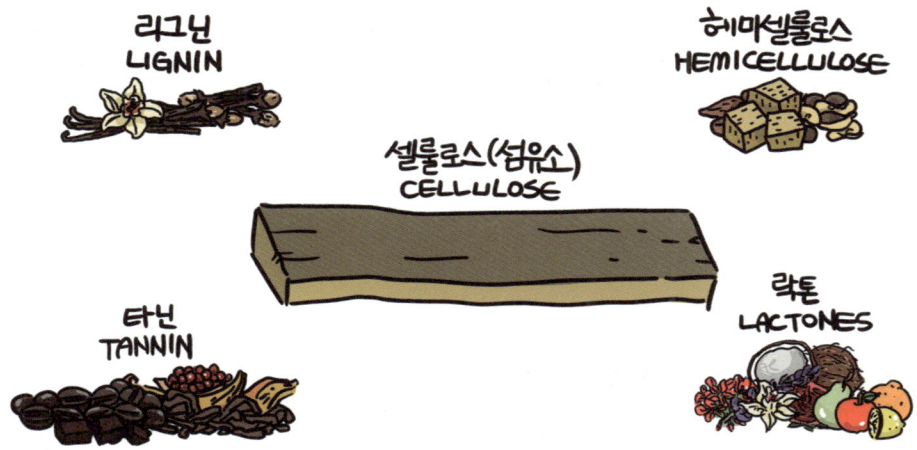

■ **셀룰로스(cellulose)**

세포막의 주성분으로 참나무를 단단하게 만들어주며, 리그닌과 묶여 있다가 굽거나 태울 때 분해되어 바닐린과 여러 화합물을 만들어 냅니다.

■ **헤미셀룰로스(hemicellulose)**

당을 가지고 있어서 굽거나 태울 때 캐러멜화되어 색이 입혀지며 견과류, 버터, 캐러멜 등 달콤한 풍미를 생성합니다.

■ **락톤(lactone)**

위스키 락톤으로 불리는 휘발성 화합물로 꽃, 과일의 풍미, 달콤한 코코넛의 풍미를 생성합니다.

■ **타닌(tannin)**

산화 물질을 촉진시켜 떫고 쓴 풍미를 생성하고 숙성감을 더합니다. 타닌은 아메리칸 오크보다 프렌치 오크에 더욱 풍부합니다.

■ **리그닌(lignin)**

나무나 곡물 껍질의 세포벽 일부를 형성하는 리그닌은 알데하이드 화합물로 인해 바닐린이 생성되어 바닐라의 풍미와 알싸한 풍미를 생성합니다.

오크통 크기 CASK SIZES

쿼터
QUARTER (BARREL)
50 LITERS

쿼터
QUARTER (BUTT)
125 LITERS

배럴
BARREL
A.S.B.
200 LITERS

혹스헤드
HOGSHEAD
250 LITERS
(250~300)

바리크
BARRIQUE
300 LITERS
(225~300)

판천
PUNCHEON
320 LITERS
(300~500)

버트
BUTT
500 LITERS
(450~500)

파이프
(PORT) PIPE
550 LITERS
(500~650)

드럼
(MADEIRA) DRUM
650 LITERS
(500~650)

고르다
GORDA
700 LITERS

턴
TUN
960 LITERS

오크통의 크기

위스키를 담아 숙성하는 오크통의 크기는 다양합니다. 오크통 크기에 따라 숙성 정도와 풍미가 달라지는데, 일반적으로 작고 새것일수록 오크통의 풍미가 진하고 더 빠르게 위스키가 숙성됩니다.

국제 표준이 없다 보니 같은 이름의 통이라 해도 지역이나 쓰임새, 제조사별로 그 크기가 조금씩 차이가 있습니다. 오크통의 크기와 용량에 따른 종류를 알아보겠습니다.

■ 아메리칸 스탠더드 배럴 & 버번 배럴(American Standard Barrel & Bourbon Barrel / 200L)

일반적으로 유럽에서는 오크통을 '캐스크'라 부르고, 미국에서는 오크통을 '배럴'이라 부릅니다. 그중에서 아메리칸 위스키에 사용되는 가장 보편적인 배럴을 '아메리칸 스탠더드 배럴', '버번 배럴'이라 하며, 용량은 보통 200L 53 미국 갤런 정도입니다. 아메리칸 스탠더드 배럴 A.S.B. 이라고 표준화해서 부르지만, 180~200L로 조금 차이가 있기도 합니다.

■ 쿼터 캐스크(Quater Cask / 50L, 125L)

배럴 Barrel 의 쿼터(1/4)인 50L 정도의 캐스크를 '쿼터 캐스크'로 부르며, 125L의 소형 용량의 캐스크도 버트 Butt 의 쿼터이기 때문에 마찬가지로 '쿼터 캐스크'라고 합니다.

■ 혹스헤드(Hogshead / 250L)

스카치위스키 기준이 되는 캐스크로 와인, 사이다 등을 주로 담았습니다. 버트나 파이프의 절반 정도 크기를 가지는 캐스크로 보통 250L 내외 250~300L 의 용량이 많습니다. 아메리칸 스탠더드 배럴을 분해하여 들여와 재조립해 사용하는데, 보통 5개로 4개 정도를 만들어서 배럴보다 조금 큰 크기의 용량이 됩니다.

■ 바리크(Barrique / 300L)

와인과 코냑을 위한 캐스크인 바리크는 코냑은 300L를, 와인용 보르도 으로는 225L를 사용합니다. 이 용량도 조금씩 차이가 있으며 부르고뉴는 228L를 사용합니다.

■ **펀천(Puncheon / 320L)**

테션 Tertian, '세 번째'를 뜻하는 라틴어 으로 부르기도 하는 펀천은 대형 캐스크인 턴 Tun 의 1/3 용량을 말합니다. 300~500L 정도인 펀천에는 두 가지 유형이 있습니다. 주로 미국 참나무에 두꺼운 널빤지 stave 를 사용하는 짧고 통통한 머신 펀천 Machine Pun-Cheon 과, 스페인 오크에 비교적 얇은 널빤지를 사용하는 길쭉한 셰리 펀천 Sherry Pun-Cheon 입니다. 머신 펀천은 주로 럼에 사용하고 셰리 펀천은 셰리 와인에 사용합니다.

■ **버트(Butt / 500L)**

500L 용량의 큰 사이즈인 버트는 보통 셰리 와인에 사용되어 '셰리 버트'라고도 부릅니다. 셰리 와인에 사용했던 캐스크는 과거에는 스카치위스키를 숙성할 때 주로 사용했습니다.

■ **파이프(Pipe / 550L)**

포르투갈의 포트 와인에 사용했던 500~650L 크기의 오크통으로 버트와 함께 일반적으로 많이 사용되었습니다. 둘은 거의 같은 크기로 여겨지고 있습니다.

■ **드럼(Drum / 650L)**

마데이라 와인에 사용했던 오크통으로 '마데이라 드럼'으로도 불립니다.

■ **고르다(Gorda / 700L)**

사이즈가 너무 커서 현재는 거의 사용하지 않고, 주로 위스키를 혼합할 때 사용합니다.

■ **턴(Tun / 960L)**

대형 용량의 통으로 252 와인 갤런 미국 표준 갤런 의 용량입니다. 960L는 약 1,000kg으로 1톤의 무게와 거의 같고 단어도 유사하죠. 톤 t 은 2,000파운드 lb 의 무게나 60제곱피트 ft^2 의 부피를 말합니다. 단위를 뜻하는 톤은 이 '턴'에서 유래되었으며 기원은 고대 그리스어로 '참치'에서 왔다고 합니다.

오크통은 오랜 세월 이것저것을 저장하고 운반하는 데 사용되면서 명칭과 단위가 변해왔습니다. 주 내용물이 액체이므로 단위로는 주로 갤런 gallon 을 사용했지요. 미국과 영국의 갤런이 달라서 표기가 달라지고, 제작 방법과 사용처에 따라 조금씩 차이가 나기도 합니다.

많은 나라들이 미터법을 사용하기 때문에 이런 표기법들이 정리되고 표준화되고 있지만, 주류 시장에 가장 큰 영향을 미치는 미국이 아직 미터법을 사용하지 않고 있습니다. 따라서 오크통을 만드는 지역과 업체마다 명칭과 용량이 조금씩 달라서 정확하게 표준화되기는 어려워 보입니다.

다양한 숙성 방식

공간적·비용적으로 유리하고 위생적인 스테인리스스틸과 함께 서양의 오크통, 동양의 옹기 외에도 다양한 숙성 방식이 존재하며, 최근에는 새로운 숙성법이 시도되고 있습니다.

■ 암포라

암포라는 고대부터 사용하던 와인 발효 숙성 방식으로, 점토로 만든 용기에서 발효와 숙성을 시키는 방법입니다. 원뿔형으로 되어 땅에 꽂을 수 있고, 침전물을 모을 수도 있습니다.

■ 주해

주해는 백주를 저장하기 위한 전통 용기로, 싸리 등의 목재를 엮어 만든 용기에 종이, 면포를 입힌 뒤, 흰자, 기름, 밀랍 등을 여러 번 덧발라 건조시켜 완성합니다. 미세한 통기성과 내벽 재료로 독특한 풍미가 생성됩니다.

■ 콘크리트 에그

콘크리트 에그 숙성은 달걀 모양의 콘크리트 용기에 와인을 발효, 숙성시키는 방식으로, 온도 안정, 미세 산화, 자연스러운 순환을 통해 풍부하면서도 순수한 풍미를 더해주는 최근에 도입된 숙성 방식입니다.

■ 오크스틱

오크스틱은 사용했던 오크통이나 오크 나무 조각을 용기에 넣어 발효, 숙성시키는 방식입니다. 비교적 간단하고 저렴하게 오크통 숙성 효과를 내는 방법입니다.

PART

02

자연의 힘으로
빚은 술,
발효주

CHAPTER 01　와인

✦

CHAPTER 02　맥주

✦

CHAPTER 03　청주 & 탁주

✦

CHAPTER 04　사케

✦

다양한 나라의 발효주

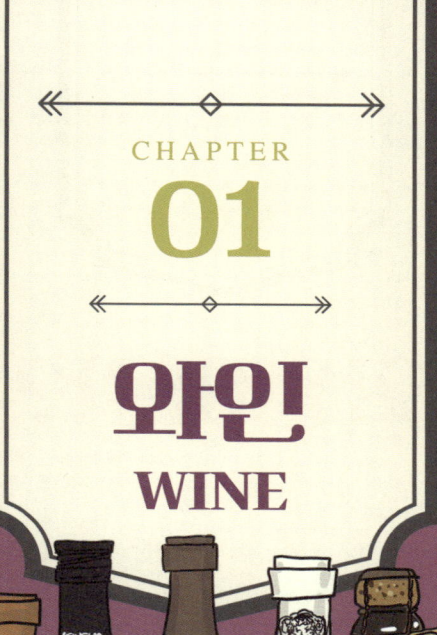

와인이란?

인류 역사상 가장 오래되고 가장 많이 언급된 술을 꼽자면 바로 와인 Wine 이라고 할 수 있습니다. 와인은 포도를 발효시켜 만드는 발효주로 우리나라 말로는 '포도주'입니다.

와인은 포도를 발효해 만든 술이지만 큰 의미로는 과일로 만든 술을 지칭하는 경우도 있습니다. 국내에서도 여러 과일로 만든 술에 '와인'이라는 이름을 붙이기도 합니다.

와인은 프랑스어로 뱅 Vin, 독일어로 바인 Wein, 이탈리아어로 비노 Vino, 포르투갈어로 비뉴 Vinho 입니다. 이들은 포도나무나 와인 자체를 뜻하는 비눔 Vinum 이라는 라틴어에서 비롯된 것으로 알려져 있습니다. 혹은 고대 인도 산스크리트어의 베나 Vena, '불로장생의 음료'라는 뜻 에서 유래한 것일 수도 있다는 학자들의 견해도 있습니다.

어원조차 확실하지 않으며 단어가 와인 자체를 가리키는 경우가 많은 것을 보아 와인의 역사가 보통 오래된 게 아님을 알 수 있습니다.

와인의 역사

오래된 술 관련 유적을 보면 그곳에는 항상 와인이 있습니다. 메소포타미아 유역의 조지아 Georgia 에서 발견된 6,000여 년 전의 유적에서 압착용 발효통, 술잔, 포도 등이 출토되었으며 이 유적은 가장 오래되고 규모도 큰 걸로 알려져 있습니다. 실제 와인의 역사는 이보다 더 오래되었을 것으로 추측합니다. 이후 아르메니아, 이란 등 인근의 지역에서도 계속 유적이 나오고 있습니다.

기원전 3000년경부터 이집트와 메소포타미아에서 와인이 의식에 사용되었던 기록이 있으며, 고대 그리스에서는 실생활과 종교의식에서 중요한 역할을 했습니다. 와인을 만든 신은 숭배의 대상이 되었습니다. 로마인들은 포도를 유럽 전역에 재배하며 와인을 생산했습니다. 이때부터 보관·운송을 위해 나무통을 사용했고, 황초를 이용해 산화를 방지하는 방법을 알아냈습니다.

와인 생산지도

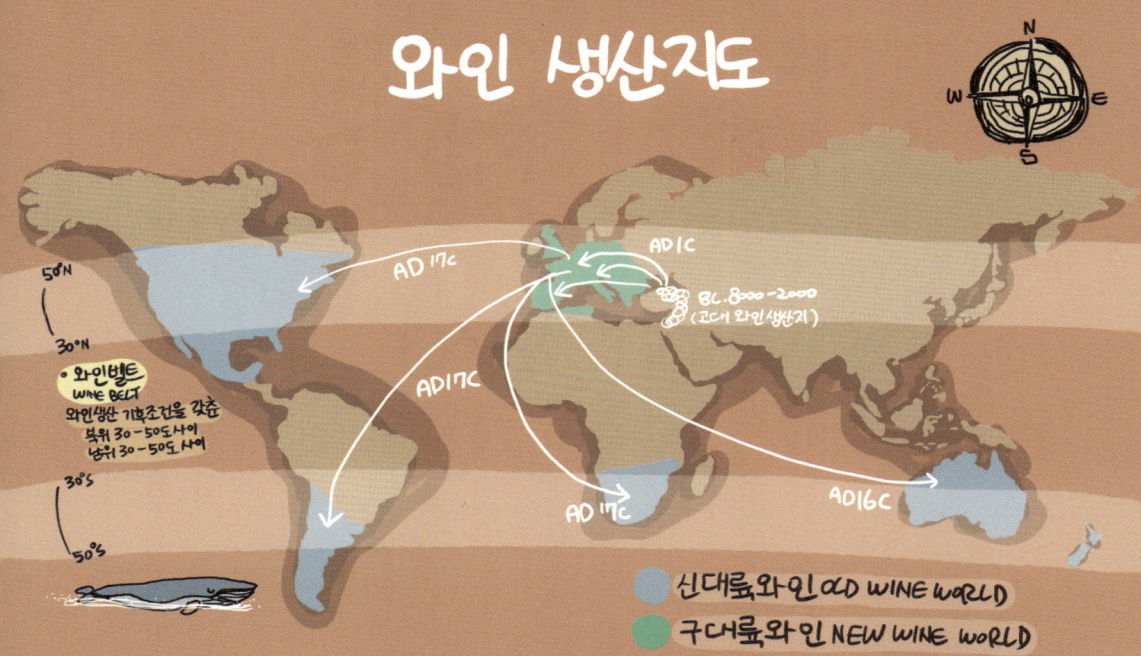

신화와 역사가 담긴 술, 와인은 로마의 발자국을 따라 함께 움직이며 기독교의 성찬용으로 사용되면서 본격적으로 알려지기 시작했습니다. 로마의 문화와 함께 유럽으로 전해진 와인은 다른 술들이 그렇듯 수도원을 통해 유지·발전하면서 신대륙을 발견하고 이주하는 사람들과 함께 더 먼 세상으로까지 전해졌습니다.

현재 와인을 생산하는 주 생산지는 크게 프랑스 및 유럽 인근의 구대륙과 아메리카, 호주, 뉴질랜드, 아프리카 등의 신대륙으로 나뉩니다.

■ 와인의 위기, 필록세라

아메리카 대륙을 발견하고 신대륙으로 이주할 때, 유럽인들은 포도나무도 함께 가져갔습니다. 당시 아메리카 대륙에도 식용 가능한 자생종이 있었지만 와인을 생산하기에는 적합하지 않았기 때문입니다.

이때 유럽에서 포도나무를 들여오는 과정에서 아메리카 대륙의 포도나무에 있던 해충 필록세라가 유럽의 포도나무로 옮겨졌습니다. 필록세라에 면역력이 없던 유럽의 포도나무는 프랑스를 시작으로 급격하게 퍼져나가 온 유럽의 포도나무가

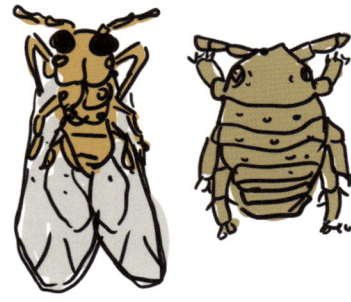

피해를 입었습니다. 20~30여 년에 걸쳐 큰 피해를 입은 끝에 면역력이 높은 미국의 포도나무를 들여와 유럽의 포도나무에 접붙이는 것으로 해결할 수 있었습니다.

필록세라는 포도나무에 피해를 주었지만 이 일로 와인과 브랜디 대신 맥주와 위스키가 성장하게 되는 등 세계의 주류 역사에 큰 변화를 주었습니다. 또한 아프리카, 호주, 남아메리카 등의 신대륙으로 이동하는 계기가 되기도 했습니다.

와인의 모든 것, 포도

와인이 지금의 위치에 오르게 된 것은 재료인 포도 덕분입니다. 포도의 껍질에는 타닌과 색소, 효모가 있고 포도 과육에는 산, 미네랄 그리고 당분이 많이 함유되어 있어 술을 빚기 용이하며 오랫동안 숙성하거나 보존할 수 있는 여러 성분을 가지고 있기 때문이죠.

포도 품종 10,000여 종 가운데 양조에 사용하는 포도는 300여 종이며, 그중 주요 포도 품종은 40여 가지입니다. 75% 이상의 와인이 포도 10종을 사용해 생산됩니다.

와인에 사용하는 포도 품종 중에는 가장 많이 사용하는 유럽 종인 비티스 비니페라 Vitis Vinifera 가 있습니다. 그 외 미국 종인 비티스 라브루스카 Vitis Labrusca 도 일부 사용하며, 우리나라의 경우에는 식용 포도로 와인을 생산하고 있습니다.

비티스 비니페라는 재배하기가 상대적으로 어렵지만 당도가 높으며 껍질이 두꺼워 타닌, 폴리페놀이 풍부해 시간이 지나도 숙성 가능한 품종입니다. 현재 와인으로 사용되고 있는 대부분의 포도는 이 비티스 비니페라 종입니다.

포도 품종의 다양성

일반적으로 와인에 사용하는 포도는 씨로 번식하지 않고 줄기를 접목시키는 꺾꽂이 방식으로 번식합니다. 씨로 번식하면 예상하기 어려운 새로운 품종 New Veriety 이 되기 때문입니다. 그럼에도 포도에는 수많은 품종이 있습니다. 와인에 사용되는 포도 품종은 대부분 교배종이며, 다음의 네 가지 방법으로 다양성을 가집니다.

- 교배(Crosses) 다른 품종의 포도를 교배해서 생기는 다른 품종입니다. 대표적인 예로 카베르네 소비뇽 Cabernet Sauvignon 은 카베르네 프랑 Cabernet Franc 과 소비뇽 블랑 Sauvignon Blanc 의 교배종입니다.

- 클론(Clones) 같은 포도 품종에서 변이가 일어나 유전적으로 약간 다른 것을 말합니다. 같은 품종에서 다양한 개성을 가진 포도가 나오는 경우를 예로 들 수 있습니다.
- 돌연변이(Mutations) 같은 포도 품종이 주변 환경이나 조건 등으로 인해 변이된 것을 말합니다. 대표적인 예로 레드 품종인 피노 누아에서 돌연변이로 변이된 화이트 품종의 피노 블랑 Pinot Blanc 이 있습니다.
- 하이브리드(Hybrids) 유럽 종과 미국 종처럼 다른 종이 교배된 품종을 말합니다. 대표적인 예로 캐나다 아이스 와인의 비달 블랑 Vidal Blanc 이 있습니다.

포도의 당도

양조용 포도는 20~26브릭스, 식용포도는 17~19브릭스입니다. 브릭스가 높을수록 높은 도수의 술을 얻을 수 있어 양조에 유리합니다.

브릭스 Brix 는 측정법을 개발한 과학자 아돌프 브릭스의 이름에서 따온 것인데, 과일의 당도를 나타내는 단위이며 100g당 들어 있는 당분을 뜻합니다. 10브릭스 $10°Brix$ 는 100g당 10g의 당이 있다는 뜻입니다.

브릭스를 기준으로 생산할 수 있는 알코올 도수를 살펴보면, 1브릭스당 약 0.5~0.58%의 알코올이 생성됩니다. 예를 들어 10브릭스는 5~5.8%, 20브릭스의 와인이라면 약 10~11.6%의 알코올 도수를 가진 와인이 만들어진다고 볼 수 있습니다.

하지만 35브릭스를 넘으면 효모가 활동할 수 없으므로 발효주에서는 아무리 높아도 20%의 도수가 나올 수 없습니다. 또한 20%의 도수가 되어도 효모가 죽기 때문에 그 이상의 도수가 나올 수 없습니다. 꿀의 브릭스는 60~70 정도로 효모를 포함한 균이 살 수 없기에 물을 섞어 브릭스를 낮추지 않으면 술이 될 수 없습니다.

주요 포도 품종, 레드

레드 품종은 와인을 대표합니다. 자주색에서 루비색을 띠고 있어서 색에서도 품종을 어느 정도 알 수 있습니다. 자주색에서 시간이 지나면 루비색, 붉은색, 황갈색으로 변화합니다. 레드 품종의 와인은 포도 껍질과 씨를 함께 발효하기 때문에 보디감이 높으며 일반적으로 떫은맛으로 표현되는 타닌감을 느낄 수 있습니다.

포도는 수많은 품종이 있지만 일반적으로 사용하는 품종은 다음과 같습니다. 같은 품종이지만 재배 지역, 양조 방법, 시기 등 조건에 따라 각기 다른 개성을 가지기에 일반적인 사례로 보면 될 것 같습니다.

■ 카베르네 소비뇽(Cabernet Sauvignon), 카베르네 프랑 + 소비뇽 블랑

보르도가 원산지인 품종으로 '와인 품종' 하면 가장 먼저 떠올릴 정도로 제일 유명합니다. 알이 작고 껍질이 두꺼워 타닌이 풍부하여 장기 숙성에 가장 적합한 품종입니다. 드라이하고 묵직합니다.

■ 메를로/멜롯(Merlot)

보르도가 원산지입니다. 보르도에서 가장 많이 재배하는 품종으로 부드럽고 과일 향이 많으며 타닌은 적은 편입니다. 오랜 숙성 없이 편하게 마실 수 있는 품종으로 보르도에서는 블렌딩에 많이 사용됩니다.

■ 시라/시라즈(Syrah/Shiraz)

프랑스 남부의 론 지역이 원산지인 시라는 보디감이 묵직하고 진하며 타닌이 강한 것이 특징입니다. 후추, 담배, 블랙베리류의 풍미가 있습니다. 프랑스 외 지역에서는 시라즈Shiraz라고 불립니다. 호주에서 가장 많이 재배되는 품종입니다.

■ 피노 누아(Pinot Noir)

부르고뉴 품종으로 카베르네 소비뇽과 더불어 인기 있는 품종입니다. 기후, 병충해 등에 영향을 많이 받아 키우기 힘든 섬세한 특성처럼 가볍고 섬세한 풍미를 가진 품종입니다. 단일 품종으로 사용되는 경우가 많습니다. 서늘한 기후에서는 레드베리풍의 과일 향 풍미를, 따뜻한 기후에서는 꽃향기 등의 풍미를 가집니다. 포도가 소나무 모양으로 열리고 검은색을 띠고 있어 소나무를 뜻하는 '피노'와 검다는 뜻의 '누아'를 붙여 '피노 누아'라는 이름이 지어졌습니다. 부르고뉴를 대표하는 품종입니다.

■ 말벡(Malbec)

보르도 남쪽에 위치한 카오르가 원산지인 포도 품종으로 아르헨티나로 넘어가서 유명해졌습니다. 무겁고 드라이한 와인으로 검붉은색을 띠고 있어 '검은 와인'이라 불리기도 했습니다. 19세기 말 필록세라가 출몰하자 말벡 나무를 뽑고 카베르네 소비뇽과 메를로 종을 심었기 때문에 프랑스에서는 재배하는 곳이 많지 않습니다.

■ **템프라니요(Tempranillo)**

스페인 리오하의 품종인 템프라니요는 '이른, 일찍'이라는 이름의 뜻처럼 수확이 빠른 품종입니다. 두꺼운 껍질에 짙은 색을 가지고 있으며 블랙체리, 라즈베리, 담배, 자두 등의 풍미가 있습니다.

■ **산지오베제(Sangiovese)**

이탈리아 대표 품종 중 하나입니다. 이탈리아 토스카나 지방에서 주로 재배되는 품종으로 산도가 높으며 블랙베리 향, 흙 향의 풍미가 있습니다.

■ **네비올로(Nebbiolo)**

산지오베제와 더불어 이탈리아의 대표 품종입니다. 피에몬테 지역에서 많이 재배하는 유명한 품종으로 강한 타닌, 풀보디 full body, 높은 산도가 특징입니다. 바롤로, 바르바레스코의 품종입니다.

주요 포도 품종, 화이트

화이트 품종은 레몬색에서 황금색을 띠고 있으며 시간이 지나며 황갈색으로 변화하게 됩니다. 색에 따라서 어느 정도 산미 등의 풍미를 유추할 수 있습니다. 일반적으로 껍질, 줄기, 씨 등의 접촉을 낮추기 때문에 레드에 비해 타닌감이 없고 가벼운 느낌, 신선함과 높은 산도를 가지고 있습니다. 화이트 품종도 다양한데 일반적으로 많이 사용하는 포도 품종은 다음과 같습니다. 화이트 품종 역시 재배 지역, 양조 방법, 시기 등 조건에 따라 같은 품종이라 할지라도 다른 개성을 가지고 있습니다.

■ 샤르도네(Chardonnay)

카베르네 소비뇽과 더불어 인기 있는 품종입니다. 스파클링 와인부터 오크 숙성 화이트 와인까지 지역과 재배 방법에 따라 다양한 특성을 지닌 품종으로 서늘한 곳에서는 높은 산도, 풋사과, 감귤 풍미를, 따뜻한 곳에서는 레몬, 망고, 열대과일의 풍미를 보입니다. 다양한 음식에 어울리는 품종으로 주요 재배 국가는 프랑스 부르고뉴 및 샹파뉴, 미국, 아르헨티나, 칠레, 호주입니다.

■ 소비뇽 블랑(Sauvignon Blanc)

프랑스 보르도의 화이트 와인 품종으로 샤르도네처럼 기후와 지역에 따라 다양한 특성을 보입니다. 서늘한 지역에서는 꽃과 과일의 풍미를, 따뜻한 곳에서는 열대과일의 풍미를 지니고 있습니다. 가볍고 산도가 높은 품종으로 주요 재배 국가는 프랑스 보르도, 미국, 뉴질랜드입니다.

■ **리슬링(Riesling)**

독일이 원산지인 리슬링은 독일과 프랑스 알자스 지역에서 생산된 것이 특히 유명합니다. 토질의 영향을 많이 받는 품종으로 서늘한 기후에 알맞으며 늦게 수확합니다. 높은 산미에 미네랄과 과일 풍미를 지니고 있습니다. 주요 재배 국가는 프랑스 알자스, 독일, 호주, 뉴질랜드, 아르헨티나입니다.

■ **게뷔르츠트라미너(Gewurztraminer)**

리슬링보다 좀 더 묵직하고 산미가 낮은 품종입니다. 향신료를 뜻하는 게뷔르츠gewurz에서 유래된 것처럼 향신료 풍미와 더불어 장미, 자스민 등 꽃의 풍미를 지니고 있습니다. 주요 재배 국가는 프랑스 알자스, 몰도바, 이탈리아입니다.

■ **비오니에(Viognier)**

프랑스의 론이 원산지인 품종으로 묵직하고 낮은 산미에 과일 향, 그중에서도 복숭아와 살구 풍미가 많은 와인 품종입니다. 주요 재배 국가는 프랑스, 호주, 미국, 남아프리카공화국입니다.

■ 슈냉 블랑(Chenin Blanc)

프랑스 루아르 지역이 원산지인 품종으로 산도가 높고, 당도도 살짝 높으며, 벌꿀과 꽃 그리고 상큼한 과실 풍미를 가지고 있습니다. 주요 재배 국가는 남아프리카공화국, 프랑스, 미국, 아르헨티나입니다.

■ 뮈스카(Muscat)

뮈스카는 전 세계적으로 재배되는 오래된 품종으로 많은 변종이 있습니다. 이탈리아에서는 모스카토로 불리며, 피에몬테주의 아스티 지역에서 생산되는 스파클링 와인 '모스카토 다스티'가 유명합니다.

■ 세미용(Semillon)

프랑스의 화이트 와인 품종으로 보르도 지역에서 주로 재배되며 재배하기 쉽고 생산성이 높은 것이 특징입니다. 샤르도네, 소비뇽 블랑, 뮈스카와 블렌딩하여 드라이하고 진한 와인부터 달콤한 스위트 와인까지 폭넓게 양조합니다. 장기 숙성하는 귀부 와인인 소테른 와인의 주요 품종입니다. 주요 재배 국가는 프랑스 보르도, 호주 헌터밸리, 남아프리카입니다.

와인의 제조 과정

와인을 제조하는 과정은 비교적 단순합니다. 포도를 수확해서 으깨고 발효시켜 알코올을 생성한 다음 걸러낸 뒤 숙성합니다. 이 방식은 주로 레드 와인을 생산하는 방식입니다.

포도 수확

와인을 만들기 위해서는 포도를 수확 harvesting 해야 하는데, 일반적으로 그해 수확된 포도로 만듭니다. 포도 수확은 1년을 기준으로 이루어집니다. 포도를 생산한 해는 빈티지 vintage로 표기되며, 와인의 품질에 포도는 중요한 요소이기 때문에 수확한 해를 중요하게 생각합니다.

파쇄·분쇄

파쇄·분쇄 crushing 과정에서는 수확한 포도를 으깨어 즙을 냅니다.

발효

으깬 포도즙을 효모로 발효 fermentation 합니다. 발효 과정 중에 효모를 첨가하기도 하고 불순물을 걸러내기도 합니다.

압착

발효되어 알코올이 생성된 포도즙을 압착 pressing 해서 포도 껍질과 불순물을 걸러냅니다.

숙성

오크통에서 정해진 기한만큼 숙성 maturation 합니다. 보통 6개월 이상의 기간을 거치나, 유명했던 보졸레 누보처럼 아주 짧게 숙성하거나 바로 마시는 경우도 있습니다. 숙성할 때는 보통 오크통에서 전통적으로 숙성하며 스테인리스스틸로 된 통과 콘크리트 탱크에서도 숙성을 합니다.

화이트 와인의 제조

지금까지 레드 와인의 제조 과정을 알아보았습니다. 반면, 화이트 와인은 발효 전에 압착을 해서 포도 껍질을 제거하고 발효합니다. 이런 과정으로 인해 화이트 와인은 껍질에 있는 색소와 타닌이 침용되지 않아 밝은색을 띠고, 타닌 성분도 강하지 않은 경우가 많습니다.

HARVESTING 수확

레드와인
RED WINE

CRUSHING 파쇄

FERMENTATION 발효

PRESSING 압착

SECTION 03

와인의 분류

색에 따른 분류

와인은 색, 제조 방식, 탄산의 여부, 제조국 등 여러 기준으로 분류합니다. 그중 색으로 분류한 것이 레드 와인과 화이트 와인 그리고 두 와인의 중간인 로제 와인입니다.

■ 레드 와인(Red Wine)

이름에서도 알 수 있듯이 레드 와인은 붉은색을 가지고 있습니다. 적포도를 발효시켜 만들기 때문이죠. 껍질도 함께 발효시키며 그 과정에서 껍질에 있는 타닌과 안토시아닌이 특유의 맛과 향을 만들어냅니다.

■ 화이트 와인(White Wine)

주로 청포도를 사용해 만드는데 포도 껍질을 제거하고 즙을 내어 발효시켜 만듭니다. 또한 껍질을 제거하거나 접촉을 짧게 한 적포도로도 화이트 와인을 만듭니다. 화이트 와인은 레드 와인에 비해 상대적으로 타닌의 함량이 적어 가볍고 부드러운 특징이 있으며, 이런 특성에 따라 오래 숙성시키지 않고 신선한 상태에서 주로 즐기는 와인입니다.

■ 로제 와인(Rose Wine)

레드 와인과 화이트 와인의 중간색을 띠는 로제 와인은 레드 와인처럼 껍질을 같이 발효시키다가 색이 나왔을 때 껍질을 빼고 다시 발효시켜 만듭니다. 프랑스 샹파뉴 지역에서는 레드 와인과 화이트 와인을 섞어 만들기도 합니다. 화이트 와인의 성향에 가깝지만 가벼운 타닌의 맛을 느낄 수 있습니다.

제조 방식에 따른 분류

색 다음으로 제조 방식에 따라 스파클링발포성, 스틸, 내추럴, 주정강화로 와인을 분류하기도 합니다. 일반적으로 와인 하면 흔히 떠올리는 보통의 와인인 스틸 와인을 기준으로 생각하면 좋을 듯합니다. 스틸 와인은 탄산이 없기 때문에 '고요한, 가만히 있는'이라는 뜻으로 스틸Still이라고 부릅니다.

■ 스파클링 와인

스파클링 와인은 발효가 끝난 와인에 당분과 효모를 넣어 2차 발효시켜 탄산가스를 만든 와인입니다. 법적으로는 EU 규정 기포압이 3기압 이상이어야 스파클링 와인으로 분류됩니다.

모두가 알고 있는 샴페인이 대표적인 스파클링 와인이죠. 샴페인은 말 그대로 프랑스 샹파뉴 지역에서 생산되는 발포성스파클링 와인을 말합니다. 스파클링 와인의 생산 과정은 2차 발효 방식에 따라 병에서 2차 발효하는 전통 방식인 샴페인 방식Champagne Method과 탱크에서 2차 발효하는 샤르마 방식Charmat Method으로 나뉩니다.

■ 스파클링 와인의 제조 방법

• 샴페인 방식(Champagne Method)

퀴베(Cuvee): 여러 품종의 와인을 목적에 맞게 블렌딩합니다. '퀴베'는 원래 '와인을 담는 통'을 뜻하지만, 혼합한 와인품종, 또는 포도 압착 후 처음 나오는 고품질 포도즙을 의미하기도 합니다.

티라주(Liqueur de Tirage): 2차 발효를 위해 당과 효모를 추가합니다.

2차 발효(2nd Fermentation): 병 안에서 2차 발효가 일어납니다.

르뮈아주(Remuage): 병목에 효모 찌꺼기를 모으는 작업입니다. 뵈브 클리코가 발명한 방식으로 퓌피트르Pupitre라는 리들링 랙riddling rack틀에서 병을 돌려주며 병목으로 와인의 효모 찌꺼기를 모읍니다.

데고르주망(Degorgement): 영하 20℃의 소금물에 병목을 담가 냉동시킨 후 뚜껑을 열어 효모 찌꺼기만 제거합니다. 'Degorgement 2019'와 같이 와인이 완성된 날짜를 표기합니다.

도사쥐(Dosage): 효모 찌꺼기들이 데고르주망을 거치며 제거될 때, 손실된 와인만큼 와인을 첨가하고 필요에 따라 당을 첨가합니다.

이후 코르크와 철사망으로 병을 밀봉합니다.

• 앙세스트랄 메소드(Ancestral Method)

스파클링 와인의 원형으로, 발효 중 병입하는 방식입니다. 한 번 발효하는 방식이며, 발효를 완전히 마치기 전에 와인을 병에 담아 발효를 진행하여 탄산을 생성하는 방법입니다. 이러한 방식으로 만든 와인을 페티앙 나튀렐Petillant Naturel, 줄여서 펫낫Pet Nat이라고 부르는 경우가 많습니다.

• 탱크, 샤르마 방식(Tank, Charmat Method)

2차 발효를 병에서 하지 않고 압력을 가한 탱크에서 하는 방식입니다. 대량 생산이 가능하고 저렴하다는 장점이 있습니다. 프로세코, 아스티, 젝트 등이 이러한 방식으로 만들어집니다.

• 트랜스퍼 방식(Transper Method)

2차 발효까지는 전통 방식과 동일하게 진행되지만, 와인을 탱크에 넣고 필터링과 도사쥐Dosage 작업을 하는 방식입니다. 주로 미국, 호주 등 신대륙 와인 생산국에서 많이 사용됩니다.

• 탄산 주입 방식(Carbonation Method)

탱크에 저장된 와인에 탄산을 직접 주입하는 단순한 방식입니다. 가장 저렴한 방식이지만, 기포가 크고 오래 지속되지 않습니다.

■ 나라별 스파클링 와인

나라별 스파클링 와인의 분류 및 명칭은 다음과 같습니다.

- **프랑스**

  무쇠(Mousseux): 발포성 와인

  크레망(Cremant): 샴페인 방식으로 생산한 발포성 와인

  페티앙(Petillant): 기압이 낮은 미세한 발포성 와인

- **독일**

  샤움바인(Schaumwein): 발포성 와인

  젝트(Sekt): 탱크 방식으로 대량 생산하는 발포성 와인. 여러 유럽산 포도 사용

  도이치젝트(Deutscher Sekt): 100% 독일 포도를 사용해서 만든 젝트

  도이치 젝트 bA(Deutcher Sekt bA): 유명 산지에서 재배한 높은 품질의 포도로 만든 젝트

- **이탈리아**

  스푸만테(Spumante): 발포성 와인

  프로세코(Prosecco): 동쪽 지방에서 생산한 발포성 와인

  스푸만테 클라시코(Spumante Classico): 샴페인 방식으로 생산한 발포성 와인

  프리잔테(Frizzante): 샴페인 방식으로 생산하고 기압이 적절한 발포성 와인

  프란차코르타(Franciacorta): 이탈리아에서 가장 높은 등급의 샴페인 방식으로 만들어지는 발포성 와인

- **스페인**

  에스푸모소(Espumoso): 발포성 와인

  카바(Cava): 샴페인 방식으로 생산한 발포성 와인

■ 주정강화 와인(Fortified Wine)

일반 와인이 발효되고 나서 혹은 발효되는 도중 브랜디 등을 넣어 알코올 도수를 17~22% 정도까지 높인 와인을 말합니다. 스페인의 셰리 와인과 포르투갈의 포트 와인이 대표적입니다. 그 외 스페인의 말라가, 프랑스의 뱅 두 나튀렐, 이탈리아의 마르살라, 서아프리카의 마데이라 등이 있습니다.

■ 내추럴 와인(Natural Wine)

포도 재배 시 지속가능 sustainable , 유기농 organic , 바이오다이내믹 biodynamic 농법을 사용해서 인위적인 것을 최소화하여 생산한 와인을 말합니다. 일반적으로 와인 제조에는 이산화황을 사용해 산화를 방지하고, 박테리아를 제거하며, 숙성 후 와인의 변질을 막는 역할을 합니다. 또한 산도 조절제와 배양 효모를 사용하는데, 내추럴 와인은 이러한 첨가제를 사용하지 않고 천연 효모로 발효해서 만든 와인을 말합니다. 다만, 법적으로 규제되거나 국제적인 표기법은 없습니다.

당도에 따른 분류

스위트 와인은 말 그대로 '단맛이 나는 와인'을 말합니다. 설탕을 첨가하는 경우도 있으며, 발효 과정에서 온도를 낮춰 효모가 활동하지 못하도록 해서 발효를 중단합니다. 일반적으로 알코올 도수가 약 5.5%일 때 온도를 낮춰 냉동 처리하여 효모를 죽이고, 이로 인해 포도에 남아 있던 당분이 와인에 그대로 남게 됩니다.

스위트 와인에는 여러 종류가 있습니다. 위의 같은 방식 외에 설탕을 첨가하는 방식, 발효 시 냉각으로 발효를 중단해 포도의 당분을 남기는 방식도 있습니다.

■ 아이스 와인(Eiswein/Icewine)

포도밭에서 얼린 포도로 만든 와인을 말합니다. 영하 7~8℃ 이하에서 수분을 제거하므로 당분이 많이 남아 있는 상태에서 발효합니다.

■ 귀부 와인(Noblerot Wine)

포도에 보트리티스 시네리아 곰팡이가 자라 수분과 신맛이 감소하고 당분이 많은 포도로 만든 와인입니다. 프랑스의 소테른 지역, 헝가리의 토카이 지역 와인이 유명합니다.

■ 짚 와인(Straw Wine)

수확한 포도를 몇 개월 동안 말려 수분을 뺀 후 만든 와인입니다. 말릴 때 지푸라기를 넣기 때문에 '짚 와인'이라 부릅니다. 프랑스의 뱅 드 파이유 Vin de Paille 는 대표적인 짚 와인 중 하나입니다.

■ 주정강화 와인(Fortified Wine)

주정강화 와인 중 당분이 많이 남아 있을 때 주정을 넣는 와인도 스위트 와인에 속합니다. 포르투갈의 포트 와인과 프랑스의 뱅 두 나튀렐 Vin Doux Naturel 이 대표적인 스위트 주정강화 와인입니다.

SECTION 04

세계 유명 와인 산지

와인은 술 중에서 가장 종류가 다양한 술로, 흔히 하늘의 별만큼이나 많다고 할 정도입니다. 그래서 초심자들이 와인을 처음 공부할 때 어려움을 느끼는 것 중 하나가, 포도의 품종과 더불어 포도의 다양한 주요 생산지들입니다. 같은 품종을 사용하더라도 그 특색은 나라별로 다르며, 각 나라 안에서 같은 품종을 사용해도 세부 생산지에 따라 또 다른 특색을 가진 와인이 존재합니다.

지리적 위치, 지형, 토양, 기후 등의 환경이 와인의 특성과 특색, 와인의 품질에 중요한 역할을 합니다. 이렇게 산지가 와인에 중요한 요소로 인식되면서, 원산지를 인증하고 원산지 명칭을 관리, 보호하기 시작했는데, 이를 지리적 명시, 표시GI-Geographical Indication라고 하며, 오늘날에는 이러한 개념을 와인 외 제품에도 기본적으로 적용하고 있습니다. 이러한 체계를 본격적으로 시작한 것이 바로 프랑스의 원산지 통제 명칭A.O.C 제도의 도입이었습니다.

원산지 통제 명칭

프랑스의 와인이 오늘날 유명해진 것은 그 품질 때문이고, 이런 품질보장은 프랑스 내에서 생산되는 와인의 원산지를 나타내는 것으로 유지하고 발전시켰습니다. 참고로 앞서 설명한 필록세라의 후유증 중 하나가 와인 시장의 혼탁함이었는데, 그중 원산지를 속여 판매하는 경우가 많았다고 합니다.

프랑스 원산지 통제 명칭
A.O.C (1935)
APPELLATION D'ORGINE CONTROLEE

(AOC)
(VDQS)
(VIN DE PAYS)
(VIN DE TABLE)

명칭 규제는 1885년부터 시작되어 1935년 그 유명한 원산지 통제 명칭인 A.O.C Appellation d'Orgine Controlee라는 법령으로 시행되었고 다른 농산물로도 확대되었습니다.

나라에서 생산되는 가장 큰 범위인 테이블 와인, 지역 등급, 우수 품질, 원산지 통제 명칭A.O.C으로 분류된 프랑스 와인 등급 분류는 2009년 'A.O.P'라는 이름으로 변경되었으나 예전 그대로 사용하는 곳이 아직도 많습니다.

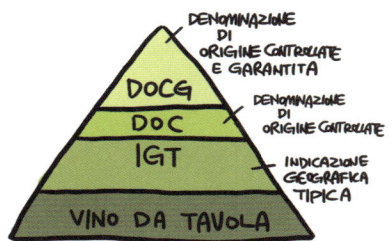

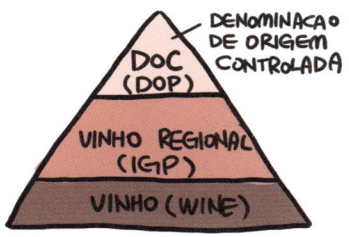

프랑스의 A.O.C가 프랑스 와인을 알리는 데 큰 공을 세우자, 유럽의 다른 와인 생산 국가들도 A.O.C와 같이 원산지 통제 명칭을 사용하기 시작했습니다. 이탈리아와 스페인, 포르투갈도 프랑스의 A.O.C와 유사한 제도를 도입해서 등급을 분류합니다. 프랑스와 유사하게 가장 넓은 범위인 일반적인 테이블 와인 나라 등급 부터 지역 등급, 엄격한 규정을 따르는 원산지 통제 명칭 등급으로 나뉘고 있습니다.

이탈리아는 1963년부터 '원산지 통제 명칭'이라는 뜻의 D.O.C 제도를 도입했고, 1980년에는 '보증된 원산지 통제 명칭'이라는 뜻의 D.O.C.G 등급이 추가되었습니다.

스페인은 1991년부터 '인증된 원산지 통제 명칭'이라는 뜻의 D.O.C 등급을 적용했습니다. 또한 가장 높은 등급으로 단일 및 특정 포도밭 개념인 비노 데 파고 Vino de Pago 가 2003년 도입되었습니다.

포르투갈도 1986년 '원산지 통제 명칭'이라는 뜻의 D.O.C 등급을 도입했습니다.

와인의 주요 생산지

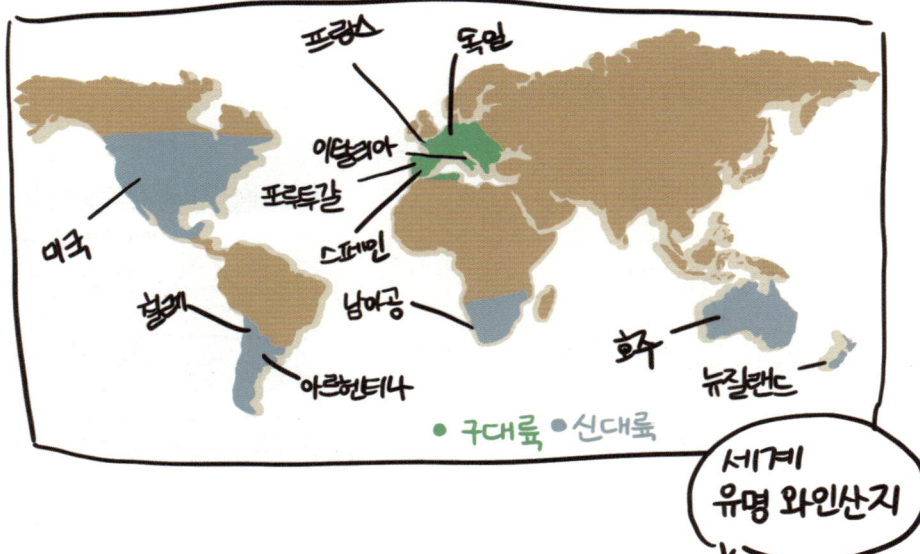

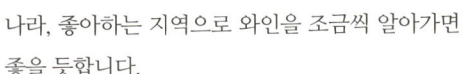

와인의 특성, 특색, 품질에는 지리적 위치, 지형, 토양, 기후 등 환경이 중요한 역할을 합니다. 이렇게 와인의 특성에 영향을 끼치는 요소를 토양이라는 뜻의 테루아 terroir라고 부릅니다.

당연하겠지만 큰 면적을 가진 나라는 생산지에 따라 다른 테루아를 가지고 있고 다른 개성을 가진 와인을 생산하고 있습니다.

와인에 흥미를 느끼고 와인을 조금씩 알아갈 때 어려움을 느끼는 것 중 하나가 포도의 품종과 더불어 와인의 다양한 주요 생산지들입니다.

밤하늘의 별을 다 셀 수 없듯이 모든 와인을 아는 사람은 없고, 알 수도 없습니다. 너무도 넓은 곳이 기다리고 있으니 좋아하는 별자리부터 하나씩 별을 알아가듯이 좋아하는 포도 품종, 좋아하는 나라, 좋아하는 지역으로 와인을 조금씩 알아가면 좋을 듯합니다.

그 시작은 가장 많은 와인을 생산하고 있으며, 대부분 와인의 종주국으로 긍정하는 프랑스부터 시작해 보겠습니다.

🇫🇷 프랑스

프랑스 와인은 질적으로나 양적으로 세계 최고의 수준에 있으며, 따라서 프랑스는 이견 없이 '와인의 종주국'으로 불리고 있습니다. 와인의 주요 품종 대부분이 프랑스에서 기원하고 있습니다. 주요 와인 생산지는 보르도, 부르고뉴, 샹파뉴, 루아르, 알자스, 론, 랑그독, 프로방스 등이 있습니다. 이 중에서도 특히 보르도와 부르고뉴는 프랑스를 대표하는 세계적인 명산지로 손꼽힙니다.

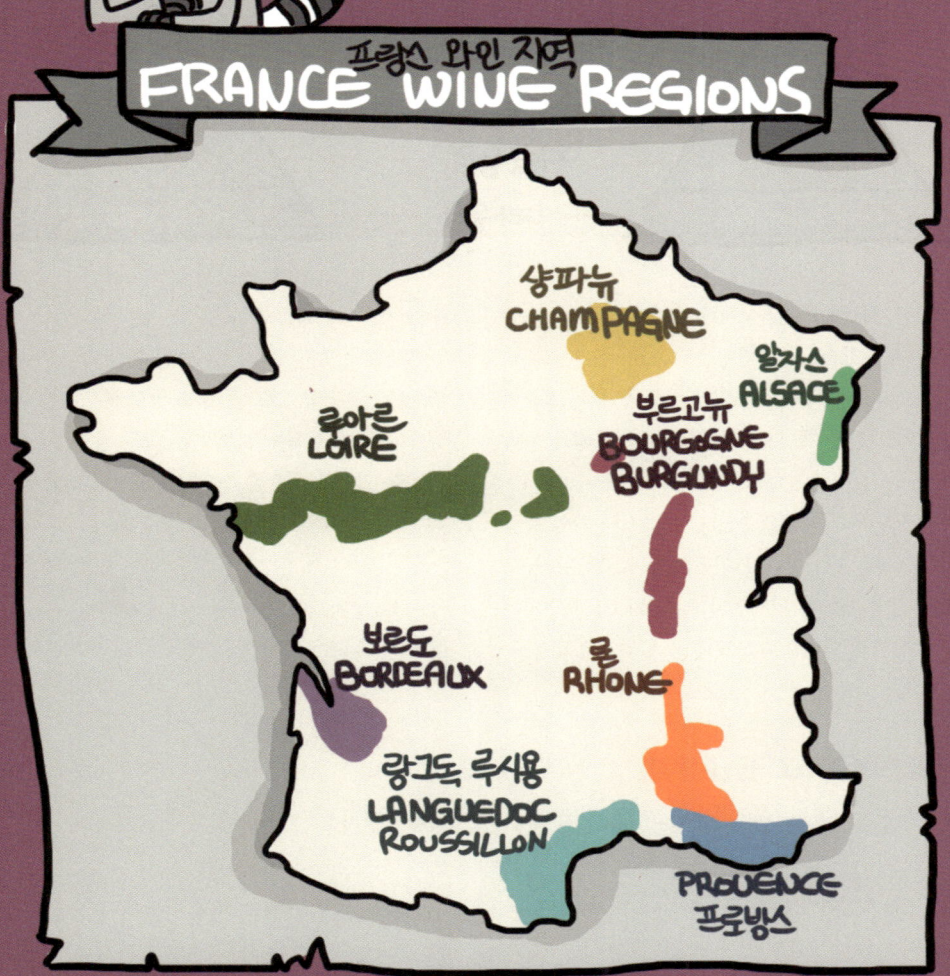

프랑스 통제 명칭

이탈리아, 스페인 등 다른 와인 강국들도 와인의 품질을 보증하기 위해 프랑스의 A.O.C Appellation d'Orgine Controlee 처럼 명칭을 통제하는 제도를 운영하고 있습니다.

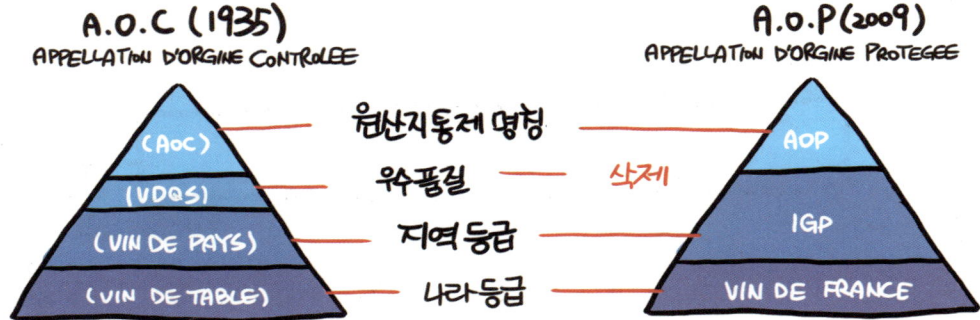

원산지 통제 명칭 Appellation d'Orgine Controlee 중에서 Appellation은 '명칭', d'Orgine은 '원산지', Controlee는 '통제, 관리'라는 뜻입니다. 일종의 주소와도 같은 개념으로 보면 이해하기 좋을 듯합니다.

1936년부터 시행된 A.O.C 프랑스의 와인 등급은 4단계로 나뉩니다. 'VIN DE TABLE'은 규제 없이 생산 가능한 와인입니다. 'VIN DE PAYS'는 지역 등급의 와인으로 포도 품종과 최소 알코올 도수가 제한됩니다. 'V.D.Q.S Vin Delimite de Qualite Superieure'는 A.O.C 등급을 받지 못한 와인으로 지역, 품종, 수확량, 양조법, 최소 알코올 도수를 규제받습니다. A.O.C는 최상위 등급으로 품종, 제조법, 수확량, 알코올 도수를 통제하는 와인입니다.

2009년 유럽연합에 의해 적용된 A.O.P(Appellation d'Orgine Protegee)가 도입되었으나 혼용해서 사용하고 있습니다. A.O.P는 전체 와인 생산량 중 2% 정도만 차지하던 V.D.Q.S가 삭제되어 3단계로 이루어져 있습니다.

프랑스의 A.O.C 등급 분류

A.O.C 등급은 '지방 → 지역 → 마을, 농장 → 포도밭, 포도원' 등 작은 구역으로 점점 세분되어 분류 및 표기됩니다. 부르고뉴 Bourgogne, 버건디, 샴파뉴 Champagne, 샴페인, 보르도 Bordeaux 는 프랑스 지방을 말하고 '그 지방의 지역 → 지역의 마을' 순으로 더 세분화해 분류합니다.

유명한 프랑스 와인 샤토 라투르 Chateau Latour 를 예로 들어보겠습니다. 이 술은 프랑스 France 의 보르도 Bordeaux 지방에 있는 메독 Medoc 지역의 포이약 Pauillac 이라는 산지에 위치한 샤토 라투르 Chateau Latour 에서 생산되는 와인이며, Premier Grand Cru Classe 1등급의 와인입니다.

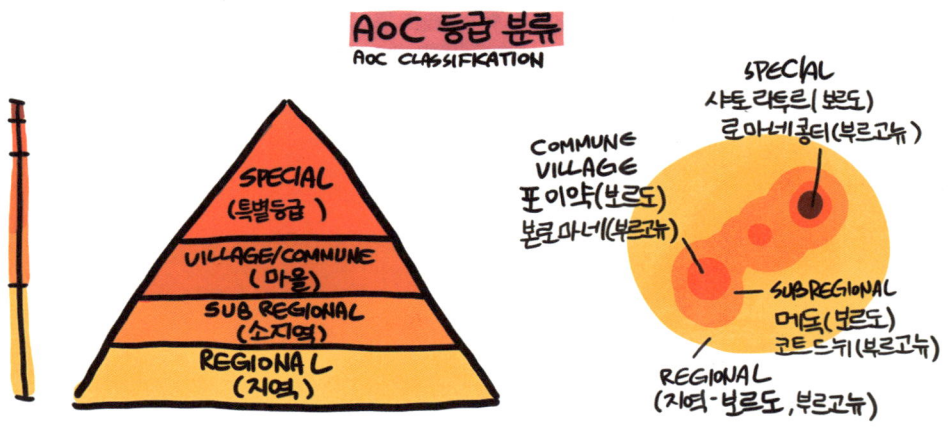

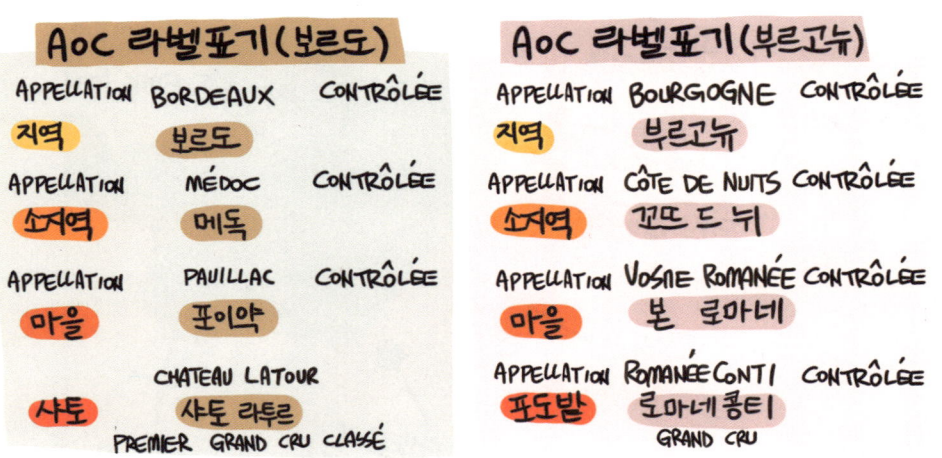

A.O.C 표기는 법적으로 규제하고 있으며 표기가 의무입니다. 부르고뉴의 최상위 등급인 특급 포도밭(그랑 크뤼)은 A.O.C에 적용된 등급이지만, 보르도의 최상위 등급 그랑 크뤼 클라세의 경우 A.O.C와 별개의 등급입니다.

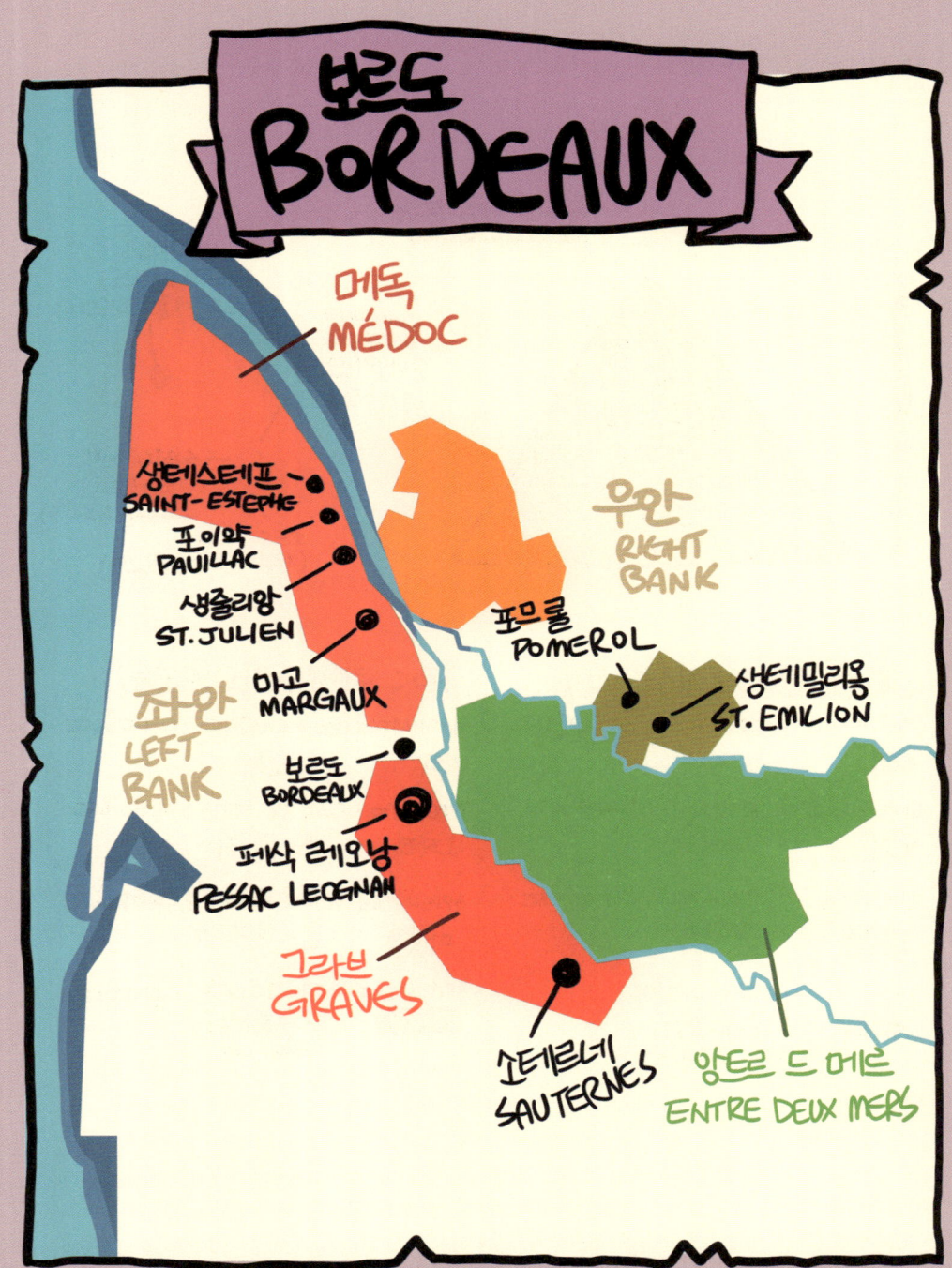

🇫🇷 프랑스, 보르도

보르도Bordeaux는 프랑스 남서부에 있는 세계 최대 규모의 고급 와인 생산지입니다. 프랑스에서 가장 많은 A.O.C 지역이기도 하죠. 여러 와인을 블렌딩해서 만드는 블렌디드 와인을 주로 생산합니다.

보르도 주요 포도 품종

레드 와인에는 보르도의 포도 품종 중 카베르네 소비뇽, 메를로, 카베르네 프랑, 프티 베르도, 말벡을 사용합니다. 화이트 와인에는 소비뇽 블랑, 세미용, 뮈스카데를 사용하죠.

보르도 주요 와인 생산지

보르도는 지롱드강을 기준으로 좌측의 좌안 Left Bank과 우안 Right Bank로 나눕니다.

보르도 좌안은 자갈이 많은 지역으로 카베르네 소비뇽을 주요 품종으로 메를로, 카베르네 프랑, 프티 베르도를 블렌딩해서 사용합니다. 좌안에는 메독 지역과 그라브 지역이 있습니다. 메독은 다시 하류 지역인 메독 지역과 상류 지역인 오메독 지역으로 나눕니다. 참고로 메독은 레드 와인 산지로 화이트 와인을 생산할 경우 보르도 A.O.C를 표기합니다.

오메독은 보르도에서 가장 유명한 지역으로 레드 와인을 생산하며 생테스테프, 포이약, 생줄리앙, 마고 등의 유명 산지 A.O.C가 있습니다. 모두 유명한 와인 산지이며, 포이약에는 그랑 크뤼 클라세 1등급 샤토가 3곳이나 있죠. 이름처럼 자갈이 많은 지형인 그라브는 레드와 화이트 와인을 모두 생산하며 페삭레오낭 산지가 세부 지역으로 있습니다.

우측 상류 쪽에는 세부 산지로 화이트 와인을 생산하는 소테르네 지역이 있으며, '보트리티스 시네리아'라는 곰팡이가 피어 쪼그라든 귀부병 청포도로 만든 일명 '귀부 와인'이 유명합니다. 소테른에는 귀부 와인으로 만든 스위트 와인을 생산하는 샤토 디켐이 있습니다.

보르도 우안은 메를로 위주에 카베르네 프랑을 블렌딩해 만드는 경우가 많으며 포므롤, 생테밀리옹, 프롱삭 등의 유명 와인 산지가 있습니다. 그중 포므롤에서는 소량 생산하는 희소성 높은 와인들이 생산됩니다. 이곳은 샤토 페트뤼스, 샤토 르팡이 있는 지역입니다.

보르도 우안에서는 주로 소규모로 와인이 생산되며, 전통과 다른 개성 있는 풍미, 희소성으로 좋은 평가를 받았던 가라지 와인이 태어난 곳입니다.

가라지 와인(Garage Wine)은 프랑스 보르도 우안 지역에서 시작된 와인으로, 기존의 전통적인 대규모 포도밭에서 생산하는 방식이 아니라, 차고와 같은 작은 공간에서 소량만을 생산하며 기존 보르도 와인과 차별화된 풍미와 뛰어난 품질을 추구한 것이 그 기원입니다. 이러한 가라지 와인은 좋은 평가와 인기를 얻으며, 미국의 컬트 와인을 비롯한 여러 나라의 소규모 고품질 와인 생산 흐름에 영향을 주는 계기가 되었습니다.

그랑 크뤼 클라세

보르도를 대표하는 와인 등급인 그랑 크뤼 클라세Grand Cru Classe는 1855년 지정되었습니다. 1855년 나폴레옹 3세가 프랑스에서 열리는 파리박람회를 위해 만든 등급이죠. 메독 지역의 와인으로

1973년 페삭 레오낭의 샤토 오브리옹이 2등급에서 1등급으로 승급된 것을 제외하고는 61여 개 등급이 지금까지 계속 이어지고 있습니다.

1등급 PREMIERS CRUS 은 샤토 라피트 로칠드, 샤토 라투르, 샤토 마고, 샤토 오브리옹, 샤통 무통 로칠드까지 5개입니다. 또한 2등급 DEUXIEMES CRUS 은 14개, 3등급 TROISIEMES CRUS 14개, 4등급 QUATRIEMES CRUS 10개, 5등급 CINQUIEMES CRUS 18개로 분류되어 있습니다.

그랑 크뤼 클라세 1855 등급은 메독 지역의 61개가 유명하지만, 소테른 바르삭 의 스위트 와인도 지정되었습니다. 특등급 Premier Cru Superieur 인 샤토 디켐 외에 1등급 11개, 2등급 15개로 총 27개의 그랑 크뤼 클라세 1855가 있습니다.

그랑 크뤼 클라세 1885 등급 분류는 A.O.C에 포함되지 않습니다. 등급 분류 자체가 A.O.C 등급 도입 이전에 지정되었고, 보르도 지역이기 때문에 보르도 자체의 품질 등급이라 볼 수 있습니다.

생테밀리옹의 그랑 크뤼 클라세

생테밀리옹 Saint Emilion 에는 82개의 그랑 크뤼 A.O.C 가 있습니다. 1855년 보르도 등급에 포함되지 않은 지역을 위한 등급제로 1954년부터 시행되었고, 3단계의 등급이 있으며 레드 와인만 포함됩니다.

생테밀리옹 그랑 크뤼 클라세 A.O.C 는 보르도와는 다르게 A.O.C 등급이며, 10년마다 심사를 통해 등급이 재분류됩니다. 2012년 등급 분류에서는 프리미어 그랑 크뤼 클라세 A PREMIERS GRANDS CRUS CLASSES A 의 경우 샤토 앙젤루스 Chateau Angelus , 샤토 오존 Chateau Ausone , 샤토 슈발 블랑 Chateau Cheval Blanc , 샤토 파비 Chateau Pavie 까지 4개의 샤토가 있습니다. 그 외에 프리미어 그랑 크뤼 클라세 B PREMIERS GRANDS CRUS CLASSES B 가 14개, 그랑 크뤼 클라세 GRANDS CRUS CLASSES 는 64개의 샤토가 속해 있었습니다.

비교적 최근인 2022년의 등급 분류에서는 프리미어 그랑 크뤼 클라세 A에 샤토 피작 Chateau Figeac 이 승급되었습니다. 샤토 앙젤루스, 샤토 슈발 블랑, 샤토 오존은 등급 참여를 포기해 기존의 샤토 파비만 남아 4곳에서 2곳으로 변경되었죠. 프리미어 그랑 크뤼 클라세 B등급은 14개에서 12개로 변경되었습니다.

그 외 보르도 등급 체계

그라브에는 16개의 크뤼 클라세가 있고, 메독 지역에는 그랑 크뤼 클라세 1855 등급 외에 크뤼 부르주아 Cru Bourgeois 등급 분류 체계 3등급으로 분류 가 있으며, 2020년부터 5년마다 재분류를 하고 있습니다.

부르고뉴 BOURGOGNE

코트 드 뉘 CÔTE DE NUITS
- 디종 DIJON
- 샤블리 CHABLIS
- 주브레 샹베르탱 GEVREY CHAMBERTIN
- 샹볼 뮈지니 CHAMBOLLE MUSIGNY
- 부조 VOUGEOT
- 본 로마네 VOSNE ROMANEE
- 뉘 쌩 조르주 NUITS ST. GEORGES
- 알록스 코르통 ALOXE CORTON
- 포마드 POMMARD
- 본 BEAUNE
- 뫼르소 MEURSAULT
- 볼네 VOLNAY
- 샤사뉴 몽라셰 CHASSAGNE MONTRACHET
- 퓔리니 몽라셰 PULIGNY MONTRACHET

코트 드 본 CÔTE DE BEAUNE

코트 샬로네즈 CÔTE CHALONNAISE

마코네 MÂCONNAIS
- 마콩 MÂCON

보졸레 BEAUJOLAIS

프랑스, 부르고뉴

중세 수도원에서 처음 만들었던 부르고뉴Bourgogne의 포도밭은 프랑스 대혁명 이후 혁명정부에 몰수되어 국유화되었습니다. 이후 포도밭은 투자자와 사업가들에게 경매로 넘겨지는 과정에서 여러 조각으로 분할되었고, 이로 인해 지금까지 부르고뉴의 포도밭은 여러 구획으로 나뉘어 여러 소유자를 가지게 되었습니다. 보르도에 '샤토'가 있다면 부르고뉴에는 '도멘'과 '메종'이 있습니다.

- **네고시앙(Negociant)** 다른 포도밭에서 매입한 포도로 와인을 만드는 와인 생산자입니다.
- **도멘(Domaine)** 자신의 포도밭에서 난 포도로 와인을 생산하는 와인 생산자입니다.
- **메종(Maison)** 도멘과 네고시앙 역할을 동시에 하는 와인 생산자로 자신의 포도밭을 소유하고 있습니다.
- **모노폴(Monopole)** '독점'이라는 뜻처럼 한 생산자가 포도밭을 단독으로 소유·생산·판매하는 것을 말합니다. 로마네 콩티가 대표적인 모노폴 와인입니다.

부르고뉴 주요 포도 품종

부르고뉴는 레드 품종으로 피노 누아를, 화이트 품종으로는 샤르도네를 주로 사용하는 지역입니다. 그 외에도 레드 품종으로 보졸레 누보에 사용하는 가메Gamay 품종이 있고, 화이트 품종으로는 알리고테Aligote 품종을 재배합니다. 부르고뉴를 대표하는 피노 누아는 섬세한 품종으로 재배가 까다로운 것이 특징입니다.

부르고뉴의 지역 단위 와인 생산지

부르고뉴의 와인 생산 지역은 다음과 같습니다.

- **샤블리(Chablis)** 이트 와인을 생산하며 기후가 서늘한 지역입니다. A.O.C 등급은 프티 샤블리, 샤블리, 프리미에 크뤼, 그랑 크뤼입니다.
- **코트 도르(Cote d'Or)** '황금의 언덕'이라는 뜻을 가진 지역으로 부르고뉴에서 가장 중요한 와인 산지입니다. 유명 포도밭을 많이 소유하고 있으며 코트 드 뉘Cote De Nuits, 코트 드 본Cote De Beaune으로 나뉩니다.
- **코트 샬로네즈(Cote Chalonnaise)** 다른 지역에 비해 비교적 저렴한 와인 생산지로 레드에는 피노 누아, 화이트에는 샤르도네 품종을 주로 사용합니다.
- **마코네(Maconnais)** 샤르도네 품종의 가볍고 산뜻한 화이트 와인을 주로 생산합니다.
- **보졸레(Beaujolais)** 부르고뉴 지방의 와인 중 60% 정도를 생산합니다. 현대식으로 생산해 단기간 숙성한 보졸레 누보로 유명합니다.

부르고뉴 주요 마을 단위 와인 생산지

부르고뉴의 마을 단위 Village로 보면 코트 도르의 세부 산지인 코트 드 뉘, 코트 드본에 와인 생산 지역이 있습니다. 이들 세부 생산지에는 여러 포도밭이 있으며 가장 높은 등급인 그랑 크뤼 등급의 포도밭도 많이 포함됩니다. 가장 많은 그랑 크뤼를 가지고 있는 특급 생산지로서 세계에서 가장 몸값이 높은 산지라고 볼 수 있습니다.

■ 코트 드 뉘(Cote de Nuits)

피노 누아로 최상급의 레드와인을 생산하는 생산지입니다.

- 즈브레 샹베르탱(Gevrey Chamberin) '나폴레옹의 와인'이라는 별명을 가진 와인으로 강렬하고 우아한 스타일의 와인을 생산합니다. 9개의 그랑 크뤼를 가진 지역입니다.
- 샹볼 뮈지니(Chambolle Musigny) 섬세하고 여성스러운 스타일의 와인을 생산합니다.
- 부조(Vougeot) 시토 수도원이 만든 산지로 유명한 그랑 크뤼 포도밭인 클로드 부조가 있습니다.
- 본 로마네(Vosne Romanee) 로마네 콩티 포도밭이 있는 유명한 와인 산지입니다.
- 뉘 생 조르주(Nuit St. Georges) 앙리 구즈 Henri Gouges 도멘이 있는 곳으로 그랑 크뤼 포도밭이 없는 생산지입니다.

■ 코트 드 본(Cote de Beaune)

레드 와인과 최상급의 화이트 와인을 생산하는 지역입니다.

- 알록스 코르통(Aloxe Corton) 섬세하고 부드러운 스타일의 레드 와인을 생산합니다.
- 포마드(Pommard) 레드 와인 생산지로 그랑 크뤼 포도밭이 없는 산지입니다.
- 볼네(Volnay) 부드러운 레드 와인 생산지로 그랑 크뤼 포도밭이 없는 산지입니다.
- 뫼르소(Meursault) 강한 과일 풍미의 최고급 화이트 와인 생산지입니다.
- 필리니 몽라셰(Puligny Montrachet) 높은 산도의 최고급 화이트 와인 생산지입니다.
- 샤사뉴 몽라셰(Chassagen Montrachet) 풍부한 향의 최고급 화이트 와인 생산지입니다.

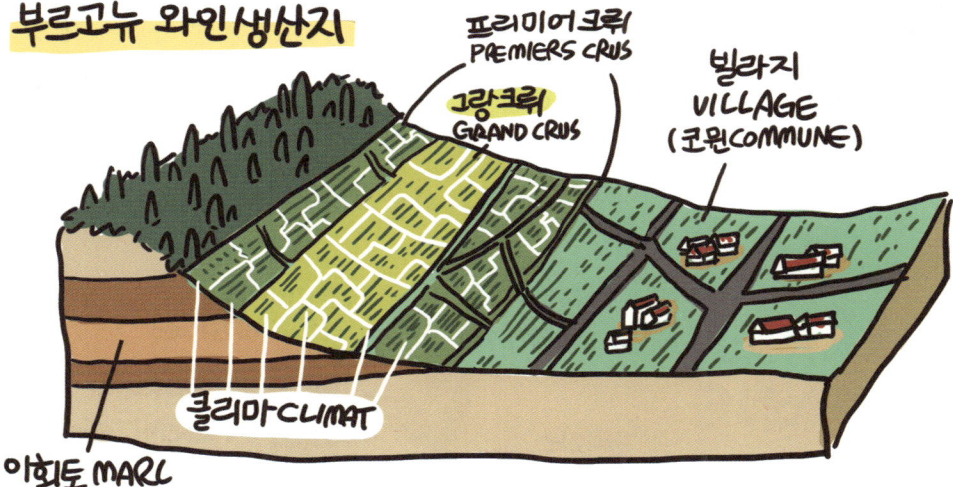

부르고뉴 원산지 통제 명칭

부르고뉴의 가장 고급 생산지는 대부분 남동향의 경사지에 있습니다. 가장 좋은 위치에 자리 잡은 포도밭은 대부분 최고급 산지인 그랑 크뤼 포도밭이며, 인근 위아래의 경사지에는 그랑 크뤼 다음으로 고급 산지인 프리미어 크뤼가 위치하고 있습니다. 보르도가 샤토 중심의 등급이라면 부르고뉴는 포도밭 중심의 등급입니다.

- 그랑 크뤼(Grand Cru) 지정된 특등급 포도밭이 33개 있으며, 60% 이상이 피노 누아 품종을 사용합니다. 라벨에는 포도밭 이름만 명시됩니다.
- 프리미에 크뤼(Premier Cru) 지정된 1등급 640개 포도밭이 있으며 마을, 등급, 포도밭 이름이 명시됩니다.
- 빌라주(Village) 부르고뉴 마을을 뜻하며 44개의 마을이 있습니다.
- 부르고뉴(Bourgogne) 부르고뉴 명칭을 사용합니다.

대부분의 포도밭은 여러 소유자가 분할하여 소유하며 각각의 소유지에서 재배합니다. 포도밭을 단독으로 소유하는 경우는 매우 드문데 포도밭을 소유하고 생산하는 경우를 모노폴 Monopole이라 합니다.

또한 부르고뉴 그랑 크뤼, 프리미어 크뤼의 포도밭은 구역이 정해져 있으며, 각각 다른 테루아를 가진 것으로 여겨지고 단일한 포도 품종으로 각각 양조됩니다. 이를 크리마 Crimat 라고 하며, 부르고뉴 와인의 핵심입니다.

론 계곡 RHONE VALLEY WINE MAP

북부 론 NORTHERN RHONE
- 콩드리유 CONDRIEU
- 코트 로티 COTE ROTIE
- 샤토 그리예 CHATEAU GRILLET
- 생조셉 ST. JOSEPH
- 에르미타주 HERMITAGE
- 크로즈 에르미타주 CROZES HERMITAGE
- 코르나스 CORNAS

남부 론 SOUTHERN RHONE
- 지공다스 GIGONDAS
- 샤토 뇌프 뒤파프 CHATEAU NEUF DU PAPE

🇫🇷 프랑스, 론 계곡

론 계곡 Rhone Valley은 프랑스 남부에 있는 지역으로 시라와 그르나슈를 주요 품종으로 사용하는 와인 생산지입니다. 론 계곡 지역은 북부와 남부로 나뉩니다.

론 계곡 주요 포도 품종

론의 주요 품종은 레드 품종인 시라 Syrah 와 화이트 품종인 비오니에 Viognier 이며, 화이트 품종인 마르산 Marsanne 과 루산 Roussanne 도 재배하고 있습니다. 남부에서는 그르나슈 Grenache 를 주요 품종으로 시라와 무르베드르 Mourvedre 를 재배합니다.

■ 북부 론(Northen Rhone)

시라를 레드 품종으로 사용하고, 화이트 품종으로는 비오니에, 마르산, 루산을 사용합니다. 론 전체 생산량 대비 소량을 생산하지만, 론의 주요 산지가 많이 분포해 있고 명성이 높습니다.

- **코트 로티(Cote Rotie)** 레드 와인만 생산하고 있습니다. 시라에 최대 20%까지 비오니에를 블렌딩할 수 있습니다.
- **콩드리유(Condrieu)** 비오니에를 사용해서 화이트 와인을 생산하는 산지입니다.
- **샤토그리예(Chateau Grillet)** 론에서 유명한 화이트 품종인 비오니에로 화이트 와인을 생산하는 모노폴입니다.
- **생조셉(St. Joseph)** 주로 시라를 사용한 가벼운 와인을 생산합니다.
- **에르미타주(Hermitage)** 론에서 가장 유명한 산지로 장기 숙성이 가능한 강하고 무거운 레드 와인을 생산합니다.
- **크로즈 에르미타주(Crozes Hermitage)** 에르미타주보다 가벼운 스타일의 와인을 생산합니다.
- **코르나스(Cornas)** 시라만 사용해서 레드 와인을 생산하는 생산지입니다.

■ 남부 론(Southen Rhone)

남부 론은 그르나슈를 주요 품종으로 시라와 무르베드르를 블렌딩하며, 여러 화이트 품종을 재배합니다.

- **샤토뇌프 뒤 파프(Chateauneuf-du-Pape)** 남부 론의 가장 유명한 산지입니다. '교황의 새로운 샤토'라는 뜻으로 아비뇽 유수 당시 교황이 머물던 곳에서 포도주를 생산하던 것이 유래가 된 산지입니다. 그르나슈를 주요 품종으로 13가지 품종을 블렌딩할 수 있습니다.
- **지공다스(Gigondas)** '작은 샤토뇌프 뒤 파프'라 불리며, 주로 시라와 무르베드르 품종을 사용해 보다 부드러운 스타일의 레드 와인을 생산합니다.

그 외에도 넓고 많은 와인을 생산하는 남부 론의 지역에서는 코트 드 론 Cote du Rhone A.O.C를 사용합니다. 바꿔 말하면 북부에서는 세부 산지 A.O.C를 사용하며, 론 A.O.C를 사용하는 곳은 남부 론의 와인이라고 보면 됩니다.

🇫🇷 프랑스, 알자스

알자스Alsace는 프랑스 동북부의 독일 인근에 위치한 지역으로 독일의 영향을 많이 받은 포도 품종을 중심으로 화이트 와인을 주로 생산하는 지역입니다.

알자스 주요 포도 품종과 스타일

알자스는 무엇보다 포도 품종과 포도 자체의 풍미가 중요한 와인을 생산하는 지역입니다. 대표 품종으로는 리슬링, 게뷔르츠트라미너, 피노그리 Pino Gris, 뮈스카가 있으며, 이 네 가지는 고급 품종으로 분류합니다.

알자스의 와인은 포도 품종의 풍부하고 산뜻한 과일, 과실 향을 주요 특징으로 가지고 있으며, 이런 특징을 가리는 오크통 숙성이나 유산 발효는 일반적으로 하지 않습니다.

알자스의 와인에는 다음과 같은 방식의 와인이 유명하며, 모두 앞에서 소개한 네 가지 고급 품종으로 만들어집니다.

- 방당주 타르티브(Vendange Tardive/VT) '늦수확한 품종'이라는 뜻으로, 포도나무에 달린 채로 말려 당도를 높인 다음 수확합니다. 드라이한 스타일부터 스위트한 스타일까지 다양합니다.
- 셀렉시옹 드 그랭 노블(Selection de Grains Noble) '선별된 귀부 포도'라는 뜻으로, 귀부병의 영향을 받은 포도로 만듭니다. 방당주 타르티브보다 포도의 당도가 높아서 주로 스위트한 스타일의 와인이 생산됩니다.

🇫🇷 프랑스, 루아르 밸리

루아르 밸리Loire Valley는 프랑스에서 가장 긴 강인 루아르강을 따라 조성된 와인 생산지입니다. 아주 넓은 지역인 만큼 다양한 기후 덕분에 레드, 화이트, 로제, 스파클링 등 다양한 와인이 생산되고 있습니다.

루아르 밸리 주요 포도 품종

루아르는 넓은 지역인 만큼 다양한 와인을 생산하고 있습니다. 여러 품종을 재배하고 있으나 대표적인 레드 품종으로 카베르네 프랑, 가메, 피노 누아가 있습니다. 화이트 품종으로는 소비뇽 블랑과 슈냉 블랑, 뮈스카데가 있습니다.

루아르 밸리 주요 와인 생산지

루아르는 루아르 상류의 상트르 지역과 루아르 중류의 투렌, 앙주 소뮈르 지역, 루아르강 하류의 페이낭테 지역으로 나뉩니다.

- **상트르(Centre)** 이 지역의 주요 산지로는 상세르와 푸이 퓌메가 있으며, 주로 소비뇽 블랑을 사용해 산도가 높고 시트러스 계열 풍미가 돋보이는 드라이한 화이트 와인을 생산합니다. 상세르 지역에서는 피노 누아를 사용해 로제 와인도 일부 생산합니다.
- **투렌(Touraine)** 가볍고 편하게 마실 수 있는 소비뇽 블랑을 주로 생산하는 지역으로 가메, 말벡으로 레드 와인도 생산합니다.
- **앙주 소뮈르(Anjou-Saumur)** 앙주는 슈냉 블랑으로 드라이한 화이트 와인을 생산하며, 소뮈르는 전통 방식으로 슈냉 블랑을 사용해 만든 스파클링 와인으로 유명합니다. 그 외 지역으로 슈냉 블랑으로 드라이한 와인을 생산하는 사브니에르와 귀부병에 걸린 슈냉블랑으로 만든 스위트 와인을 생산하는 코토 뒤 레이용이 있습니다.
- **페이낭테(Pays Nantais)** 루아르의 가장 서쪽에 위치한 산지로, 뮈스카데 믈롱블랑, 믈롱 드 부르고뉴라고도 불림 로 만든 산도 높고 신선하며 가벼운 뮈스카데 와인으로 유명합니다.

🇫🇷 프랑스, 랑그독-루시용

랑그독-루시용 Languedoc-Roussillon 은 랑그독 지역과 루시용 지역을 묶어 부르는 말로, 이곳은 프랑스 남부의 넓은 와인 산지로서 다양한 기후를 가지고 있으며, 일조량이 풍부해 다양한 포도 품종과 개성 있는 와인을 생산하는 지역입니다. 주로 과실 향의 풍부하고 신선한 스타일의 와인을 생산합니다.

랑그독-루시용 주요 포도 품종

주요 포도 품종으로 먼저 레드의 경우 카리냥 Carignan 과 시라, 그르나슈를 무르베드르 사용하며, 샤르도네 외 여러 화이트 품종을 사용합니다.

랑그독-루시용 주요 와인 생산지

- **페이독(Pay D'oc)** '랑그독-루시옹 뱅 드 페이'의 줄임말로 프랑스 뱅 드 페이 Vin de Pay 등급 와인의 약 60%를 생산합니다. 수출 위주로 여러 품종을 생산합니다.
- **코르비에르(Corbieres)** 랑그독에 속한 유명 산지로 붉은 과일 풍미의 레드 와인을 생산합니다.
- **미네르부아(Minervois)** 코르비에르와 더불어 랑그독-루시옹의 유명 산지로 시라, 그르나슈, 무드베르드 중심으로 블렌딩된 레드 와인을 생산합니다.

🇫🇷 프랑스, 샹파뉴

샹파뉴Champagne는 '샴페인'이라는 발포성 와인의 대명사로, 가장 유명한 발포성 와인을 생산 하는 지역입니다. 이 지역에서 생산하는 발포성 스파클링 와인만 '샴페인'이라고 부를 수 있습니다. 샴페인을 만드는 전통 방식을 메토드 샹프누아즈 Methode Champenoise 라고 하며, 이 방식으로 만든 와인만 '샴페인'이라는 명칭을 사용할 수 있습니다.

샹파뉴 지역은 북쪽에 위치하여 기후가 비교적 서늘해서 높은 산도를 유지할 수 있습니다. 프랑스에서 가장 기온이 낮은 산지입니다.

샴페인에 사용되는 주요 포도 품종은 피노 뫼니에, 피노 누아, 샤르도네이며, 이 품종들을 블렌딩해서 샴페인을 생산합니다. 블랑 드 블랑은 샤르도네, 블랑 드 누아는 피노 뫼니에 혹은 피노 누아만 사용해서 만든 샴페인을 말합니다.

프랑스어로 블랑(Blanc)은 '하양', 누아(Noir)는 '검정'을 뜻합니다.

샴페인 자체가 샹파뉴를 가리키기 때문에 앞의 보르도나 부르고뉴의 산지처럼 A.O.C나 포도밭으로 등급을 나누지는 않습니다.

샴페인을 만드는 곳을 '샴페인 하우스'라고 하며, 대부분 포도 생산자에게 포도를 구매해서 샴페인을 생산합니다. 샴페인은 기본적으로 블렌딩해서 만들어지며, 포도의 품질이 좋은 해에 빈티지를 표기하기도 합니다.

샹파뉴의 그랑 크뤼, 프리미어 크뤼는 포도 생산자가 책정한 금액으로 판매하기 위해 정해놓은 구역입니다.

샴페인과 두 사람

샴페인에 관한 유명한 인물들이 있습니다. 수사 돔 페리뇽과 마담 클리코입니다.

흔히 '샴페인의 아버지'라 불리는 돔 페리뇽은 수도자이자 샴페인을 처음 만들었다고 알려진 인물이지만, 실제로 샴페인을 만든 것이 아니라, 발효 중 병이 손상되는 문제가 많은 샴페인에 코르크 마개와 철사로 병을 봉인하는 방법을 도입했다고 합니다. 이런 스토리텔링은 술의 가치와 맛을 올리는 요소이기도 하죠. 샴페인 브랜드 모엣 샹동에는 그의 이름을 딴 유명한 샴페인, 돔 페리뇽이 있습니다.

돔 페리뇽이 샴페인의 아버지라면, 마담 클리코는 '샴페인의 어머니'가 아닐까 합니다. 마담 클리코는 '뵈브 클리코'라는 샴페인을 만든 사람입니다. 젊은 미망인이었던 그녀는 샴페인의 발효 찌꺼기를 돌려 침전물을 한 곳에 모으는 르미아주 Remiage를 고안했습니다. 이 방법 덕분에 샴페인은 지금과 같은 투명한 모습을 갖추게 되었습니다.

돔 페리뇽
DOM PIERRE PÉRIGNON

마담 클리코
MADAME CLICQUOT

🇮🇹 이탈리아

이탈리아는 프랑스와 더불어 세계에서 가장 많은 와인을 생산하고 있는 나라입니다. 최근까지는 세계 최대 생산지였으나, 기후 변화로 2023년부터 그 자리를 프랑스에 넘겨주었지요. 이탈리아 전역에서 와인을 생산하고 있고, 주요 산지는 피에몬테와 토스카나 등입니다.

이탈리아 주요 포도 품종

이탈리아에서는 고대부터 와인을 만들었고 그 덕분에 다양한 토착 포도 품종이 있습니다. 주요 토착 품종으로는 레드 품종인 산지오베제 Sangiovese, 네비올로 Nebbiolo, 바르베라 Barbera, 몬태풀치아노 Montepulciano 등이 있고, 화이트 품종으로는 코르테제 Cortese, 그레코 Greco, 가르가네가 Garganega, 글레라 Glera 등이 있습니다.

이탈리아 와인 등급

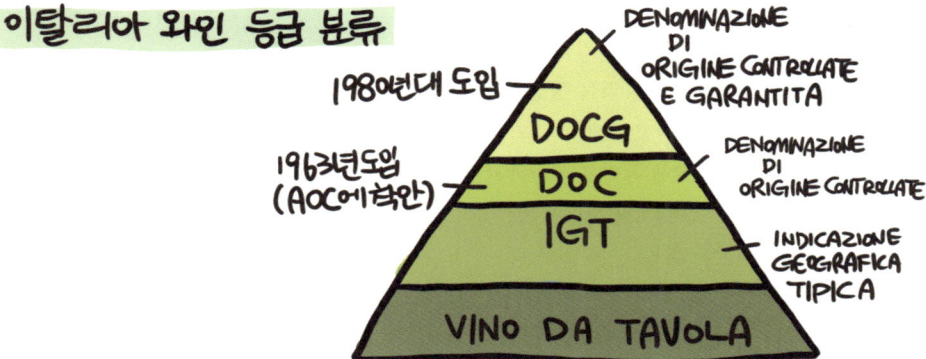

이탈리아는 프랑스의 A.O.C를 참고하여 그와 유사한 D.O.C 등급을 도입했습니다.

- D.O.C.G(Denominazione di Origine Controllata e Garatiat) '원산지 통제 명칭 보증'이라는 뜻이며, 이탈리아 최고급 등급의 와인으로 1980년대에 도입되었습니다.
- D.O.C(Denominazione di Origine Controllata) '원산지 통제 명칭'이라는 뜻으로 1963년 A.O.C를 참고하여 이탈리아 전통 품종 위주로 도입되었습니다.
- I.G.P(Indicazione Geografica Tipica) '원산지 특정 승인'이라는 뜻으로 품종, 재배 방식 등의 규정을 지키는 와인 등급입니다.
- V.D.T(Vino da Tavla) '테이블 와인'이라는 뜻으로 이탈리아의 기본 와인입니다.

이탈리아 주요 와인 산지

■ 피에몬테(Piemonte) 지역의 주요 와인 생산지 (D.O.C.G 등급)

- **바롤로(Barolo)** 이탈리아 최고의 산지로 네비올로 품종을 사용한 레드 와인을 주로 생산합니다. 포도 수확 후 최소 38개월간 숙성해야 하며, 그중 오크통에서 18개월 이상 숙성해야 합니다.
- **바르바레스코(Barbaresco)** 바롤로의 동북쪽에 있는 곳으로 바롤로와 같이 네비올로 품종을 사용하는 와인을 생산합니다. 최소 26개월 이상 숙성해야 하며, 적어도 9개월 이상은 오크통에서 숙성해야 합니다.
- **아스티(Asti)** 스파클링 와인으로 유명한 산지입니다. 모스카토 품종으로 만드는 달콤하고 도수가 낮은 5~7% 모스카토 다스티 Moscato d'Asti와 아스티 스푸만테 Asti Spumante를 생산하는 지역입니다.

■ 토스카나(Toscana) 지역의 주요 와인 생산지 (D.O.C.G 등급)

- **키안티 클라시코(Chianti Classico)** 토스카나에서 가장 유명한 지역입니다. 산지오베제를 80% 이상 사용해야 합니다. 키안티 지역 내에 있으며, 정확히는 과거에 키안티 지역이었으나 키안티 지역이 넓어지자 키안티 원조 클라시코 라는 명칭을 붙여 1996년부터 별도로 구분하고 있습니다. 키안티 클라시코는 12개월 숙성해야 하고 키안티 클라시코 리제르바 Riserva 는 24개월 숙성, 그란 셀레지오네 Gran Selezione 는 30개월 이상 숙성해야 하며, 직접 재배한 포도만을 사용해야 합니다.
- **키안티(Chianti)** 키안티가 유명해지면서 생산 지역이 인근 지역까지 점점 넓어지게 되었습니다. 산지오베제 품종을 70% 이상 사용해서 와인을 생산합니다.
- **브루넬로 디 몬탈치노(Brunello di Montalcino)** 토스카나 지역인 몬탈치노에서 100% 브루넬로 품종 산지오베제의 변종을 사용해 만드는 와인입니다. 최소 4년 이상의 숙성이 필요하며 그중 오크통에서 2년 이상 숙성해야 합니다. 'BDM'이라 줄여 부릅니다.
- **비노 노빌레 디 몬테풀치아노(Vino Nobile di Montepulciano)** 70% 이상의 산지오베제 품종을 사용해야 하며, 2년 이상 숙성, 그중 12개월 이상 오크통에서 숙성해야 합니다. '몬테풀치아노'라는 이름의 품종이 이미 있기 때문에 비노 노빌레로 다른 포도 산지오베제임을 알리고 있습니다.

■ 베네토(Veneto) 지역의 주요 와인 생산지

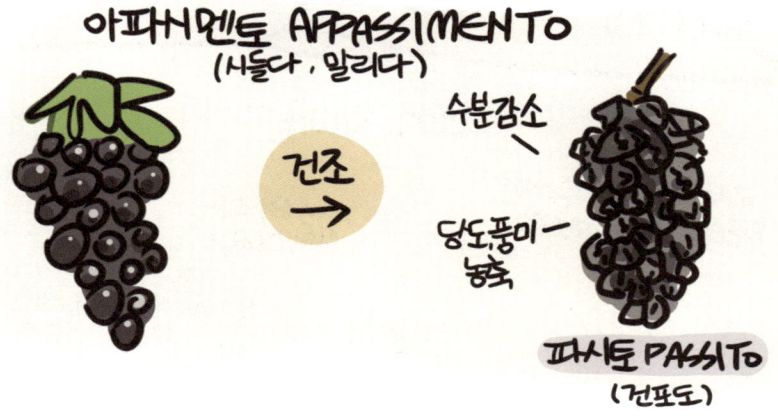

- **발폴리첼라(Valpolicella)** 발폴리첼라는 포도를 수확한 후 건조해서 사용하는 아파시멘토 Appassimento 방식을 사용해 만드는 파시토 와인으로 유명하며, 다음과 같은 D.O.C.G 등급의 와인이 있습니다.

파시토는 아파시멘토 기법으로 만든 베네토의 와인을 지칭하는 용어입니다.

- **레치오토 델라 발폴리첼라(Recioto della Valpolicella)** 아파시멘토 방식으로 건조한 포도를 사용해서 발효 중 중단해 당도를 유지한 와인입니다. 참고로 레치오토는 '귀'를 뜻하며, 달달한 와인을 말합니다.

- **아마로네 델라 발폴리첼라(Amarone della Valpolicella)** 아파시멘토 방식으로 건조한 포도를 장기간 발효해 높은 알코올을 가진 드라이한 와인을 생산합니다. 아마로 Amaro 는 '쓰다'는 뜻을 가지고 있습니다.

또한 레치오토와 아마로네를 생산한 후 남은 껍질 등의 부산물에 와인을 섞어 만드는 리파소 Ripasso D.O.C가 있고, 가르가네가 품종으로 산도가 높은 화이트 와인을 생산하는 생산지 소아베 Soave D.O.C가 있습니다.

슈퍼 투스칸

1960년대 토스카나의 볼게리 지역에서는 이탈리아 전통 방식과 법규에서 벗어나 국제 품종을 사용해 자유로운 방식으로 개성 있고 혁신적인 와인을 생산하기 시작했습니다. 이러한 와인들이 주목 받고 인기를 얻으면서 '슈퍼 투스칸'이라 불리기 시작했습니다. 마세토, 사시카이아, 티냐넬로, 솔라이아, 오르넬라이아 등이 있으며, 모두 높은 평가와 함께 프리미엄 와인으로 인정받고 있습니다.

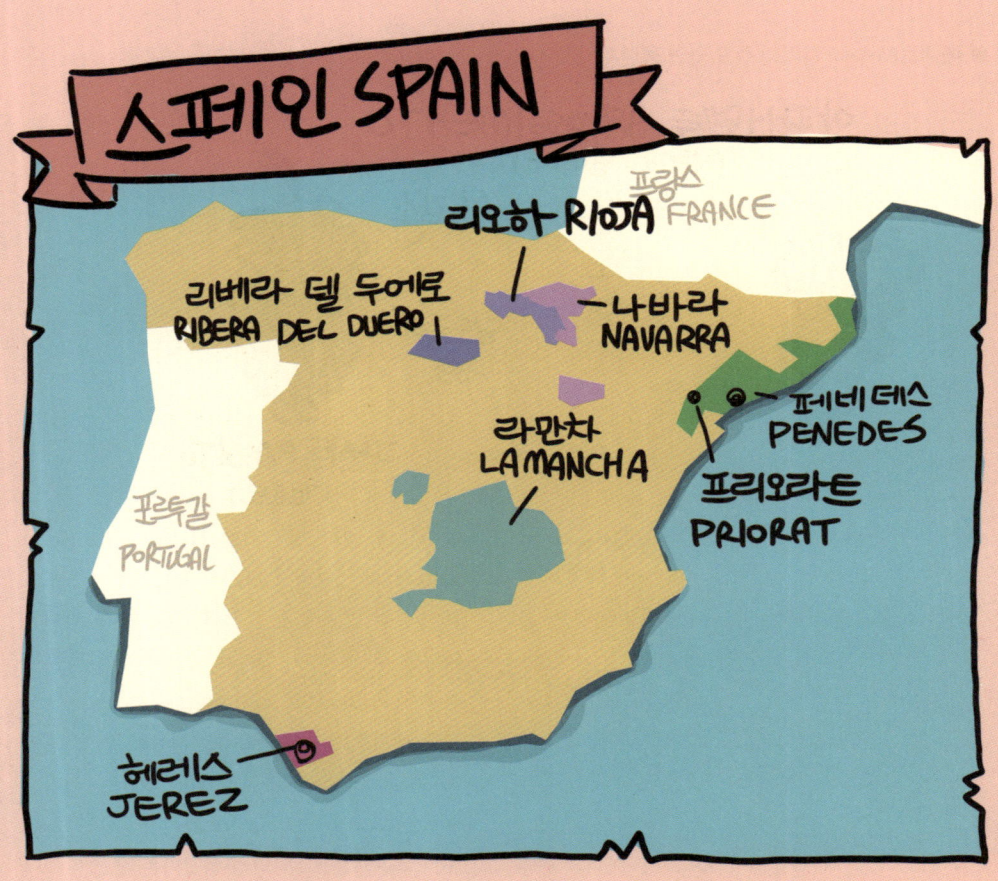

🇪🇸 스페인

오랜 와인의 역사를 가지고 있는 스페인은 프랑스, 이탈리아에 이어 세계 3위의 와인 생산국이며, 전 세계에서 가장 넓은 포도밭을 보유하고 있습니다. 다양한 기후와 토양 덕분에 스페인에서는 각기 다른 개성과 특징을 지닌 와인을 생산합니다.

스페인 주요 포도 품종

스페인의 대표 품종으로는 템프라니요, 가르나차그르나슈, 모나스트렐 등이 있고, 화이트 와인 품종으로 알바리뇨, 비우라, 베르데호 등이 있습니다. 로제 와인과 페네데스 지역의 스파클링 와인 카바가 많이 생산되고 있습니다.

스페인 주요 와인산지

- 리오하(Rioja) 스페인 최고의 와인 생산지이며 템프라니요 품종의 레드 와인이 유명합니다.
- 리베라 델 두에로(Ribera del Duero) 리오하에 이어 스페인 2위의 와인 산지입니다. 리오하와 마찬가지로 템프라니요 품종의 레드 와인이 주로 생산됩니다.
- 프리오라토(Priorato) 카리녜나, 가르나차 등의 품종으로 만든 고가의 레드 와인이 유명합니다.
- 페네데스(Penedes) 카탈루냐 지방에 위치한 화이트 와인 산지이며, 샤르도네 품종이 대표적입니다.
- 헤레스(Jerez) 주정을 넣은 강화 와인인 피노, 올로로소 등의 셰리 와인이 유명합니다.
- 라만차(La Mancha) 중남부의 고원지대로 호불호 없이 즐길 수 있는 와인이 나는 산지입니다.

스페인 와인 등급

스페인도 프랑스의 A.O.C를 참고로 D.O 등급을 도입했습니다.

- 비노 데파고(Vino de Pago) 2003년 도입된 것으로 단일 포도밭의 고급 와인 등급입니다.
- D.O.C.a(Denominacion de Origen Calificada) '인증된 원산지 명칭'이라는 뜻으로 1991년 지정된 리오하와 2009년 지정된 프리오라토 2곳만 있습니다.
- D.O(Denominacion de Origen) '원산지 명칭'이라는 뜻으로 현재 69개의 지역이 지정되어 있습니다.
- V.D.L.T(Vino de la Tierra) 프랑스의 뱅 드 페이와 유사한 등급입니다.

스페인 와인의 숙성 기간에 따른 등급

- 호벤(Joven) 숙성하지 않거나 오크통에서 최대 6개월 숙성
- 크리안자(Crianza) 오크통 숙성 12개월, 병입 숙성 12개월로 최소 2년 숙성
- 리제르바(Reserva) 오크통 숙성 12개월, 병입 숙성 18개월로 최소 3년 숙성
- 그랑 리제르바(Gran Ressrva) 오크통 숙성 18개월, 병입 숙성 48개월로 최소 5년 숙성

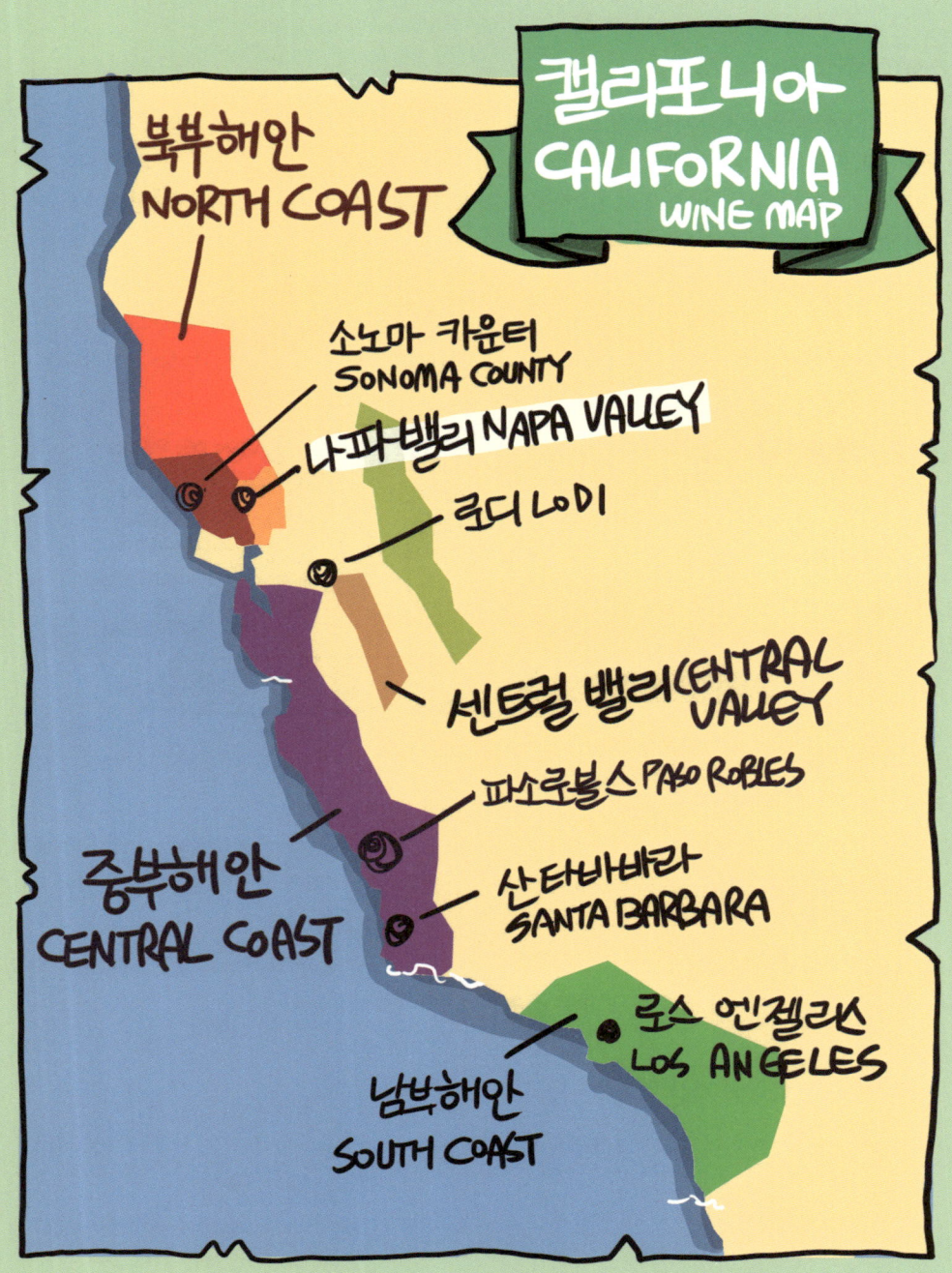

🇺🇸 미국

미국은 세계에서 네 번째로 많은 와인을, 신대륙에서는 가장 많은 와인을 생산하는 나라입니다. 다양한 스타일의 와인을 생산하고 있으며 구대륙 못지 않은 영향력을 가지고 있습니다. 크고 넓은 지형의 미국에서 와인은 오리건, 뉴욕 북동부, 워싱턴 주 등 여러 곳에서 생산되지만, 캘리포니아 지역에서 90% 이상이 생산되고 있습니다. 지중해를 끼고 있는 유럽의 기후와 비슷한 환경을 가지고 있는 캘리포니아는 와인 생산에 아주 이상적인 곳입니다.

미국 주요 포도 품종

미국을 대표하는 품종으로 진판델이 있으며, 주요 품종으로는 국제 품종을 사용합니다. 레드 품종으로는 카베르네 소비뇽, 메를로, 시라, 피노 누아가 있고, 화이트 품종의 샤르도네, 소비뇽 블랑 등이 있습니다.

미국 와인 등급

미국은 구대륙과 같은 와인에 대한 등급, 명칭이 없습니다. 지역과 품종에 대한 규제가 있을 뿐입니다. 유럽의 원산지 통제 명칭과는 다르게 A.V.A American Viticultural Area 라는 '미국 포도 재배 지역', 즉 일종의 원산지 명칭을 사용하면서 포도 재배 지역 원산지 만 지정하고 있습니다.

미국 주요 와인산지

■ 캘리포니아

캘리포니아 해안 지역에는 미국을 대표하는 유명 와인 산지들이 밀집해 있습니다. 크게 북부 해안 North Coast 과 중부 해안 Central Coast 으로 나뉘며, 두 지역 모두 뛰어난 와인을 생산하는 곳으로 잘 알려져 있습니다.

- 소노마 카운티(Sonoma County) 나파 밸리 인근에 위치하며 샤르도네, 피노 누아 품종으로 다양한 종류의 와인을 생산하고 있습니다.
- 나파 밸리(Nappa Valley) 미국에서 가장 유명한 와인 산지입니다.
- 산타 바바라 카운티(Santa Barbara) 주로 샤르도네 피노 누아를 생산하는 와인 산지입니다.
- 파소 로블스(Paso Robles) 카베르네 소비뇽과 시라를 주요 품종으로 다양한 스타일의 와인을 생산하는 지역입니다.
- 센트럴 밸리(Central Valley) 캘리포니아 와인의 80% 이상을 생산하는 대량 생산지입니다. 카베르네 소비뇽, 메를로, 샤르도네를 주로 생산하며 로디 Lodi 에서는 진판델 품종의 와인을 생산하고 있습니다.

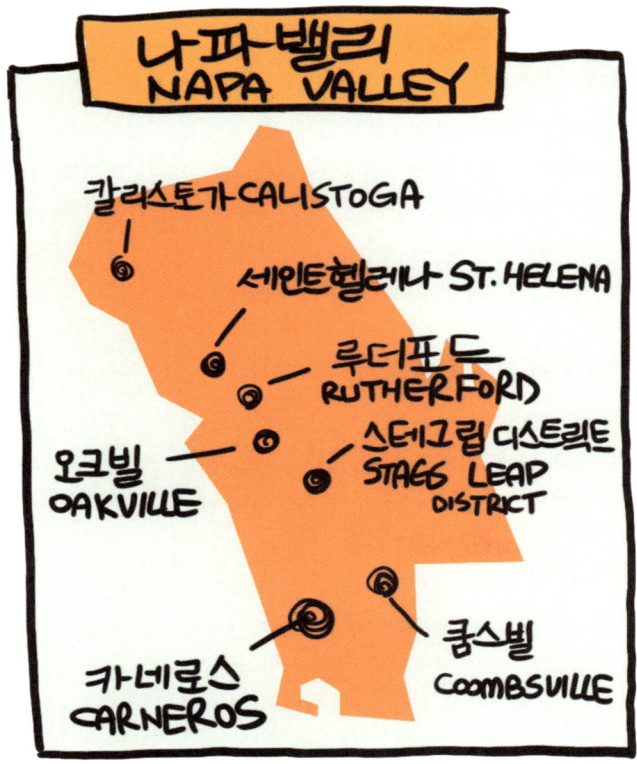

■ 나파 밸리(Napa Valley)

최근 몇십 년 사이, 나파 밸리는 가장 유명한 와인 산지가 된 지역입니다. 캘리포니아에서 생산되는 와인을 소량 생산하고 있지만 고급 와인이 나오는 곳으로, 로버트 몬다비, 오퍼스 원, 베린저 등 유명 와이너리가 있는 곳입니다. 참고로 신세계그룹이 인수한 '셰이퍼 빈야드'도 나파 밸리에 있습니다.

- **루더포드(Rutherford)** 나파 밸리 내에서도 최고의 산지로 오크빌 Oakville 과 더불어 카베르네 소비뇽을 생산하며 보르도를 위협하는 라이벌입니다.
- **카네로스(Carneros)** 샌프란시스코만의 영향으로 서늘한 기후를 가지고 있으며 이런 기후에 좋은 높은 산도의 샤르도네와 피노 누아를 생산하고 있습니다.

1990년 이후 나파 밸리를 중심으로 조금 더 강한 스타일을 가진 고품질 와인이 소량 생산되기 시작했습니다. 이러한 와인들은 뛰어난 품질과 희소성으로 인해 와인 애호가들의 큰 사랑을 받았고, 높은 가격을 형성하며 이른바 '컬트 와인'이라 불리기 시작했습니다. 대표적인 컬트 와인으로는 스크리밍 이글과 할란 에스테이트가 있습니다.

캘리포니아 외의 와인 생산지로는 피노 누아를 생산하는 오리건, 카베르네 소비뇽과 메를로를 주로 생산하는 워싱턴, 다양한 품종의 포도를 재배하는 뉴욕이 있습니다.

파리의 심판(Judgement of Paris)

1976년, 프랑스 파리에서는 프랑스 와인과 미국 와인의 블라인드 테스트가 열렸습니다.

파리 와인의 상인, 스티븐 스퍼리어가 홍보를 위해 미국 독립 200주년을 기념하며 일종의 이벤트 형식으로 개최했죠. 레드 와인과 화이트 와인 모두 10종씩으로 준비되었고 프랑스 와인은 4종, 미국 캘리포니아 와인은 6종이었습니다. 당시에는 거의 모든 사람이 프랑스 와인의 우세를 확신하고 있었습니다. 하지만 심사 결과는 모두의 예상을 깨고 미국 와인이 레드와 화이트 모두 1위를 차지하며 모두를 당황하게 만들었습니다.

레드 와인에서 1위는 미국의 스택스 립 와인 셀라 Stag's Leap Wine Cellars, 2위는 샤토 무통 로칠드, 3위는 샤토 오브리옹, 4위는 샤토 몽로즈였습니다. 화이트 와인의 1위도 미국의 샤토 몬텔레나 Chateau Montelena 였습니다.

이 결과는 곧 《타임》지에 공개되며 큰 화제를 불러왔습니다. "조건이 그리 공평하지 못했다"는 말도 있었지만, 미국 캘리포니아 와인을 알리는 엄청난 계기가 되었고, 이후 캘리포니아 와인의 성장에도 큰 영향을 끼치게 됩니다. 10년 뒤 다시 한번 더 대결이 이루어졌는데 이때도 미국 와인이 1, 2위를 차지했습니다.

로버트 파커(Robert m. Parker)는 미국 출신의 와인 평론가로 《The Wine Advocate》 잡지를 창간하고 100점 만점의 와인 평가 시스템을 도입했습니다. 그의 평가에 따라 와인의 인기와 가격이 크게 변동될 정도로 현대 와인 산업에 가장 큰 영향력을 가진 사람입니다.

오스트레일리아

호주는 신대륙다운 혁신적인 재배법과 양조법 그리고 품질 관리로 유명하며, 큰 나라답게 다양한 기후와 토양으로 여러 와인을 생산하고 있습니다. 친환경 와인도 많이 생산하고 있는데 이는 지리적 불리함을 극복하기 위한 노력에서 나온 것으로, 세계 5위의 와인 수출국으로까지 발전했습니다.

원산지 통제 명칭은 없으며, 사용하는 포도 품종을 표기하기 위해서는 해당 품종을 85% 이상 사용해야 합니다. 또한 두 가지 이상 블렌딩하면서 한 품종이 85%를 넘지 않을 경우 포도의 비율과 포도 품종을 기재해야 합니다.

오스트레일리아 주요 포도 품종

호주에서 생산하는 주요 품종 중 레드 품종에는 시리즈 시라를 비롯해 카베르네 소비뇽, 메를로, 피노 누아, 그르나슈 등이 있으며, 화이트 품종으로는 샤르도네, 소비뇽 블랑, 리슬링, 세미용 등이 있습니다.

오스트레일리아 주요 와인산지

사우스 오스트레일리아(South Australia)
- 바로사 밸리(Barossa Valley) 카베르네 소비뇽, 시라즈를 생산하는 가장 유명한 산지입니다.
- 에덴 밸리(Eden Valley) 장기 숙성 가능한 리슬링 생산으로 유명한 산지입니다.
- 클레어 밸리(Clare Valley) 산도 높은 리슬링을 생산하는 산지로 유명합니다.
- 애들레이드 힐스(Adelaide Hills) 샤르도네와 소비뇽 블랑, 피노 누아를 생산합니다.
- 맥라렌 베일(McLarem Vale) 시라즈, 카베르네 소비뇽, 그르나슈, 메를로 등을 생산합니다.

빅토리아(Victoria)
- 모닝턴 반도(Mornington Peninsula) 피노 누아와 샤르도네를 생산합니다.
- 야라 밸리(Yarra Valley) 피노 누아와 샤르도네를 생산합니다.

뉴사우스 웨일스(New South Whales)
- 헌터밸리(Hunter Valley) 가장 오래된 와인 산지로 세미용과 샤르도네를 생산하며 레드 품종으로는 시라즈를 생산합니다.

웨스턴 오스트레일리아(Western Australia)
- 마가렛리버(Magaret River) 남서 해안 쪽에 위치한 유명 산지로 보르도 스타일의 카베르네 소비뇽을 생산하고 샤르도네, 세미용 등 화이트 품종도 생산합니다.

태즈매니아(Tasmania)
가장 남쪽에 있는 산지로 남극해의 영향으로 서늘한 기후를 가지며 현재 피노 누아, 샤르도네, 카베르네 소비뇽, 소비뇽 블랑, 피노 그리 등의 다양한 품종을 생산합니다.

그 밖의 나라

■ 독일

독일은 와인 생산지로 적합하지 않은 서늘한 기후 탓에 독일 남부 지역 라인강 일대에 생산지가 모여 있으며, 와인은 낮은 당분과 높은 산미가 특징입니다. 화이트 와인 품종을 주로 재배하며 독일의 기후에서 재배하기에 적합한 리슬링이 독일의 대표 품종입니다. 또한 스파클링 와인을 가장 많이 생산하고 소비도 많이 하는 나라입니다.

주요 생산지는 모젤, 라인가우, 라인헤센, 팔츠 지역입니다. 독일의 와인 등급은 지리적 여건상 잘 익은 포도를 생산하기 힘들다 보니 포도의 당도를 기준으로 합니다. 지역보다는 포도 품종이 강조되는 등급법이죠. '리슬링'이라는 품종이 독일 와인의 품질을 나타내기도 하는 이유이기도 합니다.

근래에는 기후 변화로 독일에서도 레드 와인 품종의 생산량이 점점 늘어나고 있습니다. 이에 2021년 지역으로 등급을 나누는 새로운 독일 와인 등급법이 발표되었고 2026년부터 적용될 예정입니다.

당도에 따른 독일 와인의 분류
- 카비네트(Kabinett) 짧은 기간 숙성하여 가볍고 약간 단 와인
- 슈페트레제(Spatlese) 당도가 높아진 뒤 늦게 수확과숙 하여 만든 와인
- 아우스레제(Auslese) 과숙한 포도를 선별해 수확하여 만든 와인
- 베렌아우스레제(Beerenauslese) 과숙한 좋은 포도알을 선별해 수확해 만든 스위트 와인
- 아이스바인(Eiswein) 겨울까지 기다려 포도를 얼린 후 언 채로 즙을 짜서 만든 와인
- 트로켄베렌아우스레제(Trockenbeerenauslese) 보트리티스 곰팡이가 낀 귀부된 포도를 선별해서 건조한 후 만든 와인

■ 포르투갈

오래전부터 와인을 생산했던 포르투갈에도 다양한 토착 품종이 있습니다. 특히 스페인처럼 포르투갈도 주정강화 와인이 유명합니다. 도우로Douro 지역은 세계 최초로 지정된 와인 산지입니다. 투리가 나시오날Touriga Nacional을 비롯한 여러 품종으로 강화 와인을 생산하고 있습니다.

도우로 지역에서 생산되는 주정강화 와인인 포트 와인은 기본적인 루비 포트 와인, 조금 더 숙성한 리저브 루비 포트 와인, 작은 통에서 10년 이상 숙성한 토니 포트 와인이 있습니다. 또한 최소 20년 이상 숙성하며 단일 빈티지를 사용하는 최상급 와인인 빈티지 포트 와인이 있습니다.

■ 헝가리

헝가리 와인 중에 가장 유명한 건 주로 푸르민트Furmint 포도 품종을 사용한 토카이 지역의 스위트 와인인 토카이 와인입니다. 토카이 지역은 프랑스의 소테른과 더불어 귀부 와인으로 유명한 와인 산지입니다.

토카이아수Togaji Aszu는 세계적으로 유명한 스

위트 와인으로 귀부병에 걸린 아수'말린', '건조된'이라는 의미 포도를 사용합니다. 당도는 최소 5푸토뇨즈Puttonyos부터 표기되며, 5푸토뇨즈는 120g/L의 잔당이 있습니다. 오크통에서 18개월 이상 숙성해야 합니다.

■ 칠레

칠레는 포도 재배에 적절한 기후와 토양, 바람 등 좋은 조건을 골고루 갖추고 있습니다. 또한 북부부터 남부까지 다른 기후를 가지고 있어 다양한 스타일의 가성비 좋은 와인을 생산하는 나라입니다. 카베르네 소비뇽, 메를로, 샤르도네가 주요 품종이며, 카르메네르Carmenere 품종도 재배합니다.

주요 산지는 가장 오래되고 유명한 산지들로 카베르네 소비뇽을 주로 생산하는 마이포밸리 Maipo Valley, 샤르도네와 소비뇽 블랑을 생산하는 카사블랑카 밸리Casablanca Valley, 다양한 기후대로 카베르네 소비뇽과 시라를 생산하는 콜차쿠아 밸리 Colchagua Valley가 있습니다.

■ 아르헨티나

아르헨티나는 세계 5~7위의 와인 생산 국가입니다. 칠레 옆으로 안데스산맥이 지나다 보니 고도가 높아 일조량이 많습니다. 말벡을 주요 품종으로 재배하며 카베르네 소비뇽, 토론테스, 샤르도네 등의 포도 품종을 재배합니다. 주요 생산지는 아르헨티나 와인 생산량의 70% 이상을 담당하는 높은 고도의 멘도사Mendoza가 있으며, 세계 최고의 해발고도에서 신선한 토론테스 포도 품종으로 와인을 생산하는 살타Salta가 있습니다.

■ 뉴질랜드

뉴질랜드는 서늘한 기후와 큰 일교차를 가지고 있으며, 이로 인해 산도 높고 강한 풍미의 소비뇽 블랑을 70% 이상 생산하고 있는데 이는 뉴질랜드를 대표하는 품종입니다. 주요 산지로는 소비뇽 블랑을 널리 알린 말보로Marlborough가 가장 유명하고, 피노 누아로 유명한 마틴보로우Martinborough, 센트럴 오타고와 보르도 스타일의 레드 와인을 생산하는 혹스베이Hawke's Bay 등이 있습니다.

■ 남아프리카공화국

남아공은 세계에서 7~9위의 와인 생산 국가입니다. 슈냉 블랑을 대표 품종으로 가장 많이 생산하며 피노타주를 고유 품종으로 가지고 있습니다. 그 외 국제 품종을 생산하고 있습니다.

웨스턴 케이프Western Cape 지역에서 와인을 생산하며, 주요 산지로는 보르도 블렌드를 주로 생산하는 스텔렌보스Stellenbosch가 있고 피노 누아, 샤르도네를 생산하는 워커 베이Walker Bay가 있습니다. 또한 향상된 품질의 슈냉 블랑, 시라를 생산하며 주목받는 스와트랜드Swartland가 있습니다.

SECTION 05

와인 즐기기

와인 음용 순서

여러 와인이 준비되어 있다면 보통 스파클링, 화이트, 로제, 레드, 디저트 와인의 순서로 마십니다. 즉, 가벼운 와인부터 시작해 점차 무겁고 강한 와인을 마시는 것이 좋습니다. 이런 방식은 대부분의 술에 적용됩니다.

와인 적정 음용 온도

와인을 제대로 즐기기 위해서는 적당한 온도가 필요합니다. 스파클링 와인은 5~8℃로 차갑게, 화이트 와인은 8~12℃ 정도로 시원하게, 레드 와인은 15~18℃ 정도의 실내 온도로 맞춰서 마시는 것을 추천합니다.

와인잔

모든 술에는 적당한 잔이 있습니다. 무엇보다 중요한 것은 술 자체를 마시는 것이지만, 마시는 술에 적합한 잔으로 즐기는 것도 풍미를 느끼는 데에 도움을 줍니다. 와인의 경우 ISO 규격의 215ml 시음용 와인잔이 있으며, 보통 350ml 정도의 중간 사이즈가 기본으로 사용하기 좋습니다.

그 외에 스파클링, 레드, 화이트 등 각 와인에 따라 많은 종류의 와인잔이 있습니다. 보통 레드 와인은 잔의 1/3을, 화이트 와인은 1/2 정도, 스파클링 와인은 3/4 정도를 채우는 것이 적당합니다.

와인 시음 순서

와인을 마시는 방법은 사실 정해진 것은 없지만 보통 다음과 같은 단계로 마십니다. 즉, 잔에 따라 색을 보고, 잔을 살짝 흔들어 돌려서 냄새를 맡은 다음 맛을 보는 것이 기본적인 순서입니다.

순서에 따라 각기 다른 정보를 얻을 수 있습니다. 먼저 잔에 따른 색에서 와인의 상태를 알고 정보를 추측할 수 있고, 와인을 흔드는 것은 공기와 접촉시키고 아로마를 이동시켜 풍미를 느끼는 데 도움을 줍니다. 냄새를 맡으며 포도 자체의 향과 와인이 익으면서 생성된 향을 느끼고, 맛을 보면서 와인의 당도와 산도, 타닌감과 보디감을 음미하고 마지막 여운까지 느끼게 됩니다.

와인을 마실 때 중요한 요소는 색, 향, 맛이라고 할 수 있습니다.

와인에서 처음 보이는 색으로 와인의 상태를 알 수 있습니다. 숙성이 얼마 안 된 와인부터 오래된 와인, 와인의 보디감과 품종을 색을 통해 어느 정도 유추할 수 있죠.

레드

LIGHT
피노누아
네비올로

MEDIUM
메를로
템프라니오

FULL
카베르네소비뇽
시라즈, 말벡
산지오베제

OLD
오래된와인

화이트

LIGHT
리슬링
뮈스카

MEDIUM
소비뇽블랑
슈냉블랑
게뷔르츠트라미너

FULL
샤르도네
세미용
비오니에

OLD
오래된와인

향은 와인에서 가장 중요한 요소로 꼽히죠. 향에서 와인의 많은 정보를 얻을 수 있는데, 향은 포도 자체의 향과 와인을 만드는 과정에서 생성되는 향으로 나뉩니다.

1차 향
원재료인 포도에서 생성되는 향으로 과일, 꽃, 감귤류, 식물 등의 향이 있습니다.

2차 향
효모에 의해 발효되면서 생성되는 향으로 버섯, 견과류, 버터, 크림 등의 향이 있습니다.

3차 향
주로 숙성될 때 발생하는 향으로 향나무, 향신료, 가죽, 초콜릿 등의 향이 있습니다.

와인의 맛은 보통 당도, 타닌, 산도, 보디감으로 나눕니다. 좋은 와인은 이 요소들이 잘 어우러진 와인을 말하며 흔히 '밸런스가 좋다'고 합니다.

■ 당도(Sweetness)

와인에 포함된 잔류당분표기 RS, Residual Sugar in Wine를 통해 와인의 당도를 확인할 수 있습니다. 스파클링 와인은 과거에 당분을 포함한 와인이 일반적이었기 때문에 드라이, 브뤼에도 당분이 일정량 포함되어 있었습니다. 하지만 점점 드라이한 와인의 선호도가 높아지며, '엑스트라 브뤼'와 '브뤼 나트르' 등으로 세분화되었습니다.

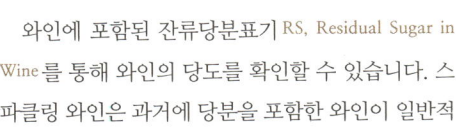

스틸와인 당도			스파클링 와인 당도		
0-1g/L	본드라이	BONE DRY	0-3g/L	브뤼나뚜르	BRUT NATURE / BONE DRY
1-10g/L	드라이	DRY	0-6g/L	엑스트라 브뤼	EXTRA BRUT /
10-25g/L	오프 드라이	OFF DRY	0-12g/L	브뤼	BRUT / DRY
25-45g/L	미디엄	MEDIUM	12-17g/L	엑스트라드라이	EXTRA DRY / FRUITY
45-120g/L	스위트	SWEET	17-32g/L	섹	SEC / OFF DRY
120-220g/L	디저트	DESSERT	32-50g/L	드미섹	DEMI SEC / SWEET
220-550g/L	러시어스	LUSCIOUS	50-g/L	듀	DOUX /

■ 타닌(Tannin)

타닌은 쉽게 설명하면 포도의 씨, 줄기, 껍질 등에서 생성되는 떫은맛을 말합니다. 적당한 타닌은 와인의 맛을 풍부하게 해주며, 타닌 농도가 너무 높으면 거칠고 낮으면 부드럽다고 합니다.

■ 산도(Acidity)

산도는 신맛을 말하며, 와인에 신선하고 청량한 맛을 더해줍니다. 산도가 높으면 날카롭고, 낮으면 뭉툭한 느낌을 줍니다.

■ 보디(Body)

보디감은 와인을 마셨을 때 느껴지는 밀도, 단단함을 말합니다. 걸쭉한 느낌 정도로 이해할 수 있을 듯합니다. 알코올 도수가 높을수록 보디감이 높게 느껴집니다.

와인병의 크기

와인병은 750ml가 기본 사이즈입니다. 750ml는 영국 갤런을 6개로 나눈 사이즈이며, 125ml짜리 잔으로는 6잔이 나오는 양입니다. 큰 병에 담긴 와인은 숙성 속도가 느려지기 때문에 더 오랜 기간 숙성할 수 있습니다. 제로보암 이상의 크기는 주로 이벤트나 셀렉션용으로 사용됩니다.

용량	병 수	명칭
187.5mL	0.25 BOTTLE	스플릿 SPLIT
375mL	0.5 BOTTLE	하프 HALF
750mL	1 BOTTLE	스탠다드 STANDARD/BOTTLE
1.5L	2 BOTTLE	매그넘 MAGNUM
3L	4 BOTTLE	더블 DOUBLE MAGNUM
4.5L	6 BOTTLE	제로보암 JEROBOAM
6L	8 BOTTLE	임페리얼 IMPERIAL
9L	12 BOTTLE	살마나자르 SALMANAZAR
12L	16 BOTTLE	발타자르 BALTHAZAR
15L	20 BOTTLE	네브카드네자르 NEBUCHADNEZZAR

와인 도구

소믈리에 나이프는 와인을 오픈할 때 사용하는 가장 기본적인 도구입니다.

스크루 풀 역시 와인 오프너 중 하나인데 마개의 스크루 손잡이를 돌린 후 벌어진 손잡이를 당겨 코르크 마개를 여는 도구입니다.

아소는 코르크 마개가 오래되어 약해지거나 손상되었을 때 직각으로 넣어 뽑아내는 도구입니다.

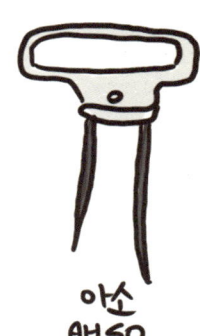

디캔터는 불순물을 거르거나 와인을 공기와 접촉해 산화작용을 일으켜 풍미를 개선하는 도구입니다. 보통 오래된 와인에 사용합니다.

에어레이터는 간편하게 와인을 통과시켜 공기와 접촉해 풍미를 드러내는 데 사용합니다.

스토퍼는 와인을 마시고 난 뒤 남은 병의 마개 역할을 하는 도구입니다.

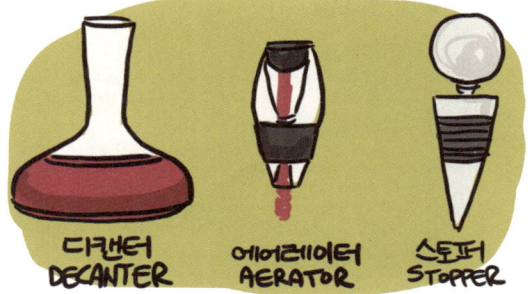

푸어러는 와인을 쉽게 따를 수 있도록 도와주는 도구입니다. 에어레이터 기능이 더해진 것도 있습니다.

푸어러 디스크는 간편하게 말아서 사용할 수 있는 디스크 모양의 푸어러입니다.

카시에로 델 디아블로
CASILLERO DEL DIABLO
카베르네 소비뇽

- 발효주
- 와인
  - 레드와인
  - 카베르네 소비뇽
- 1883년 설립
  - 악마의 와인창고
- 13.5%
- 칠레, 라펠밸리
- 콘차이 토로 생산

카시에로 델 디아블로 카베르네 소비뇽
CASILLERO DEL DIABLO CABERNET SAUVIGNON

우리나라에서 가장 쉽게 볼 수 있는 와인입니다. 어디에서든 만날 수 있을 만큼 아주 대중적인 와인이죠. 저렴한 가격과 높은 접근성 덕분에 와인을 처음 마실 때 가볍게 접하기 좋습니다. 디아블로를 만드는 콘차이 토로(Vina Concha y Toro)는 1883년에 설립된 칠레 1위의 와이너리입니다. 풀네임인 카시에로 델 디아블로(Casillero del Diablo)는 '악마의 와인 창고(Devil's Cellar)'라는 의미인데 도둑이 와인 창고에 침입하는 것을 방지하기 위해 악마가 출몰하는 곳이라 소문냈던 것에서 유래했다고 합니다. 카베르네 소비뇽을 사용한 이 와인은 체리 향, 자두 향의 적당한 타닌과 중간 정도의 보디감으로 적당히 마시기 좋습니다.

옐로 테일
YELLOW TAIL
SHIRAZ

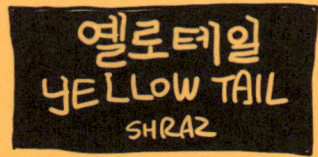

- 발효주
- 와인
  - 레드와인
  - 시라/시라즈
- 1969년 설립
  - 왈라비 별칭
- 13-14%
- 호주, 뉴사우스웨일스
- 옐로테일 생산

옐로 테일 시라즈
YELLOW TAIL, SHIRAZ

'옐로 테일'은 캥거루과인 '왈라비의 별칭'이라고 합니다. 와인 브랜드 옐로 테일은 1969년 설립된 카셀라 패밀리 브랜드에서 미국 시장을 겨냥하고 만들었습니다. 스크루캡으로 된 마개는 가볍게 마실 수 있는 와인이라는 의도를 잘 보여줍니다. 호주의 대표 포도 품종인 시라즈를 사용해서 만든 와인이며, 체리, 건자두, 초콜릿 풍미에 적당히 부드러워 가볍게 마시기 좋습니다. 옐로 테일은 국내 대기업에서 수입하여 해외 가격과 비슷하거나 오히려 싼 가격으로 판매하여 가성비 좋은 와인이 되었습니다. 어디서나 쉽게 구할 수 있어서 처음 접하기에 좋은 와인입니다.

몬테스 알파 MONTES ALPHA
CABERNET SAUVIGNON

- 발효주
- 와인
  - 레드와인
  - 카베르네 소비뇽
    메를로
- 1988년 설립
- 설립자
  아우렐리오 몬테스
- 13-14%
- 칠레, 콜차쿠아 밸리
- 몬테스 생산

몬테스 알파 카베르네 소비뇽
MONTES ALPHA, CABERNET SAUVIGNON

1988년에 설립된 몬테스는 고품질의 와인을 생산하기 위해 아우렐리오 몬테스를 포함한 와인 전문가 4명이 모여 만들었습니다. 소규모로 시작해서 칠레 와인을 널리 알린 와이너리입니다. 가성비 좋은 와인으로 꼽히는 몬테스 알파는 여러 나라들은 물론 우리나라에서도 인기가 높은 와인입니다. 12개월 동안 프렌치 오크 캐스크에서 숙성되며, 과실 향과 적당한 산미, 풍부한 오크 향, 적당한 가격 덕분에 데일리 와인으로 마시기 좋고, 국내에서도 쉽게 볼 수 있는 와인입니다.

신퀀타 콜레지오네 COLLEZIONE CINQUANTA
SAN MARZANO

- 발효주
- 와인
  - 레드와인
  - 프리미티보
    네그로아마로
- 1962년 설립
- 50주년 기념
- 14-15%
- 이탈리아, 폴리아
- 산마르자노 생산

산 마르자노 신퀀타 콜레지오네
SAN MARZANO, COLLEZIONE CINQUANTA

2012년에 산 마르자노 설립 50주년을 기념하며 출시된 와인입니다. '신퀀타(Cinquanta)'는 이탈리아어로 숫자 50을 뜻합니다. 처음에는 한정판으로 출시되었는데 반응이 좋아서 정식 생산 와인이 되었습니다. 산 마르자노는 1962년에 프리미티보 디 만두리아 마을에서 조합 형태로 설립된 와이너리이며, 현재 약 1,000개의 조합원이 있다고 합니다. 진득한 자두 풍미에 적당한 당도, 꽉 찬 보디감과 타닌감으로 와인을 처음 접하는 분들에게도 좋은 선택지가 됩니다. 폴리아 지역의 대표 포도 품종인 프리미티보와 네그로아마로 두 가지를 사용하여, 오크통에서 12개월간 숙성해 만듭니다.

트라피체 브로켈 말벡
TRAPICHE BROQUEL MALBEC

- 발효주
- 와인
  - 레드와인
  - 말벡
- 1883년 설립
  - 수호무기, 수호천사
- 14-15%
- 아르헨티나, 멘도사
- 트라피체 생산

트라피체는 1883년 아르헨티나 멘도사 마을에 설립된 와이너리입니다. 다양한 와인을 생산하는 와이너리이며 우리나라에서는 이스카이로 유명하죠. 브로켈(Broquel)은 왕족과 귀족을 수호하는 무기 또는 수호천사를 의미합니다. 트라피체 브로켈 말벡은 기본 제품인 오크 캐스크와 함께 가성비 좋은 와인으로 알려져 있습니다. 아르헨티나의 대표 품종인 말벡을 사용하여 생산하는 이 와인은 15개월가량 프랑스, 미국 오크통에서 숙성하므로 풍부한 과실 향과 오크통 숙성의 풍미를 느낄 수 있습니다. 국내에서도 어렵지 않게 만날 수 있는 가성비 좋은 와인입니다.

샤토 몽페라 루즈
CHATEAU MONT PERAT ROUGE

- 발효주
- 와인
  - 레드와인
  - 메를로, 카베르네 소비뇽, 카베르네 프랑
- 1998년 설립 (인수)
- 14-15%
- 프랑스, 보르도
- 샤토몽페라 생산

샤토 몽페라 루즈는 이름 높은 와인 생산자 가문의 티보 데스파뉴가 1998년 인수해 정비한 와이너리입니다. 와인 컨설턴트로 세계에서 가장 유명한 미셸 롤랑과의 협업으로도 널리 알려져 있습니다. 샤토 몽페라 루즈는 와인 만화인 《신의 물방울》 1권에 등장한 와인으로 유명한데요. 보르도의 와인으로 메를로, 카베르네 소비뇽, 카베르네 프랑 품종을 사용해서 만들어 초콜릿, 체리, 바닐라 풍미에 타닌과 산도가 적당하고 부드러우며 밸런스가 좋습니다. 가격도 적당하여 보르도 와인을 접하기 좋은 가성비 와인으로 꼽힙니다.

- 발효주
- 와인
- 레드와인
- 코르비나 베로네제 론디넬라 코르비노네 오세레타
- 1902년 설립
- AMARONE DELLA VALPOLICELLA (DOCG)
- 15-16%
- 이탈리아 베네토 발폴리첼라
- 토마시 생산

토마시 아마로네 델라 발폴리첼라 클라시코
TOMMASI AMARONE DELLA VALPOLICELLA CLASSICO

이탈리아 베네토 지역, 특히 베로나와 발폴리첼라에 1902년 지아코모 토마시가 설립한 토마시 와이너리는 지금까지 4대째 가업으로 운영되고 있는 베네토를 대표하는 세계적으로 유명한 와이너리입니다. 토마시 아마로네는 이 와이너리의 대표 와인이죠. 아마로네는 수확한 뒤 다음 해 2월까지 건조해 수분을 날려서 건포도화하는 아파시멘토(Appassimento) 방식으로 당도를 높인 와인을 말합니다. 아마로네는 토스카나 지방의 BDM, 피에몬테의 바롤로와 함께 이탈리아 3대 명품 와인으로 꼽힙니다. 국내에서 가장 유명한 아마로네 와인으로 진득하고 달달하며 꽉 찬 풍미가 특징입니다.

- 발효주
- 와인
- 레드와인
- 메를로 카베르네 프랑 카베르네 소비뇽 프티 베르도
- 1989년 설립
- 설립자의 별명
- 13-14%
- 프랑스, 보르도
- 튀느뱅 생산

튀느뱅 배드 보이
THUNEVIN, BAD BOY

가장 쉽게 만날 수 있는 가라지 와인(Garage Wine, 소량 생산 와인)인 배드 보이는 가라지 와인의 선두 주자인 튀느뱅에서 생산하는 보르도 가라지 와인입니다. 튀느뱅은 은행원 생활을 하다가 그만두고 와인 관련업에 종사하다 가라지 와인으로 출발한 장 뤽 튀느뱅이 1989년에 설립한 와인 생산회사입니다. 다소 장난스러운 '배드 보이'라는 이름과 라벨은 와인의 격식과 보수성을 겨냥한 것이죠. 또한 정식 와인 교육을 받지 않고 전통에 얽매이지 않는 파격적인 와인을 만드는 그에게 붙은 별명이기도 합니다. 풍부한 과실 향에 오크통 풍미가 진하고 부드러운 배드 보이는 가장 쉽게 만날 수 있는 가라지 와인으로 호불호 없이 마시기 좋습니다.

CHAPTER 01 와인 • 119

샤토 라퐁 로셰
CHATEAU LAFON ROCHET

- 발효주
- 와인
- 레드와인
- 카베르네 소비뇽
  메를로
  프티 베르도
  카베르네 프랑
- 1650년 설립
- 샤토 라퐁로셰
- 14-15%
- 프랑스, 생테스테프
- 샤토라퐁로셰생산

샤토 라퐁 로셰
CHATEAU LAFON ROCHET

보르도 메독 지역의 그랑 크뤼 4등급 샤토입니다. 메독의 세부 산지인 생테스테프에서 아주 오래된 샤토였으며, 1650년에 샤토 라퐁 로셰로 이름을 바꾸었습니다. 1960년 기 테스롱이 매입해 정비하여 발전시켰고, 2021년에 로젠제티 가문에 인수되었습니다. 전형적인 보르도 와인으로 카베르네 소비뇽, 메를로 프티 베르도, 카베르네 프랑 포도 품종을 블렌딩해서 만듭니다. 진득한 베리류와 오크의 풍미에 타닌감이 높고 산미가 부드럽게 균형 잡힌 와인입니다.

비냐 아르단자
VINA ARDANZA
VINA ARDANZA RESERVA

- 발효주
- 와인
- 레드와인
- 템프라니요
  가르나차
- 1890년 설립
- 비냐 아르단자
  와이너리
- 14-15%
- 스페인 리오하
- 비냐아르단자생산

비냐 아르단자 리제르바
VINA ARDANZA RESERVA

비냐 아르단자는 스페인 최고의 와인 산지인 리오하 지역에서 생산하는 와인입니다. 지역의 다섯 가문이 1890년에 함께 설립한 라 리오하 알타 와이너리에서 만들었습니다. 자신의 와이너리를 1904년에 합병시킨 설립자 중 1명인 돈 알프레도 아르단자의 이름을 딴 와인입니다. 1904년 합병 기념으로 리제르바 1904 와인을 만들었고, 각 설립자들의 이름을 딴 와인들이 생산되고 있습니다. 템프라니요와 가르나차 포도 품종으로 만드는데 템프라니요는 오크통에서 36개월, 가르나차는 30개월 숙성합니다. 오크통의 풍미와 블랙베리의 과실 풍미가 부드러운 와인입니다.

일 포지오네
IL POGGIONE

- 발효주
- 와인
  - 레드와인
  - 브루넬로
    (산지오베제)
  - BDM
    브루넬로 디 몬탈치노
- "언덕 위의"
  19세기 말 설립
  (라비니오 프란체스키)
- 14-15%
- 이탈리아, 토스카나
- 일 포지오네 생산

일 포지오네 브루넬로 디 몬탈치노
IL POGGIONE BRUNELLO DI MONTALCINO

일 포지오네(Il Poggione)는 19세기 말, 토스카나 몬탈치노 남부의 언덕 지대에 설립된 전통 와이너리입니다. '일 포지오네'는 이탈리아어로 '언덕 위에'라는 뜻이죠. 몬탈치노 지역에서 브루넬로 디 몬탈치노(Brunello di Montalcino, BDM)를 생산하기 시작한 대표적인 생산자 중 하나입니다. 브루넬로 디 몬탈치노는 토스카나 몬탈치노 지역에서 산지오베제(브루넬로) 품종 100%로, D.O.C.G 규정에 따라 생산되는 이탈리아의 대표 와인입니다. 일포지오네 BDM은 강한 과일 향에 오크, 삼나무, 가죽 등의 복합적인 풍미와 함께 산도와 부드러운 타닌의 좋은 균형을 지닌 와인으로 이탈리아의 BDM을 경험하기에 좋은 와인입니다.

도멘 그로 프레레 에 쇠르
DOMAINE GROS FRÈRE ET SOEUR
BOURGOGNE HAUTES COTES DE NUITS

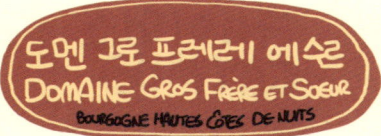

- 발효주
- 와인
  - 레드와인
  - 피노누아
  - 부르고뉴
    오트 코트 드 뉘
  - GROS 가문의
    형제(FRÈRE)
    자매(SOEUR)
- 14%
- 프랑스 부르고뉴
- 도멘 그로 프레레
  에 쇠르 생산

도멘 그로 프레레 에 쇠르 부르고뉴 오트 코트 드 뉘 루즈
DOMAINE GROS FRERE ET SOEUR-BOURGOGNE HAUTES COTES DE NUITS ROUGE

도멘 그로 프레레 에 쇠르는 부르고뉴 지역에서 그로 가문의 포도밭이 4명의 자녀에게 분할될 때, 오빠(프레레)와 여동생(쇠르)이 함께 설립한 와이너리입니다. 라벨에 황금잔이 있어 일명 '황금사발'로 불리고 있습니다. 매우 유명한 와이너리로, 등급에 따른 제품군이 있으며 그중 레지오날 급인 '부르고뉴 오트 코트 드 뉘'가 가장 많이 생산되는 대표 제품입니다. 부르고뉴 피노 누아 와인을 만날 때 흔히 추천받는 와인이기도 합니다. 부르고뉴 피노 누아 와인들은 시간이 지날수록 점점 몸값을 올리며 '사악하다'는 평을 듣기도 하는데, 이 와인은 그중에서도 비교적 가성비 좋은 와인입니다(물론 가격은 계속 오르고 있죠). 신선하고 풍성한 체리, 과실 향에 향신료의 복합적인 풍미가 어우러져, 누구나 쉽게 즐기기 좋은 와인입니다.

CHAPTER 01 와인 • 121

케이머스 CAYMUS
NAPA VALLEY CABERNET SAUVIGNON

- 발효주
- 와인
- 레드와인
- 카베르네 소비뇽
- 1972년 설립
- 와포족 정착지 이름
- 14-15%
- 미국, 캘리포니아, 나파밸리
- 케이머스 생산

케이머스 나파 밸리 카베르네 소비뇽
CAYMUS NAPA VALLEY CABERNET SAUVIGNON

케이머스 빈야드는 프랑스 북동부에 위치한 알자스 출신의 찰리 와그너가 1972년에 설립한 와이너리입니다. 나파 밸리의 여러 지역 포도를 블렌딩해서 와인을 생산합니다. 케이머스는 나파 밸리에 거주했던 와포 인디언 부족의 정착지 이름입니다. 오크통에서 오는 가죽, 담배 등의 풍미와 풍부한 과실 향, 꽉 찬 질감이 특징입니다. 국내에서도 유명한 케이머스는 한때 인기가 굉장했던 와인이다 보니 그리 어렵지 않게 만날 수 있습니다.

샤토 탈보 CHATEAU TALBOT

- 발효주
- 와인
- 레드와인
- 카베르네 소비뇽
  메를로
  프티베르도
  카베르네 프랑
- 1972년 설립
- 장군 이름
- 13-14%
- 프랑스, 생쥘리앵
- 샤토탈보 생산

샤토 탈보
CHATEAU TALBOT

보르도 메독 지역의 오래된 샤토입니다. 1453년 카스티용에서 사망한 영국의 존 탈보 장군 이름에서 유래되었죠. 참고로 당시 보르도는 영국령이었습니다. 1917년 코르디에 가문이 인수해 4대째 경영 중인 샤토 탈보의 대표 와인이며 18~24개월간 오크통에서 숙성합니다. 우리나라에서 아주 유명한 보르도 그랑 크뤼 4등급 와인이라 마트나 장터 등에서도 쉽게 만날 수 있습니다. 쉬운 이름 덕분인지 가장 널리 알려진 샤토가 아닐까 합니다. 오크통의 풍미를 잘 느낄 수 있는 부드러운 와인으로 누구나 좋아할 만합니다. 가격은 다소 오르고 있지만 여전히 가성비가 좋습니다.

- 발효주
- 와인
- 화이트 와인
- 샤도네이
- 2006년 설립
- 소노마 밸리의 장소
- 13-14%
- 미국, 캘리포니아, 나파밸리
- 카모미 생산

- 발효주
- 와인
- 화이트 와인
- 소비뇽 블랑
- 1980년 설립
- 러시안 잭으로 불린사람
- 12-13%
- 뉴질랜드, 말보로
- 마틴보로 생산

롱반 샤도네이
LONG BARN CHARDONNAY

카모미는 2006년에 이탈리아 출신의 와인메이커 3인이 나파 밸리에 설립한 와이너리입니다. 그리고 롱반은 카모미에서 가격 등 여러 면에서 접근성 좋게 생산하는 다양한 품종의 와인입니다. '롱반'이라는 이름은 와인메이커인 스테파노 미고토와 발렌티나 구올로가 사업을 시작한 긴 헛간의 이름을 따서 지어졌습니다. 국내에서도 접근성 좋은 가성비 와인이며 어디서나 쉽게 만날 수 있습니다. 상큼한 과실 향에 오크와 바닐라의 직접적인 풍미가 더해진, 다소 묵직한 스타일의 화이트 와인으로, 화이트 와인을 처음 접하는 이들도 부담 없이 즐기기 좋은 제품입니다.

러시안 잭 소비뇽 블랑
RUSSIAN JACK SAUVIGNON BLANC

1980년 뉴질랜드 말보로에 설립된 마틴보로 빈야드에서 만드는 와인입니다. 마틴보로 빈야드는 1912년 뉴질랜드에 온 라 트비아 출신이면서 '러시안 잭'이라 불린 사람의 이름에서 가져온 와이너리입니다. 넝마를 메고 여행하며 토지를 일구던 그를 기리기 위해 이름 지었다고 합니다. 국내에서도 인기가 많고 어렵지 않게 구할 수 있으며, 어느 때나 가볍게 마시기 좋은 와인으로 열대과일 풍미에 산미가 산뜻하며 깔끔합니다. 소비뇽 블랑 화이트 와인을 맛보기에 좋은 와인입니다.

쿵푸 걸
KUNGFU GIRL

- 발효주
- 와인
- 화이트 와인
- 리슬링
- 1999년 설립
- 설립자가 좋아하던 쿵푸 무비에서 이름을 가져옴
- 12-13%
- 미국, 컬럼비아 밸리
- 찰스 스미스 와인즈 생산

쿵푸 걸 리슬링
KUNG FU GIRL RIESLING

세계 여행을 위해 록밴드를 결성하고 유럽 지역 투어도 하면서 자유롭게 살던 찰스 스미스는 와인 판매점을 오픈했습니다. 쿵푸 걸은 가볍고 부담 없이 마실 만한 와인을 만들기 위해 설립된 찰스 스미스 와인즈에서 생산하는 리슬링 와인입니다. '쿵푸 걸'이라는 이름은 설립자가 좋아하던 1970년대의 쿵푸 영화에서 가져온 것이라고 하네요. 감귤류의 산뜻한 풍미와 산미, 낮은 도수로 가볍게 마시기 좋은 와인입니다. 생산자가 추구하는 방향에 합당한 가성비 좋은 와인으로 산뜻한 와인을 마시고 싶을 때 추천할 만한 제품입니다.

스톤 베이
STONE BAY
SAUVIGNON BLANC

- 발효주
- 와인
- 화이트 와인
- 소비뇽블랑
- 말보로 해안
- 12-13%
- 뉴질랜드, 말보로
- 스톤베이 생산

스톤 베이 소비뇽 블랑
STONE BAY SAUVIGNON BLANC

말보로 지역의 토양은 토사, 돌, 자갈 등이 섞여 있어 소비뇽 블랑을 생산하기 적합한 곳입니다. 이러한 토양적 특징에서 착안해, 이곳에서 생산되는 소비뇽 블랑에 '스톤 베이'라 이름을 지었다고 합니다. 라벨에 그려진 물고기는 원주민 마오리족의 조각을 나타냅니다. 베리류의 풍미로 산뜻한 산미를 가진 소비뇽 블랑 와인입니다. 뉴질랜드의 소비뇽 블랑은 대체로 호불호 없이 마시기 좋은 와인인 경우가 많은데, 스톤 베이 역시 가볍고 기분 좋게 마실 수 있는 가성비 좋은 와인이라 인기가 높습니다.

- 발효주
- 와인
- 화이트 와인
- 샤르도네
- 1982년 설립
- 설립자 JESS JACKSON
- 13-14%
- 미국, 캘리포니아
- 캔달잭슨생산

- 발효주
- 와인
- 화이트 와인
- 샤르도네
- 1859년 설립
- 설립자 "루이 앙리 드니 자도"
- 13%
- 프랑스, 부르고뉴 샤블리
- 루이자도생산

캔달 잭슨 빈트너스 리저브 샤르도네
KENDALL JACKSON, VINTNER'S RESERVE CHARDONNAY

1982년 나파 밸리에 설립된 캔달 잭슨은 가족 중심으로 경영되는 와이너리입니다. 포도 재배에 적합한 지역을 선별하여 해안 지역에서 생산된 포도만 사용합니다. 오크통 제작소와 생산지 또한 소유하고 있습니다. 캔달 잭슨 빈트너스 리저브 샤르도네는 미국에서 가장 많이 팔린 샤르도네 와인으로 국내에서도 가격 대비 좋은 와인으로 알려져 마트, 와인숍 등에서 어렵지 않게 만날 수 있습니다. 오크통에서 오는 여러 풍미와 열대과일 풍미, 가벼운 보디감에 산미가 무난한 화이트 와인입니다.

루이 자도 샤블리
LOUIS JADOT CHABLIS

루이 자도는 1859년에 와인 사업을 시작한 루이 앙리 드니 자도(louis Henri Denis Jadot)가 만든 와인 생산자입니다. 부르고뉴의 와인 생산자이며 넓은 지역에서 다양한 와인을 생산하고 있습니다. 도멘과 네고시앙을 같이 하는 생산자이기도 합니다. 샤블리는 부르고뉴의 대표적인 명품 화이트 와인 생산지로 루이 자도 샤블리 또한 샤블리의 샤르도네로 만들어집니다. 은은한 과실 향과 꽃 향, 과실 풍미에 깔끔하고 부드러운 화이트 와인입니다. 국내에서도 만나기 쉽고 가성비 좋은 샤블리 와인입니다.

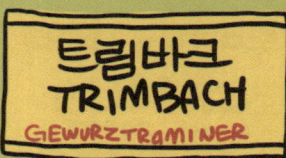

- 발효주
- 와인
  - 화이트 와인
  - 게뷔르츠트라미너
- 1626년 설립
  - 설립자
    장 트림바크
- 13.5%
- 프랑스, 알자스
- 트림바크 생산

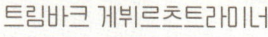

트림바크 게뷔르츠트라미너
TRIMBACH, GEWURZTRAMINER

트림바크는 1626년에 장 트림바크가 설립한 와이너리입니다. 지금까지 13대에 걸쳐 가족 경영을 유지하고 있으며 주로 화이트 와인을 생산합니다. 품질을 위해 포도밭의 크기에 비해 상대적으로 적은 양의 와인을 생산하고 있으며, 포도즙의 특성을 유지하기 위해서 오크통을 사용하지 않고 스테인리스나 시멘트 탱크에서 저온발효하고 있습니다. 게뷔르츠트라미너는 '스파이시한 트라미너'라는 의미를 가지고 있는 게뷔르츠트라미너 포도 품종을 사용해 만든 와인입니다. 화이트 와인 특유의 열대 과실 향, 꽃 향, 이름처럼 스파이시한 풍미를 느낄 수 있습니다. 담백하고 깔끔하여 호불호 없이 즐기기 좋은 와인입니다.

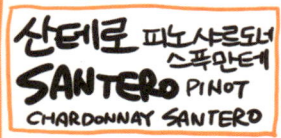

- 발효주
- 와인
  - 스파클링와인
  - 샤르도네
- 1958년 설립
  - 설립자
    산테로 형제
- 11.5%
- 이탈리아, 피에몬테
- 산테로 생산

산테로 피노 샤르도네 스푸만테
SANTERO PINOT CHARDONNAY SPUMANTE

산테로는 세계대전 이후 산테로 형제들이 작은 농장에서 와인을 생산하다가, 1958년 이탈리아의 산토 스테파노 벨보에 있는 와인셀러를 인수하며 시작되었습니다. 산테로 피노 샤르도네 스푸만테는 피노 비앙코와 샤르도네 포도 품종을 사용하며 청사과, 감귤류, 열대과일의 향과 더불어 적당한 탄산으로 가볍고 담백하게 마실 수 있는 스파클링 와인입니다. 국내 어디서나 만날 수 있고 가격도 저렴해 가성비 좋은 스파클링 와인으로 꼽힙니다.

- 발효주
- 와인
  - 스파클링와인
  - 샴페인
- 1772년 설립
  - 미망인 클리코
- 12%
- 프랑스, 샹파뉴
- 뵈브클리코 생산

뵈브 클리코 브뤼
VEUVE CLICQUOT BRUT

뵈브 클리코 와이너리는 1772년에 설립자의 아들 프랑수아 클리코가 사망한 후 27세의 미망인 바브 니콜 퐁사르당이 물려받아 성장시킵니다. 그녀는 샴페인 효모 부산물을 제거하는 제조 기술인 데고르주망을 개발하여 '라 그랑 담(위대한 여인)'이라 불렸다고 합니다. 뵈브 클리코는 미망인 클리코를 의미합니다. 현재 뵈브 클리코는 유명 샴페인을 꼽을 때 항상 거론되는 또 다른 유명 샴페인 모엣 샹동의 소유사 루이비통 모에 헤네시(LVMH)의 소유입니다. 뵈브 클리코 브뤼는 산뜻한 과실 향과 담백한 풍미, 상큼한 감귤류의 풍미가 특징인 달지 않고 깔끔한 샴페인입니다.

- 발효주
- 와인
  - 스파클링와인
  - 샴페인
- 1829년 설립
  - 설립자 조셉 볼랭저
- 12%
- 프랑스, 샹파뉴
- 볼랭저 생산

볼랭저 스페셜 퀴베 브뤼
BOLLINGER, SPECIAL CUVEE BRUT

볼랭저는 설립자 조셉 볼랭저가 동업자들과 1829년에 설립한 샴페인 하우스로 지금까지 가족 경영으로 운영되고 있습니다. 샴페인 볼랭저는 사용되는 포도의 2/3가량을 직접 생산하고, 모든 샴페인에 피노 누아 60% 이상을 사용해 만들기 때문에 탄탄한 힘이 느껴지는 제품이며, 영화 <007> 시리즈에 여러 차례 등장하면서 남성성을 상징하는 이미지를 가지고 있습니다. 3~4년 정도 오크통에서 숙성하는 볼랭저 스페셜 퀴베 브륏은 열대과일 풍미에 깔끔한 산미, 섬세한 탄산을 가진 부드러운 샴페인으로 샴페인을 좋아하면 한 번쯤 만나보기를 추천합니다.

CHAPTER 02

맥주
BEER

SECTION 01

맥주란?

세계에서 가장 많이 팔리는 술은 두말할 것 없이 맥주입니다. 전 세계 곳곳에서 만들어지고 있으며, 도수 높은 다른 주류들의 판매가 감소하는 반면, 맥주의 매출은 꾸준하게 증가하는 추세입니다.

이름에 들어간 '보리 맥麥' 글자에서 알 수 있듯이 맥주는 보리로 만든 술입니다. 보리를 발효시켜서 만드는 발효주이지요. 또한 맥주를 뜻하는 영어 'Beer'의 어원은 라틴어로 '마시다'는 의미의 'Bibere', 혹은 게르만어로 '곡물'을 뜻하는 'Bior'에서 유래했을 것으로 추측하고 있습니다.

맥주의 역사

보리로 만든 빵에 물을 넣어 발효된 것을 먹으면서 시작되었을 것으로 추정되는 맥주는 굉장히 오래된 역사를 가지고 있습니다. 아무래도 와인이 더 오래되었겠지만 발견되는 유적을 보면 '인류 최초의 술' 자리를 놓고 와인과 다툴 정도입니다.

메소포타미아 지역의 기원전 3000~4000년경 유적과 이집트의 기록에 언급된 것을 보면, 최소한 그 이전부터 맥주를 마셨을 테니까 매우 오래되었음을 알 수 있습니다. 또한 포도가 자라지 않는 지역에서는 자연스럽게 와인 대신 맥주가 그 지역의 술이 되었습니다.

와인과 더불어 맥주가 오랫동안 사랑받아 온 이유는 쉽게 만들어 섭취할 수 있으며 깨끗하지 않은 물 때문에 발생하는 질병을 예방할 수 있었기 때문입니다.

맥주는 와인과 비슷한 경로, 아니 와인보다는 문화가 이동한 경로인 그리스와 로마를 통해 유럽으로 들어왔고, 와인처럼 중세 수도원의 수도승들에 의해 유지되었습니다. 이렇게 보면 술이 신의 선물이 맞긴 한가 봅니다. 수도원에서 술을 독점하려 했던 것을 보면 말이죠.

8~9세기 이후에는 홉을 맥주 제조에 사용하기 시작했고, 1516년 바이에른 공화국 현재의 독일 의 빌헬름 4세가 맥주에 맥아, 홉, 물, 효모 효모는 그 존재를 발견하고 추가 이외의 원료를 사용하지 못하게 하는 '맥주 순수령'을 내리면서 이 네 가지 원료가 맥주의 기본 원료로 자리 잡았습니다. 이후 산업혁명과 생물학의 발전을 통해 맥주는 더 널리 전해지고 발전했습니다.

파스퇴르가 효모의 정체를 확실하게 밝혀내면서 맥주는 더욱 체계적으로 발전했습니다. 유럽의 기술과 함께 동양에도 들어왔는데, 특히 독일의 라거 맥주 기술이 전 세계 맥주 산업의 기본이 되었습니다.

20세기 초, 전 세계 주류 산업을 뒤흔든 미국의 금주법으로 맥주도 큰 타격을 입었지만, 20세기 중반부터 세계화의 바람을 타고 대형 맥주 회사들은 국제적으로 성장합니다. 1970년대부터는 여러 종류의 크래프트 맥주가 발전하면서 다양한 스타일의 맥주가 생산되기 시작했습니다.

맥주의 원료

많은 맥주가 원가 절감이나 가벼운 맛, 색상 등의 이유로 맥아와 함께 쌀, 옥수수 등의 부재료를 첨가하기도 하지만, 맥주는 기본적으로 맥아, 물, 홉, 효모 네 가지 재료로 만들어집니다.

■ **맥아(보리, malt)**

맥주는 보리로 만듭니다. 하지만 보리 자체는 효모가 직접 분해할 수 없다 보니 보리 전분를 효모가 분해할 수 있는 당으로 바꿔줘야 합니다. 보리에 싹이 나면 보리 안의 당화 효소가 활발해져서 보리를 당화할 수 있게 됩니다. 맥주는 바로 이 싹이 난 보리, 맥아부터 시작됩니다.

뒤에서 더 이야기하겠지만 보리 외 다른 곡물들로도 맥주를 만들 수 있습니다. 보리가 맥주의 대표 재료가 된 것은 보리가 맥주를 만들기에 가장 적당했기 때문입니다. 효소가 많이 들어 있어 당화시키기에 적합했고, 또 다른 곡물들은 사람이 먹어야 했기 때문이죠. 빌헬름 4세가 맥주 순수령을 발표한 이유 중 하나로 사람이 먹어야 할 밀과 호밀을 술 제조에 사용하지 못하게 하려는 목적도 있었다고 합니다.

맥주 제조에는 양조용 2조 보리를 사용합니다. 이 보리는 코카서스 중동 지역이 기원지입니다. 식용으로 주로 사용하는 보리는 6조 보리이며 아시아, 중국 지역이 기원지입니다.

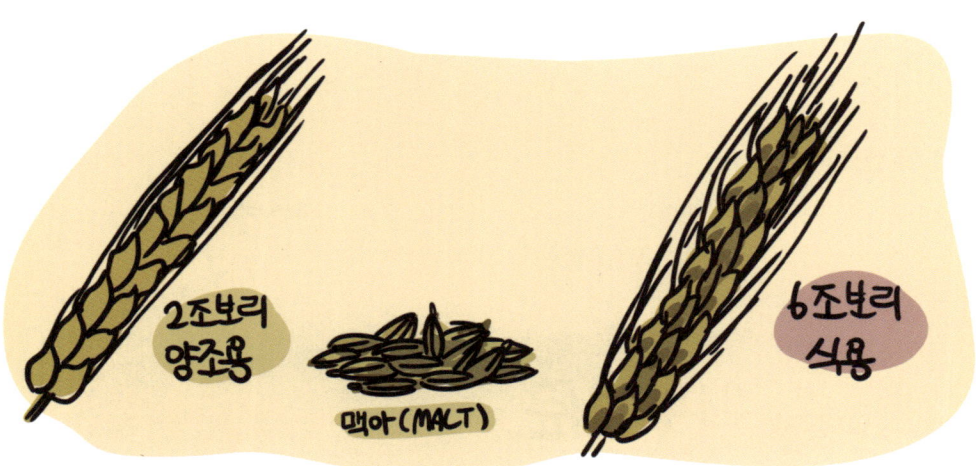

■ **물(water)**

맥주는 90% 이상이 물로 이루어져 있습니다. 따라서 맥주 제조에서 물의 중요성은 말할 필요도 없겠죠. 칼슘 이온과 마그네슘 이온 함량이 높으면 경수, 낮으면 연수로 구분합니다. 경수는 보통 진하고 무거운 맥주 스타우트나 페일 에일 계열에, 연수는 깔끔하고 가벼운 맥주 라거 계열에 사용하는데 이는 경수 특유의 맛을 덮기 위한 자연스러운 사용 방법이기도 합니다.

■ **홉(hop)**

흔히 맥주에서 홉의 중요성을 이야기할 때 예로 드는 것이 바로 우리가 흔히 하는 말, "호프 한잔 하러 가자!"입니다. 호프는 맥주 순수령 4인방인 맥아 보리, 물, 효모, 홉 중에서 바로 이 홉을 말하는 것이죠. 지금 우리가 맛보는 맥주의 가장 큰 특징은 바로 이 홉으로 인해 생기는 쌉쓸한 풍미일 것입니다.

맥주에 홉을 사용하기 전에는 여러 허브와 향신료를 첨가해 만들었는데, 그런 재료들을 통틀어 그루이트 gruit, 구루트 gruut 라고 불렀습니다. 신체에 좋지 않은 성분의 재료들이 많이 사용되었고 그에 따른 문제도 많았다고 합니다.

홉은 8세기경에 처음으로 맥주 제조에 사용되었고, 14세기 이후 널리 사용되기 시작했습니다. 홉은 덩굴의 방울을 사용하며 모두 암꽃입니다 홉은 암수딴그루인 자웅이주. 홉 안에는 루풀린 lupulin 을 분비하는 분비샘이 있는데, 이 루풀린에는 쓴맛과 쌉쓸한 맛을 내고, 보관 기간을 늘려주는 산이 들어있습니다. 홉이 맥주 특유의 쌉쓸한 맛을 내는 것은 물론이고 방부제 역할도 하는 것이죠. 홉으로 인해 맥주가 지금의 모습을 갖추었다고 볼 수 있습니다.

■ **효모(yeast)**

맥주의 특징을 내는 역할에는 홉이 중요하지만 효모가 없다면 맥주 자체를 만들 수 없습니다. 사용하는 효모에 따라 맥주의 종류를 나눌 정도로 효모는 맥주에 있어서 아주 중요한 요소입니다.

맥주의 발효

■ 상면발효 효모

상면발효 효모를 대표하는 사카로미세스 세레비시아는 아주 오래전부터 양조와 제빵에 사용되어 '맥주 효모', '빵 효모'라고도 불립니다. 대부분의 술에서 사용하는 가장 유명한 효모입니다. 보통 윗부분에서 발효되며 효모가 뜨기 때문에 '상면발효'라고 하며, 비교적 고온인 10~25℃에서 발효되기 때문에 '고온 상온 발효'라고도 부릅니다. 하면발효 효모가 발견되기까지 대부분의 맥주는 이 효모를 이용해서 만드는 에일 맥주였습니다.

■ 하면발효 효모

줄곧 에일 효모만 사용해 맥주를 만들다가, 15세기 독일 바이에른 지역에서 겨울 동안 낮은 온도에서 장기간 발효해 맥주를 만드는 양조장이 소수 생겨났습니다. 효모의 존재가 밝혀지며 라거 효모가 분리 배양할 수 있었고, 라거 효모는 양조에 적극적으로 사용되기 시작했죠.

하면발효 효모, 라거 효모를 대표하는 효모는 사카로미세스 파스토리아누스입니다. 이 효모를 이용하면 상면발효와 반대로 발효 과정과 발효 이후에 효모가 가라앉기 때문에 '하면발효'라고 합니다. 또한 10~15℃의 비교적 저온에서 발효하기 때문에 '저온발효'라고도 부릅니다. 보통은 이 효모를 사용해서 만드는 맥주를 라거 맥주로 분류하며, 오늘날의 맥주를 대표하는 효모가 되었습니다.

■ 이름 있는 효모

덴마크의 균류학자 에밀 한센이 정제된 라거 효모를 분리 배양하면서 일정한 품질을 얻을 수 있게 되었습니다. 에밀 한센은 칼스버그 맥주 회사의 연구소장이었기에, 이 효모에 연구소의 이름을 붙여 '사카로미세스 칼스버겐시스'라는 이름을 붙였습니다. 이후 배양한 효모를 무상으로 나눴고, 많은 양조장에서 이 효모를 사용해 라거를 만들었습니다. 이 효모는 유전자 분석을 통해 다른 종으로 여겨졌던 하면발효 효모, '사카로미세스 파스토리아누스'와 같은 종인 것이 증명되었습니다. 파스토리

아누스는 1870년에 독일 미생물학자가 파스퇴르의 이름을 따서 이름 붙여진 효모 종입니다. 따라서 더 이상 칼스버겐시스라는 명칭은 사용하지 않게 되었습니다.

라거 효모인 사카로미세스 파스토리아누스가 어디서 온 것인지는 명확하지 않습니다. 유전자 분석으로 에일 효모인 세레비시아와 유바야누스의 잡종인 것으로 분석하고 있지만, 어디에서 유래되었는지는 정확하지 않죠. 유바야누스의 조상이 아르헨티나에서 채집한 야생 효모로 추정되는 만큼 이후 유럽으로 들여왔을 것으로 보았으나, 이후에 유럽에서도 발견이 되어 정확히 어디서 유래된 것인지는 지금도 알 수 없습니다.

맥주의 제조 과정

맥아 제작

맥주를 만들기 위해서는 맥아가 있어야 합니다. 맥아를 만들기 위해서는 먼저 보리에 적절한 온도를 가해 적당한 발아 상태로 만듭니다. 2~3일 물속에 담가 수분을 흡수시켜 발아시킨 뒤, 발아를 멈추고 목적에 따라 건조시켜 맥아를 만듭니다. 보리 수확부터 맥아 제조 malting까지 하는 곳도 있으나 보통 맥아 전문업체들이 맥아를 제공합니다.

맥아를 건조하는 방법에 따라 맥주의 색깔이 달라집니다. 어두운색의 맥주는 열을 많이 가한 맥아로 만든 것입니다.

제분

제분 milling 이란 맥아를 당으로 분해되기 쉽도록 갈아주는 과정을 말합니다.

담금

담금 mashing 이란 맥아의 전분을 당으로 바꾸는 과정입니다. 분쇄된 맥아에 따뜻한 물 60~65℃가량의 적절한 온도의 물을 부어 담금 작업을 합니다. 이때 옥수수, 쌀 등의 부원료를 더하기도 합니다.

맥즙 여과

담금 작업으로 얻은 맥즙에 여과 lautering 과정을 거쳐 껍질과 불순물을 제거하면 깨끗한 맥즙을 얻게 됩니다.

자비

자비 boiling 는 담금 작업으로 얻은 맥즙을 끓이는 과정으로 이때 홉을 첨가합니다.

냉각

끓인 맥즙을 발효할 수 있는 온도로 냉각 cooling 시킵니다.

발효

효모를 첨가해서 발효 fermentation 시킵니다. 효모가 당을 분해하면서 알코올이 만들어집니다.

이후 맥주의 종류에 따라 숙성 등의 과정을 거치고 난 뒤 여과 또는 열처리의 살균 과정을 거쳐 병, 캔, 케그 생맥주 통에 넣어서 판매합니다. 우리나라, 특히 대기업에서 만든 맥주 가운데 병, 캔, 케그에 들어가는 건 모두 같은 맥주로, 우리가 흔히 접하는 생맥주는 효모가 살아 있는 맥주가 아닙니다.

맥주의 분류

효모에 따른 맥주의 분류

맥주는 효모에 따라 발효되는 방식을 구분해서 크게 두 가지로 나뉘는데, 바로 상면발효(에일)와 하면발효(라거)입니다.

■ **에일(Ale) · 상면발효(top fermening) · 상온발효**

앞서 설명한 것처럼 상면발효는 10~25℃에서 가장 잘 발효되는 효모를 사용하는 방식입니다. 보통 윗부분에서 발효되며 효모가 뜨기 때문에 '상면 발효'라고 하고, 비교적 고온에서 발효되기 때문에 '상온(고온)발효'라고도 합니다. 이 방식으로 만든 맥주를 에일(Ale)이라고 부르고 있습니다.

■ **라거(Lager) · 하면발효(bottom fermentig) · 저온발효**

하면발효는 5~10℃에서 가장 잘 발효되는 효모를 사용하는 방식입니다. 상면발효와 반대로 발효 과정과 발효 후에 효모가 가라앉아 '하면발효'라고 합니다. 마찬가지로 비교적 저온에서 발효하기 때문에 '저온발효'라 부르기도 합니다. 이 방식으로 만든 맥주가 라거Lager이며, 우리가 쉽게 접했던 맥주는 대부분 라거 계열의 맥주입니다.

살균 처리 방식에 따른 분류

맥주는 살균한 맥주와 살균하지 않은 생맥주로 나뉩니다. 살균 처리를 하지 않아 효모와 미생물이 포함된 상태의 생맥주는 유통기한이 짧으므로 양조장이나 양조장 인근에서만 만날 수 있죠. 대부분의 맥주는 열처리하거나 필터를 통해 효모와 미생물을 제거하여 유통기한을 늘린 맥주입니다. 따라서 병맥주, 캔맥주, 생맥주는 모두 같은 맥주입니다. 삿포로 맥주가 효모 여과기를 통해 열처리를 하지 않고 효모를 제거한 맥주를 '생맥주'라고 부른 이후, 효모나 미생물의 여부와는 무관하게 '생맥주'라 부를 수 있게 되었습니다.

맥주는 알코올 함량에 따라 분류하기도 합니다. 6% 이상의 맥주를 스트롱 맥주, 4% 이하의 맥주를 라이트 맥주, 0~0.9%의 맥주를 비알코올 Non Alcohol 맥주, 알코올이 포함되지 않은 맥주는 무알코올 Alcohol Free 맥주로 구분합니다.

라거

상대적으로 낮은 온도에서 활동하는 효모를 사용해서 만드는 하면발효 방식의 맥주, 라거 Lager. 수도사들이 동굴 속에 저장했던 맥주에서 시작된 라거 독일어로 '저장소' 의미 는 19세기 냉장 기술의 발전과 함께 널리 알려지게 되었습니다. 대부분의 맥주는 이 라거 방식으로 만든 것입니다.

우리에게 익숙한 하이트, 카스, 오비를 비롯해 외국 맥주인 버드, 하이네켄, 밀러, 아사히, 칭다오 등도 모두 라거 맥주입니다. 에일에 비해 부드럽고 가벼운 것이 특징이죠.

라거의 맥주들은 어떤 종류들이 있는지 알아보겠습니다.

■ **페일 라거**(Pale Lager)

카스, 하이트, 오비 등은 모두 라거 맥주, 그중에도 '페일 라거'입니다. 언뜻 보기에도 밝은 색을 띤다는 점을 알 수 있죠. 맛과 향 또한 가볍고 깔끔합니다. 우리가 잘 아는 일반적인 맥주 대부분이 이 페일 라거입니다. 가장 많이 알려지고 판매량도 가장 높은 맥주입니다.

LIGHT LAGER
INDIAN PALE LAGER
AMERICAN PALE LAGER
PALE LAGER
CZECH PILSNER
GERMAN PILS
PILSNER
AMERICAN PILSNER
EISBOCK
HELLESBOCK
DOPPELBOCK
BOCK
LAGER 라거
하면발효
DUNKEL

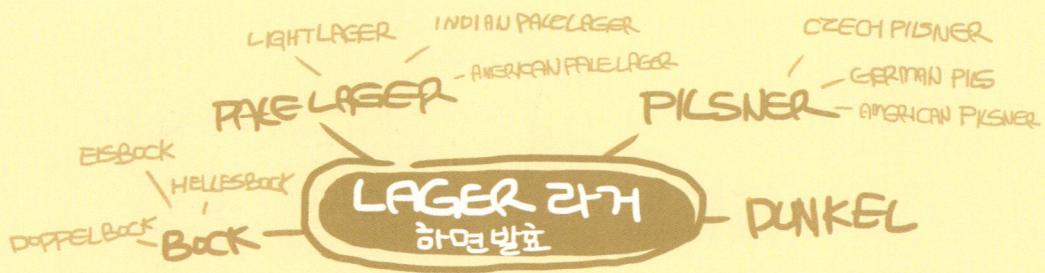

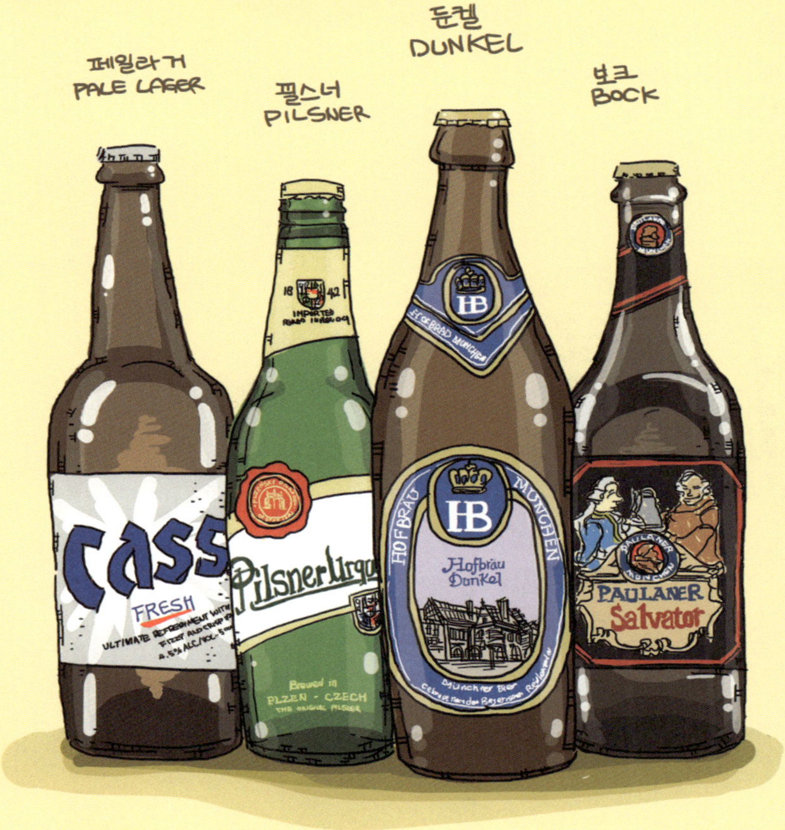
페일라거
PALE LAGER
필스너
PILSNER
둔켈
DUNKEL
보크
BOCK
Cass
FRESH
HB
HOFBRÄU MÜNCHEN
Hofbräu Dunkel
PAULANER
Salvator

■ **필스너(Pilsner)**

에일 스타일의 맥주가 대부분이었던 19세기 중순, 정확히는 1842년에 지금의 옅은 황금빛 라거 스타일의 맥주인 필스너가 탄생했습니다. 1인당 맥주 소비량이 제일 많다는 체코의 플젠 Pilsen 지역에서였죠. 이 필스너 스타일의 맥주는 독일을 거쳐 전 유럽에서 유행했고, 현대 라거 스타일의 시초가 되었습니다.

필스너는 다른 페일 라거에 비해 씁쓸한 맛이 있습니다. 페일 라거가 가벼움 light 을 추구하는 데 반해 체코의 필스너는 라거 중에서도 비교적 씁쓸한 맛과 향을 특색으로 삼으며 독일, 유럽, 미국의 필스너와 구분되었습니다.

■ **다크 라거(Dark Lager), 둔켈(Dunkel)**

다크 라거는 맥아를 태워서 만든 흑맥주이며, 강한 맛을 가진 에일의 스타우트에 비해 비교적 부드럽고 달콤합니다. 대표적인 다크 라거로 둔켈이 있습니다. 둔켈은 영어로 'dark 어두운색, 검은색, 짙은 색'의 뜻을 가지고 있으며, 독일에서 유래된 흑맥주를 말합니다. 둔켈은 의미상 에일과 라거를 합한 넓은 의미의 흑맥주를 뜻하기도 하지만, 다크 라거로 라거의 흑맥주를 구분한다면 둔켈을 대표적인 다크 라거로 볼 수 있습니다.

■ **보크(Bock)**

라거라고 전부 가볍지만은 않다! 색도 맛도 도수도 에일에 뒤지지 않는 흑맥주가 있습니다. 꽤 오래된 역사를 지닌 보크입니다. 14세기쯤에 양조되기 시작했으니 처음에는 에일 방식이었으나 17세기 정도부터 라거 스타일로 양조되었다고 합니다.

'Bock'는 숫염소를 뜻하는 독일어이며, 아마도 처음 제조된 지역인 독일 아인벡 Einbeck 에서 유래된 이름으로 추정됩니다. 보크는 도수에 따라 7~12%의 도펠보크 Doppelbock, 더블보크 와 9~16%의 아이스보크 Eisbock 로 세분됩니다.

에일

에일Ale은 일반적으로 상면발효 방식으로 만든 맥주를 말합니다. 2,000년 전에는 독일 지역에서 발효된 맥주와 비슷한 음료들을 모두 가리키는 말이었다면, 1,000년 전 영국에서는 현재 맥주와 같은 음료는 에일로, 꿀이나 과일주스 같은 종류는 맥주로 불렀다고 합니다. 이후 홉이 등장하면서 홉이 들어간 맥주는 '라거'로 구분하고, 홉이 들어가지 않은 맥주는 '에일'이라 불렀습니다. 이후 에일에도 홉이 들어가면서 지금은 상면발효 맥주를 말하고 있습니다. 영국에서 에일은 보통 맥주를 뜻하며, 에일은 영국식 맥주를 뜻하기도 합니다. 라거 계열의 맥주를 주로 접했던 사람들은 독특한 맛과 향을 가진 맥주들을 마시며 "이런 맥주도 있구나" 하며 즐겼습니다. 이런 맥주 중 많은 수가 에일 맥주였고, 때마침 막 피어나는 크래프트 맥주들의 중심에 에일이 있습니다.

ALE 에일
PALEALE
LAMBIC
BELGIAN ALE
WHEAT WEIZEN
STOUT PORTER
AMERICANPALEALE
AMBERALE
INDIA PALEALE
ENGLISHPALEALE
DUNKEL WEIZEN
HEFE WEIZEN
KRISTAL WEIZEN
TRIPEL
BELGIANSTRONG
DUBBEL
IMPERIAL STOUT
IRISH STOUT
AMERICANSTOUT
ENGLISH PORTER

스타우트
STOUT
페일에일
PALE ALE
AMERICANPALEALE
인디아페일에일
INDIA PALEALE
비터
BITTER
ENGLISH PALEALE
밀맥주
WHEAT BEER
벨지안에일
BELGIAN ALE
STRONG GOLDEN
람빅
LAMBIC
GUINNESS
SIERRA NEVADA
PALE ALE
FULLER'S
LONDON PRIDE
ERDINGER
Weißbier
BELGIAN GOLDEN
Lindemans
FARO
LAMBIC BEER

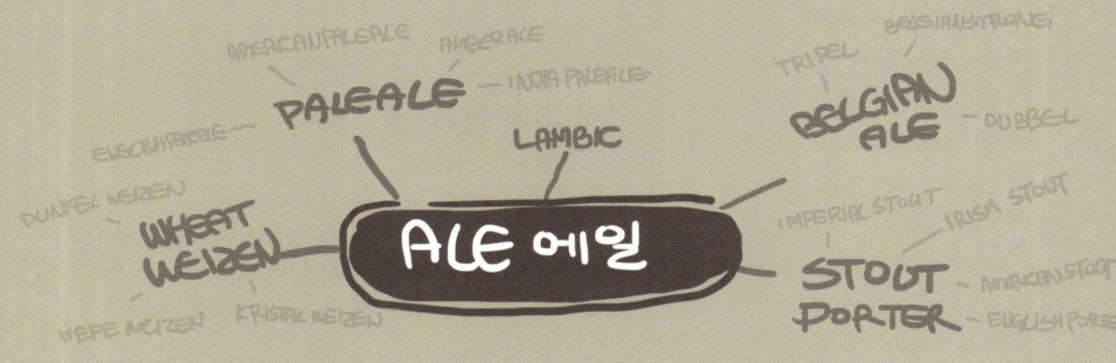

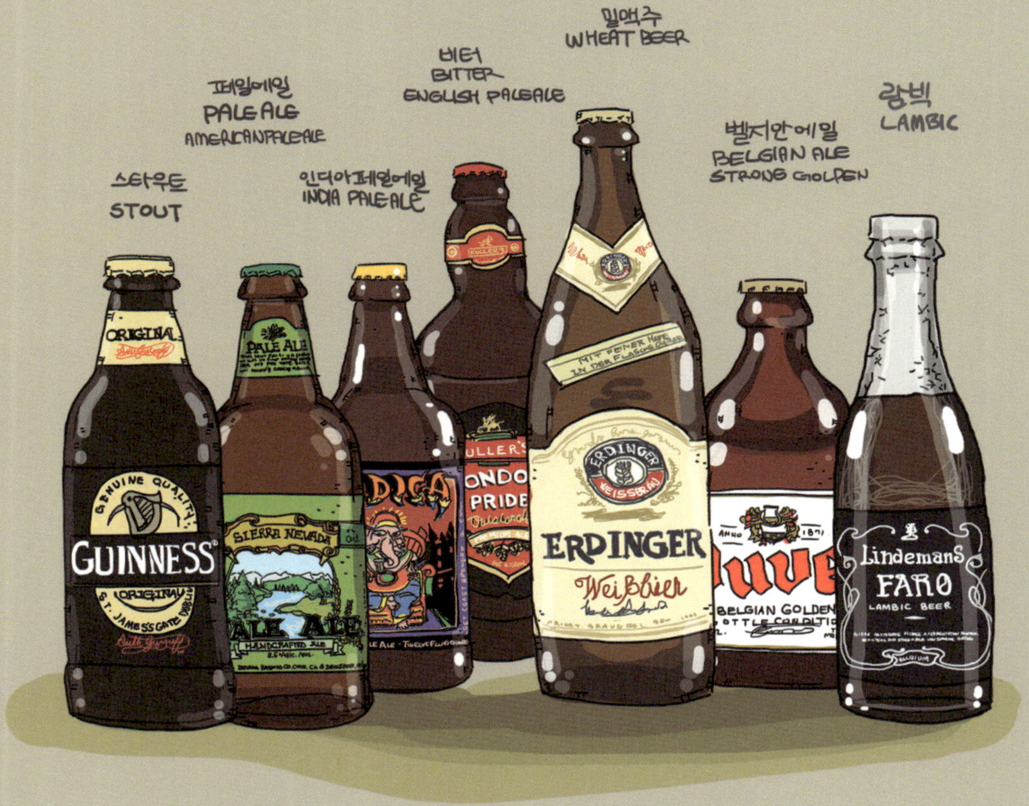

■ 페일 에일(Pale Ale)

문자 그대로는 '창백한 에일'이어도 지금 보기에는 전혀 창백하지 않습니다만 라거에 비교한다면 말이죠, 당시에는 일반 에일보다 옅은 색이었기 때문에 페일 에일로 불렀다고 합니다. 영국 내에서는 비터 Bitter 라고도 부릅니다.

페일 에일은 영국에서 맥아 건조 기술이 발전하면서 시작된 맥주 스타일입니다. 에일 맥주의 한 종류지만, 영국에서는 에일과 구분하지 않고 에일이 맥주 자체를 지칭하기도 합니다. 라거가 독일

맥주의 대명사라면 에일은 영국 맥주의 대명사라고 볼 수 있습니다. 페일 에일의 종류로는 아메리칸 앰버 페일 에일, 잉글리시 페일 에일, 브론드 페일 에일 등이 있습니다.

■ 아메리칸 페일 에일(American Pale Ale)

미국에서는 1980년대부터 성장한 크래프트 맥주의 중심에 페일 에일이 있었고, 지금은 '아메리칸 페일 에일'이라는 하나의 독립적인 맥주 스타일이 되었습니다. 기존 맥주와 차별화된 개성적인 향, 그리고 무엇보다도 홉을 강조한 특징이 두드러지는 페일 에일 맥주입니다. 아메리칸 페일 에일이 하나의 스타일로 정립되면서 영국식 페일 에일과도 구분되었습니다.

■ 인디아 페일 에일(India Pale Ale, IPA)

영국이 뒤늦게 식민지 쟁탈전에 뛰어들면서 허겁지겁 찾은 나라, 인도. 그곳으로 가기 위한 바닷길은 험난했습니다. 보관이 쉽지 않아 금방 부패하는 식수 대신 사용한 것이 맥주였고, 먼 길이었기에 더 많은 홉을 맥주에 넣었습니다. 쓴맛이 특징인 이 맥주는 주로 수출했지만 영국 내에서도 인기를 얻게 되면서 하나의 스타일이 되었습니다.

홉을 강조하는 1980년대 이후 미국 크래프트 맥주 스타일의 중심에는 페일 에일이, 그중에도 이 인디아 페일 에일이 있습니다. 미국 크래프트 맥주

의 상징과도 같다고 할 정도입니다. 미국에서는 꽃 향의 뉴잉글랜드 버몬트, 강한 홉과 쓴맛의 웨스트 코스트 등 다양한 스타일의 인디아 페일 에일을 생산하고 있습니다.

■ 벨지안 페일 에일(Belgian Pale Ale)

맥주 순수령으로 순수한 맥주를 고수하게 된 독일과는 다르게 여러 시도를 하며 다양한 맥주를 생산한 인근의 나라가 있었으니, 바로 벨기에입니다. 영국의 에일은 중심이 잘 잡혀 있고, 미국의 에일이 홉을 강조했다면, 벨기에의 에일은 효모를 강조하는 스타일입니다.

- 트라피스트 에일(Trappist Ale), 애비 에일(Abbey Ale) 벨지안 에일의 기원이 중세 수도원이기 때문에 수도원 스타일의 에일이라고도 할 수 있습니다. 트라피스트 수도사들이 양조했던 트라피스트 에일은 지금도 지정된 수도원 양조장 에서 철저한 관리하에 수도자를 통해 생산되고 있습니다. 일반 양조장에서 허가를 받아 생산하는 수도원 맥주는 애비 에일로 분류됩니다.

- 벨지안 에일의 주요 스타일 두벨 Dubbel 은 영어 '더블'과 같은 의미로 몰트의 양을 2배로 늘린 6~7.5% 정도의 맥주를 말하며, 트리펠 Tripel 은 3배의 몰트를 사용한 맥주로 도수는 7~10% 정도이며, 쿼드루펠 Quadrupel 은 9~12% 정도 도수를 가진 더 강한 맥주 종류를 말합니다. 블론드 에일 Blonde Ale 은 6~7.5% 정도의 부드럽고 청량한 라거와 유사한 대중적인 벨지안 에일입니다.

■ 포터(Porter)

포터는 18세기에 영국 런던에서 생산하던 흑맥주입니다. 하역 노동자들인 포터 Porter 들에게 인기가 많아 붙은 이름이라고 합니다. 일반적으로 부드러운 스타일의 흑맥주로 커피, 초콜릿 풍미가 특징입니다.

■ 스타우트(Stout)

노동자들이 즐겨 마신 포터 중에서 가장 강한 맥주를 스타우트 포터 Stout Porter 로 불렀습니다. 이후 우리에게 기네스북으로 더 유명한 양조 업체 기네스가 이 맥주에서 '포터'라는 단어를 빼고 '스타우트'라는 이름으로 판매하기 시작해 흑맥주를 대표하는 이름이 되었습니다.

■ **밀맥주(Wheat)**

맥주는 일반적으로 보리로 만들지만 다른 곡물로도 제조됩니다. 그중 대표적인 것이 밀이며, 맥주 순수령 아래 독일에서도 군주들은 밀맥주를 양조했습니다. 밀로 만든 맥주를 밀맥주 Wheat Beer, 독일어로는 바이젠 Weizen 이라고 부릅니다. 물론 바이젠은 '밀'이란 뜻입니다. 밀맥주는 화이트 비어 White Beer, 바이스 Weiss, 위트 비어 Wit Beer 라고도 불립니다. 바이스와 위트는 모두 흰색을 뜻하는데, 이렇게 부른 것은 발음이 서로 비슷하기도 하고 밀맥주가 밝은색을 띠고 있기 때문이죠. 우리에게 익숙한 호가든이 대

표적인 밀맥주입니다. 라거에 비해 불투명한 황금색과 시트러스 등 과일 향, 꽃 향이 특징입니다.

■ **사워 에일(Sour Ale)**

사워 에일은 시큼한 맛이 특징인 스타일의 맥주입니다. 전통 효모, 자연 발효를 통해 양조하기 때문에 산 초산, 젖산 등의 통제가 어렵다 보니 어쩔 수 없이 두드러지는 산미와 자연 효모로 인한 다양한 풍미를 특징으로 내세우는 맥주입니다. 신맛을 의도하기 위해 여러 야생 효모나 박테리아를 첨가하기도 합니다.

가장 유명한 사워 에일은 벨기에의 람빅 Lambic 입니다. 공기 중에 있는 자연 효모와 박테리아를 이용해 만들어서 시고 쿰쿰한 맛이 특징이죠. 생산 연도가 다른 람빅을 섞어 만든 맥주는 괴즈 Gueze 라고 합니다.

한국 맥주의 발자취

현재 국내 대기업 맥주 회사는 하이트 진로, 오비맥주 그리고 뒤늦게 뛰어든 롯데칠성음료입니다. 중반에 뛰어들었던 진로는 맥주 부문 진로쿠어스과 소주 부문이 각각 매각되며 사라졌고, 그 자리를 몇 년 전부터 롯데가 비집고 들어왔습니다.

마지막으로 오비맥주를 소유한 안호이저 부시 인베브 AB InBev 는 남미 브라질에서 시작된 회사입니다. 파울루 레만이 설립한 브라질 투자은행인 가란치아는 1989년 브라질 맥주 회사 브라마 Brahma 를 인수하고 1999년 상파울루 맥주 회사 안타티카 Antarctica 를 합병한 뒤 이름을 암베브 Ambev 로 변경했습니다. 그 뒤 2004년 벨기에 맥주 회사 인터브루 스텔라, 호가든 를 합병한 다음 회사명을 인베브 InBev 로 변경합니다 인터브루는 오비맥주를 소유하고 있었습니다. 인베브는 2008년 미국의 대표 맥주 회사인 버드와이저의 안호이저 부시를 인수 합병하고 세계 최대의 맥주 회사가 됩니다. 이후 회사명을 AB InBev로 변경하고 2016년에는 세계 맥주 2위 자리에 있던 사브밀러마저도 인수합니다. 인베브 인터브루 는 2009년 안호이저 부시 인수를 위해 소유하고 있던 오비를 미국 사모펀드 KKR에 매각하고, 2014년 부시 인베브로 안정화한 뒤 다시 인수했습니다. KKR은 오비를 18억 달러에 인수해서 58억 달러에 매각하였습니다.

역사적으로 많은 맥주가 있었고 유행 역시 돌고 돌면서 맥주는 유행을 따라 흘러왔습니다. 맛과 가격 모두 다른 술에 비해 부담이 덜한 맥주는 초보 드링커가 접근하기에 가장 좋은 술임은 틀림없습니다. 대형 마트와 여러 숍에서 접할 수 있는 종류가 점점 늘어가고 크래프트 맥주도 많아지며 개성 있는 맥주들이 끊임없이 생겨나고 있습니다. 그만큼 맥주 종류도 늘어나고 있으며 늘어나는 종류만큼 즐거움도 커집니다.

2011년 소규모 양조장이 현장에서 맥주를 판매할 수 있도록 법이 개정되었고, 2014년에는 주세법이 개정되어 맥주 제조의 벽이 낮아지면서 크래프트 맥주의 바람이 불었습니다.

2020년 코로나19 시절까지 큰 인기를 끌었던 맥주는 위스키 같은 다른 술들이 인기를 얻게 되자 상대적으로 주목을 덜 받았고, 열기가 뜨거웠던 크래프트 맥주도 어느덧 이전의 기온으로 돌아오면서 지금은 더 저렴한 가격에 만날 수 있게 되었습니다. 유행은 돌고 도는 것이니 조금 지나면 또다시 새로운 바람이 불겠지요.

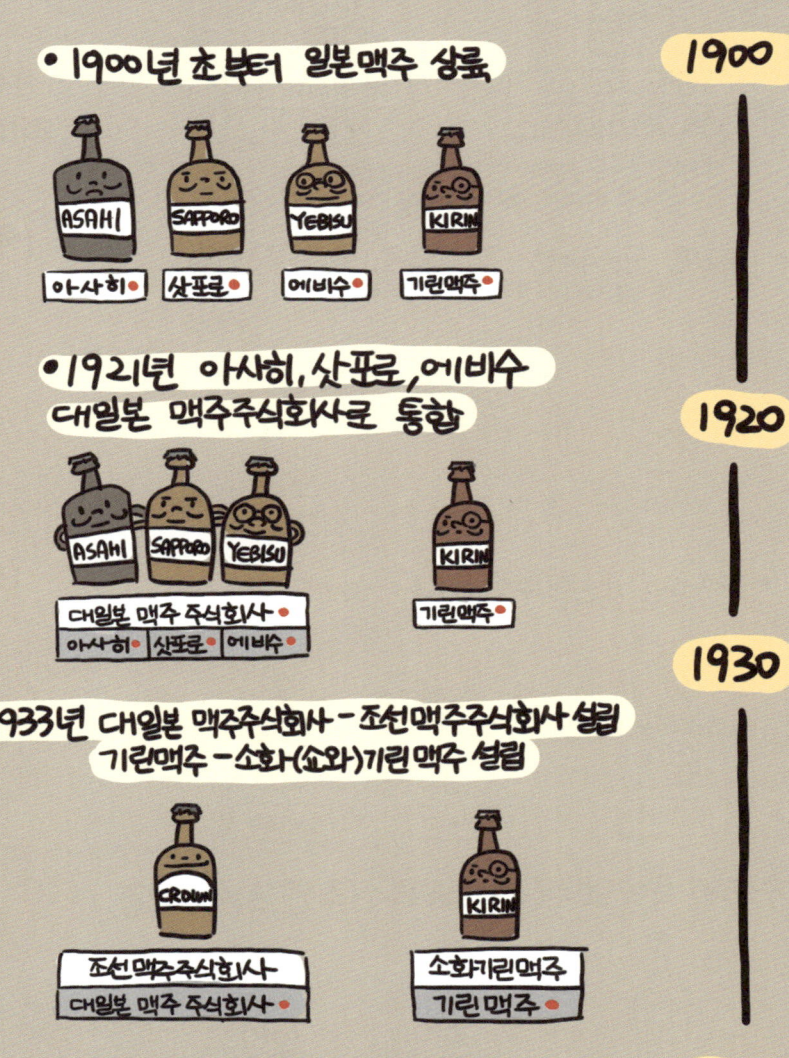

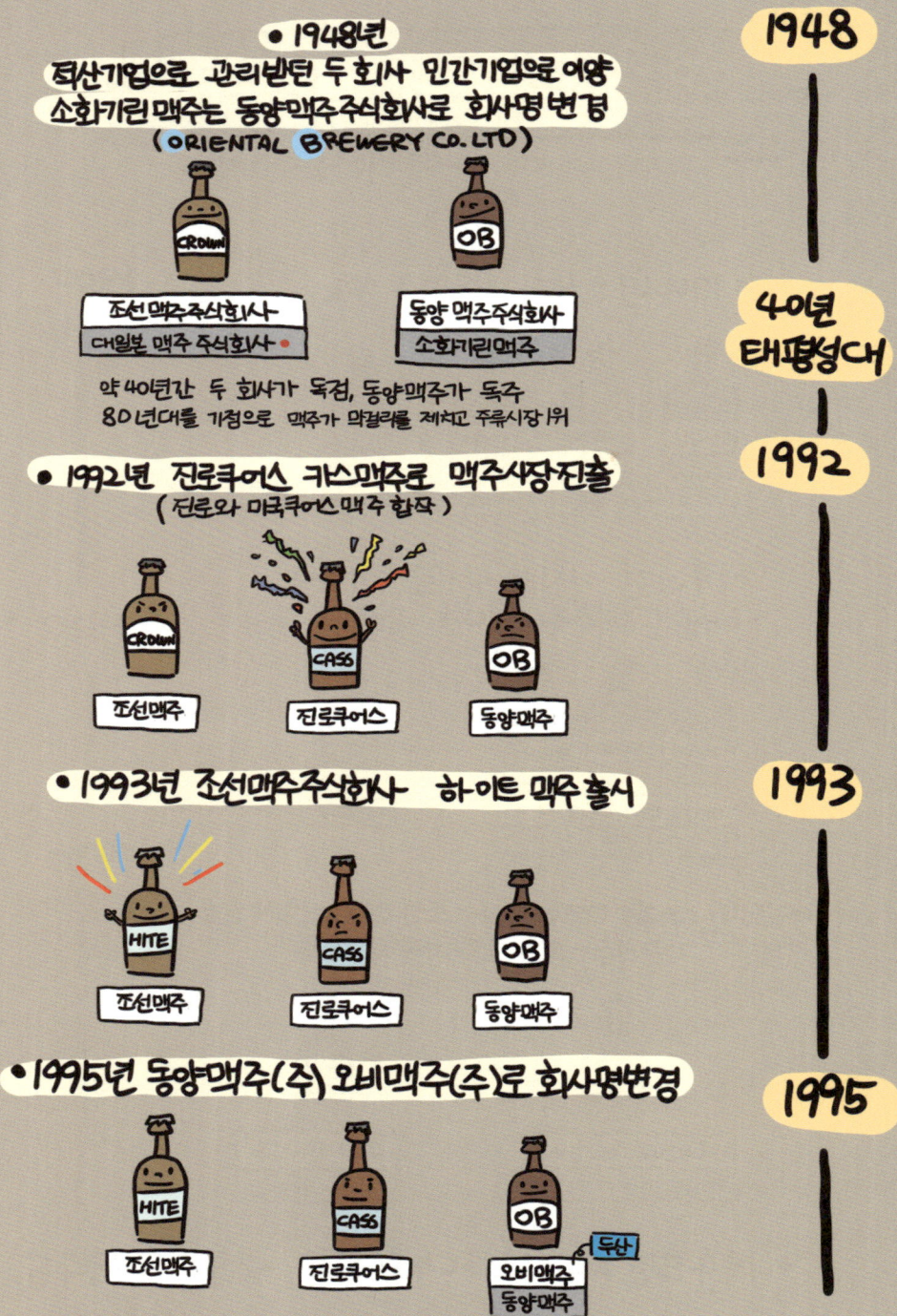

- 1998년 조선맥주(주) 하이트맥주(주)로 회사명변경
- 1998년 두산그룹 오비맥주 인터브루(INTERBREW)에 매각
  (처음처럼은 롯데주류에 매각)
- 1999년 오비맥주 진로쿠어스(CASS) 인수

1998

2002
소규모
맥주제조
면허허가

하이트맥주
조선맥주

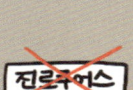
진로쿠어스

오비맥주
INTERBREW

- 2005년 하이트맥주 진로인수 (진로기업-소주)
- 2009년 인베브(인터브루) 오비맥주 KKR에 매각
- 2011년 하이트맥주 하이트진로(주)로 회사명변경

2005

하이트 진로
하이트 맥주

오비맥주
INTERBREW
KKR

- 2014년 롯데칠성음료 클라우드로 맥주시장 진출
- 2014년 KKR 오비맥주 ABINBEV에 매각
  - ABINBEV : 인터브루가 안호이저부시 인수후 출범한 주류기업

2014

하이트 진로

롯데칠성음료

오비맥주
KKR
ABINBEV

SECTION 04

맥주 즐기기

맥주의 쓴맛 지수

맥주는 쓴맛을 지수로 정해서 맥주 맛을 어느 정도 수치화했는데 이를 IBU International Bittering Units 라고 합니다. 1부터 100까지의 숫자로 쓴맛의 정도를 표기해 쉽게 알 수 있도록 합니다. 다만 이 수치는 정확한 것이 아니므로 참고 사항으로 생각하면 좋을 듯합니다.

IBU
맥주 쓴맛 지수
INTERNATIONAL BITTERING UNIT

- 10 — LAMBIC 람빅 / LIGHT LAGER
- 20 — SCOTTISH ALE / LAGER 라거
- 30 — PILSNER 필스너
- 40 — PORTER 포터
- 50 — STOUT 스타웃
- 60 — AMERICAN IPA
- 70 — INDIAN PALE ALE (IPA) / IMPERIAL STOUT
- 80 —
- 90 — IMPERIAL IPA
- 100

맥주 표준 색상 지수

맥주의 색상을 차트로 정리해 놓은 것을 맥주의 표준 색상 지수인 SRM Standard Reference Method 이라 하며, 이는 맥주 1cm를 통과할 수 있는 빛의 양을 척도로 합니다. 미국양조협회 American Society Brewing Chemists 에 의해 맥주 색상 측정 단위로 채택되어 현재 미국에서 사용되고 있습니다. 유럽에서는 좀 더 범위를 넓힌 EBC European Brewery Convention 를 주로 사용합니다.

잔 고르기

맥주는 술 중에서 가장 편한 술입니다. 어디서나 쉽게 만날 수 있고 큰 부담 없이 마실 수 있습니다. 사실 어떻게 마시든 크게 상관이 없는 술이지만, 맥주를 더욱 맛있게 즐기는 가장 쉬운 방법을 꼽자면 적합한 잔을 선택하는 것이 아닐까 생각합니다.

맥주 스타일에 따라 잔을 고르는 것이 기본이지만, 자신이 좋아하는 잔을 사용하는 것도 좋습니다. 얇은 플라스틱 잔을 좋아하는 사람도 있죠. 자신이 좋아하는 잔이라면 어떤 것이든 괜찮습니다. 맥주는 말이죠!

적당한 거품

적당한 거품은 맥주 맛에도 도움이 됩니다. 황금비율은 흔히 7:3, 8:2 정도로 알려져 있죠. 살짝 잔을 기울여 맥주를 따라서 적당한 거품을 만든 다음, 잔을 더 세워 따라주면 원하는 거품을 만들 수 있습니다. 거품은 맥주 안에 탄산을 가둬두기 때문에 탄산을 더욱 오래 즐기게 해주죠!

온도에 맞춰 즐기기

맥주에도 적정 온도가 있습니다. 라거와 필스너는 3~7℃, 휘트비어 밀맥주 는 5~7℃입니다. 또한 페일 에일은 7~10℃, 에일은 10~12℃, 포터나 스타우트는 12~13℃ 정도가 일반적으로 추천하는 온도입니다. 한 번쯤은 온도에 맞춰 마셔보는 것도 좋은 방법입니다.

차게, 시원하게

잔을 차게 하거나 얼음을 가득 채워 마시는 것을 싫어하는 사람도 있고, 좋지 않은 방법이라고 말하는 이들도 있습니다만, 가볍고 시원한 것을 즐기는 사람에게는 무엇보다 좋은 방법입니다. 더 차게! 더 시원하게! 더 라이트한 맥주를 즐기는 사람에게는 더없이 좋은 방법이죠.

필스너 우르켈
PILSNER URQUELL

- 발효주
- 맥주
  - 라거
  - 필스너
- 1842년 출시
  - "필스너의 원조"
- 4.4%
- 체코, 플젠
- 필스너 우르켈 생산
- 아사히 소유

필스너 우르켈
PILSNER URQUELL

필스너 우르켈은 1842년부터 생산된 맥주로, 현대식 맥주를 대표하는 페일 라거의 원조입니다. 체코를 대표하는 맥주이기도 하죠. 필스너의 원조인 필스너 우르켈이 생산되는 곳이 체코의 플젠인데, 플젠은 독일어로 '필스너'라 표기됩니다. 초기 필스너는 이곳에서 생산되는 맥주를 말했습니다. 필스너 우르켈은 보통의 페일 라거에 비해 홉의 쓴맛과 풍미가 풍부한 것이 특징입니다. AB InBev 소유의 맥주였으나 기업 규모가 지나치게 커지면서 독과점 우려가 제기되자, 2016년 일본 기업 아사히에 여러 맥주 브랜드들과 함께 매각되었습니다.

HEINEKEN 하이네켄
HEINEKEN LAGER BEER

- 발효주
- 맥주
  - 페일 라거
- 1873년 출시
  - 설립자
    GERAD ADRIAN
    "HEINEKEN"
- 5%
- 네덜란드
- 하이네켄 생산
- 하이네켄 소유

하이네켄 라거
HEINEKEN LAGER BEER

하이네켄은 1864년에 설립된 네덜란드의 맥주 양조 업체 이름으로 1873년부터 맥주 하이네켄을 생산하기 시작했습니다. 하이네켄은 살짝 쌉쌀함을 느낄 수 있는 라거 맥주입니다. 인지도 면에서는 세계에서 가장 유명한 맥주 중 하나로 꼽히고 있죠. 국내에서도 인기가 많아 쉽게 구할 수 있습니다. 2016년 밀러와 AB InBev의 합병으로 하이네켄은 세계에서 두 번째로 큰 양조 업체가 되었습니다. 현재의 하이네켄은 19세기 하이네켄 특유의 풍미를 만드는 독자적인 효모인 에이-이스트(A-yeast)를 배양해 만들어지고 있습니다.

버드와이저 BUDWEISER
BUDWEISER AMERICAN LAGER

- 발효주
- 맥주
  - 라거
  - 페일라거
- 1876년 출시
- 천년의 BUDWEISER BUDVAR
- 5%
- 미국
- 버드와이저 생산
- AB INBEV 소유

버드와이저 라거
BUDWEISER LAGER BEER

중국에서 주로 판매되고 소비되는 설화맥주(SNOW)를 제외하고 전 세계적으로 가장 많이 팔리는 맥주는 버드와이저입니다. 미국을 대표하는 맥주죠. 버드와이저는 체코의 부드호비체(독일어로 부드와이저)라는 지명에서 가져온 이름인데, 체코에서 맥주를 생산하는 버드와이저 부드바르와 아주 오랫동안 국제적인 상표권 분쟁을 벌인 결과 버드와이저는 유럽에서 '버드(Bud)'를 사용하고, 부드바는 미국에서 '체크바르(Czechvar)'라는 이름을 사용하도록 했습니다. 버드와이저는 보리 외 다른 곡물을 추가해 물처럼 시원하게 넘길 수 있으며 쌀을 추가해 목 넘김을 가볍게 만든 맥주입니다. 버드와이저는 합병을 통해 세계에서 가장 큰 주류 업체가 된 AB InBev 소유가 되었습니다.

기네스 GUINNESS
GUINNES STOUT BEER

- 발효주
- 맥주
  - 라거
  - 스타우트
- 1759년 설립
- 설립자 ARTHUR 'GUINNESS'
- 4.2%
- 아일랜드
- 기네스 생산
- 디아지오 소유

기네스 스타우트
GUINNESS STOUT

1759년 아서 기네스가 설립한 맥주 회사 기네스는 버려진 양조장을 1년에 45파운드씩 9,000년간 임대해서 사용하기로 한 계약으로도 유명합니다. 지금은 합병을 통해 디아지오의 소유입니다. 기네스는 가장 유명한 흑맥주입니다. 태운 맥아와 곡물 향의 풍미 그리고 탄산이 있는 오리지널 제품이 있고, 보다 커피 및 초콜릿 풍미를 더하고 '위젯'이라는 플라스틱 공에 질소를 넣어 개봉 시에 거품을 풍부하게 만드는 크래프트 제품이 있습니다. 위젯으로 풍부하게 생성된 거품은 맥주의 짙은 색과 대비되어 시각적으로도 풍미를 돋우며 목 넘김을 부드럽게 합니다.

- 발효주
- 맥주
  - 라거
  - 페일라거
- 1994년 출시
- 4.5%
- 한국
- 오비맥주 생산
- AB INBEV 소유

- 발효주
- 맥주
  - 라거
  - 페일라거
- 1993년 출시
- "HEIGHT WHITE"
  높이 끌어올린
  맑고 깨끗한
- 4.5%
- 한국
- 하이트 생산
- 하이트진로 소유

카스 프레시 라거
CASS FRESH LAGER

카스는 1994년 진로와 쿠어스의 합작사에서 출시한 맥주입니다. 1999년 오비맥주에 흡수되어, 페놀 유출사건 이후 거의 사라진 오비맥주의 간판 맥주가 되었습니다. 현재 국내에서 가장 많이 팔리는 맥주입니다. 물, 맥아, 홉 외에 옥수수전분을 더한 가벼운 스타일의 라거입니다. 가벼움이 특징이기 때문에 청량감을 중요시하는 사람들에게는 좋은 맥주로 꼽힙니다. 같은 이유로 희석식 소주와 함께 폭탄주로도 많이 사용됩니다. 오비맥주가 AB InBev에 매각되어 카스는 엄밀하게 말하면 국내 맥주는 아닙니다. 우리나라에서 줄곧 일등 자리를 차지하고 있지만 외국 회사의 몸이 되어버린 조금은 짠한 맥주입니다.

하이트 엑스트라 콜드 라거
HITE EXTRA COLD LAGER

1993년 조선맥주에서 출시한 하이트는 1996년부터 2011년까지 국내에서 맥주 판매 1위 자리를 놓치지 않았습니다. 조선맥주가 크라운맥주를 단종하고 회사명도 하이트로 변경할 정도로 이는 놀라운 일이었죠. 하이트는 땅속 깊은 곳의 천연 암반수를 사용한다고 하며 깨끗함을 강조했는데, 이는 두산의 페놀 유출사건과 대비시키는 전략이었습니다. 하이트도 카스처럼 물, 맥아, 홉 외에 옥수수전분을 더한 가벼운 스타일의 맥주입니다. 시원함을 강조하고 있지요. 지금도 카스의 오비맥주와 우리나라 맥주 시장을 놓고 다투고 있습니다. 오비가 1위 자리를 다시 차지한 후 계속 카스를 내세우고 있다면, 하이트는 뒤로 물러나 테라, 켈리 등 새로운 맥주들을 내세우고 있습니다.

- 발효주
- 맥주
  - 라거
  - 페일라거
- 1885년 설립
  - 기린
    전설속 상상의 동물
- 5%
- 일본
- 기린브루어리생산
- 기린브루어리소유

- 발효주
- 맥주
  - 라거
  - 페일라거
- 1889년 출시
  - 아사히
    떠오르는 해
- 5%
- 일본
- 아사히 생산
- 아사히 소유

기린 이치방 라거
KIRIN ICHIBAN LAGER

1885년에 설립된 재팬브루어리에서 1888년 기린맥주가 출시되었습니다. 기린맥주가 인기를 끌자 1907년에는 기린브루어리로 회사 이름을 바꾸었죠. 참고로 오비맥주의 전신이었던 맥주양조회사는 기린브루어리가 우리나라에 세운 맥주양조장이었습니다. 전쟁 이후 합병으로 만들어진 대일본맥주가 분사한 이후, 쭈욱 기린맥주는 일본에서 가장 인기 있는 맥주였습니다. 1990년대 중반까지 일본 내 점유율 1위를 기록했습니다. 아사히에 선두를 내준 기린은 첫 번째 맥즙만 사용하는 기린 이치방을 출시했고 2020년에 선두 자리를 되찾았습니다. 이후에는 두 회사가 엎치락뒤치락하는 중입니다.

아사히 슈퍼드라이 라거
ASAHI SUPER DRY LAGER

아사히는 1889년에 설립된 오사카브루어리에서 만든 맥주입니다. 전쟁 이후 합병되었던 회사(아사히, 에비앙, 삿포로)가 분사되면서 아사히가 설립되었습니다. 합병되었던 회사(대일본맥주)에서 1933년 우리나라에 설립한 회사가 조선맥주의 전신입니다. 1987년에 출시한 슈퍼드라이가 큰 인기를 끈 덕에, 1997년부터 2020년까지 20년이 넘도록 꾸준히 정상의 자리를 지켜왔습니다. 슈퍼드라이는 단맛이 적은 드라이함을 내세우는 맥주로 아사히에서 이 제품을 출시한 후 여러 맥주 회사에서도 드라이 제품을 출시했다고 합니다. 아사히는 지금까지 슈퍼드라이를 내세우고 있습니다. 단맛이 적어 입안이 깔끔하다는 평을 받으며 국내에서도 외국 맥주 중 상위권을 차지하는 맥주입니다.

- 발효주
- 맥주
  - 에일
  - 밀맥주
- 1445년 첫생산
  1965년 재생산
- 벨기에 마을이름
- 4.9%
- 벨기에
- 호가든 생산
- AB INBEU 소유

- 발효주
- 맥주
  - 에일
  - 밀맥주
- 1886년 출시
- 독일 바이에른의 마을이름
- 5.3%
- 독일
- 에딩거 생산
- 에딩거 소유

호가든 위트비어
HOEGAARDEN WITBIER

우리에게도 아주 익숙한 밀맥주 호가든. 1445년 벨기에가 네덜란드의 지배를 받고 있을 때 호가든 마을의 수도사들이 식민지 퀴라소에서 들어온 오렌지 껍질을 넣어 만들기 시작했다고 합니다. 무려 600년에 가까운 역사를 지닌 맥주인 셈이죠. 물론 우리가 아는 호가든은 우유 배달원이었던 피에르 셀리스가 20세기 중반에 다시 양조하기 시작한 맥주입니다. 피에르 셀리스는 화재로 손실된 양조장을 인터브루에 넘겼고, 인터브루는 한때 양조장을 옮기려 했으나 정체성 등 여러 문제로 인해 계속해서 호가든 지역에서 생산하고 있습니다. 호가든은 풍부한 꽃과 과일 향에 진한 풍미를 가진 대표적인 밀맥주입니다. 국내 오비에서 생산한 적이 있으며 '오가든'으로 불리기도 했습니다.

에딩거 위트
ERDINGER WHEAT BEER

에딩은 독일 바이에른주의 마을 이름이며, 에딩거는 이곳에 있는 양조장입니다. 밀맥주를 만드는 전통 양조장인데 지금까지 가족 경영으로 유지되고 있습니다. 1886년에 설립되었고 1949년에 '에딩거'라는 이름을 붙였습니다. 세계에서 가장 큰 밀맥주 양조장이기도 합니다. '에딩거'에는 대표 상품인 밀맥주 외에도 둔켈, 라이트, 슈네바이스(겨울 맥주) 등이 있습니다. 맥주 에딩거는 숙성한 뒤 병에서 2차 숙성을 하는 과정을 거치는 것으로 유명합니다. 국내에서도 인기가 많아 쉽게 볼 수 있는 밀맥주로, 풍부하고 짙은 과실 향과 밀, 홉의 씁쓸함을 느낄 수 있습니다.

시에라네바다 SIERRA NEVADA
SIERRA NEVADA INIAN PALE ALE

- 발효주
- 맥주
  - 에일
  - 아메리칸 페일에일
- 1979년 설립
  - 캘리포니아 동부 산맥 (설립자 동네)
- 5.6 %
- 미국
- 시에라네바다 생산
- 시에라네바다 소유

시에라 네바다 페일 에일
SIERRA NEVADA PALE ALE

시에라 네바다는 1979년 홈브루어리로 시작된 양조장입니다. 이는 크래프트 양조장, 아메리칸 페일 에일의 시초 같은 양조장으로 현재 규모 면에서도 미국에서 일곱 번째로 큰 양조장이 되었습니다. 아직까지 대형 주류 회사에 매각되거나 합병되지 않고 경영을 유지하는 회사입니다. 독자경영 양조장 중에서는 세 번째로 크다고 합니다. 시에라 네바다 페일 에일은 시에라 네바다의 맥주 가운데 가장 기본적인 맥주라 할 수 있습니다. 짙은 색에 감귤류의 향과 여러 꽃 향을 느낄 수 있습니다. 쌉쌀하고 살짝 달콤한 맛의 전형적인 페일 에일 맥주입니다. 국내에서도 쉽게 만날 수 있으며, 시에라 네바다에서는 다양한 스타일의 맥주들도 선보이고 있습니다.

INDICA 인디카

INDIA PALE ALE

- 발효주
- 맥주
  - 에일
  - 인디아 페일에일
- 1989년 설립
  - 인디아를 의미
- 6.5 %
- 미국
- 로스트 코스트 생산
- 로스트코스트 소유

인디카 페일 에일
INDICA INDIA PALE ALE

로스트 코스트 브루어리는 웬디 파운드와 바바라 그룸이라는 두 여성이 미국 캘리포니아 해안 유레카에서 홈브루잉(자가 양조)으로 시작한 크래프트 양조장입니다. 지금까지도 독자적으로 경영 및 생산하고 있죠. 인디카는 로스트 코스트에서 생산하는 인디아 페일 에일 맥주입니다. 인도 신 중 하나인 가네샤가 그려진 라벨이 인상적이어서 '코끼리 맥주'라고 불리기도 했습니다. 쌉싸름한 홉 향에 쓴맛, 뒤 끝맛이 부드럽고 깔끔한 인디아 페일 에일이죠. 한때 입문하기 편한 인디아 페일 에일로 인기가 많았던 맥주입니다.

HITACHINO NEST
히타치노 네스트
HITACHINO NEST WHITE ALE

- 발효주
- 맥주
  - 에일
  - 밀맥주
- 1996년 출시
- 이바라키 "히타치" 지명에 둥지라는 뜻 포함
- 5.5%
- 일본
- 키우치 브루어리 생산
- 바이에른주 소유

히티치노 네스트 화이트 에일
HITACHINO NEST WHITE ALE

둥글둥글 귀여운 모양의 병과 부엉이가 그려진 라벨로 눈길을 사로잡는 네스트는 200년 된 사케 주조장에서 태어난 일본의 크래프트 맥주입니다. 이바라키현 나카시 고우노수에서 생산되었는데 고우노수는 '둥지'라는 뜻을 포함하고 있어서 이렇게 이름 지어졌다고 합니다. 히티치노 네스트 화이트 에일은 벨기에식 밀맥주로, 풍부한 과실 향과 복합적인 향을 가진 밀맥주의 특성을 가졌습니다. 이제는 너무나도 유명하고 예전에 비해 가격이 저렴해진 덕에 우리나라에서도 더욱 쉽게 만날 수 있는 맥주입니다.

SAMUEL ADAMS
사무엘 애덤스
SAMUEL ADAMS BOSTON LAGER

- 발효주
- 맥주
  - 라거
  - 비엔나라거
- 1984년 설립
  - 보스턴 출신 미국 독립 혁명 지도자
- 5%
- 미국
- 보스턴 비어 컴퍼니 생산
- 보스턴 비어 컴퍼니 소유

사무엘 애덤스 보스턴 라거
SAMUEL ADAMS BOSTON LAGER

보스턴 출신의 사무엘 애덤스는 미국의 지도자였는데, 아버지에게서 양조장을 물려받아 브루어리에서 일하기도 했었다 합니다. 사무엘 애덤스는 1984년 설립된 크래프트 양조장 보스턴 비어 컴퍼니의 대표 맥주 이름이기도 합니다.
사무엘 애덤스 보스턴 라거는 캐러멜 몰트와 홉이 강조되는 것이 특징인 라거입니다. 너무 가벼운 라거는 싫고 무거운 에일은 부담스러운 사람들에게 알맞은 비엔나 스타일의 라거죠. 거대 기업들의 라거만큼은 아니라지만 오래전부터 우리나라에서도 어렵지 않게 만날 수 있는 유명한 맥주입니다.

BREWDOG 브루독
BREWDOG PUNK IPA

런던 프라이드
LONDON PRIDE

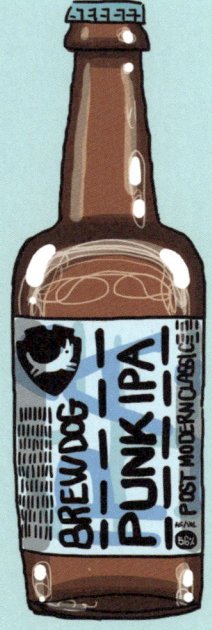

- 발효주
- 맥주
  - 에일
  - 인디아 페일 에일
- 2007년 설립
- 브루어리 + 개 기르던 개에서 영감을 얻음
- 5.6%
- 스코틀랜드
- 브루독 생산
- 브루독 소유

- 발효주
- 맥주
  - 에일
  - 비터에일
- 1845년 설립
- 폐허에 핀 꽃 SAXIFRAGA X URBIUM의 별칭
- 4.7%
- 영국
- 풀러스 생산
- 아사히 소유

브루독 펑크 IPA
BREWDOG PUNK IPA

2007년 스코틀랜드에 설립되어 불과 10년 만에 영국(유럽) 크래프트 맥주계를 사로잡은 브루독 브루어리는 영국에서 가장 큰 크래프트 양조장입니다. 국내 곳곳에서도 맥주는 물론 펍까지 볼 수 있습니다. 브루독 브루어리는 재밌고 기발하며 논쟁거리가 있는 수많은 맥주와 마케팅을 성공시켰습니다. 예를 들어 비아그라를 첨가한 맥주, 도수가 높거나 낮은 맥주, 참나무통에서 숙성시킨 맥주 등이 있죠. 펑크 IPA는 그 중에서 가장 일반적인 제품으로 홉, 맥아, 과일, 꽃 향 등 보통의 IPA(인디아 페일 에일) 특징을 가지고 있어 가볍게 마시기 좋은 맥주입니다. 국내에서도 아주 쉽게 만날 수 있습니다.

런던 프라이드
LONDON PRIDE

런던 프라이드는 '폐허 속에서 핀 꽃'의 별칭으로 1845년 설립한 풀러스 브루어리에서 생산하는 대표 맥주입니다. 풀러스는 런던에서 가장 오래된 양조장으로 프라이드를 지켰으나 오랫동안 가족 경영을 이어오다 2019년 아사히에 매각되어 현재는 아사히의 소유입니다. 국내에서 접할 수 있는 몇 안 되는 영국 맥주 중 하나인 런던 프라이드는 풍부한 꽃 향, 맥아, 홉의 풍미가 지난 뒤 약간의 씁쓸한 맛이 남는, 탄산이 덜한 깔끔한 비터 에일입니다. 영국의 과거 에일을 되찾자는 '진짜 에일 캠페인(CAMRA; Campaign For Real Ale)'의 효과로 옛 에일과 같이 인공 탄산 없이 효모를 거르지 않는 방식의 케그가 유통되는데, 런던 프라이드도 4.1%의 캐스크 에일이 영국 내에서 유통되고 있습니다.

INEDIT DAMM 이네딧 담
ESTRELLA DAMM INEDIT BELGIAN WHITE ALE

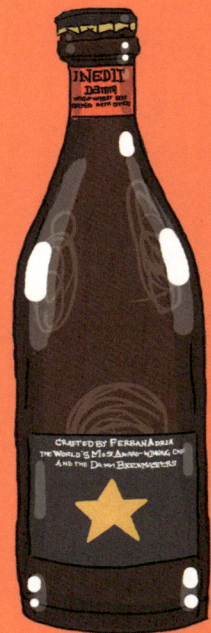

- 발효주
- 맥주
  - 에일
  - 밀맥주
- 1876년 설립 2008년 출시
- 이전에 없던, 참신한 DAMM 맥주
- 4.8%
- 스페인
- 에스트렐라담 생산
- 에스트렐라담 소유

이네딧 담
INEDIT DAMM

스페인의 유명 요리사 페란 아드리아가 카탈루냐 코스타 브라바에 있는 식당 엘불리(ElBulli)에서 사용하기 위해 소믈리에 팀과 함께 만든 맥주로, 담에서 생산하고 있습니다. 풍부한 과일, 시트러스, 고수 향 등을 느낄 수 있는 벨기에식 밀맥주이며 라거를 섞어 더 깔끔하죠. 이름 중 에스트렐라(Estrella)는 스페인어로 '별'을 뜻하는데, 이름처럼 짙은 색의 병에 노란색 별 하나가 그려진 간결한 디자인은 이게 와인인지 맥주인지 궁금증을 유발하며, 이것이 분명 맛에도 한몫했으리라 생각됩니다. 참고로 신형에는 에스트렐라 로고가 빠지고 페란 아드리아와 담의 브루마스터가 만들었다는 짧은 문구가 추가되었습니다. 예전에 비해 가격이 저렴해지고 국내에서도 어렵지 않게 만날 수 있는 맥주입니다.

PAULANER 파울라너
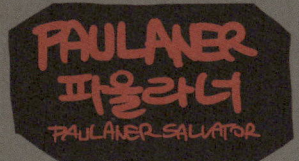
PAULANER SALVATOR

- 발효주
- 맥주
  - 라거
  - 도펠복
- 1634년 설립
- 파울라의 성프란치스코 SALVATOR=구세주
- 7.9%
- 독일
- 파울라너 생산
- 파울라너 소유

파울라너 살바토르
PAULANER SALVATOR

파울라너는 1634년에 설립된 양조장입니다. 성 프란시스 파울라 계파의 수도사들에 의해 설립되었죠. 수도사들이 마시고 남은 맥주를 사람들에게 나누어주었는데 그 때문에 파울라 수도원의 맥주는 '구세주(Salvator) 맥주'라 불렸다고 합니다. 살바토르는 수도원을 대표하는 맥주가 되었고 이후 도수 높은 도펠복 스타일의 맥주가 되었습니다. 도펠복 맥주들의 이름 끝에 '-ator'가 붙는 것도 살바토르의 영향이라고 합니다. 짙은 색 초콜릿, 캐러멜, 고소한 향을 가진 진득한 맥주이며, 크게 무겁지 않고 달달해서 가볍게 마시기에도 좋습니다.

- 발효주
- 맥주
  - 에일
  - 벨지안 에일
  - 애비에일
- 1240년 설립
- 노트르담 '레페' 수도원
- 6.5%
- 벨기에
- 레페 생산
- AB INBEV 소유

레페 브룬
LEFFE BRUNE

레페는 1152년 설립된 노트르담 레페 수도원의 수사들이 1240년부터 방문자, 순례자들을 위해 맥주를 만들기 시작했던 것에 기원을 두고 있습니다. 1952년부터는 수도원장 니지스와 양조업자 알버트 루트보엣이 수도원에서 다양한 레페 맥주를 개발하여 판매했습니다. 현재는 최대 주류사 AB InBev의 소유입니다. 레페는 수도원의 허락을 받고 생산하는 애비(수도원) 맥주로 벨기에 맥주 중에서도 인지도가 높은 편입니다. 기본 맥주인 레페 브룬(Brune)은 짙은 색과 더불어 커피, 초콜릿, 캐러멜 풍미에 부드럽고 달달한 에일 맥주입니다. 국내에서도 가장 구하기 쉬운 수도원 맥주 중 하나입니다.

- 발효주
- 맥주
  - 에일
  - 벨지안 에일
  - 트라피스트 에일
- 1862년 설립
- 벨기에 에노지역의 도시
- 7%
- 벨기에
- 시메이 생산
- 시메이 소유

시메이 레드 프리미어 에일
CHIMAY RED PREMIERE ALE

시메이는 1862년 설립된 벨기에의 스콜몬트 수도원에서 생산하기 시작한 맥주입니다. 지금까지도 수도원 내에서 생산되는 대표적인 트라피스트 맥주죠. 시메이는 맥주 스타일에 따라 다른 색의 라벨을 가지고 있습니다. 골드(엔켈, 싱글)의 도수는 4.8%이고, 레드(두벨)는 7%, 화이트(트리펠)는 8%, 블루(쿼드루펠, 다크스트롱)는 9%의 도수를 가졌습니다. 이 중 레드가 시메이를 대표하는 맥주로, 적당한 7%의 도수와 풍부한 과일 향, 다양한 풍미, 달짝지근함과 은은한 씁쓸함이 남기 때문에 진하면서도 부드러운 맥주를 원하는 사람들이 주로 선호합니다.

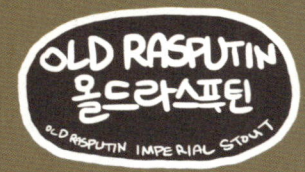

WEIHENSTEPHANER
바이엔슈테판
HEFEWEISSBIER DUNKEL

- 발효주
- 맥주
  - 에일
  - 둔켈 바이스
- 1040년 설립
  - 바이엔 슈테판 수도원
- 5.3%
- 독일
- 바이엔슈테판 생산
- 바이에른주 소유

바이엔슈테판 둔켈
WEIHENSTEPHANER DUNKEL

독일 바이에른에는 주가 소유하고 있는 세계에서 가장 오래된 양조장이 있습니다. 공식적으로 1040년에 지어졌으나, 바이엔슈테판 수도원에서 양조를 시작한 건 그보다 몇백 년 앞선 725년이라고 합니다. 바이엔슈테판에는 아주 유명한 간판급 효모 밀맥주인 헤페바이스비어(Hefeweissbier)가 있으며, 흑맥주로는 역시 큰 사랑을 받는 흑밀맥주 둔켈(Hefeweissbier Dunkel)이 있습니다. 둔켈은 다른 흑맥주보다 다소 밝은 갈색이며 밀맥주 특유의 과일 풍미와 캐러멜, 고소한 풍미, 부드러운 거품 뒤에 달달하면서 씁쓸한 맛이 남는 것이 특징입니다. 밀맥주와 흑맥주를 좋아한다면 꼭 만나봐야 할 맥주입니다.

OLD RASPUTIN
올드 라스푸틴
OLD RASPUTIN IMPERIAL STOUT

- 발효주
- 맥주
  - 에일
  - 임페리얼 스타우트
- 1988년 설립
  - 러시아 왕조의 요승
- 9%
- 미국
- 노스코스트 생산
- 노스코스트 소유

올드 라스푸틴 임페리얼 스타우트
OLD RASPUTIN IMPERIAL STOUT

노스코스트는 1988년 미국 캘리포니아 북부 해안 도시에서 지역 양조장으로 시작된 크래프트 브루어리입니다. 올드 라스푸틴은 노스코스트 브루어리에서 생산하는 임페리얼 스타우트이죠. '라스푸틴'은 러시아 제국 시절에 국정을 망친 요승이자 사기꾼의 이름이며, '임페리얼 스타우트'는 영국 양조장에서 러시아 궁정에 공급하던 도수 높은 스타우트 맥주에서 유래되었다는 것을 보면, 사람들의 호기심을 자극하고 관심을 끄는 데 분명 성공했을 것입니다. 올드 라스푸틴은 높은 도수에 어울리는 진한 초콜릿, 커피 풍미를 지녔으며 쓴맛과 함께 부드럽고 달달한 맛을 가진 맥주입니다.

- 발효주
- 맥주
 - 에일
 - 밀맥주
- 2015년 설립
 - 제주에 설립
- 5.3%
- 제주
- 제주맥주생산

- 발효주
- 맥주
 - 에일
 - 람빅
- 1822년 설립
 - 설립자 프란스 린데만스
- 4.5%
- 벨기에
- 린데만스 생산
- 린데만스 소유

제주 위트 에일
JEJU WIT ALE

제주 위트 에일은 제주맥주에서 생산하는 수제 맥주로 풍부한 과일 향과 꽃 향, 그리고 풍부한 홉의 풍미가 어우러진 깔끔한 맛의 밀맥주입니다. 제주맥주는 미국 브루클린 브루어리의 도움으로 2015년 제주에 설립된 크래프트 맥주 양조장입니다. 한때 가장 인지도가 높은 수제 맥주였으나, 코로나19 시대를 지나며 곰표 맥주 등 수많은 컬래버레이션으로 흥했던 수제 맥주에 대한 관심이 점차 사그라들고 있습니다. 게다가 상장 3년 만에 제주맥주가 자동차 부품사에 매각됐다는 소식으로 수제 맥주 시장은 더 얼어붙는 듯합니다. 지금은 수제 맥주 시장에 다소 찬 바람이 불고 있지만, 크래프트 정신을 다시 되새기고 나아갈 방향을 잘 잡아서 더 튼튼하고 크게 성장해 나가기를 바랍니다.

린데만스 파로 람빅
LINDEMANS FARO LAMBIC

린데만스는 1822년에 설립되어 가문 소유·운영으로 람빅 맥주를 만드는 벨기에의 브루어리입니다. 람빅은 배양된 효모를 사용하지 않고 자연 발효 방식으로 만드는 시큼한 맛이 특징인 맥주입니다. 오랜 기간 숙성·보관되다 보니 높은 가격과 다듬어지지 않은 신맛 등으로 취향을 타서 예전에는 만나기가 쉽지 않은 맥주였으나, 맥주에 대한 관심이 커진 덕분에 지금은 어렵지 않게 만날 수 있는 맥주가 되었습니다. 가격적으로도 점점 가까워지고 있지요. 람빅 맥주 중에 가장 만나기 쉬운 맥주는 린데만스의 람빅입니다. 파로는 람빅 맥주의 종류로 설탕을 첨가하는 람빅입니다. 달달하고 풍부한 향과 다른 람빅에 비해 다소 약한 신맛으로 람빅 맥주를 처음 만나기에도 좋습니다.

청주(약주), 탁주란?

청주 (淸 : 맑을 청)
탁주 (濁 : 흐릴 탁)

우리나라 대표 술

　우리나라를 대표하는 술은 무엇일까요? 우리나라에서 생산하여 가장 많이 판매되는 술일까요, 아니면 아주 오래전부터 우리나라에 있던 술일까요? 술은 음식의 일종이며, 음식은 문화의 일부이기에 술도 문화와 깊이 연결되어 있습니다. 모든 술은 그 술을 생산하고 소비하는 지역의 문화와 역사를 반영합니다. 어느 나라 또는 지역을 막론하고 그곳과 오랜 시간을 함께해 온 술이 있습니다. 그 지역에서 가장 많이 볼 수 있고, 쉽게 만들어지는 술이죠.

　우리나라는 오래전부터 쌀을 재배해 왔습니다. 쌀을 주식으로 삼아온 우리나라는 자연스럽게 쌀을 재료로 하는 술, 즉 청주약주와 탁주를 만들었습니다. 흔히 '전통주'라고도 불리는 우리 술의 근본이 바로 청주와 탁주입니다. 언제부터인가 우리나라 '전통주'라고 하면 으레 약초나 그 뿌리 등을 담가 만든 담금주를 떠올리게 되었지만 결국 그 근간이 되는 술은 청주와 탁주입니다.

쌀로 술을 만들 때는 간단하게 쌀 전분 을 당화시켜 당을 발효하는 과정을 거칩니다. 그렇게 해서 빚어진 술은 쌀의 부산물을 포함하고 있죠. 이 부산물은 아래로 가라앉게 되므로 위쪽에는 부산물을 포함하지 않은 맑은 술이, 밑에는 부산물이 쌓여 탁한 술이 있게 됩니다. 위쪽의 맑은 술을 '청주', 아래쪽의 탁한 술을 '탁주'라고 합니다. 이 둘을 서로 다른 술로 구분할 수 있지만 단순하게 생각하면 같은 범주에 속하는 청주와 탁주는 동일한 술이라고 볼 수도 있습니다.

전통적인 방식으로 만든 맑은 술 청주는 주세법상 '약주'로 불리지만 이 책에서는 '청주'로 표기합니다. 개인적으로 이는 분명히 잘못된 명칭이며 수정되어야 한다고 생각하기 때문입니다.

우리 술의 역사

앞서 말한 대로 우리나라에서 주식으로 경작되었던 것은 쌀이죠. 쌀은 중국을 통해서 전해졌는데 본격적으로 경작되기 시작한 건 삼국시대로 추측합니다. 그러나 기원전 3000년 이전의 유적에서 볍씨가 발견된 것으로 보아 그 이전부터 쌀로 술을 만들어 왔을 것으로 보고 있습니다.

일본의 가장 오래된 역사서 《고지키》에 백제인 인번 일본 이름은 '수수보리' 혹은 '수수허리' 이 빚은 술에 관한 기록이 있습니다. 인번을 4세기 전후의 사람으로 보기 때문에 그 이전부터 백제는 술에 대한 상당한 기술을 가지고 있었고 일본에도 술 빚는 기술을 전수했을 것으로 생각합니다. 다만 아쉽게도 어떤 술이었는지에 대한 정확한 기록은 없으며 청주, 탁주와 유사한 술이었을 것으로 추측합니다.

고려시대부터 '국자'라고 부른 누룩을 사용한 발효 기술이 발전했고 다양한 술들이 등장했습니다. 이규보의 시에 밑술을 압착해서 만든 청주와 백주 탁주 에 대한 글귀가 나오는 것을 보면, 청주와 백주는 당시 흔하게 만들었던 술로 보입니다. 고려 말기에는 원나라를 통해 소주가 들어오게 되었고, 조선시대에는 집에서 술을 빚는 가양주家釀酒 문화가 발전하기 시작하며, 이것이 우리나라 술 문화의 근간이 되었습니다.

CHAPTER 03 청주 & 탁주

조선 후기에는 지역마다 다양한 술과 함께한 술 문화가 발전했을 것으로 보지만 안타깝게도 지금까지 전해진 것은 많지 않습니다. 지금 전해지고 있는 술들은 대부분 조선 후기에 지역을 중심으로 이어진 것들입니다. 그나마도 1909년에 주세법이 시행되면서 자가용주와 판매주를 엄격하게 분리하기 시작했죠. 당시 전체 가구 중 15% 정도는 집에서 술을 빚어 1926년에는 13만여 곳까지 되었으나 1929년에는 200여 곳으로 줄었고 1934년에는 집에서 술을 빚는 것이 금지되면서 우리 가양주는 사라졌습니다. 이 시기에 일본식 양조장이 도입되면서 양조장을 중심으로 획일화된 술들이 만들어졌습니다.

1965년에는 곡식을 원료로 술을 빚는 것을 금지하는 양곡관리법이 시행되며, 양조장들이 통합되었고 이로 인해 더욱 똑같은 모습의 술들만 생산되었습니다. 증류식 소주는 없어지고 도별로 소주 회사가 생기며 희석식 소주가 체계적으로 생산되었죠. 1970년 200여 곳이었던 청주 약주 업체는 1990년 24곳으로 줄어들었습니다. 수십 년에 걸쳐 생겨난 우리의 술들이 거의 사라지게 된 것입니다.

1988년 서울 올림픽을 거쳐 1990년 쌀로 술을 빚을 수 있게 되었고, 1995년 가양주가 다시 허가되며 꺼져가던 우리 술에 바람을 불어 넣었습니다. 2000년 초반에는 짧게나마 막걸리 열풍이 불었고, 2010년 전통주산업법 시행, 2016년 소규모 주류 제조 면허 시행, 2017년 쇼핑몰에서 전통주 판매가

가능해졌습니다. 또한 2020년 코로나19 사태로 이른바 혼술, 집술이 유행하며 전통 소주와 청주, 탁주 등 우리 술이 크게 성장했습니다. 아직은 갈 길이 멀지만 말이죠.

다시 청주와 탁주 이야기로 돌아오겠습니다. 곡물의 경우 과일처럼 바로 발효되어 술이 될 수 없습니다. 곡물은 전분으로 이루어져 있기 때문이죠. 전분을 당으로 바꿔줄 발효제가 필요한데, 서양에서는 당화를 도와주는 효소로 싹 튼 보리 맥아 를 사용했고 동양에서는 곡류에 곰팡이를 번식시킨 누룩을 사용했습니다. 누룩에는 여러 종류가 있으며 우리나라에서는 전통적으로 뭉쳐 있는 '뭉침누룩'을 사용했습니다. 우리나라 청주 주세법상 약주 는 이런 전통적인 누룩을 사용해서 만든 술입니다.

현재 주세법상 청주는 일본에 전해진 '흩임누룩'이라는 입국으로 만든 술입니다. 즉, 우리나라의 누룩으로 만든 전통적인 맑은 술은 '약주'로, 일본식 누룩으로 만든 맑은 술은 '청주'로 부르고 있습니다. 오랫동안 자연스럽게 빚어온 우리 술인 청주, 막걸리 명칭에 대한 정립이 필요해 보입니다. 가장 시급한 것이 청주의 명칭 변경이 아닐까 합니다.

일본식 청주와 우리나라의 청주는 어떤 차이가 있을까요? 우리나라의 청주와 탁주를 살펴보면 둘의 차이점도 알 수 있습니다.

청주와 탁주의 제조 과정

재료 씻기

쌀을 씻고 불립니다. 이때 쌀을 잘 씻는 것이 중요한데요, 쌀의 외부에는 좋지 않은 풍미를 생성하는 단백질과 지방질이 많기에 이를 제거해야 합니다. 여러 차례 깨끗이 씻은 후 불려줍니다.

고두밥 짓기

쌀로 밥을 만듭니다. 고두밥으로 만드는 이유는 술이 더 잘 되기 때문입니다. 고두밥은 수분 함량이 적당하고 전분질이 익어서 효소와 효모가 작용하기 적합합니다. 목적과 원하는 방법에 따라 찹쌀, 멥쌀을 사용하고 가루를 내어 범벅, 떡, 죽으로 만들어 사용하기도 합니다.

누룩 섞기

적당한 온도로 식은 고두밥에 준비한 누룩을 섞어줍니다.

재료 담기

누룩과 섞은 재료를 항아리(용기)에 담고 물을 넣어 발효시킵니다. 청주, 탁주의 경우 누룩에 있는 당화 효소와 효모로 인해 당화 작용과 발효를 동시에 하는 복발효가 이뤄집니다.

발효

발효시켜 알코올을 생성합니다. 누룩과 쌀을 섞어 한 번에 발효시켜 완성한 술을 '단양주'라고 하며, 효모균의 배양과 증식을 위해 밑술(술밑, 주모)을 만들고 이 술에 다시 재료를 넣어(덧술) 빚은 술을 '중양주'라고 합니다. 또한 두 번 빚는 술은 '이양주', 세 번 빚는 술은 '삼양주'라고 합니다.

술 뜨기

만들어진 술에 용수를 이용해서 용수 안의 맑은 술을 떠냅니다. 혹은 술자루를 이용해서 걸러내기도 하죠. 이렇게 맑은 물을 떠낸 것이 청주입니다. 용수는 술을 발효시킬 때 박아두기도 하고, 발효 후에 박아서 사용하기도 합니다.

거르기

맑은 술을 떠낸 뒤 남은 술에서 술체와 쳇다리 또는 술자루로 술지게미를 걸러내면 탁주(막걸리)를 얻을 수 있습니다.

같은 술이지만 떠내는 방식에 따라 청주와 탁주가 됩니다. 다만 현대의 주류 생산에서는 목적에 따라 청주와 탁주를 구분해 만드는 경우가 많습니다. 이후 여과 열처리 등의 멸균처리 과정에 따라 멸균청주, 탁주와 생청주, 탁주로 나뉩니다. 생주의 경우 계속해서 발효를 하다 보니 그 기간에 따라 다른 맛을 느낄 수 있다는 장점이 있지만 한편으로는 보관이 어렵고 짧은 유통 기한으로 인한 단점이 있습니다.

청주(약주)

탁주(막걸리)

거르기

맑은 술 뜨기

- 용수
- 청주
- 탁주, 막걸리
- 술지게미

발효하기

우리 술의 핵심, 누룩

누룩이란?

누룩은 우리 술에서 절대 빠질 수 없는 재료입니다. 술을 만들기 위해서는 전분곡식을 당으로 변화시키는 일종의 촉매제가 필요합니다. 누룩은 이러한 역할을 수행하는 당화제이자 발효제입니다.

누룩은 밀, 쌀 등의 곡류에 당화를 돕는 곰팡이를 번식시켜 만든 것으로, 전분을 당으로 분해하는 효소뿐 아니라, 발효에 필요한 효모균도 함께 포함하고 있습니다.

누룩이 처음 만들어진 때는 정확하게 알 수 없지만 춘추전국시대로 추정하며 당시에는 지금 주로 사용하는 밀이 아닌 조로 만들었다고 합니다. 국얼을 사용했다는 과거의 기록이 있는데 이때 '국'은 누룩을, '얼'은 엿기름맥아 을 말하는 것으로 누룩과 맥아를 이용해 술을 만들었을 것으로 보고 있습니다. 동양에서도 맥아를 사용했음을 알 수 있죠.

우리나라에서는 삼국시대 이전부터 누룩을 사용했을 것으로 추측합니다.

누룩을 뜻하는 옛말

누룩은 우리나라 말이며 한자로는 누룩에 관한 여러 한자 麴, 麯, 柚, 曲 가 있습니다. 이 한자들에 알갱이나 중요하다는 의미로 '자子'를 붙여 '국자, 곡자'라고도 부릅니다. 우리나라의 누룩은 '麴국'으로, 일본의 쌀누룩인 입국은 '麯곡'으로 표기한다는 말이 있는데, 우리나라의 문헌을 살펴보면 이 둘은 구별 없이 사용되었습니다. 한글 문헌에는 '누룩, 국말, 곡물'로 기록되어 있습니다. 따라서 '누룩, 곡자, 국, 곡' 모두 누룩을 총칭하는 이름으로 보면 됩니다. 실제로도 혼용되어 사용되고 있습니다.

누룩의 곰팡이

누룩은 리조푸스 거미줄곰팡이, 무코르 털곰팡이, 아스페르길루스 국균 등 여러 곰팡이를 가지고 있습니다.

누룩의 여러 곰팡이 중 특히 아스페르길루스속의 곰팡이들은 분리 배양되어 사용됩니다. 흑국균은 일본 소주에 사용되며, 백국균은 우리나라 막걸리와 일본 소주에 모두 사용되고, 황국균은 일본 누룩 코지에 사용됩니다. 홍국균은 주로 중국, 동남아시아의 발효주에 사용되는 곰팡이입니다. 국내에도 홍국을 사용해 만든 붉은색 막걸리가 있습니다.

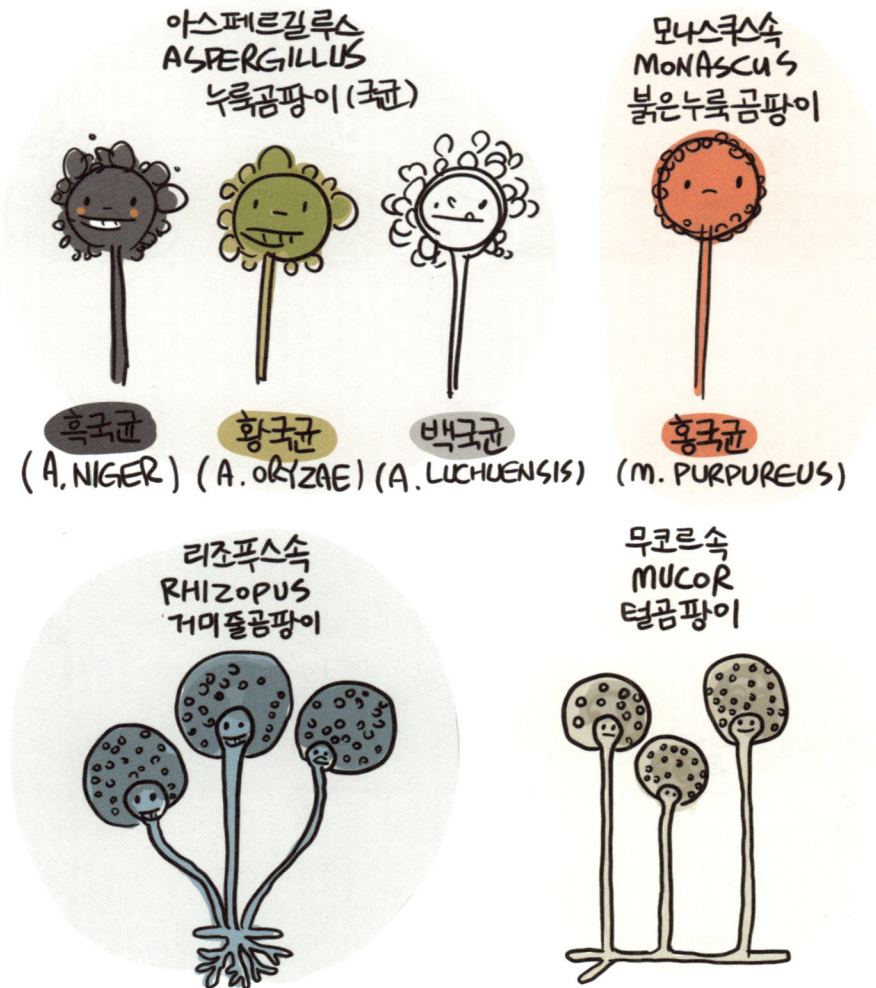

누룩의 종류

누룩은 만드는 방법, 시기, 재료 모양에 따라 다른 이름을 가지고 있습니다.

먼저 만드는 시기에 따라 누룩은 봄에는 춘곡, 여름에는 하곡, 가을에는 추곡 또는 절곡, 겨울에는 동곡이라 불렸습니다.

누룩의 겉과 속에 피어 있는 곰팡이의 색에 따라서 백색의 백국 백곡, 흑색의 흑국 흑곡, 황색의 황국 황곡으로 구분하기도 합니다.

우리나라 전통 누룩의 주재료는 밀이 기본이며 보통 누룩은 밀누룩을 말합니다. 밀에 다른 곡물인 쌀, 보리, 녹두를 섞어서 만들기도 하죠. 재료에 따라 보리누룩, 쌀누룩, 녹두누룩 등으로 불립니다.

누룩의 재료로는 주로 밀을 사용하며 드물지만 쌀, 녹두, 보리도 사용합니다. 주로 밀과 보리는 빻아서, 쌀은 갈아서, 녹두는 불린 후 갈아서 사용합니다.

누룩의 분류

가장 흔한 누룩의 분류는 모양에 따른 분류입니다. 크게 뭉쳐 만드는 방식의 병국, 낱알이나 가루로 만드는 산국으로 나뉩니다.

■ 병국

'떡누룩, 막누룩'이라 불리는 병국은 거칠게 빻아서 만드는 조국, 가루를 내서 만드는 분국, 약재나 초재를 섞어 만드는 초국이 있습니다.

■ 산국

'흩임누룩'이라 불리는 산국은 낱알에 곰팡이를 피운 것으로 쌀로 만든 입국, 밀가루로 만든 밀가루 입국이 있습니다. 6세기 북양태수였던 가사협이 지은 농서인 《제민요술》에 산국은 쌀로 만든 황의와 밀로 만든 황증이 있다고 기록되어 있습니다.

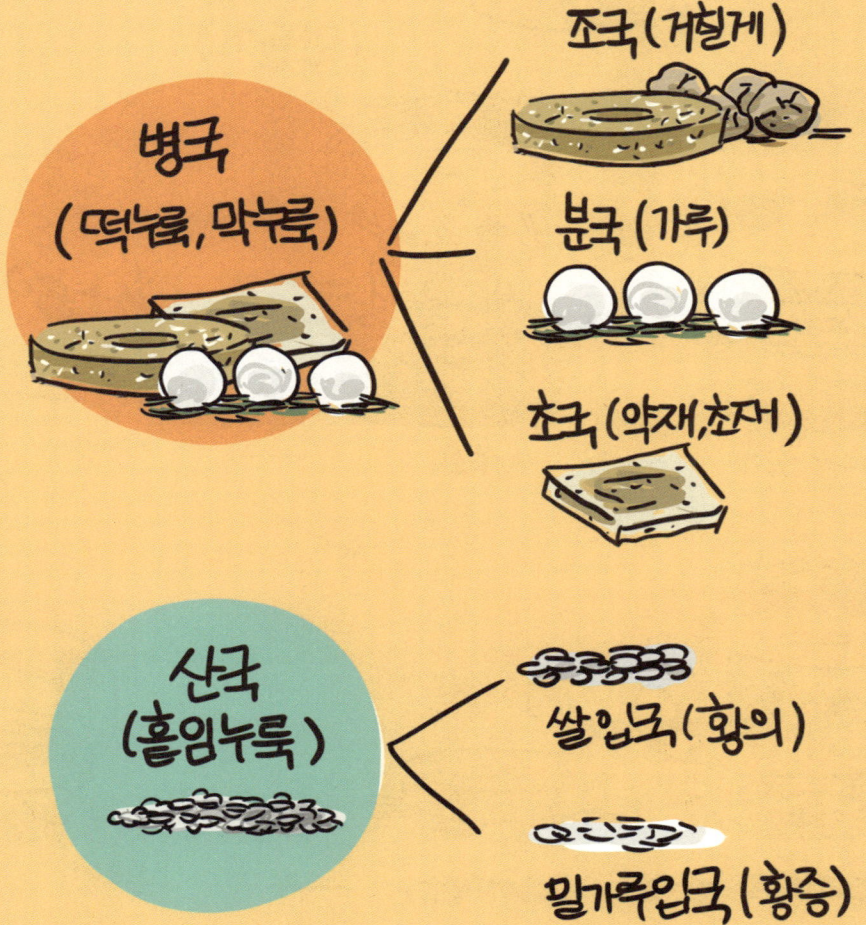

누룩 디디기

누룩은 재료 씻기 → 분쇄 → 성형 → 디디기 → 띄우기(발효) → 법제의 순서로 만들어집니다.

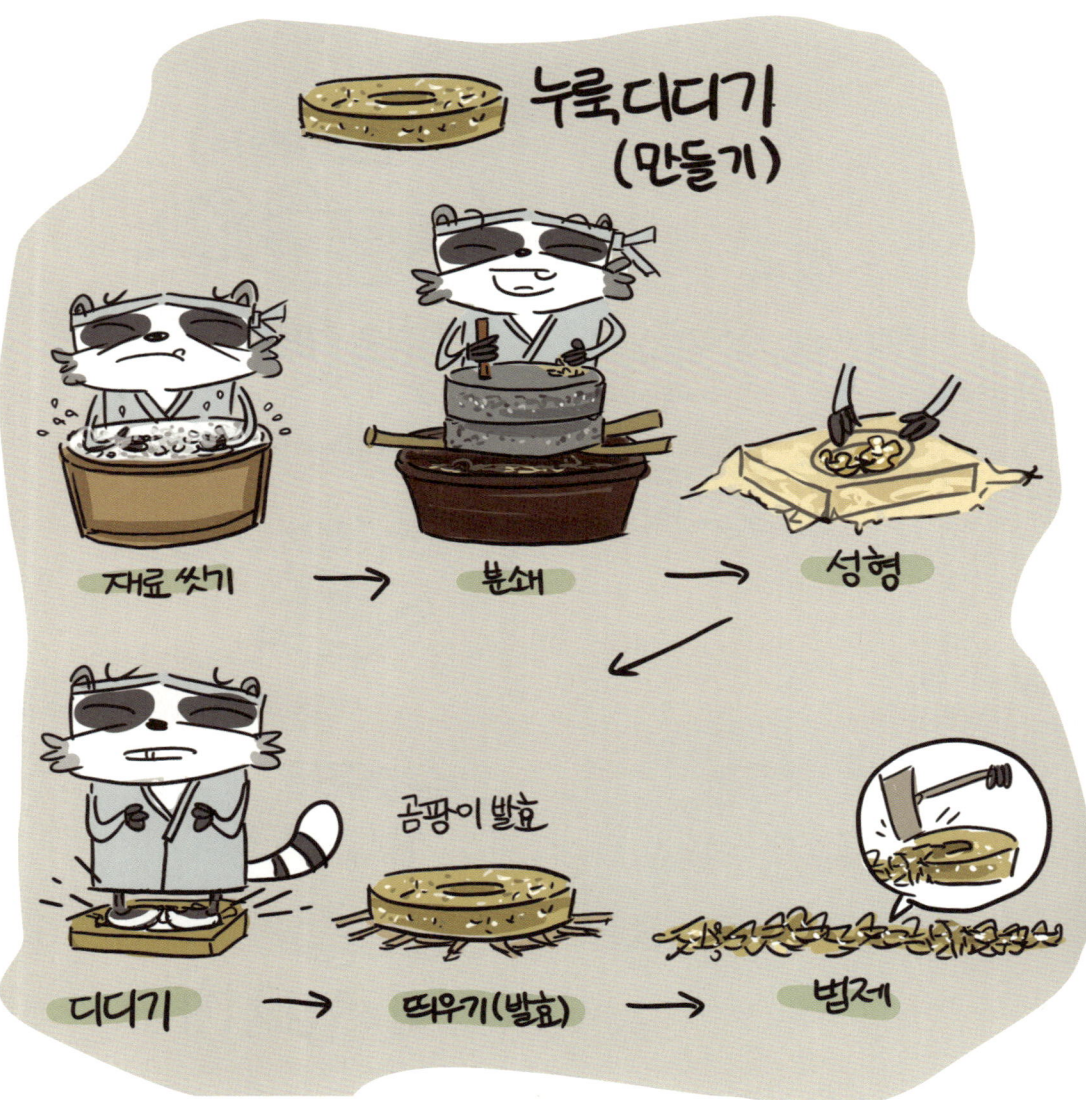

우리나라의 누룩

조선 후기까지 우리나라의 술은 가양주 형태로 발전했기에 지방, 지역, 집마다 다른 누룩을 사용했습니다. 수많은 누룩은 일제 강점기 주세법의 시행과 함께 시작된 가양주의 금지와 1965년 양곡관리법의 시행으로 대부분 사라졌습니다. 그 시기부터 우리 술에는 찐 쌀에 효소균을 뿌린 개량 누룩 방식인 쌀입국을 획일적으로 사용했으며 지금까지도 가장 많이 거의 대부분 사용하는 방식입니다. 이는 우리 전통 누룩의 명맥이 끊겼기 때문이기도 하고 입국이 가지고 있는 일정한 품질을 기대할 수 있는 안정화 특성 때문이기도 합니다. 상품으로 만들 때 안정화는 가장 큰 고려 사항일 수밖에 없죠. 1990년 이후 우리 술을 되살리려는 노력과 함께 가양주도 다시 허가되면서 전통 누룩이 재조명되거나 빛을 보게 되었습니다.

우리나라의 전통 누룩에는 여러 균이 있어 발효 과정을 통제하기가 쉽지 않기 때문에 일정한 품질을 기대하기 어렵습니다. 이는 상품으로 만들 때 가장 어려운 점이기도 합니다. 대량 생산일 경우에는 더욱 그렇죠. 이러한 이유로 현재는 전통 누룩을 사용해서 술을 만드는 곳이 많지 않으며, 탁주처럼 대량 생산하는 술에서는 거의 사용되지 않습니다. 그러나 이런 점은 장점이 될 수도 있습니다.

쉽지는 않겠지만요. 지역마다 다양한 누룩으로 술을 빚는다면 각기 다른 맛의 술을 가지게 될 것이고, 또한 늘 같은 맛은 아니겠지만 계절마다 혹은 시기마다 변하는 맛이 그 술의 특색이 될 수도 있을 것입니다.

문제는 이렇게 성장하기까지 시간이 필요하다는 점입니다. 다행히도 자취를 감추었던 전통 누룩들이 어렵게 하나둘 되살아나고 있습니다. 좋은 누룩이 되기까지 시간이 걸리듯, 전통 누룩이 자리를 잡기까지 분명 시간과 관심이 필요합니다. 이는 앞으로의 먹거리를 넘어 우리의 문화에 관한 것이니 관련 정부 부처의 지속적인 투자와 도움이 요구됩니다.

주세법상의 청주·탁주·약주

청주

전통적으로 우리나라에서는 누룩을 사용하여 만든 술에서 걸러낸 맑은 술을 말 그대로 '청주'라고 불렀습니다. 우리나라의 전통주 중 맑은 술들은 모두 청주로 불렸던 것이죠.

청주는 매우 다양한 종류가 있으며, 우리에게 익숙한 정종正宗도 청주의 한 종류입니다. 정종은 일본식 청주 상표인데 이 정종이 청주를 대표하게 된 이유는 무엇일까요? 물론 일제 강점기부터 유명한 상표이기도 했지만 현재 우리나라 주세법으로 청주는 쌀찹쌀 포함과 물, 국누룩만을 사용하며 누룩을 1% 미만으로 사용해야 하는 일본식으로 규정해 놓았기 때문이기도 합니다. 참고로 우리나라 전통주들은 누룩을 많이 사용해서 만듭니다.

다시 말해, 예로부터 맑은 술은 모두 '청주'라 불렸지만, 오늘날에는 주세법상 정종 같은 일본식 청주만 '청주'라고 부를 수 있도록 제한하고 있습니다. 그동안 청주로 불린 수많은 술들은 '약주'라는 종류로 구분되어 청주로 부를 수 없는 것이죠. 이에 주세법의 개정이 필요하다는 목소리가 높아지고 있어 머지않아 명칭이 정리되지 않을까 생각합니다.

탁주

탁주는 탁한 술을 말합니다. 주세법상에도 '여과하지 않고 혼탁하게 만든 술'을 말하고 있습니다. 막걸리가 대표적인 탁주입니다. 막걸리는 바로 '막' 만든, 혹은 아무렇게나 '막' 만든 술이라는 의미입니다. 맑은 술을 걸러낸 뒤 남은 찌꺼기인 술지게미에 물을 타서 만든 술도 막걸리고, 여과하지 않은 상태의 술에 물을 섞어 만든 술도 막걸리라 부릅니다. 여과하지 않은 물을 타지 않은 상태의 술은 '전내기'라 하여 막걸리와 구분하고 있습니다. 전내기는 물을 섞지 않았으니 도수가 높겠죠.

막걸리와 같은 술로 취급되는 동동주는 술을 빚을 때 발효 과정 중 밥알이 뜬 상태에서 위쪽 술을 밥알과 함께 떠낸 것을 말합니다. 이렇게 만든 동동주도 막걸리에 비해 도수가 높죠. 문헌에 부의주 '개미가 떠 있는 듯하다'라는 의미로 알려진 동동주는 술을 빚는 방법에서도 누룩을 물에 불린 뒤 물만 고두밥과 섞어 사용하는 차이가 있습니다. 막걸리와는 다른 술이죠.

막걸리는 탁주에 속하는 술이지만, 우리가 접할 수 있는 탁주는 대부분 막걸리로 보면 될 듯합니다.

'농주', '향주'라 불리며 국민주로 가장 많이 마셨던 막걸리는 1965년 양곡관리법으로 인해 쌀을 사용해 제조할 수 없게 되면서 품질이 떨어졌고, 1980년에 들어서는 맥주에 국민주 자리를 내주게 됩니다. 2008년쯤부터 막걸리 열풍이 불었으나 그 바람을 타고 날아오르지는 못했습니다. 미처 준비가 되지 못했기 때문이죠. 현재는 점점 더 다양한 막걸리, 프리미엄 막걸리 등이 출시되며 다시 한번 바람이 불면 날아오를 준비를 하는 듯합니다. 우리 전통주를 말할 때 앞자리에 설 술은 뭐로 보나 막걸리가 제격이겠죠.

약주

앞서 발효하여 술을 만든 뒤, 다시 여과해서 걸러낸 맑은 술을 청주로 불러왔다고 했습니다. 주세법에서 청주는 쌀, 누룩, 물만을 사용해 만들어야 하고 누룩을 1% 미만으로 사용해야 합니다. 따라서 추가 재료가 들어가고 누룩을 비교적 많이 써야 하는, 전통적으로 청주라 불린 술들은 대부분 약주로 구분되고 있습니다.

약주는 술의 높임말로 사용되거나 약으로 쓰이는 술들을 지칭하기도 하는 꽤 넓은 의미의 개념인데, 발효되는 전통주는 탁주를 제외하고는 대부분 약주로 구분됩니다. 전통주의 다양성은 수많은 약주들을 보면 알 수 있습니다. 비록 힘든 시기가 있었지만 다행히 암암리에 이어졌거나 문헌, 혹은 기억을 되살리려는 노력을 더해 개성 있는 많은 전통술이 되살아나고 있습니다.

주세법상 청주, 약주, 탁주

쌀+국(누룩1%미만)
술(덧)을 여과함

녹말(곡류)+국+효소
술(덧)을 여과하지않음

녹말(곡류)+국
술(덧)을 여과함

SECTION 05

청주와 탁주 즐기기

천천히 향 느끼기

청주와 약주를 마시기 전에 충분히 향을 맡아보는 것은 술을 제대로 즐기기 위한 아주 좋은 방법입니다. 청주와 약주는 보통 식사와 함께하므로 충분히 향을 맡지 않는 경우가 많죠. 시간을 조금 들여 향을 느낀 뒤 맛을 음미하면 더 깊은 풍미를 만날 수 있습니다.

다양한 온도

청주와 약주를 다양한 온도로 마시는 것도 좋은 방법입니다. 보통 차게 마시는 경우가 많은데, 실온에 두거나 일본의 사케처럼 살짝 데워서 마시는 것도 좋습니다. 온도에 따라 느낄 수 있는 풍미가 달라지므로 제품에 따라, 취향에 따라 맞는 온도를 찾아 마시는 것도 하나의 즐거움이겠죠.

맑은 부분 따로

탁주 막걸리 를 마실 때, 병을 흔들어서 섞어 마시는 것이 막걸리 본연의 맛을 즐기기에 좋습니다. 그런데 자연스럽게 나뉜 상태에서 섞지 않고 위층의 맑은 부분만 따로 떠서 마시는 것도 많은 이들이 즐기는 방식입니다. 좀 더 부드럽게 마실 수 있으며, 같은 막걸리지만 다른 맛을 느낄 수 있습니다.

얼음을 타서! ON THE ROCKS!

그동안 막걸리는 보통 도수가 5~6%로 많은 물이 첨가된 상태였습니다. 반면 요즘에는 두 배 12% 이상 도수가 높은 막걸리들도 출시되며, 물을 첨가하지 않은 막걸리도 있습니다. 이런 높은 도수의 막걸리를 마실 때 얼음을 첨가하면 조금 더 부드럽게 마실 수 있습니다. 얼음을 넣으면 풍미가 더 살아나기도 합니다.

보다 숙성해서

생막걸리의 경우 효모가 살아 있어 유통기한이 짧고, 숙성하는 방식에 따라 다른 맛이 납니다. 정해진 유통기한, 소비기한이 있지만 그보다 조금 더 숙성시켜 마시는 방법도 있죠. 적게는 한두 달에서 1년까지 숙성해서 마시기도 합니다. 생막걸리를 숙성하면 보다 산미가 높거나 부드럽거나 깨끗하거나 묵직하거나 깊거나 다른 풍미를 느낄 수 있습니다. 물론 냉장고에서 보관해야 하며 환경에 따라 실패하는 경우도 있지만요.

- 발효주
- 막걸리
- 2010년 출시
- 느린마을 자연발효 4계절의 맛
- 6%
- 포천
- 배상면주가 생산

- 발효주
- 막걸리
- 1980년 출시
- 민속주 1호 지정
- 금정산성 축조시 제조
- 8%
- 부산 금정구
- 금정산성토산주 생산

느린마을 막걸리

금정산성 막걸리

배상면주가는 국순당의 설립자인 故 배상면 선생의 차남 배영호 대표가 아버지의 이름을 걸고 1996년에 설립했습니다. 약주인 산사춘으로도 유명한 곳이죠. 배상면주가의 느린마을막걸리는 외국 쌀을 사용하고 인공감미료를 넣은 기존의 막걸리들과 달리, 우리 쌀에 인공감미료를 넣지 않고 만들었습니다. 주세법 개정으로 가능해진 소규모 양조장을 2010년 개장하며 양조장에서 바로 구매할 수 있는 점을 내세우며 출시했죠. 무감미료 막걸리 중에서 가장 매출이 높은 제품으로 계절이나 숙성 기간에 따라 달라지는 맛을 느낄 수 있는 생막걸리의 장점 덕분에 인기를 얻었습니다. 어디서나 만날 수 있으니 막걸리를 좋아한다면 추천할 만한 술입니다.

금정산성 막걸리는 조선 초기에 부산 금정산성의 화전민이 생계 수단으로 누룩을 빚으며 시작되었고, 숙종 32년에 금정산성을 축성하며 알려졌다고 합니다. 1960년대 누룩 제조 금지로 밀주 취급을 받으며 숨어 있다가, 1980년 전통 민속주 제도가 생기며 '대한민국 민속주 제1호'로 지정된 막걸리입니다. 막걸리 분야 최초의 식품명인 유청길 대표가 만들고 있습니다. 유 대표는 금정산성마을에서 태어나 어머니에게서 자연스럽게 누룩과 막걸리 제조법을 전수받았다고 합니다. 입국을 사용하지 않고 우리 전통 누룩으로 만들고, 시큼함이 두드러지는 고소한 막걸리입니다.

해창 막걸리

해창 생막걸리는 해창주조장에서 만듭니다. 해창주조장은 일제 강점기인 1927년에 일본인 시바타 히코헤이가 전남 해남 화산면 해창리에 설립했으며, 아름다운 가옥과 정원으로도 유명합니다. 이후 해남에 여행 온 오병인·박리아 부부가 이곳의 막걸리에 반해 단골이 된 후 주조장을 인수해 직접 막걸리를 빚게 되었습니다. 해창막걸리는 감미료 없이 쌀과 누룩, 물로만 만든 담백하고 달콤한 막걸리입니다. 각기 다른 도수와 개성을 가진 6%(햅쌀과 찹쌀 5:5), 9%(멥쌀과 찹쌀 5:5), 12%(멥쌀과 찹쌀 2:8) 제품이 있으며, 높은 가격과 가격에 어울리지 않는 병 디자인 그리고 '해창 롤스로이스'라는 표기로 논란이 되기도 했던 한정 생산 18% 제품이 있습니다.

송명섭 생막걸리

송명섭 명인은 2003년, 전통주 죽력고로 전라북도 무형유산 지정을 받았습니다. 태인양조장의 송명섭 막걸리는 이름 그대로 송명섭 명인이 빚는 막걸리입니다. 막걸리계의 슈퍼드라이, 단맛이 없는 담백한 막걸리입니다. 첨가물 없이 쌀과 누룩으로만 만든 생막걸리로, 달지 않고 탄산 없이 깔끔하며 시원한 맛이 특징입니다. 첫 모금에 호불호가 갈릴 수 있지만, 마시다 보면 곡물의 깊은 맛이 느껴집니다. 이렇게 보면 라벨이 참 어울리는 듯하네요. 막걸리 하면 떠오르는 일반적인 술들과는 많이 다른 막걸리로, 다양성 면에서 정말 없어서는 안 될 술입니다. 저온에서 유통기한을 넘겨 장기간 숙성하여 더 깊은 맛을 내서 먹는 이들도 많습니다.

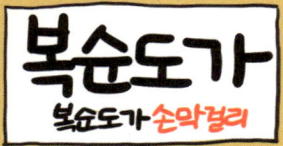

- 발효주
- 막걸리
- 2016년 출시
- "붉은 원숭이해"에 출시
- 10.8%
- 경기도 용인
- 술샘 생산

- 발효주
- 막걸리
- 2010년 설립
- 박복순·김정식 부부가 빚은 막걸리
- 6.5%
- 경남 울산
- 복순도가 생산

술취한 원숭이

이름, 도수, 그리고 색까지 색다른 막걸리가 있습니다. 2016년 붉은 원숭이해에 태어난 멸균 막걸리, 생막걸리인 술취한 원숭이입니다. 2012년 한국가양주연구소의 지도자과정 동기 5명이 용인에 설립하며 주목받은 술도가인 술샘에서 처음 출시한 막걸리이죠. 생막걸리와 멸균 막걸리 두 제품 모두 108번뇌와 같은 10.8%의 도수를 가지며 홍국을 사용해 자연스러운 붉은색을 띱니다. 색 덕분에 다양한 막걸리들 중에서도 바로 눈길이 가네요. 술취한 원숭이는 감미료나 색소를 사용하지 않으며 쌀과 누룩 그리고 홍국으로만 빚고 살균 처리를 하지 않은, 약간 걸쭉하고 진한 생막걸리입니다. 조금은 특별한 날, 붉은색이 어울리는 날에 만나면 좋을 프리미엄 막걸리입니다.

복순도가 손막걸리

박복순·김정식 부부가 울산 울주에 설립한 복순도가에서 빚는 막걸리, 복순도가 손막걸리. 이곳저곳에서 만찬용 술로 여러 차례 선정된 복순도가 손막걸리는 '막걸리계의 샴페인(돔페리뇽)'으로 불리는 탄산 가득한 술입니다. 개봉할 때 발생하는 천연 탄산이 자연스럽게 섞이는 모습이 특징이며, 냅다 뚜껑을 열었다가는 반 이상 공중에 날려버리기 쉬운 막걸리이죠(살짝살짝 열었다 닫았다 하며 개봉하는 걸 권합니다). 가득한 탄산과 산미, 무겁지 않은 특징 덕분에 막걸리에 조금 거리감이 있는 이들이나 막걸리가 익숙하지 않은 젊은 층에서도 좋아합니다. 일반적인 막걸리들에 비해 비싼 가격임에도 많이 판매되며, 프리미엄 막걸리에 대한 인식의 벽을 낮추고 막걸리의 범위를 넓힌 제품입니다.

- 발효주
- 막걸리
- 2019년 출시
- 나루: 강이나 내에 배가 건너다니는 곳
- 6%
- 서울 성동구
- 한강주조 생산

- 발효주
- 막걸리
- 2009년 출시
- 우곡(또누룩을 생각함) 배상면 회장호
- 13%
- 경기도 화성
- 배혜정도가 생산

나루 생막걸리

서울 성동구의 한강 주조에서 생산되는 나루 생막걸리는 2019년에 출시되었습니다. 서울에서 생산되는 경복궁 쌀을 사용하고 감미료 없이 만드는 프리미엄 막걸리죠. 술이 출시되었던 무렵 시작된 코로나19 사태로 인해 전통주가 젊은 층에 인기를 얻을 때 힙한 광고로 화제가 되며 이름을 알렸습니다. 그때 이후로 젊은 층을 겨냥한 프리미엄 막걸리들이 출시되기 시작했는데 그런 물결의 선두에 서 있는 막걸리가 아닌가 합니다. 나루 생막걸리는 도수 6%에 달달하고 담백한 풍미의 막걸리로 대형마트에서도 판매하고 있어 다른 신생 막걸리들에 비해 만나기 어렵지 않습니다. 도수 11.5%의 제품도 있습니다.

우곡주 막걸리

우곡주는 국순당 배상면 회장의 유작으로 만든 술이며, 우곡은 '누룩을 생각한다'는 의미의 배상면 회장 호라고 합니다. 배상면 회장은 막걸리 부문과 누룩 사업을 차녀 배혜정 대표에게 맡겼고, 배혜정 대표는 배혜정도가를 설립해 누룩과 막걸리를 주로 생산하며 우리 술을 만들고 있습니다. 우곡주는 프리미엄 살균 탁주로 375ml의 작은 병에 담겨 있습니다. 높은 도수와 질감에도 불구하고 어느 정도 느껴지는 산미와 함께 부드럽고 담백하게 들어가는 술입니다. 우곡주는 현재 구하기 쉽지 않을 정도로 대중화에 성공하진 못했지만, 이 정도의 이야기와 맛을 가진 술이라면 언젠가 좋은 결과를 낼 수 있지 않을까요. 2019년에는 우곡주를 바탕으로 한 가격과 도수를 낮춘 '우곡생주'를 출시했습니다.

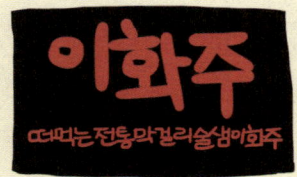

- 발효주
- 막걸리
- 1932년 설립 (정천양조장)
- 2016년 출시
- 구름을 '담은' 정성으로 '담은'
- 6.5%
- 경기도 포천
- 1932포천일동 막걸리 생산

- 발효주
- 막걸리
- 2012년 설립
- 2013년 출시
- '이화' 배꽃 필 무렵 만드는 술
- 8%
- 경기도 용인
- 술샘 생산

담은 막걸리

막걸리 담은은 막걸리의 고장, 포천 일동에서 만드는 프리미엄 막걸리입니다. 포천 일동 막걸리는 4대에 걸쳐 막걸리를 빚고 있습니다. 담은의 가장 큰 특징은 부드러움입니다. 생쌀을 발효해서 부드럽게 빚는다고 하는데, 색 때문에 흔히 우유와 비교되곤 합니다. 그리고 단맛이 있고 탄산은 거의 느낄 수 없어 담백하게, 정말 구름을 '담은' 듯이 달고 부드러운 막걸리입니다. 따라서 보통의 막걸리에 거리감이 있거나 술을 자주 즐기지 않는 이들, 우리 술을 처음 접하는 사람들에게 추천하기 좋은 막걸리입니다.

술샘 이화주 막걸리

떠먹는 막걸리 이화주. 고려시대부터 빚었던 술로 '이화주'라는 배꽃이 필 때쯤 빚는다고 해서 이름 붙여진 술입니다. 쌀로 누룩을 만들고 쌀가루로 떡을 만들어 끓는 물에 잠시 두었다가 빚기 때문에 물을 적게 사용해, 주로 떠먹거나 물에 타 마셨다고 합니다. 술샘에서 빚는 '술샘 이화주'는 이런 전통 방식으로 만들어지며, 보기와는 다르게 8%의 도수를 가지고 있는 막걸리입니다. 처음 보면 술이라고는 생각하지 못할 만큼 귀여운 술병 디자인에 '떠 먹는 술'이라는 독특함, 적당한 걸쭉함, 시큼하고 달콤하면서 풍부한 과실 향까지, 이런 독특한 특성 덕분에 우리 전통주를 찾는 이들에게 좋은 우리 술입니다.

- 발효주
- 약주 (청주)
- 2015년 출시
- 단풍나무우물 풍정마을
- 15%
- 충북 청주 풍정리
- 화양 생산

- 발효주
- 약주 (청주)
- 전통누룩
- 1994년 출시
- 충북 무형유산
- 청명에 담가 먹는술
- 17%
- 충북 충주
- 중원당 생산

풍정사계 춘

풍정사계는 충북 청주시 청원군 내수면 풍정리에서 이한상 대표가 아내와 함께 빚는 술입니다. 풍정사계에는 '춘(약주), 하(과하주), 추(탁주), 동(소주)' 사계절의 네 가지 술이 있습니다. 가장 유명한 '춘'은 약주(청주)인데 녹두누룩(향온곡)을 사용하는 전통 청주입니다. 긴 저온 숙성을 거친 덕분에 산미와 단맛이 조화를 이루며 향긋하고 부드러워 우리 술 청주를 처음 접하기에 참 좋은 제품입니다. 대통령 만찬주로 이름을 알렸고 이후로도 꾸준하게 인기를 얻고 있습니다. 밀 90%, 녹두 10%를 사용한 전통 누룩(향온곡)으로 빚어지기 때문에 대량생산이 어려워 쉽게 구하기는 힘든 편입니다. 전통 누룩을 사용하는 몇 안 되는 청주(약주)로 전통 누룩의 매력을 제대로 느끼기에 적합한 술입니다.

중원당 청명주

청명주는 대표적인 전통주 중 하나로, 동지 이후 청명절에 담가서 먹는 맑은 술(청주)입니다. 중원당의 청명주는 1986년에 복원되어 1994년 충북 문화유산으로 지정되었으며, 이후 정식 출시한 청주(약주)입니다. 전수 교육관을 설립하고 전수생을 선발해 5대에 걸쳐 전수되어 전통방식으로 쌀과 직접 만든 누룩인 청명주곡을 사용하여, 저온에서 오랜 시간 발효 숙성시켜 청명주를 빚고 있습니다. 달달하고 산미가 있으며, 은은한 곡물과 누룩 향도 느낄 수 있고 17도의 다소 높은 도수에도 불구하고 가볍게 마실 수 있는 청주입니다. 여러 차례 주류 품평회에서 상을 수상한 대표적인 프리미엄 청주(약주) 중 하나입니다.

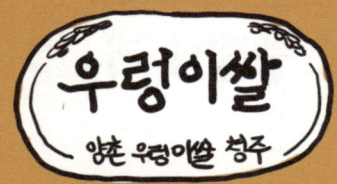

한영석 청명주

한영석 청명주는 한영석발효연구소에서 청명주를 재해석한 것으로, 찹쌀과 누룩만 사용해서 60일 발효, 30일 숙성하여 만든 청주·약주입니다. 쌀누룩을 사용했으며 단맛이 뒷받침해 줘 산미가 어색한 사람들에게도 크게 거부감을 주지 않습니다. 두드러지는 과일 향과 은은한 곡물 향이 잘 어울립니다. 한영석발효연구소에서 복원한 누룩은 밀누룩, 쌀누룩, 백국, 분국, 녹두곡, 백수환동곡, 내부비전곡, 향온곡까지 8종에 달한다고 하네요. 계속해서 연구하고 만들고 키우다 보면 불가능하다고 말한 균등한 품질을 가진 대규모의 우리 술 제조도 가능하지 않을까 생각합니다.

우렁이쌀 청주

우렁이쌀 청주를 만드는 논산 양촌면에 위치한 양촌양조장은 3대를 이어 양조하고 있는 설립된 지 백 년이 가까운 오랜 역사를 가지고 있는 양조장입니다. 막걸리 주조를 위해 설립된 독특하고 오래된 목조 건물로, '찾아가는 양조장'으로 지정되어 있으며, 체험 프로그램 등으로 많은 이들이 찾고 있는 곳이기도 합니다. 우렁이쌀 청주는 무농약 우렁이 농법으로 재배한 찹쌀을 사용해서 만든 청주로, 감미료를 사용하지 않고 입국과 배양 효모를 이용해 60일간 저온에서 숙성시켜 만듭니다. 주세법상으로도 청주로 분류됩니다. 단맛이 있고 산미와 도수가 높지 않아 둥글둥글한 병처럼(?) 큰 호불호 없이 무난하게 즐기기 좋습니다. 특히 술에 익숙하지 않은 분들도 즐기기 좋은 청주입니다.

일엽편주

일엽편주 청주

- 발효주
- 약주 (청주)
- 전통누룩
- 2020년 출시
  - 한잎, 잎엽, 작을편 배주 농암 이현보 어부가처럼
- 15%
- 경북 안동
- 일엽편주생산

일엽편주 청주

일엽편주는 농암 이현보 선생의 종택 17대 종부가 빚는 내림주이며, 농암종택에서 만들고 있습니다. 물과 쌀, 전통 누룩을 사용해서 만드는 청주(약주)로 멋진 병 패키지와 깔끔한 산미, 과실 향이 두드러지는 풍미 덕분에 젊은 사람들에게도 인기가 많은 전통 청주입니다. 전통 누룩을 사용해 전통 방식으로 만드는 몇 안 되는 우리 청주(약주)들처럼 한 번에 많은 양을 생산하지 못해 쉽게 구하기는 어려운 편인데, 오히려 그런 점이 제품을 더 맛나게 하는 중요한 요소 중 하나가 된 듯합니다. 소비기한은 6개월이며 더 오랫동안 냉장 보관해서 마셔도 좋습니다.

솔송주

솔잎송순약주

- 발효주
- 약주
  - 박흥선 명인 식품명인 제27호
- 1996년 출시
  - 솔잎 송순
- 13%
- 경남 함양
- 솔송주생산

솔송주 약주

솔송주는 솔잎과 송순으로 만드는 약주로 경남 함양 정여창 집안의 가양주입니다. 과거 명칭은 송순주였으나 이미 등록된 같은 명칭의 술이 있어서 이름을 바꿨다고 합니다. 솔송주는 경남 무형유산 제35호이며, 식품명인 제27호 박흥선 명인이 빚고 있습니다. 솔송주는 누룩과 찹쌀로 밑술을 만든 뒤 살짝 찐 솔잎과 송순을 같이 숙성시켜 만듭니다. 솔송주의 특징은 뭐니 뭐니 해도 산뜻하고 깔끔한 소나무 향에 있습니다. 부드러운 단맛 덕분에 쉽게 마시기 좋은 우리 약주입니다. 솔송주를 증류해서 만드는 도수 40%의 솔송주도 있지만요.

면천두견주 (면천진달래술)

- 발효주
- 약주
- 가향주
- 국가 무형문화재 제86-2호
- 1986년 문화재지정
- 진달래꽃 = 두견화
- 18%
- 충남 당진 면천
- 면천두견주보존회 생산

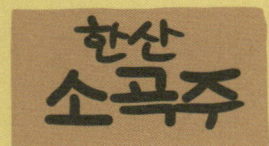

한산 소곡주

- 발효주
- 약주
- 식품명인 19호
- 1997년 명인지정
- 한산면 소곡 = 소국(麴)
- 18%
- 충남 서천군 한산면
- 한산소곡주명인 생산

면천 두견주

두견은 뻐꾸기목의 새를 말하는데, 전설에 따르면 두견이 진달래 피는 봄에 더욱 슬피 울어 진달래꽃을 '두견화'라고도 부른다 합니다. 두견주는 진달래꽃 술을 말하고, 면천은 두견주로 유명한 충남 당진의 지명입니다. 천 년 이상을 이어온 가양주, 가향주로 1986년에 무형유산으로 지정되었습니다. 현재는 국가무형문화재 박승규 씨의 작고로 마을의 여덟 가정이 두견주 보존회를 구성해 생산하고 있다고 합니다. 면천 두견주도 남북 정상회담 만찬주로 유명합니다. 찹쌀과 누룩에 4월 초순에 채취한 진달래꽃을 첨가해 만드는 술로 과실향과 달달함이 두드러져 높은 도수임에도 부드럽게 마실 수 있는 과거 전통주 이미지의 약주입니다.

한산 소곡주

소곡주는 충남 서천 한산면의 술로 1,500년을 이어져 내려온 우리 술입니다. 우희열 명인이 '한산 소곡주'라는 이름으로 빚고 있으며, 인근 지역의 많은 양조장에서도 만들고 있습니다. 한산 소곡주는 찹쌀, 누룩, 들국화, 메주콩, 생강, 홍고추 등이 들어가는 약주로 도수는 18%이지만 달달해서 홀짝홀짝 들어가는 약주입니다. 이런 이유로 '앉은뱅이 술'이라는 이름이 붙여졌습니다. '소곡'이라는 이름의 유래에는 누룩의 일종인 '소국'을 가리킨다는 이야기, 누룩의 사용량이 적어서 그렇게 불렸다는 이야기, 혹은 하얀 누룩을 사용했기 때문이라는 견해 등 여러 가지 해석이 있으나, 이를 뒷받침할 만한 문헌 기록은 없어 정확한 어원은 확인되지 않습니다. 전통주이자 실제 지역 내 여러 곳에서 생산하는 지역 술로 내세울 수 있는 전통주입니다.

- 발효주
- 약주
- 오메기 좁쌀의 제주도 방언
- 13%
- 제주
- 제주샘주 생산

- 발효주
- 약주
- 과하주
- 2015년 설립
- 2019년 출시
- 경성의 과하주 (여름을 지나는 술)
- 20%
- 경기 여주
- 술아원 생산

오메기술

좁쌀로 만드는 제주의 전통 떡인 오메기떡은 다들 알 것입니다. 물이 귀한 예전에는 논이 많지 않아 쌀 대신 많이 재배했던 좁쌀로 떡을 만들어 먹었고, 이 떡으로 빚어 마시던 술이 오메기술입니다. 제주도의 가양주로 이어져 내려오는 오메기술 중 가장 많이 알려진 제품은 제주샘주의 것입니다. 제주샘주가 전통 오메기술을 재현해 만들었는데 이는 오메기떡을 누룩, 물과 섞어 발효시킨 후 여러 재료를 첨가해 만든 약주입니다. 부드러운 곡물 향에 달달한 풍미로 큰 부담 없이 즐길 수 있는 약주입니다.

경성과하주

과하주는 '여름을 나는 술'이라는 뜻으로 발효주에 증류주를 넣어서 발효를 멈춘 뒤 술이 상하지 않도록 만든 술입니다. 최남선 선생의 저서 《조선상식문답》(1946)에서 조선 최고의 명주 중 하나로 꼽고 있기도 합니다. 경성과하주는 여러 과하주를 만들고 있는 여주의 술아원에서 생산하는 과하주 중 하나로 1670년경 장계향이 남긴 《음식디미방》에 짧게 나온 제조법을 재해석해 만들었습니다. 여주의 찹쌀을 사용해 약주를 만들고 발효 초기에 주정을 넣어서 단맛을 남겨, 20%의 도수임에도 부담 없이 부드럽게 마실 수 있습니다. 깔끔하고 부드러운 단맛 덕분에 술에 익숙하지 않은 이들도 어렵지 않게 마실 수 있습니다.

SECTION 01

사케란?

사케는 일본어로 '술'을 말합니다. 술을 뜻하는 한자 주 酒 가 일본에서는 사케로 읽히죠. 일반적으로 사케는 쌀, 누룩, 물을 원료로 발효시켜 만든 청주를 말하며, 명사화되어 우리나라 등 외국에서는 사케로 통칭됩니다. 일본에서도 사케로 지칭하기는 하지만 일본 내 정식 명칭은 니혼슈 일본주 이며, 이렇게 부르는 경우가 더 많습니다. 사케는 말 그대로 술을 지칭하는 단어이기 때문이죠. 혹은 '세이슈'라고도 합니다. 일본주 니혼슈 로는 세이슈 청주 와 쇼츄 소주 가 있습니다.

사케는 쌀, 누룩, 물을 원료로 발효시킨 후 맑게 걸러 만드는 일본식 청주입니다. 사케의 가장 큰 특징은 일본식 누룩인 입국을 사용한다는 점과, 사케 전용 쌀을 따로 재배해 수확한 뒤 정밀하게 깎아 사용하는 점입니다. 입국은 떡처럼 생긴 우리나라 누룩과 달리 찐쌀에 균을 뿌려 만든 누룩을 말합니다. 일본에서는 양조용으로 재배되는 쌀을 주미 酒米, 일본어로는 '사카마이', '슈마이' 라고 합니다.

사케의 역사

기원전 2세기 무렵, 쌀이 중국을 통해 일본에 전해졌을 때부터 일본에서는 쌀로 술을 제조했을 것으로 추정합니다. 초기에는 사람이 쌀을 입에 넣고 씹은 후, 침의 당화 효소로 당화를 촉진하는 '쿠치카미' 방식으로 술을 만들었을 것으로 보입니다. 이후 중국과 우리나라를 거쳐 쌀을 발효시켜 술로 만드는 기술이 일본에 전해졌습니다. 백제의 인번이 일본에 건너가 누룩으로 쌀을 발효시켜 술을 만들었다는 이야기도 전해집니다. 인번의 것은 좋은 품질의 술이었고 그 이전부터 일본에서도 쌀을 발효해 술을 만들었을 것입니다.

7세기경부터는 일본 궁정에서 사케를 만들기 시작했으며, 12세기 무렵부터는 승려들을 통해 현대적인 사케의 모습이 갖추어지고 상업적인 양조가 시작되었습니다. 17세기에 들어서면서 사케 제조가 산업화되었고, 19세기 후반부터는 사케 수출이 시작되었습니다. 1940년에는 전쟁으로 인해 사케 생산이 제한되었고, 이후 조악한 품질들을 구별하기 위해 사케 등급제가 시행되었습니다. 제2차 세계대전이 끝나고 일본이 재건되면서 다시 좋은 품질의 사케들이 생산되기 시작했습니다. 1980년대 경제 호황을 타고 새로운 효모로 만든 프리미엄 사케들이 생산되며 인기를 끌었습니다. 잠시 주춤했으나 21세기에 들어서면서 사케는 세계적인 인기를 얻게 됩니다.

2020년 이후 지속된 경제 침체와 젊은 인구 유입의 감소로 사케 시장의 성장이 정체되었습니다. 이러한 위기를 극복하고 명성을 이어가기 위해, 사케 업계는 다양한 시도를 꾸준히 이어가고 있습니다. 특히 프리미엄화와 글로벌화를 통해 해외 수출이 크게 증가하는 성과를 거두고 있습니다.

사케의 제조 과정

정미

쌀을 씻고 불립니다. 이때 쌀을 잘 씻는 것이 중요합니다. 쌀의 표면에는 좋지 않은 풍미를 유발하는 단백질과 지방질이 많이 함유되어 있어, 이를 제거하기 위해 여러 차례 깨끗이 씻은 후, 충분히 불려줍니다.

쌀 중앙에는 '심백'이라 부르는 전분이 많이 포함된 부분이 있고, 껍질을 비롯해 중간층에는 단백질과 지방 등이 있습니다. 단백질과 지방은 좋지 않은 향미를 포함하는 경우가 많아서 깎아 제거합니다. 쌀을 깎아내는 정도를 '도정률'이라 하고, 깎아내고 남은 비중을 '정미보합', '정미율'이라 부릅니다. 정미율이 낮을수록 쌀의 겉 부분을 더 많이 제거한 것이기 때문에, 보다 순수한 전분질만 사용하게 되어 고급 사케로 인식되곤 합니다. 정미율 60% 이하는 긴조, 50% 이하면 다이긴조로 표기합니다.

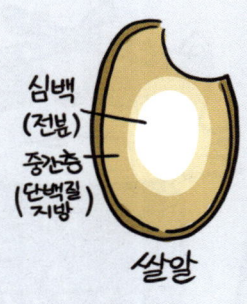

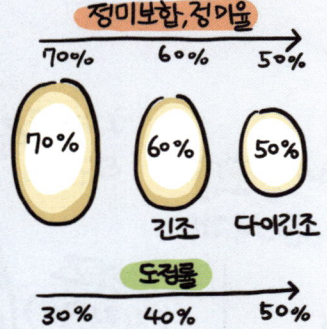

고품질의 사케를 위해서는 쌀알 속의 심백 부분이 뚜렷하고, 쌀이 잘 부서지지 않는 등 양조에 적합한 쌀 품종을 별도로 재배하는데, 이를 주조호적미酒造好適米 라 합니다. 대표적인 주조호적미에는 '주조호적미의 왕'이라 불리는 효고현의 야마다니시키山田錦가 있으며, 이외 니가타현의 고햐쿠만고쿠 五百万石, 나가노현의 미야마니시키美山錦, 오래된 품종인 오마치雄町 등이 있습니다.

세미·침지

깎아낸 쌀을 씻고 물에 담급니다washing. 씻는 과정에서 불순물을 제거하고 물에 담가 수분을 흡수시켜 쌀을 찌기 좋은 상태로 만듭니다. 보통 물이 쌀 중량의 30%가량 스며들었을 때 꺼냅니다.

증미

증미steaming 과정에서는 쌀의 당화에 용이하도록 1시간가량 쪄주는데 이를 '호화'라고도 합니다.

누룩 제조

전분으로 이뤄진 쌀을 당화하기 위한 효소제인 누룩을 만듭니다 making Koji. 누룩은 쌀, 밀 같은 곡물에 전분을 당화할 수 있는 효소를 생성하는 누룩곰팡이와 당을 알코올로 분해하는 효모를 배양시킨 것입니다.

우리나라의 전통 청주 약주 와 탁주의 경우 당화와 발효를 함께하는 누룩을 사용하는데, 사케는 쌀에 당화만 시키는 누룩곰팡이 중 하나인 황국균 Aspergillus oryzae 을 배양시킨 흩임누룩 입국 이라는 누룩을 사용합니다. 이런 누룩을 일본에서는 '코지'라고 부릅니다.

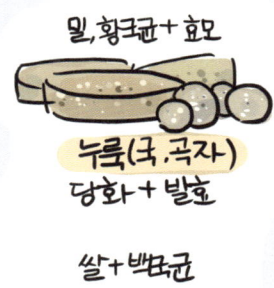

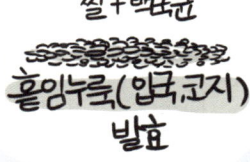

이 흩임누룩은 찐쌀에 당화 효소를 생성하는 누룩곰팡이 황국균 포자를 넣어 제조합니다. 곰팡이 포자가 쌀에 발아해서 당화 효소와 효모가 좋아하는 영양소를 만들죠. 보통 2일 정도 소요됩니다.

누룩을 사용하는 술은 당화 효소와 발효를 위한 효모를 같이 배양하는데, 사케에 사용하는 입국 코지 은 당화 효소만 가지고 있으며, 효모는 배양한 효모나 공기 중의 효모를 사용합니다.

발효

■ **주모**(모토, 슈보)

알코올 생성을 하는 발효 작업 이전에, 원활한 발효를 위해 효모를 증식시키는 작업을 합니다. 물에 쌀과 누룩 코지 을 넣고 잡균을 죽이기 위한 유산균 및 알코올 생성을 위한 효모를 증식시킵니다. 이렇게 효모를 증식시켜 발효하는 것을 주모 酒母, 일본어로는 슈보 しゅぼ 또는 모토 もと 라고 합니다. 주모는 양조법에 따라 속성주모와 생주모로 분류됩니다.

- **속성주모** 속성주모 速醸酛, 소쿠조모토 는 물과 쌀, 쌀누룩 입국 에 배양한 유산과 효모를 첨가해서 주모를 만드는 방법입니다. 대부분의 사케는 속성 배양으로 주모를 만들고, 보통 2주 정도 소요됩니다.

- **생주모** 사케는 전통적으로 주모를 막대로 저어서 천연 유산 젖산을 배양하고 효모를 첨가해 만듭니다. 보통 4주 정도 소요되는데 이렇게 전통적으로 유산과 효모를 배양하는 주모 방식을 생주모키모토, 生酛모토 라고 합니다. 또한 야마오로시 山おろし 라는 막대로 젓는 작업을 생략한 방식을 야마하이 山廃, 야마오로시를 폐지했다고 하여 붙은 이름 이라고 합니다.

■ 덧술(모로미)

주모에 찐쌀과 누룩 코지 물을 세 차례 나눠서 담고 발효시켜 알코올을 생성하는데 이 과정을 덧술 모로미이라 합니다. 정해진 기간 3~5주이 경과하면 17~20% 도수의 술이 만들어집니다.

■ 효모

당화된 쌀 전분 을 분해해 알코올을 생성하는 효모는 과거 공기 중에 있는 천연 효모를 사용했지만, 현대 사케 제조에는 양조장이나 협회에서 배양한 사케용 효모를 사용하고 있습니다. 협회의 효모는 발효 시 거품이 있는 것과 거품이 없는 것이 있습니다.

거르기·상조

완성된 탁한 상태의 술에서 남은 술지게미를 거르는 작업 pessing 을 합니다. 맑은 술인 청주, 즉 사케가 만들어집니다. 사케는 주세법상 반드시 거르기여과 를 해야 합니다. 엉성하게 걸러 침전물을 남긴 사케를 니고리자케 にごり酒 라고 하고, 거르지 않은 것은 도부로쿠 濁酒, 탁주라고 부릅니다. 도부로쿠는 기타 주류로 구분됩니다.

니고리(にごり)는 '흐릴 탁(濁)' 자를 말하며, 니고리자케는 도부로쿠와 같은 '탁주(濁酒)'의 의미를 가지고 있습니다.

거르기는 보통 세 가지 방식이 있습니다. 후쿠로츠리 袋吊り는 전통 방식으로 술을 담은 자루 후쿠로, 袋를 매달아 츠리, 吊り 천천히 거르는 방식입니다. 후네시보리 舟しぼり 는 마찬가지로 전통 방식으로, 술 자루에 나무틀 후네, 舟을 쌓고 무거운 것을 올려 거르는 방식입니다. 야부타식 ヤブタ式은 기계를 사용해 압착해서 짜내는 현대적인 방식으로 가장 많이 사용되고 있으며, 야부타는 이 기계를 만든 회사 이름에서 유래했습니다.

열처리

열처리 pasteurization 를 하기 전의 사케는 여과 여부에 따라 나마자케와 나마겐슈로 나뉩니다. 나마자케 生酒 는 여과하지 않고 열로 살균 처리도 하지 않은 생사케를 말하며, 나마겐슈 生原酒 는 여과만 하고 살균 처리는 하지 않은 사케입니다.

열처리 횟수와 시기에 따라 다시 세 가지의 사케로 분류됩니다. 히이레 火入れ酒 는 숙성 전, 출하 전에 60~65℃로 저온살균 열처리 한 사케로 가장 일반적인 사케입니다. 나마초조슈 生貯蔵酒 는 숙성 과정에서는 살균하지 않고 출하 시에 살균 열처리 한 사케이며, 나마츠메슈 生詰酒 는 숙성 시에 살균 열처리 하고 출하 과정에서는 살균 처리를 하지 않은 사케를 말합니다.

이후 사케는 숙성하거나 물을 첨가한 뒤 병입되어 판매됩니다.

열처리 PASTEURIZATION

거르기 PRESSING

발효 FERMENTATION

사케의 분류

보통주와 특정명칭주

사케는 가장 크게 보통주 普通酒 후츠슈 와 특정명칭주 特定名称酒 로 나뉩니다.

보통주는 법에 따른 기준 이상으로 만들어진 청주를 말합니다. 쌀, 누룩, 양조알코올 주정 외 규정된 여러 부원료를 첨가해 만들고 부원료의 함량은 쌀과 누룩 함량의 50%를 넘어선 안 됩니다. 비교적 저렴하며 대부분의 사케는 보통주입니다.

특정명칭주는 원료와 도정 비율에 따라 분류됩니다. 준마이 純米 는 쌀, 물, 누룩으로만 만든 사케를 말하며, 혼조조 本醸造 는 쌀, 물, 누룩에 주정 양조주 을 섞어 만든 사케입니다.

여기에 도정률에 따라 여섯 가지로 분류되고, 특별제조법을 더하면 여덟 가지로 분류됩니다.

- 혼조조(本醸造) 쌀·누룩·양조주 정미율 70% 이하
- 도쿠베츠혼조조(特別本醸造) 쌀·누룩·양조주 정미율 60% 이하, 특별제조법
- 준마이(純米) 쌀·누룩 도정률에 대한 기준 없음
- 도쿠베츠준마이(特別純米) 쌀·누룩 60% 이하, 특별제조법
- 긴조(吟醸) 쌀·누룩·양조주 정미율 60% 이하
- 다이긴조(大吟醸) 쌀·누룩·양조주 정미율 50% 이하
- 준마이긴조(純米吟醸) 쌀·누룩쌀·누룩 정미율 60% 이하
- 준마이다이긴조(純米大吟醸) 쌀·누룩쌀·누룩 정미율 50% 이하

일반적으로 혼조조에 비해 준마이가 더 고급이고, 다이긴조에 비해 준마이다이긴조가 고급으로 인식되지만 풍미를 위해 주정 양조알코올 을 추가하는 목적도 있으므로 다른 종류로 인식해도 무방합니다.

특정 명칭주

사케의 용량과 풍미

보통주와 특별명칭주에 들어가는 주정 양조알코올은 쌀 1톤당 120L 쌀 중량의 10% 이내로 제한됩니다.

등급의 경우 예전에는 2급, 1급, 특급으로 나뉘어져 있었지만 1992년 등급제가 폐지되었고, 주세법상 나뉘지는 않지만 제조사에 따라 가선 가센, 상선 조센, 특선 도쿠센, 초특선 초도쿠센 으로 호칭하기도 합니다.

사케는 맛을 참고할 수 있도록 주도, 산도, 아미노산도 등을 표기합니다.

사케의 기본 용량은 '고'이며 180ml입니다. 한 잔의 용량이죠. 대표적인 사케 용량은 720ml인 욘쇼잉입니다. 고의 4배라 시고빙 욘고빙 이라고도 합니다. 1,800ml인 잇쇼빙은 1되 잇쇼 =10홉입니다. 1말 잇도 은 10되로 18L의 용량이며, 다루사케 樽酒, '통에 담긴 술'이란 의미라 부르기도 합니다.

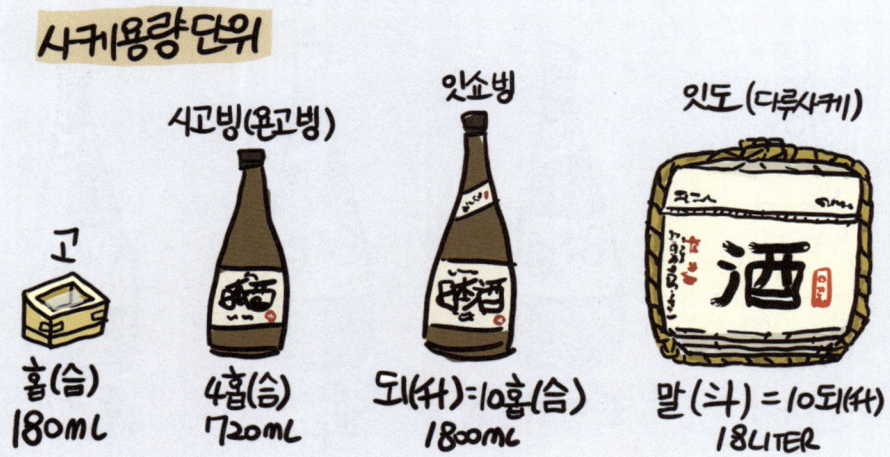

사케 용량 단위

고	시고빙(욘고빙)	잇쇼빙	잇도(다루사케)
홉(合) 180mL	4홉(合) 720mL	되(升)=10홉(合) 1800mL	말(斗)=10되(升) 18LITER

일본주도

사케는 알코올 세기를 표기해서 제품을 선택하는 데 도움을 주고 있습니다. 이를 일본주도 日本酒度, Sake meter value 라고 하며, 비중계를 통한 알코올의 비중값을 −15에서 +15까지 표기합니다. 플러스가 되면 '카라쿠치'라 하여 매운맛을, 마이너스로 표기되면 '아마쿠치'라 하여 단맛을 나타냅니다.

아마쿠치 단맛, 甘口, sweet 는 알코올이 적은 편입니다. 카라쿠치 매운맛, 辛口, dry 는 실제 매운맛이라기보단 씁쓸한 맛, 쓴맛에 가까우며 영어로 'dry'라고 표현되는 걸로 보아 알코올 강도를 말하는 것에 더 가깝지 않나 생각합니다.

아미노산도

산도와 같이 1.4 정도를 기준으로 표기되는데 아미노산도가 높으면 깊고 풍부하며, 낮으면 가볍고 담백하다고 합니다. 다만, 여러 조건에 따라 맛이 달라지고 개인에 따라 다르게 느껴지므로, 일본주도의 산도와 아미노산도가 정확한 맛을 나타내는 수치는 아닙니다. 수치화된 표기로 정보를 알 수 있다고 생각하면 될 듯합니다.

사케산도

사케의 산 구연산, 사과산, 유산 등 함유량을 말합니다. 산도는 10ml의 사케에 포함된 산을 중화하는데 필요한 수산화나트륨 용액의 양을 표기합니다. 산도 1.0에서 2.0까지 표기하며, 보통 1.4~1.6 정도를 기준으로 산도가 높으면 노코 농후, 濃醇 라 하여 묵직하고 깊이 있으며, 낮으면 탄레이 담려, 淡麗 라 하여 가볍고 부드럽습니다.

사케 즐기기

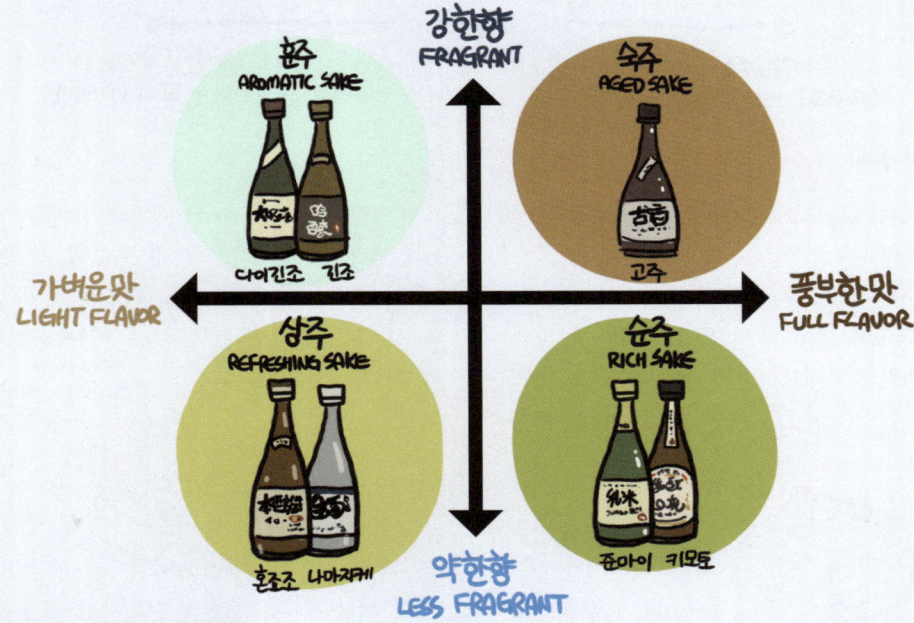

사케 분류법 참고하기

일본사케서비스연구회 SSI 가 제안한, 사케의 향과 맛을 네 가지 유형으로 분류한 분류법이 사케의 특성을 이해하고 즐기기에 유용한 기준으로 널리 사용되고 있습니다.

훈주 薰酒, 쿤슈 는 향이 풍부하고 과일이나 꽃 향이 강한 섬세한 유형으로, 긴조, 다이긴조, 준마이 다이긴조 등이 이에 속합니다. 상주 爽酒, 소슈 는 가볍고 산뜻하며, 청량하고 부드러운 유형으로, 혼조조나 나마자케가 이에 속합니다. 순주 醇酒, 쥰슈 는 향은 가볍지만 맛은 진하고 감칠맛이 풍부한 깊고 복합적인 특성을 가진 유형으로 준마이, 키모토, 야마하이가 이에 속합니다. 숙주 熟酒, 쥬쿠슈 는 진한 향과 맛을 가진 복합적인 숙성향을 가진 유형으로 고슈나 숙성 사케가 이에 포함합니다.

사케는 마시는 온도에 따라 즐기는 방식이 다르며, 크게 세 가지 방법이 있는데 차갑게 마시는 히에, 상온으로 마시는 히야, 데워서 마시는 칸이 있죠. 이 외에도 온도별로 더 세분화된 명칭이 존재합니다. 냉장고가 없던 과거에는 주로 따뜻하게 데워 마시는 칸사케나 상온의 히야사케가 일반적이었으며, '히야'가 '차게'라는 뜻이지만 칸에 비해 차갑다는 의미로, 즉 상온을 뜻하는 말이었습니다. 이후 냉장고가 등장해 실제로 차갑게 마실 수 있게 되며, 실제 차가운 사케를 '레이슈'라 부르게 되었습니다.

마스자케, 모리키리

사케를 마시는 조금 특별한 방법이 있습니다. 작은 되로 마시는 방법입니다. 마스자케 됫술 라고 부르는 이 방식은 히노키 편백나무 로 만든 작은 상자에 사케를 따라 마시는 방법인데요, 이를 '가득 담는다'라는 뜻의 모리키리 못키리 라고 합니다. 마스자케 안에 잔을 넣고 넘치도록 가득 따른 다음 모리코보시, 잔에 담긴 사케를 마시고 남은 마스자케의 사케를 잔에 따르거나, 마스자케의 중앙 부분으로 사케를 마십니다.

- 발효주
- 사케
- 쥰마이다이긴조
- 정미율 45
- 수달 "달" "제사 제"
  수달이고기를 벌여놓듯
  시를지을때책을
  늘어놓음
- 16%
- 일본 야마구치현
- 아사히주조생산

닷사이 45
獺祭

일본 야마구치현 오소고에서 생산되는 닷사이는 일본과 우리나라에서 아주 유명하며 많은 사랑을 받는 사케입니다. 아마 가장 유명한 사케를 꼽을 때 다섯 손가락 안에 들지 않을까 합니다. 주요 제품 모두 쥰마이다이긴조급 이상이며, '23, 39, 45'라는 숫자가 적혀 있어 숫자로 제품을 구분하는데, 이 숫자는 정미율(도정하고 남은 쌀의 비율=정미보합)을 말합니다. 가장 만나기 쉬운 닷사이 45는 정미율 45%의 제품입니다. 은은하고 산뜻한 과실 향이 입안에 달달하게 남아 부드럽게 넘어가죠. 역시 많은 사랑을 받는 사케인 닷사이 23 중에는 원심분리기를 이용한 원심분리 제품도 있습니다. 가장 비싼 닷사이는 정미율과 여러 정보가 공개되지 않는 닷사이 소노사키에 있습니다.

- 발효주
- 사케
- 쥰마이다이긴조
- 정미율 50
- 1830년 설립
- 창업시 점포이름
  "구보타야"
- 15%
- 일본 니가타현
- 아사히주조생산

구보타 만주
久保田

구보타는 닷사이와 더불어 가장 유명한 사케입니다. 만주는 한자로 만수(萬壽, 만년의 수명)를 말합니다. 술을 약으로 둔갑시키려는 핑계는 전 세계 공통인가 봅니다. 생산자는 아사히(朝日) 주조입니다만, 닷사이를 생산하는 아사히(旭) 주조와는 다른 회사입니다. 구보타 만주는 한국인이 일본을 방문해서 사케를 구매할 때 닷사이 23과 더불어 가장 많이 구매하는 제품이기도 합니다. 양조용 쌀인 고햐쿠만고쿠를 사용하며 정미율 50%로 편안하고 부드러운 맛과 향을 가진 아주 깔끔한 사케입니다. 아래 등급의 사케로 사랑받는 구보타 센주(천수)가 있는데, 구보타 만주를 구하기 힘들거나 국내에서 구보타를 구매할 때는 만주보다 센주를 만나는 것도 좋을 듯합니다. 센주는 긴조 등급의 사케입니다.

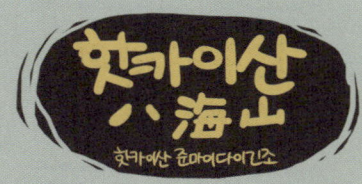

- 발효주
- 사케
- 준마이다이긴조
- 정미율 45%
- 1922년 설립
- 핫카이 산 八海山
- 15.5%
- 일본 니가타현
- 핫카이양조 생산

- 발효주
- 사케
- 혼조조
- 1907년 설립
- 니가타에 있는 산맥 (니가타의 옛이름)
- 15.5%
- 일본 니가타현
- 이시모토주조생산

핫카이산 준마이다이긴조
八海山

핫카이산 양조는 1922년 니가타현에 설립된 사케 양조장입니다. 핫카이산은 니가타현에 있는 8개의 산을 말합니다. 쌀은 일본에서 가장 유명한 야마다니시키, 고하쿠만고쿠, 미야마니시키를 사용합니다. 핫카이산 사케도 국내외에서 굉장히 유명한 사케 중 하나로 국내에서 만나기 어렵지 않은 준마이다이긴조 사케입니다. 과실 향에 목 넘김이 부드럽고 살짝 달달하며 뒷맛이 깔끔하여 큰 호불호 없이 즐길 수 있는 제품입니다. 여러 면에서 무난해서 입문용 사케로도 많이 추천됩니다.

고시노 간바이
越乃寒梅

'고시(코시)'는 니가타의 옛 이름이자 니가타에 있는 산맥 이름입니다. 고시노 간바이는 니가타의 지역 술(지사케)을 알린 사케로 구보타, 핫카이산과 더불어 흔히 니가타의 3대 유명 사케로 불립니다. 니가타는 일본 내 사케 생산 3위에 소비는 1위인 '사케의 고장'입니다. 기본 제품은 '청주'라고 적힌 하얀색 라벨이 붙여진 보통주, 시로 라벨(화이트라벨)입니다. 국내에서는 별선(벳센) 라벨이 붙은 도쿠베츠 혼조조가 가장 널리 알려져 있는데 이는 한창 사케 붐이 일었을 때 많은 사랑을 받았던 사케입니다. 또한 예전 특선(도쿠센) 라벨을 붙인 긴조 제품이 별선 라벨로 나오고 있으며, 무구(무쿠) 라벨의 준마이 제품이 있습니다.

- 발효주
- 사케
- 준마이
- 1905년 상표등록
- 1927년 설립
- 승리와 영광의 상징 '월계관'
- 15.6 %
- 미국 캘리포니아
- 월계관 생산

- 발효주
- 사케
- 준마이
- 1855년 설립
- 최고의 선은 물과 같다 노자. 도덕경
- 15.5 %
- 일본 니가타현
- 시라타키주조 생산

월계관 준마이
月桂冠 純米

사케를 처음 만나는 사람들에게 흔히 추천되는 월계관 준마이는 부담 없이 친숙한 사케로 많은 사랑을 받고 있습니다. 사케에 대해 잘 몰라도 월계관 준마이는 낯설지 않은 이름인 경우가 많죠. 준마이 중에서는 우리나라에서 가장 유명한 사케일 듯합니다. 일본 월계관의 제품이지만 미국 캘리포니아에서 생산되는 특이함으로도 유명하죠. 쌀과 누룩으로만 만드는 월계관 준마이는 750ml의 용량으로 '월계관 준마이 750'이라고도 불립니다. 깔끔한 과일 향과 더불어 무엇보다 마트나 술집 등 어디서든 비교적 저렴하고 쉽게 만날 수 있다는 점이 장점으로 꼽히는 사케입니다.

상선여수
上善如水

일본 니가타의 시라타키 주조가 생산하는 상선여수는 노자의 《도덕경》에 나오는 말을 빌려온 것으로, '최고의 선은 물과 같다'는 뜻이라고 합니다. 물이 중요한 사케와 잘 어울리는 글귀인 듯하네요. 한때 국내의 한 대형마트에서 전용 빨간 띠를 두른 상선여수 준마이가 발매되었을 정도로 가성비 덕분에 이름을 알렸습니다. 나름 깔끔하고 쨍쨍한 느낌의 가볍게 마시기 좋은 사케입니다. 과거보다 가격은 다소 오른 듯하지만 쉽게 만날 수 있다는 장점이 있습니다.

- 발효주
- 사케
- 긴조
- 1902년 설립
- 남부미인
  남부: 이와테의 옛이름
- 13.5 %
- 일본 이와테현
- 남부비진주조생산

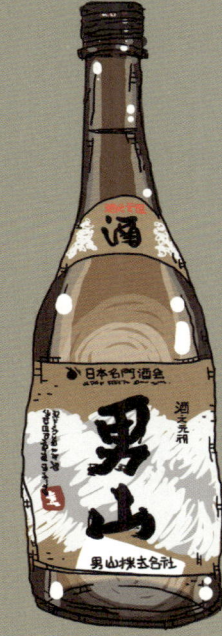

- 발효주
- 사케
- 도쿠베츠 준마이
- 1697년 설립
- 남자의 산
- 15 %
- 일본 홋카이도
- 오토코야마 생산

남부비진 긴조
南部美人 吟釀

이와테현에서 만드는 남부비진은 이와테를 대표하는 사케로 '남부 미인'이라는 뜻을 가졌습니다. 남부는 이와테의 옛 이름이기도 하며, 남부비진 주조가 이와테 남부에 있기도 합니다. 우리나라에서도 많이 알려진 사케인데, 과거에 남부비진 준마이가 다이긴조로 잘못 알려지면서 현재는 특이하게 긴조가 국내에서 널리 알려져 있습니다. 병의 색이 짙은 남부비진 긴조는 많이 판매되는 혼조조를 기본으로 해서 한국 시장을 위해 특별히 제조되었다고 합니다. 은은하고 가벼운 풍미가 특징인 깔끔한 사케입니다.

오토코야마 도쿠베츠 준마이
男山 特別 純米

오토코야마는 세계 주류 콩쿠르에서 30년 넘도록 다수 수상했고 수출도 많이 하고 있는 사케로 우리나라에도 널리 알려졌습니다. 300여 년의 역사를 가졌으며 북해도를 대표하는 사케이기도 하죠. 만년설을 품고 있는 대설(다이세츠)산의 물로 만든다고 합니다. 다른 유명 사케 주조장처럼 오토코야마의 주조장도 많은 사람들이 찾는 북해도 지역의 명소입니다. 오토코야마 도쿠베츠 준마이는 정미율 55%의 대표적인 가라구치(드라이)한 사케로 '남자의 술'로 알려져 있습니다. 드라이함 밑에는 은은하며 부드러운 풍미들이 균형을 잡고 있습니다.

우라가산류 코우카
裏雅山流 香華

야마가타현의 신도 주조점은 1870년에 설립되어 5대째 이어 오는 사케 양조장으로 주 제품 라인은 가산류이며 좀 더 개성적인 우라('뒷면'이라는 뜻) 가산류는 다른 제품 라인의 사케입니다. 코우카(향화, 부처님 앞에 드리는 향과 꽃)는 우라 가산류 중 혼조조 등급의 사케입니다. 혼조조 등급이나 다이긴조를 빚을 때 사용하는 효모와 발효법을 사용한다고 합니다. 그래서인지 산뜻하고 깔끔하며 부드럽다는 평을 받으며, 가볍게 즐기기 좋은 사케로 꼽힙니다. 파란색의 병도 깔끔한 풍미에 한몫하고 있습니다.

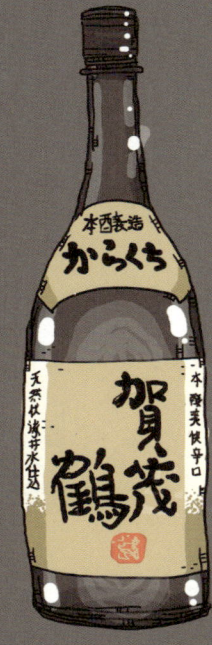

가모츠루 가라구치
賀茂鶴 辛口

히로시마의 가모추루 주조에서 생산되는 가모츠루 가라구치. 가모츠루는 '가모'라는 지명('술을 빚는다'는 뜻도 있다네요)에 '학'을 더하여 지은 회사명입니다. 또한 가라구치(辛口)는 산미, 드라이(dry)를 뜻하는데 이는 달지 않음을 말하죠. 주정을 넣은 혼조조로 우리나라에서도 어렵지 않게 만날 수 있습니다. 정미율 69%에 주도는 +6.0의 '가라구치'라는 이름을 내세우는 제품명처럼 조금 강한 주정의 쓴맛과 깔끔함, 드라이함이 특징입니다. 단맛이 없는 가라구치한 사케를 경험하고 싶을 때 맛보면 좋습니다.

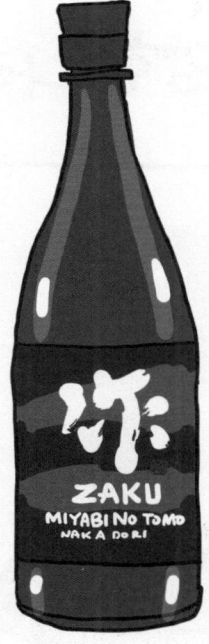

- 발효주
- 사케
- 도쿠베츠 준마이
- 정미율 55%
- 1873년 설립
- 취한 고래
- 15%
- 일본 고치현
- 스이게이주조 생산

- 발효주
- 사케
- 준마이다이긴조
- 1869년 설립
- 작품
- 16%
- 일본 미에현
- 시미즈 세이자부로 쇼텐 생산

스이게이 도쿠베츠 준마이
酔鯨 特別純米

스이게이 주조는 1872년 일본 고치현에 '이시노 주조'라는 이름으로 처음 설립된 양조장입니다. 1969년 스이게이 주조로 이름을 바꿨는데, 술을 아주 많이 마셨던 15대 도사(고치현) 번주의 아호(雅号)인 경해취후(鯨海酔侯)에서 가져온 이름이라고 합니다. 이 양조장은 사케, 소주, 리큐어를 제조하여 판매하고 있습니다. 스이게이 제조에 사용하는 인근의 물은 맑은 것으로 유명하며, 정미율도 비교적 높게 적용하고 있다고 합니다. 사케 이미지에 어울리지 않는 독특한 이름과 라벨이 특이해 인상적인 제품으로 일명 '고래사케'라고 불리고 있습니다. 스이게이 도쿠베츠 준마이는 스이게이 주조의 주력 사케로 국내에도 널리 알려졌습니다. 은은한 과일 풍미와 산미, 깔끔한 맛이 특징입니다.

자쿠 미야비 노 토모 나카도리 준마이다이긴조
作 雅乃智 中取り 純米大吟醸

'자쿠(作)'는 '작품, 만듦, 창조'를 뜻하는 말로 시미즈 세이자부로 쇼텐 양조장의 사케 제품입니다. 미야비 노 토모는 '우아하고 지혜롭다' 혹은 '우아하고 지혜로운 친구'를 말하며, 나카도리는 술을 압착해 짜낼 때 처음과 마지막을 제외한 중간 부분만 사용하는 것을 말합니다. 이름이 길게 적혀 있지만 나카도리를 사용해 만드는 준마이다이긴조 사케입니다. 과일 향의 풍미에 산미가 적당하고 달달해 마시기 좋으며 부드럽게 넘어가는 특징이 있고 비교적 호불호 없이 즐기기 좋습니다. 국내에서도 최근 몇 년 사이에 인기가 높아져 큰 어려움 없이 만날 수 있습니다.

그밖에 다양한 나라의 발효주(양조주)

최초의술 미드 봉밀주,꿀술 MEAD

미드(Mead)

미드꿀술, 봉밀주, 밀주는 꿀, 물, 효모로 만들어지는 술로, 가장 기본적인 작용으로 만들어지며 와인과 더불어 인류가 발견하고 마시기 시작한 가장 오래된 술로 꼽힙니다.

꿀은 당도가 높아 발효가 어렵기 때문에 물을 섞어 꿀의 당도를 낮춰야 발효를 일으킬 수 있습니다. 미드의 알코올 도수는 보통 5~20% 정도입니다.

우리나라에서도 '밀주'라고 불리며, 오래전부터 여러 재료들과 함께 만들어지고 있었으나 꿀이 귀한 재료였기 때문에 약용주와 같이 제한적으로 생산되었을 것으로 예상합니다.

비교적 많이 음용되었던 서양에서는 미드Mead로 불리고 있으며, 미드는 현재 꿀로 만든 술을 통칭하는 이름으로 사용되고 있습니다. 흔히 '허니와인'으로 부르기도 하지만, 허니와인은 와인을 기반으로 꿀을 첨가하는 술인 반면, 미드는 꿀이 주재료라는 점에서 차이가 있습니다.

단순해 보이는 미드이지만 종류는 다양합니다. 꿀, 물, 효모로만 만드는 미드는 '트랜디셔널 미드'로 구분하는데, 꿀을 많이 사용한 미드는 색크Sack, 물을 많이 사용해서 도수가 낮은 미드는 하이드로멜Hydromel이라 합니다. 사용하는 부재료에 따라 과일을 사용한 멜로멜Melomel과 향신료, 허브를 사용해서 만든 메데글린색Metheglin이 있으며, 이 외에도 사과로 만드는 사이저Cyser, 포도를 활용한 파이먼트Pyment 등이 있습니다.

크바스 KVASS

러시아, 우크라이나 인근

발효주 / 0.05~2% / 북,동유럽 / 곡물

크바스
KVASS

크바스는 과거 소련에 속했던 러시아, 우크라이나 인근의 지역에서 만드는 발효 음료, 즉 약한 도수의 술입니다. 도수는 0.05%부터 1%, 높아야 2% 정도에 불과해 주류로 분류되지 않는 경우가 많습니다. 맥주를 만들기에는 곡물(grain)이 충분치 않아 가공 곡류(cereal)로 만들기 시작했으며, 주로 호밀이나 잡곡으로 만든 빵을 발효시켜 만드는 경우가 많습니다. 맥아를 당화시켜 만드는 것이 아니고 빵을 곱게 빻아 효모와 물을 넣어 발효시켜 만드는 술입니다. 맥주처럼 홉(hop)을 사용하지 않기 때문에 특유의 쓴맛이 없으며 구수한 맛을 가지고 있습니다. 과거에는 가정에서 직접 만들거나 동네에서 소규모로 제조되어 판매되었으나, 현재는 음료 회사에서 생산해 판매하고 있습니다.

아이락, 마유주 AIRAG

몽골 MONGOLIA

발효주 / 1~2% / 몽골,중앙아시아 / 말젖

아이락, 마유주
AIRAG

아이락(駿酪, 애락)은 말의 젖으로 만드는 마유주로 중앙아시아, 몽골을 대표하는 발효 음료입니다. 1~2% 정도의 도수를 가지고 있으며 새콤한 맛이 특징입니다. 중앙아시아에서는 '쿠미스'로 불립니다. 말의 젖에 함유된 유당(젖당)을 발효시켜 만드는데, 젖당을 분해하는 효모가 유당(젖당)을 분해하며 알코올을 만듭니다. 다른 가축보다 말젖에 유당이 많이 포함되어 있다 보니 발효 음료의 원료로 자주 사용되었습니다. 유목민들은 곡물이나 과일처럼 쉽게 구하기 어려운 재료 대신, 아이락을 만들어 왔습니다. 과거 전투나 사냥을 위해 이동할 때는 소가죽 주머니에 말젖을 넣어 말에 실은 뒤, 깔고 앉아 자연스럽게 발효시켜 만들었다고 합니다. 이동하지 않을 때는 가죽 포대에 넣고 효모와 균이 활성화되어 발효되도록 계속해서 섞어서 만들었습니다. 아이락을 증류해서 만든 증류주는 '아르히'라고 부르며, '마유주'라고 부르기도 합니다. 참고로 마유주로 만든 증류주는 시민 '아르히', 곡물로 만든 증류주는 '차간 아르히'입니다.

토디 TODDY

인도 INDIA

발효주 · 1~2% · 인도 · 야자나무수액

토디
TODDY

인도는 코코넛 생산량이 전 세계에서 2, 3위를 차지하고 있는 나라입니다. 토디는 코코넛을 생산하는 남인도에서 야자나무(코코스야자) 꽃이삭으로부터 나오는 수액을 발효시켜 만드는 술입니다. 꽃이 붙은 자리에서 생성되는 수액을 채취해 남인도의 높은 온도에서 자연 발효하면, 천연 효모로 인해 낮은 도수(4~5%)를 가진 토디가 생성됩니다. 토디는 인근의 다른 지역에서는 '칼루'라는 이름으로도 알려져 있으며, 효모 대신 빵이나 쌀 반죽에 사용되기도 합니다. 칵테일 핫토디의 이름이 이 발효주에서 유래되었습니다.

튜바 TUBA

필리핀 PHILIPPINES

발효주 · 2~4% · 필리핀 · 야자나무수액

투바
TUBA

인도와 함께 전 세계에서 코코넛 생산량 2, 3위를 차지하고 있는 필리핀에도 인도의 토디처럼 야자나무 수액으로 만드는 술이 있습니다. 필리핀을 대표하는 발효주로 필리핀에서는 '투바'라고 부르고 있죠. 토디처럼 코코넛 꽃이삭의 수액을 자연 발효시켜 만들고 새콤달콤한 맛을 지닌 술입니다. 보통 2~4% 정도의 도수를 가지고 있으며 발효 기간을 늘려 더 높은 도수를 얻기도 합니다. 붉은색을 가지고 있는 투바는 '바록'이라는 나무의 껍질을 넣어 만듭니다. 필리핀에서는 투바를 증류해서 '람바녹'이라는 증류주를 만들기도 합니다.

르어우 껀
RUOU CAN

베트남 VIETNAM

르어우 껀
RUOU CAN

베트남의 전통주 르어우 껀. 베트남 북쪽의 해발 1,650m 산악지대에 있는 사파 지역의 12개 소수 민족들이 만들어 마시는 전통주로, '르어우'는 술을 뜻하고 '껀'은 대, 관을 뜻합니다. 찰기가 있는 쌀이나 곡물, 즉 찹쌀, 찰보리, 찰옥수수 등에 각각의 부족이 가진 특색 있는 약초들을 사용해 만들다 보니 다양한 종류와 각기 다른 맛을 가지고 있습니다. 르어우 껀은 마시는 방법이 독특한 술로도 유명한데 발효된 재료가 담긴 항아리에 물을 붓고 대나무 관, 일종의 대나무 빨대를 사용해서 여러 명이 함께 마십니다. 물 대신 맥주를 부어 마시기도 하며, 몇 차례 더 부어 마시기도 합니다. 르어우 껀은 보통 15~25% 정도의 도수를 가지고 있습니다. 여느 전통주들이 그렇듯 장례식과 결혼식 등의 행사와 접대에 사용되었고 약주로도 사용되었습니다.

치차
CHICHA

라틴아메리카 LATIN AMERICA

치차
CHICHA

치차는 페루와 인근의 중남미에서 옥수수, 카사바, 과일 등을 사용해서 만드는 1~3% 정도의 낮은 도수를 가진 발효주입니다. 치차는 중남미의 발효된 음료를 지칭하기도 하며, '발효된 물'이라는 뜻을 가진 것으로 보입니다. 페루에서 치차 모라다(Chicha morada)는 알코올이 없는 보라색 음료를 말하고, 치차 데 호라(Chicha de Jora)는 알코올을 가지고 있는 발효주를 말하는데, 보통 치차 데 호라를 '치차'라고 부르고 있습니다. 치차는 맥아처럼 옥수수를 발아시켜 당화하고 발효시켜 만드는 술입니다. 그러나 과거에는 전통적으로 옥수수를 씹은 후 말려 균을 생성한 다음 옥수숫가루와 물을 넣어 발효시켜 만들었습니다. 옥수수는 잉카인들이 신성하게 여기던 작물이었기에 치차는 자연스럽게 제사에 사용되었죠. 지금까지도 치차는 페루, 중남미 사람들에게 중요한 술입니다.

피토 PITO

가나 GHANA

피토
PITO

피토는 가나 인근의 서아프리카 지역에서 수수나 잡곡으로 만드는 발효주로 우리나라의 가양주처럼 가나의 가정에서 만드는 가정식 술입니다. 가정식 술이기 때문에 다양한 제조 방법이 있으나 보통 수수(기니옥수수)를 발아시켜 건조한 다음, 가루 내서 다량의 물과 섞고 당화하는 방식으로 만듭니다. 이때 오크라 줄기를 담갔던 물을 첨가해 수수의 가루가 바닥에 가라앉도록 도와줍니다. 이후 끓여 당화시킨 후 식혀서 효모와 균을 배양한 다음 발효시켜 만드는 방법을 많이 사용합니다. 이렇게 만들어진 피토는 차갑게 마시거나 발효를 통해 따뜻해진 상태로 마실 수도 있습니다. 피토는 가나의 결혼식, 축제, 장례 등의 행사에서 사용되며 가나의 문화에서 중요한 자리를 차지하고 있습니다.

테즈 TEJ

에티오피아 ETHIOPIAH

테즈
TEJ

테즈는 에티오피아에서 꿀을 사용하여 만드는 발효주입니다. 유적이 나오지는 않았지만 오래된 발효주 중 하나일 것으로 추측합니다. 그렇다면 가장 오래된 미드, 밀랍주 중 하나라고도 할 수 있겠네요. 과거에는 지배층과 상류층에서 만들었지만 지금은 일반 가정에서도 만드는 발효주로, 에티오피아를 비롯한 인근의 나라에서도 만듭니다. 테즈는 꿀과 물, 그리고 '게쇼'라고 부르는 홉과 효모의 역할을 하는 식물을 첨가해 만듭니다. 꿀, 물, 게쇼를 실온에 두고 발효시켜 술로 만든 후, 필요에 따라 물과 꿀을 넣고 둥근 모양의 병에 담아 판매하거나 마십니다. 테즈는 에피오티아의 국민주로 각종 행사나 모임에서 자주 즐기는 전통주입니다.

PART
03

술의
매력적인 진화,
증류주

CHAPTER 01　위스키

CHAPTER 02　브랜디

CHAPTER 03　진

CHAPTER 04　럼

CHAPTER 05　테킬라

CHAPTER 06　보드카

CHAPTER 07　소주

CHAPTER 08　백주

CHAPTER 09　리큐어

다양한 나라의 증류주

CHAPTER
01

위스키
WHISKY

위스키란?

위스키의 어원

'위스키'라는 말의 어원은 게일어인 위스게 베하 Uisge Beatha 에서 유래된 것으로 추측하며 이는 '생명의 물'이란 뜻입니다. 위스게 Uisge 는 스코틀랜드 게일어로 '물'을, 베하 Beatha 는 '생명'을 뜻합니다. 이후 'Usquebaugh → Usquebath → Usky' 등 여러 음으로 줄어들다가 마침내 위스키 Whisky 가 된 것이죠.

'생명의 물'은 초기 증류주의 명칭입니다. 위스키의 초기 증류주였던 위스게 베하뿐만 아니라 아쿠아비트의 아쿠아비타 Aqua Vita, 브랜디의 오드비 Eau-de-Vie 등 다른 초기 증류주들도 '생명의 물'이란 뜻을 그 어원의 유래로 보고 있습니다. 보드카의 어원인 보다 Voda 도 러시아어로 '물'을 뜻합니다. 현대에 와서 술을 남용하는 사람들을 생각하면 '생명을 빼앗는 물'이라 불려야 어울릴 듯하지만요. 하지만 아랍의 증류 기술이 유럽에 전파된 것은 십자군 전쟁 이후 수도사들에 의해서였는데, 당시에 해열이나 강장, 소화 등을 위한 약으로 증류주가 사용됐던 것을 생각하면 '생명의 물'이라고 불리던 것이 타당해 보입니다. 쓰임에 따라 생명을 주는 물이 될 수도, 생명을 빼앗는 물이 될 수도 있겠네요.

Whisky? Whiskey?

위스키에 관심 있는 분들은 아시겠지만, 위스키의 영문 표기는 조금씩 다릅니다. Whisky도 있고, Whiskey라고 'e'자를 덧붙인 표기도 있는데 큰 의미는 없습니다. 주로 아일랜드에서는 Whiskey로, 스코틀랜드에서는 Whisky로 표기하며 아일랜드 방식의 위스키가 전해진 미국에서도 Whiskey를 사용합니다. 물론 미국 위스키 중에도 Whisky로 표기하는 경우가 있습니다. 그 외 지역에서는 대부분 'Whisky'로 표기하고 있습니다.

위스키의 역사

위스키는 곡물을 발효하여 증류한 다음 나무통에 넣어 숙성시켜서 만드는 술입니다. 문헌에 의하면 12세기경 아일랜드에서 처음 위스키를 만들었고 그 후 스코틀랜드로 전해진 것으로 보고 있습니다 물론 스코틀랜드에서는 다른 견해를 가지고 있지만요. 경로는 물어보나 마나 수도사들을 통해서였을 것입니다. 처음에는 그랬지만 소량, 소수의 이야기였고, 이후 16세기에 들어서자 아일랜드와 스코틀랜드의 많은 사람들이 위스키를 생산했으며 이때부터 정부의 관리도 시작되었습니다. 정부의 세금을 피하려는 위스키 생산업자들이 달빛을 받으며 몰래 만들었다고 하여 이름 지어진 밀주 moonshine 는 재밌게도 위스키를 따라 바다를 건너 미국에서까지 이어졌습니다.

19세기 중반에는 필록세라가 포도 산업을 초토화시키자 브랜디 또한 위스키로 대체되면서 위스키의 생산이 증가했습니다. 위스키는 이주하는 사람들을 따라 미대륙으로 건너가 그곳에서도 적응하며 성장합니다. 두 차례의 세계대전과 미국의 금주법으로 인해 전 세계 위스키는 한때 위기를 맞이했으나 이후 커지는 산업과 자본의 힘으로 다시 살아났습니다.

위스키는 보리로만 만들 수 있을까?

위스키는 싹 튼 보리인 맥아로만 만들 수 있을까요? 그렇지 않습니다. 위스키는 보리 외의 다른 곡물로도 만듭니다. 보리 외에 사용하는 곡물로는 옥수수, 밀, 호밀 등이 있으며, 드물지만 쌀, 귀리, 수수 등의 곡물로도 위스키를 만듭니다.

보통 맥아로 만드는 위스키를 '몰트위스키'라고 하며, 그 외의 곡물로 만드는 위스키를 '그레인위스키'라고 합니다. 몰트와 그레인으로 구분하여 표기하는 방식은 스코틀랜드에서 유래했는데, 다른 나라에서도 비슷한 방식으로 분류하여 표기하고 있습니다. 위스키는 미국 방식으로도 생산하고 있지만 주로 스코틀랜드 방식을 기준으로 하죠.

다만 위스키의 기준과 표기법은 각 나라의 법에 따라 구분합니다. 예를 들어 미국을 대표하는 위스키는 옥수수를 주원료로 사용하는 '버번위스키'인데 이는 생산 지역과 생산 방식에 따른 표기입니다. 또한 인도에서는 사탕수수를 사용해서 위스키를 만들기도 하는데, 이 위스키는 다른 나라에서는 '럼'으로 분류되겠죠.

곡물을 발효·증류·숙성한 술을 '위스키'라 하면, 과일을 발효·증류·숙성한 술은 '브랜디'입니다. 주로 포도로 만들지만 보리 외의 다른 곡물로 만들어도 '위스키'라 부르듯, 포도가 아닌 다른 과일을 발효·증류·숙성해서 만든 술도 '브랜디'라 부릅니다. 브랜디는 위스키와 가장 비슷한 종류의 술이라고 할 수 있겠네요.

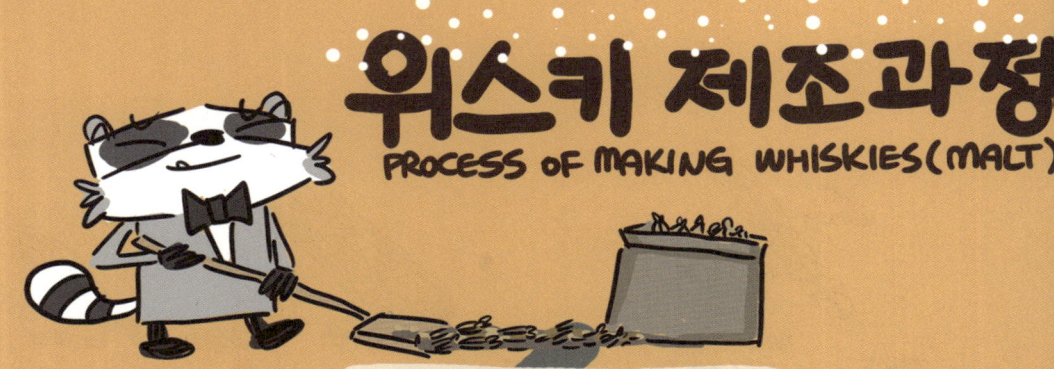

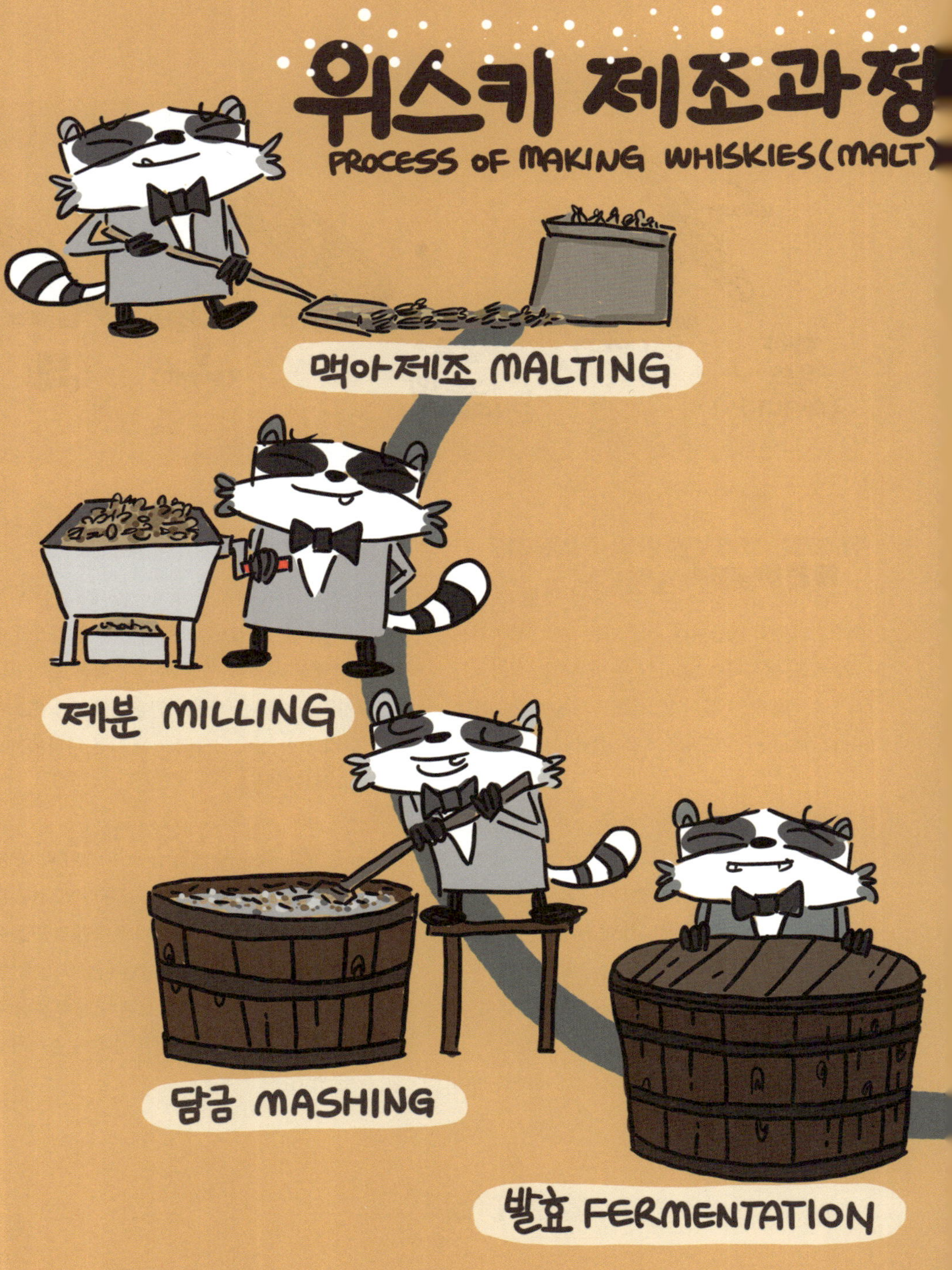
위스키 제조과정
PROCESS OF MAKING WHISKIES(MALT)
맥아제조 MALTING
제분 MILLING
담금 MASHING
발효 FERMENTATION

병입 BOTTLING

숙성 MATURATION

증류 DISTILLATION

위스키의 제조 과정

맥아 제조(malting)

발아되어 싹을 틔운 상태의 보리를 '맥아'라고 합니다. 보리는 전분으로 이루어져 있는데, 보리가 발아되는 과정에서 효소 아밀라아제 가 생성되면서 당화 과정이 진행됩니다. 보리의 전분이 당으로 변하는 것이지요.

■ 담금

보리가 싹을 틔울 수 있도록 보리를 물에 2~3일 정도 담가 수분을 흡수시킵니다.

■ 발아

보리를 그늘진 곳에 펼치고 4~8시간마다 뒤집으면 싹을 틔웁니다.

이런 매우 힘든 작업을 하는 사람들을 '몰트맨'이라 부릅니다. 그들은 고된 노동으로 원숭이처럼 굽은 등을 가지고 있다고 해 '몽키 숄더'라 불리기도 하며, 이들을 기리기 위한 '몽키 숄더'라는 이름의 위스키도 있습니다.

■ 맥아 건조

발아한 맥아를 건조하는 과정입니다. 보리를 적셔 수분을 더하고 적합한 온도에서 발아시킨 뒤에는 건조해서 발아를 멈추게 해야 합니다. 적당하게 발아한 보리를 가마가 있는 건물(증류소에서 보이는 멋들어진 지붕을 가진 곳)로 옮기고, 이탄과 석탄 등을 이용해 온도를 높여서 발아를 멈춘 후 위스키 제조에 적합한 상태의 맥아로 만들어줍니다.

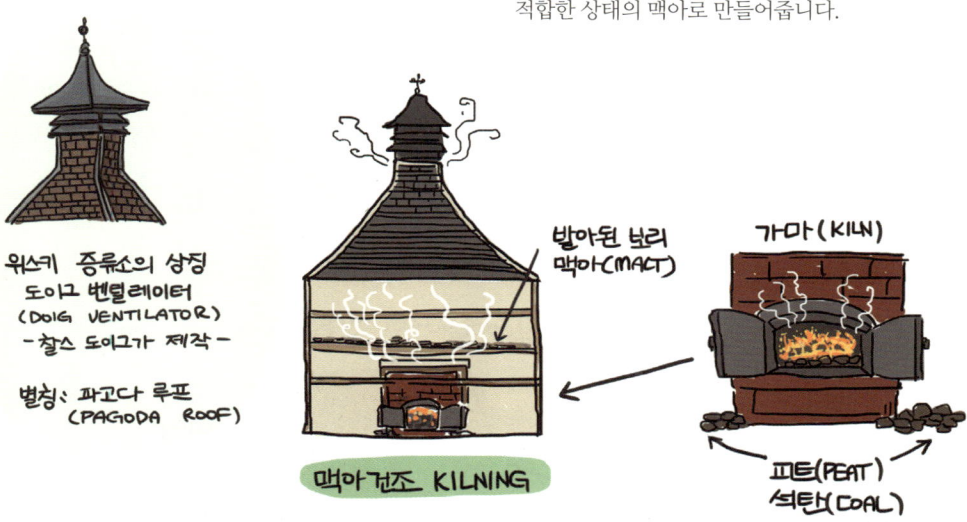

증류소를 상징하는 멋진 지붕은 19세기 말, 증류소 제작자인 찰스 도이그가 만들었습니다. '도이그 벤틸레이터'라는 이름을 가진 이 지붕은 환풍구 역할을 합니다. 스코틀랜드의 많은 증류소가 이 지붕 아래에서 맥아를 제조했지요. 동양의 탑을 모티브로 만들었으며, 흔히 '파고다 루프'라고도 부릅니다.
전통적으로 증류소들은 파고다 루프가 있는 건조장에서 맥아를 건조했습니다. 지금은 대부분의 증류소에서 직접 맥아를 제조하지 않으며, 자동화된 설비를 사용하는 대형 맥아 제조 회사에서 맥아를 제조하고 있습니다.
파고다 루프는 증류소의 상징이 되어, 새로 문을 여는 증류소들도 (사용하지 않음에도) 만들게 되었습니다.

■ 발아된 맥아를 건조하는 과정

앞서 설명했듯이 맥아 제조 과정에서는 보리에 수분을 더해 적정 온도에서 발아시킵니다. 그런 다음 발아한 보리를 가마가 있는 건물로 옮겨서 이탄과 석탄 등을 이용해 온도를 높이면 발아가 멈추고, 적절한 맥아의 상태가 됩니다.

현재 대부분의 위스키 증류소에서는 전문성과 효율성을 위해 자동화된 설비를 사용하는 대형 맥아 제조 회사에서 맥아를 받아 제조합니다. 물론 전통 과정을 사용하는 증류소도 소수 있습니다.

■ 이탄

이탄 peat 은 나무나 풀, 이끼 등의 식물질이 부식되지 않고 퇴적되어 형성된 석탄에 비해 탄화가 덜 된 퇴적물입니다. 스코틀랜드 등지의 늪지대에 많이 생성되어 있으며 과거부터 맥아를 건조하거나 요리할 때 연료로 사용했습니다. 이탄을 태워 맥아를 건조하면 연기가 스며들어 약품, 소독약 같은 독특한 향을 풍기게 됩니다. 아드벡, 라가불린, 보모어 등의 스코틀랜드 아일라섬의 위스키들이 이탄의 향을 가진 위스키입니다. 위스키 여정을 함께하다 보면 언젠가는 만날 녀석들이지요.

이탄의 향은 이탄에 첨가된 페놀성 성분의 함유량을 수치로 나타내며, ppm parts per million 으로 표기합니다. 일반적으로 30ppm 이상이면 강하다고 할 수 있습니다. 아드벡은 50~100ppm 정도이고, 이 수치를 극도로 높인 위스키로는 옥토모어 제품이 유명합니다.

제분

제분 milling 은 원하는 용도에 맞추고 효과적으로 발효될 수 있도록 맥아를 적절한 크기로 빻는 분쇄하는 과정입니다. 분쇄된 상태의 맥아 곡물 를 그리스트 Grist 라 합니다.

담금과 당화

잘게 갈아져 분해된 맥아를 뜨거운 물에 담가 당화를 진행하는 담금과 당화 mashing 과정을 거칩니다. 분쇄된 맥아를 당화통 또는 매시턴에 넣은 후 63~68℃의 뜨거운 물을 부어줍니다. 보통 물과 분쇄된 맥아는 4.3:1 정도의 비율이며, 이를 담금액 혹은 매시 mash 라 부릅니다. 뜨거운 물에 담금액이 섞이기 쉽게 잘 저어주면 효소 작용을 도와 전분이 당으로 변한 상태의 맥아즙이 됩니다.

발효

당화 과정 후에는 맥아즙인 워트 wort를 걸러 발효통으로 옮긴 뒤 발효 fermentation 를 시작합니다. 맥아즙을 23℃로 식히고 효모를 넣어 2~3일 정도 발효합니다. 발효가 끝나면 워시 wash라 부르는 발효액이 만들어지는데, 이는 7~8% 정도의 알코올을 지닌 일종의 맥주입니다.

증류

다음으로는 발효가 끝난 발효액인 워시를 증류 distillation 할 차례입니다.

증류기는 단식 증류기로 증류하는 단식 증류 방식과 연속식 증류기로 증류하는 연속 증류 방식이 있습니다. 전통 방식인 단식 증류기로 높은 도수의 술을 얻으려면 여러 번 증류해야 하는데, 대신 증류로 얻을 수 있는 고유의 풍미를 간직할 수 있습니다. 반면 연속식 증류기는 한 번의 증류로도 깔끔하고 높은 도수의 알코올을 얻을 수 있습니다.

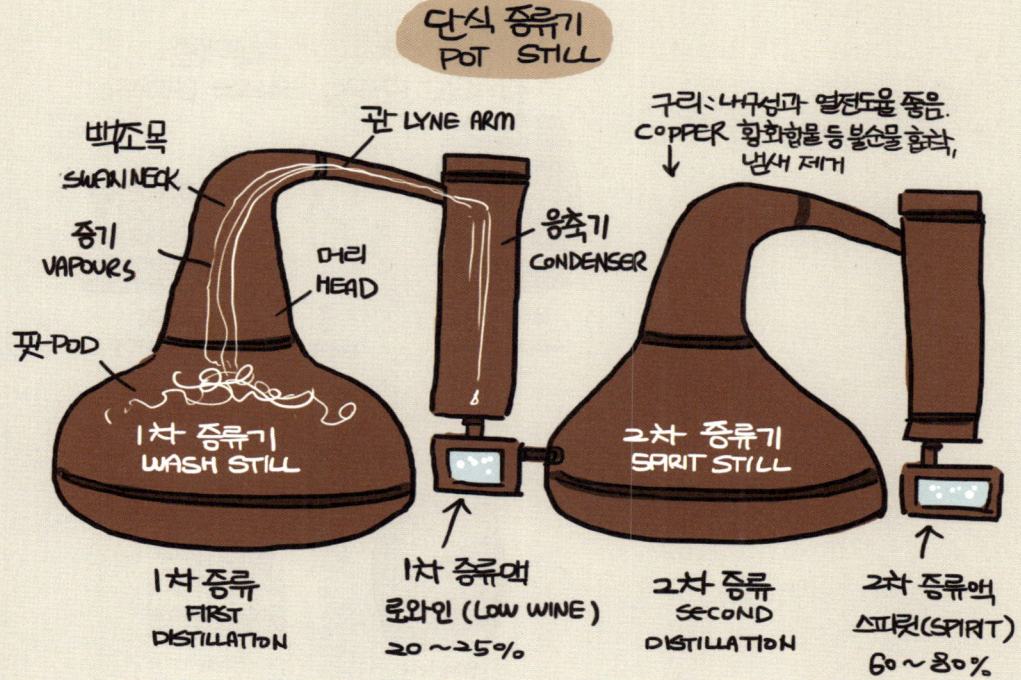

숙성

증류기에서 전문가의 손길로 탄생한 투명한 색의 증류 원액인 스피릿은 이제 오크통에서 긴 세월을 보내야 합니다. 이 숙성 maturation, aging 과정을 통해 위스키의 대표적인 풍미들이 생성됩니다.

병입

오랜 기간 숙성된 위스키는 최종적으로 여러 방법을 통해 병에 담기는데, 이를 병입 bottling 이라고 부릅니다. 이 과정은 위스키의 향과 맛에 중요한 영향을 주는 단계입니다.

블렌딩

오크통마다 품질 차이가 있으므로 일정 수준의 위스키 품질을 유지하는 것이 중요합니다. 기본적으로 유명한 위스키들은 균등한 품질을 유지하기 위해 섞어주는 과정인 블렌딩 blending 을 거칩니다. 수많은 오크통을 큰 통에 넣어 섞은 뒤 물을 타서 40% 이상의 원하는 도수로 맞춰주면, 이제 마침내 오랜 세월을 담은 위스키가 병에 담겨 세상에 나오게 됩니다.

- 싱글 캐스크(Single cask) & 싱글 배럴(Single barrel)
  말 그대로 한 오크통에 담긴 위스키를 병입하는 것을 말합니다. 물은 섞을 수도 있고, 섞지 않을 수도 있습니다.

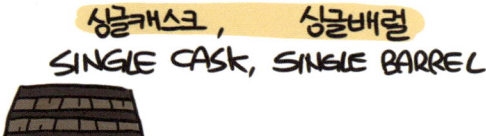

- 싱글 캐스크 스트렝스(Single cask strength) & 싱글 배럴 프루프(Single barrel proof)
  한 오크통에 담긴 위스키를 물을 섞지 않고 병입하는 것을 말합니다.

- 캐스크 스트렝스(Cask strength) & 배럴 프루프(Barrel proof)

물을 섞지 않고 병입하는 것을 말합니다. '싱글'이라는 단어가 빠졌기 때문에 여러 오크통의 위스키를 섞어도 됩니다. 하나의 오크통만 사용했다면 싱글을 붙여야 합니다.

위스키 오크통의 종류와 재사용

위스키 제조 과정 중에서 증류된 증류 원액, 즉 스피릿은 오크통에서 숙성의 시간을 보냅니다. 위스키의 풍미를 결정하는 가장 중요한 요소이며, 절대 빠질 수 없고 빠져서도 안 되는 마법과도 같은 시간이지요.

숙성통은 '오크'로 불리는 참나무를 주로 사용하며, 크게 미국과 유럽에 분포된 세 종류의 참나무를 사용합니다. 그리고 일부 재패니즈 위스키는 독자적인 일본의 참나무로 만든 숙성통을 사용합니다.

미국의 버번위스키 숙성에는 법적으로 새 오크통을 사용해야 하지만, 그 외 대부분의 나라에서는 법적 유무와 상관없이 일반적으로 다른 술을 숙성할 때 사용했던 오크통을 재사용해서 위스키를 숙성합니다. 물론 새 오크통에 숙성하는 경우도 있습니다. 스카치위스키 중에서도 사용하지 않은 오크통으로 짧은 시간 숙성하는 위스키가 있는데, 그런 예외적인 경우를 제외하면 대부분은 사용했던 오크통을 사용해 숙성합니다.

위스키에 사용되는 오크통은 와인을 숙성한 많은 종류의 와인통과 코냑, 아르마냑, 주정강화, 럼, 버번, 라이 등 미국의 위스키와 심지어 테킬라를 숙성했던 오크통도 사용합니다.

오크통 중에서 반드시 알아야 할 것으로 주정강화 와인 중 하나인 셰리 와인을 숙성했던 셰리 와인 오크통이 있습니다. 이는 스카치위스키를 소개할 때 다시 설명하겠습니다.

와인(포도주) WINE

샹파뉴 보르도 부르고뉴
CHAMPAGNE, BORDEAUX, BURGUNDY
소테른 샤도네이
SAUTERNES, CHARDONNAY, , , ,

코냑 COGNAC

아르마냑 ARMAGNAC

주정강화와인 FORTIFIED WINE

셰리 SHERRY 포트 PORT(O) 마데이라 MADEIRA 마르살라 MARSALA 말라가 MALAGA

아메리칸 위스키 AMERICAN WHISKEY

버번 BOURBON 라이 RYE

럼 RUM

테킬라 TEQUILA

오크통의 사용 횟수

사용했던 오크통에서 새 위스키를 숙성하는 이유는 오크통의 성격이 너무 두드러지지 않게 하여 풍미를 적절하게 조절하기 위해서입니다. 보통 버번위스키가 스카치위스키에 비해 적은 기간 숙성하는데도 불구하고 버번 특유의 강한 특징을 보이는 이유는 미국의 높은 기온과 더불어 오크통 내부를 태운 점도 있지만, 사용하지 않은 새 오크통의 특징이 두드러지게 나타나기 때문이기도 합니다.

이렇게 사용하지 않은 새 오크통을 '버진 오크통'이라 하며, 여러 술의 숙성에 사용했던 오크통을 위스키 숙성에 처음으로 사용하는 경우를 퍼스트필 first fill 이라고 합니다. 퍼스트필이지만 실제로는 다른 술의 숙성에 사용했기 때문에 두 번째 사용하는 것이며, 다음 숙성 대상인 위스키에는 처음 사용하는 것입니다.

퍼스트필 외에도 위스키에 오크통을 두 번째 실제로는 세 번째 사용하는 것을 세컨드필 second fill, 그다음은 서드필 third fill 등으로 부릅니다. 보수를 하면서 서너 번까지 재사용하는 것이 일반적이지요. 오크통의 가격이 위스키 원가에서 상당한 부분을 차지하는 데다 점점 비싸지고 있어서 될 수 있는 한 오래, 많이 사용하는 경우가 늘고 있습니다.

법적으로 규제하고 있지 않아서 숙성 연수를 표기하지 않듯이, 몇 번째 사용하는지에 대한 정보를 알리지 않고 '리필'이라고만 표기하기도 합니다. 정보가 표시되어 있다면 퍼스트필이나 세컨드필인 경우가 많겠죠.

엔젤스 셰어

통에서 숙성되는 술은 모두 나이를 먹어가는 동안 일정량 증발합니다. 오래전부터 이것을 천사에게 내어준 천사의 몫, 즉 엔젤스 셰어 Angels' share 라 불러왔습니다.

나라와 지역에 따라 이 천사의 몫은 달라집니다. 무덥고 건조한 곳에서는 천사가 더 많은 몫을 요구하고, 서늘하고 적당히 습한 곳에서는 비교적 적은 몫을 요구하지요. 위스키의 성지 스코틀랜드에서는 이렇게 증발하는 양이 해마다 2% 정도이며, 더운 나라 인도는 무려 10% 정도라고 합니다.

천사가 자기 몫을 떼어가는 동안 숙성 기간을 더하게 되면 위스키는 진한 색과 부드러움을 더합니다. 오랜 기간 숙성되면 천사의 몫만큼 위스키의 가격은 올라가겠지만, 그것이 꼭 위스키 맛의 가치를 나타내는 것은 아닙니다. 위스키의 맛을 느낄 때 가장 중요한 것은 각자의 취향일 테니까요.

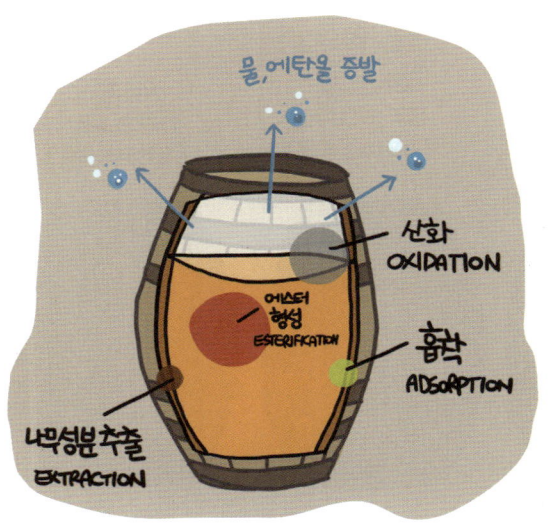

오크통의 증발 작용

위스키 원액 알코올 또는 에탄올 은 공기 중에 산화되며 향을 내는 에스터를 생성합니다. 나무는 알코올 에탄올 을 흡착하고 알코올은 나무 성분을 빨아들이는 상호작용 속에 물과 에탄올이 나무 틈으로 증발하면서 천사들의 몫을 남깁니다.

일반적으로 습도가 높고 온도가 낮은 곳에서는 알코올이 먼저 증발하고, 습도가 낮고 온도가 높은 곳에서는 물이 먼저 증발합니다. 이는 숙성 후 도수에 영향을 미치게 됩니다. 알코올이 먼저 증발하면 알코올 도수가 낮아지고, 물이 먼저 증발하면 알코올 도수가 높아지겠죠.

SECTION 03
나라별 위스키 분류

위스키는 나라, 재료, 만드는 방법 등에 따라 여러 종류로 분류됩니다. 나라마다 위스키를 분류하고 규정하는 법이 다르기 때문에, 처음에는 나라별로 알아보는 것이 가장 좋은 접근법입니다. 위스키를 흔히 '위스키 4대국'이라 불리는 나라들이 있습니다. 위스키의 종주국인 스코틀랜드와 오래전 그 자리를 지켰던 아일랜드, 소비 그 무엇이든의 나라 미국과 그 인접국인 캐나다입니다. 여기에 위스키를 생산한 지 100년이 넘은 일본을 더해 '위스키 5대국'으로 부르기도 합니다.

그럼, 누구도 부정하지 않는 위스키의 종주국, 스코틀랜드의 '스카치위스키'부터 알아보도록 하겠습니다.

CHAPTER 01 위스키 • **247**

스카치위스키

위스키의 대명사, 스카치위스키. 오늘날 위스키의 기준은 스카치위스키입니다. 그만큼 스카치위스키가 유명하다는 뜻이겠죠? 위스키의 본고장으로 불려도 손색 없는 스코틀랜드에서 생산되는 스카치위스키에 대해 알아보겠습니다.

스카치위스키에 관한 가장 오래된 기록은 1494년 왕실 재무부 문서에 기록되어 있는 '여덟 볼의 몰트로 존 코어 신부가 아쿠아비테 Aqua Vitae를 만들었다'라는 문장입니다.

1644년에는 위스키에 처음으로 주세가 부과되었고, 1707년에는 스코틀랜드와 영국의 연합으로 잉글랜드의 주세법이 스코틀랜드에서 시행되었는데 높아진 주세로 인해 많은 반발이 일어났습니다. 이때부터 단순한 불법 증류의 범위를 넘어 잉글랜드에 대한 저항까지 더해지면서, 위스키 반란·혁명으로 불리는 '밀주 불법 증류'와의 오랜 전쟁이 시작됩니다. 이 시기에 밀주를 숨기기 위한 오크통 숙성법이 발전하기도 했습니다. 야간에 달빛을 받으며 불법 증류하던 것 때문에 불법 증류주에 '문샤인'이라는 명칭이 붙기도 합니다.

1846년 값싼 곡물의 수입 규제와 높은 관세를 부과하던 옥수수법 옥수수 외 모든 곡물 포함 의 폐지와 1860년 시행된 증류주법으로 몰트위스키와 그레인위스키의 블렌딩이 합법화되면서 블렌디드 위스키가 더욱 발전하게 되었습니다. 1909년 영국왕립협회가 그레인위스키에도 위스키 명칭을 사용할

CHAPTER 01 위스키 • 249

수 있도록 승인했습니다. 1915년에는 오크통 숙성을 2년 이상 의무화하는 미숙성 주정 제한법이 시행됐으며, 1916년에 숙성 의무 기간이 3년으로 늘어났습니다.

제1차 세계대전이 발발한 1917년에는 대부분의 스코틀랜드 증류소들이 증류를 멈춰야 했으며, 1920년에 시행된 미국의 금주법으로 많은 증류소들이 문을 닫았고 스카치위스키 시장이 급격하게 축소되었습니다. 스카치위스키는 1933년에 처음으로 법에 정의되었으며, 1939년 미국의 금주법이 폐지되고 스카치위스키 시장도 조금씩 회복하고 있을 때 제2차 세계대전이 발발합니다. 또다시 대부분의 증류소가 증류를 중단했다가 전쟁이 끝난 뒤 서서히 회복했습니다.

1963년에는 싱글몰트 위스키가 해외에도 판매되기 시작합니다. 스카치위스키는 꾸준히 회복하여 생산량이 급격히 늘어납니다. 1980년에는 칵테일과 함께 화이트 스피릿 럼, 보드카, 진의 인기와 위스키의 과잉 생산으로 인해 스코틀랜드의 많은 증류소가 문을 닫았습니다. 늘어나는 부에 비례해 소득 격차가 커지는 것처럼 2000년대에 들어서면서 전체적인 위스키 시장은 성장 중이며, 특히 싱글몰트를 비롯해 고가 위스키 시장은 더욱 크게 성장하고 있습니다.

■ 스카치위스키의 규정

스카치위스키는 사용한 재료와 위스키의 혼합 여부로 크게 나뉘며, 법적으로는 싱글몰트, 싱글그레인, 블렌디드 몰트, 블렌디드 그레인, 블렌디드와 같이 다섯 가지로 분류됩니다.

나라마다 법에 따라 다르긴 하지만 많은 나라에서 이와 같은 방식으로 스카치위스키를 구분하므로, 이런 스카치위스키 분류법이 표준이라고 보아도 좋습니다.

■ 스카치위스키의 종류

스카치위스키는 규정에 따라 다음과 같이 다섯 가지 종류로 분류됩니다.

- 싱글몰트 위스키(Single Malt Whisky) 한 증류소에서 맥아만 사용해서 단식 증류기로 증류한 위스키입니다.
- 싱글그레인 위스키(Single Grain Whisky) 한 증류소에서 곡물을 사용하거나 연속식 증류기로 증류한 위스키입니다.
- 블렌디드 몰트 위스키(Blended Malt Whisky) 두 개 이상의 증류소에서 만든 싱글몰트 위스키를 혼합한 위스키입니다.
- 블렌디드 그레인 위스키(Blended Grain Whisky) 두 개 이상의 증류소에서 만든 그레인 위스키를 혼합한 위스키입니다.
- 블렌디드 위스키(Blended Whisky) 두 개 이상의 증류소에서 만든 몰트 위스키와 그레인 위스키를 혼합해서 만든 위스키입니다.

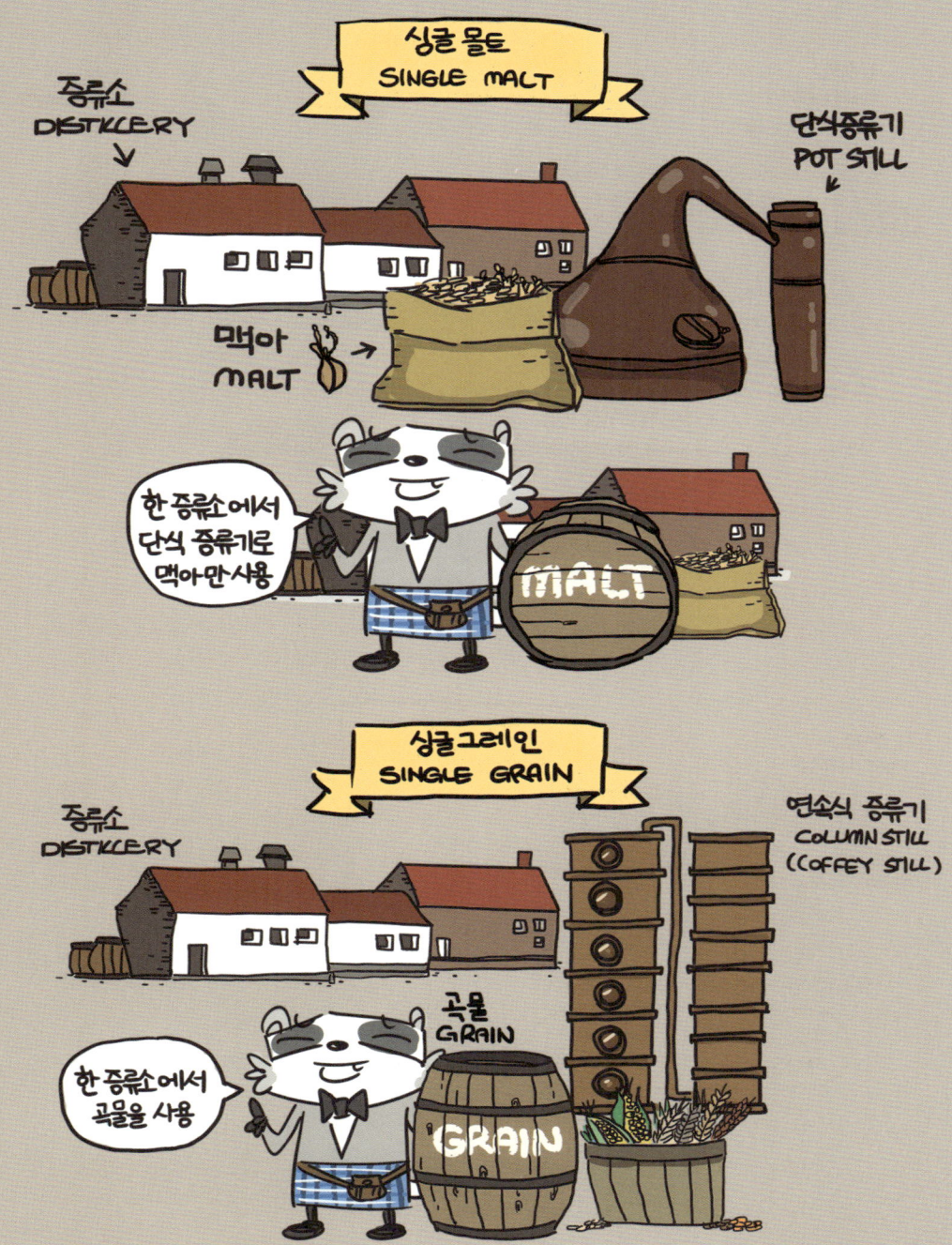

■ 스카치위스키의 생산 지역

스카치위스키는 사용한 재료나 증류소별 위스키의 혼합 여부에 따른 분류 외에도 다음과 같이 생산 지역을 5곳으로 나누어 분류할 수 있습니다. 각 지역의 기후, 지리, 환경 등 여러 여건이 위스키에 영향을 줍니다.

- 하이랜드(Highland) 55개의 증류소
- 로우랜드(Lowland) 23개의 증류소
- 스페이사이드(Speyside) 52개의 증류소
- 캠벨타운(Campbeltown) 3개의 증류소
- 아일레이·아일라(Islay) 10개의 증류소

최근에는 많은 위스키 증류소들이 다시 문을 열거나 설립되어 143개의 몰트 증류소와 8개의 그레인위스키 증류소를 포함해, 총 151개의 위스키 증류소가 있습니다. 물론 앞으로도 계속 늘어날 예정입니다.

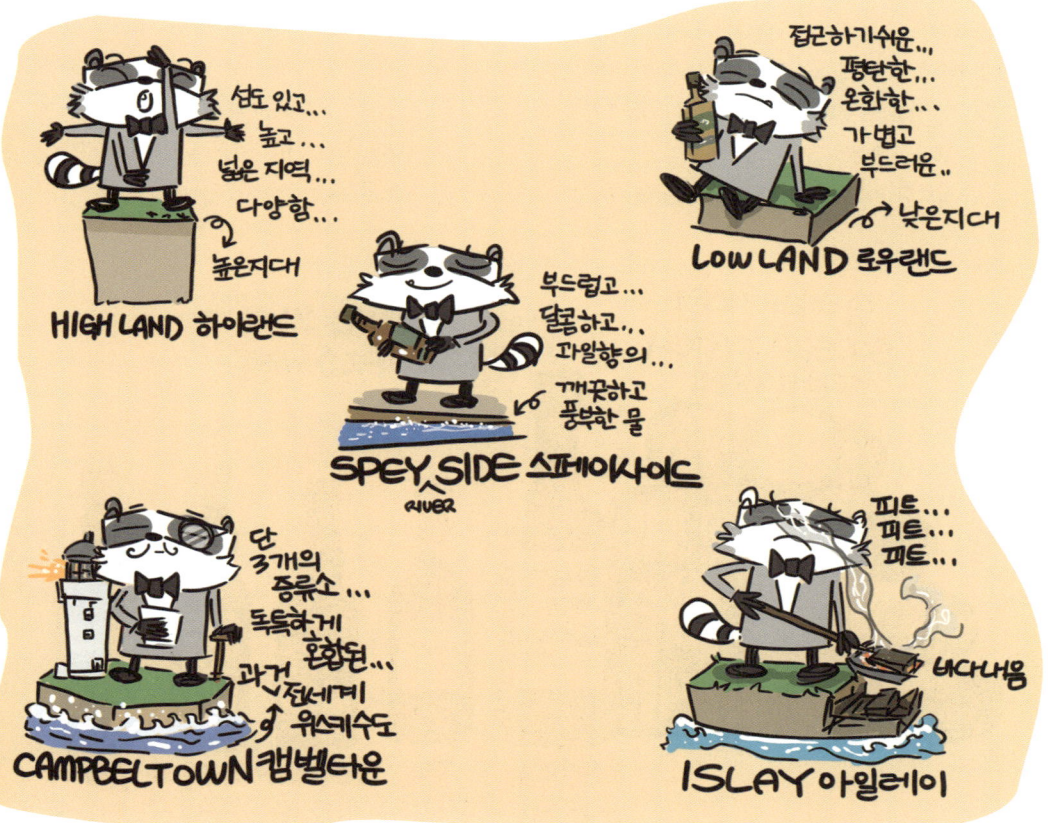

■ 셰리 캐스크와 셰리 와인

스카치위스키에서 빼놓을 수 없는 아주 중요한 오크통이 바로 셰리 와인 오크통, 즉 셰리 캐스크 Sherry Cask 입니다. 셰리 와인을 담았던 셰리 캐스크는 현재 주류 시장에서 위스키의 가격을 결정하는 가장 큰 요소가 되었습니다.

다른 종류의 술을 담았던 오크통을 위스키 숙성에 재사용하기 시작한 건, 셰리 와인과 그 밖의 주정강화 와인을 담았던 이 셰리 캐스크 덕분이었습니다. 셰리 캐스크가 영국으로 들어와 소비되었고, 남은 오크통은 스코틀랜드에서 위스키를 숙성시키는 데 이용되었죠. 셰리 와인의 인기로 인해 그와 비례하여 셰리 캐스크도 많이 사용되었기 때문에 셰리 와인을 담았던 오크통의 풍미가 스카치위스키를 대표하게 되었습니다.

주정강화 와인 Fortified Wine 은 대항해 시절부터 항해에 없어서는 안 되는 중요한 물품이었습니다. 당시 유럽에서는 긴 항해나 다른 나라로의 수출 중에 와인이 변질하는 것을 막기 위해 도수를 높일 목적으로 와인에 주정 증류주 을 넣었는데, 이를 '주정강화 와인'이라고 합니다. 스페인 인근의 나라들도 주정강화 와인을 생산했으며 포르투갈의 포트 와인을 비롯해 마데이라 와인, 마르살라 와인 등 대부분 생산지의 이름으로 부르게 되었습니다.

- 셰리 셰리 Sherry 는 스페인 지역 헤레스의 영문 이름입니다. 스페인어로는 'Jerez', 'Xerez'로 표기되는데, 요즘은 'Sherry', 'Jerez', 'Xerez'를 모두 표기하는 것을 표준 표기로 인정하죠. 즉, 셰리 와인은 헤레스 셰리 인근에서 제조된 주정강화 와인입니다.

1800년대 초 유럽에 어느 정도 평화가 찾아왔고 1850년대 중반까지 연간 수출되던 와인통은 3만 개를 넘었습니다. 이 당시 셰리 와인과 포트 와인의 90%는 영국으로 수출되었습니다. 덕분에 수많은 셰리 캐스크가 영국으로 들어왔죠. 이들은 물론 영국에서 소비하는 것도 있었지만, 주로 영국에서 보관·병입되어 다시 다른 나라들로 수출되었습니다.

헤레스 지역에서 셰리 와인을 운반하는 동안 보관하기 위해 셰리 캐스크를 사용했는데, 이 안에서 셰리 와인은 몇 개월에서 많게는 몇 년까지 숙성되었습니다. 스코틀랜드에서 통을 되돌려 보내는 것도 어려웠기 때문에 자연스럽게 이 통에 위스키를 보관·숙성하게 되었고, 셰리의 풍미가 더해져 위스키 특유의 풍미가 만들어졌습니다.

■ **셰리 와인의 분류**

셰리 와인은 숙성 방식에 따라 피노 Fino 와 올로로소 Oloroso 로 나뉩니다. 영어로 'fine'을 뜻하는 피노는 와인에 주정 포도 증류주 을 약 15%까지 첨가하여 비교적 단맛이 적은 드라이한 셰리 와인입니다. '플로르'라고 불리는 효모의 하얀 막을 형성해 와인이 산화되는 것을 막고 특유의 맛을 생성하지요.

올로로소는 영어로 'scent'를 의미하며, 18% 이상의 도수 18~20% 를 가진 셰리 와인입니다. 높은 알코올 함량으로 효모가 죽으면서 플로르가 생성되지 않고 산화되어 더욱 풍미가 강한 것이 특징입니다.

■ 셰리 캐스크의 수요와 공급

19세기부터 20세기까지 영국에서 많은 셰리 와인이 소비되면서 셰리 캐스크에서의 위스키 숙성은 스코틀랜드에서 일반적인 방식이 되었습니다. 19세기까지도 셰리 와인은 최종 소비되는 곳까지 셰리 캐스크로 운반되었습니다. 아직 병에 담아 판매하거나 소비되는 것이 일반적이지 않았을 때였죠. 20세기 들어 병에 담겨 판매되었지만, 병입 작업은 영국에서 했기 때문에 병입 후 셰리 캐스크에서의 위스키 숙성도 일반적이었습니다. 하지만 1980년대 스페인의 수출 규정이 바뀌고 셰리 와인은 셰리 지역에서 병입되어야 한다는 법이 시행되면서 셰리 와인을 통에 담아 수출하지 못하게 되었습니다. 셰리 캐스크의 풍미를 대체할 만한 것이 없었고, 셰리 와인의 수요도 크게 줄었기 때문에 보데가 와인 창고, 와인 판매점 들은 위스키 숙성을 위한 오크통을 제작하고자 셰리 와인을 제조하기 시작했습니다.

아메리칸 위스키

앞서 스카치위스키가 위스키의 대명사라고 말씀드렸죠. 스코틀랜드의 스카치위스키가 모든 위스키의 기준이 되기 때문입니다. 여기에 또 하나의 기준이 되는 위스키가 있으니, 바로 미국의 아메리칸 위스키입니다.

미국은 세계의 위스키 산업을 지탱하는 국가이기도 합니다. 스카치위스키뿐 아니라, 거의 모든 나라의 위스키에 자국을 제외한 가장 큰 영향을 끼치고 있습니다. 미국에서는 위스키 생태계가 독자적으로 생성되었으며, 아메리칸 위스키는 스카치위스키와 비슷한 듯 보이지만 많은 차이점이 있습니다.

미국의 역사는 이주민들로부터 시작되었고 아메리칸 위스키 또한 그들과 함께 건너왔습니다. 이때 증류 기술과 증류기도 들어오며 위스키를 증류하기 시작했으나, 소량에 불과하고 지금의 위스키와는 전혀 다른 모습이었죠.

영국은 아메리카 대륙 남부 카리브해 인근에 농장을 짓고 사탕수수를 경작하며 삼각무역을 시작했습니다. 이때 미국에서도 럼을 수입해 소비했습니다. 미국에서 럼은 가장 많이 소비되던 증류주이자 큰 사업이었던 것이죠. 이후 설탕에 부과되는 높은 세금과 영국과의 전쟁으로 인해 럼의 원료가 되는 사탕수수 외의 다른 곡물이 필요해지면서 이는 미국 내의 곡물들로 대체됩니다. 유럽에서 들여온 보리는 미국에서 잘 자라지 않았지만, 호밀은 적응하고 잘 자랐기 때문에 호밀을 이용한 증류가 늘어났습니다. 이후에는 옥수수를 경작하면서 옥수수를 사용해 위스키를 증류하기 시작했습니다.

20세기에 들어서 금주법과 세계 전쟁으로 미국의 증류소는 단기간에 문을 닫고 사라졌고, 전쟁 이후 조금씩 다시 예전의 모습을 찾아갔지만 1980년대 보드카, 진 등의 증류주와 칵테일이 인기를 끌면서 위스키 시장은 계속해서 어두운 시기를 보냈습니다. 1990년대에는 경제 성장과 더불어 깊이 있고 다양한 것을 원하는 사회적 분위기가 형성되었습니다. 변화와 함께 불어오는 크래프트 바람에 아메리칸 위스키는 빠르게 적응하고 기회를 잡게 됩니다.

2000년 이후 수많은 브랜드가 위스키를 생산하면서 개성 있는 위스키의 판매량은 점점 증가했습니다. 미국에서도 다양한 위스키가 생산되었고 시간이 지날수록 엄청난 성장을 거듭하며 몸값을 올리고 있습니다.

■ **아메리칸 위스키의 생산 과정**

아메리칸 위스키는 미국에서 곡물을 이용해 생산되어야 합니다. 또한 160proof 80% 이하로 증류하고, 125proof 62.5% 이하로 저장하며, 최소 80proof 40% 이상으로 병입해야 한다는 규정이 있습니다.

■ **아메리칸 위스키의 종류**

아메리칸 위스키는 제조에 사용하는 주곡물의 종류에 따라 크게 다섯 가지로 분류되며, 세부적으로 몇 가지가 더 추가됩니다. 옥수수 51% 이상인 버번위스키 Bourbon Whiskey, 호밀 51% 이상인 라이 위스키 Rye Whiskey, 밀 51% 이상인 위트위스키 Wheat Whiskey, 맥아 51% 이상인 몰트위스키 Malt Whiskey, 그리고 맥아 처리된 호밀 51% 이상인 라이몰트위스키 Rye Malt Whiskey로 나뉩니다.

위스키 제조에는 각 위스키 이름에 들어가는 곡물을 51% 이상 사용해야 합니다. 예를 들어 버번위스키는 옥수수를 51% 이상 사용해 제조해야 하죠. 또한 160proof 80% 이하로 증류해 사용하지 않은 그을린 참나무에서 숙성한 뒤 125proof 62.5% 이하로 병입해야 합니다.

콘위스키 Corn Whiskey 는 80% 이상의 옥수수를 사용해야 하며, 160proof 80% 이하로 증류해서 사용하거나 그을리지 않은 참나무에서 숙성하고, 125proof 62.5% 이하로 병입해야 합니다. 단, 콘위스키는 숙성하지 않아도 되며, 숙성할 경우 사용했던 오크통이나 그을리지 않은 새 오크통을 사용할 수 있습니다. 숙성에 비교적 자유로운 점이 다른 위스키들과 구분되지요. 콘위스키는 19세기 중반의 아메리칸 위스키와 가장 많이 닮은 위스키가 아닐까 생각합니다.

지금까지 소개한 위스키가 아메리칸 위스키 시장의 거의 대부분을 차지하며 버번 > 테네시 > 호밀 그 외에도 여러 종류의 아메리칸 위스키가 있습니다. 바로 라이트 위스키, 블렌디드 위스키, 스피릿 위스키입니다.

먼저 라이트 위스키 Light Whiskey 는 160proof 80% 이상으로 생산되어 사용했던 오크통이나 태우지 않은 새 오크통에서 보관한 위스키입니다. 블렌디드 위스키 Blended Whisky, Whiskey a Blend 는 여러 위스키를 혼합한 것으로 스트레이트 위스키가 20% 이상 포함되어야 합니다. 51% 이상의 일정 곡물로 만든 스트레이트 위스키가 포함되어 있으면 라벨에 곡물 이름을 표기할 수 있습니다. 마지막으로 스피릿 위스키 Spirit Whisky 는 중성주정을 혼합한 위스키로 연방 규정에 따라 분류합니다.

■ 아메리칸 오크

아메리칸 위스키 풍미의 가장 큰 특징은 태운 오크통에서 나옵니다. 미국에서는 위스키를 제조할 때 새 오크통을 사용해야 하며, 오크통을 재사용해 만든 위스키는 따로 그 사실을 표기해야 합니다. 단, 이런 위스키는 드물기 때문에 사실상 대부분의 아메리칸 위스키는 새 오크통을 사용합니다.

1935년 연방주류법의 통과로 새 오크통을 사용하게 된 것은 뉴딜 정책의 일종이며, 미국의 참나무 소비와 오크통 업체의 성장을 위해서였습니다. 사용한 오크통은 스코틀랜드 등 다른 나라의 위스키 숙성에 재사용됩니다.

현재 위스키 수요 증가에 따라 오크통 부족에 대한 우려가 나오고 있으며, 오크통 가격은 점점 높아지고 있습니다. 사용할 참나무는 충분하다고 하지만 참나무 외적인 문제 벌목, 기후, 목재 시장 등도 얽혀 있어서 언젠가 아메리칸 위스키 숙성에 오크통의 재사용을 허가하는 방향으로 법이 수정될지도 모르겠습니다.

■ 테네시위스키

테네시위스키 Tennessee Whiskey 는 테네시주에서 생산하는 위스키입니다. 크게 보면 버번위스키의 한 종류이며, 버번으로도 표기할 수 있지요. 하지만 버번위스키와 구분되기를 원했던, 잭 대니얼과 같은 테네시 지역 위스키 업체들의 요구로 인해 2013년 테네시주의 법이 발효되었습니다. 이 법에는 버번위스키 규정과 더불어 테네시위스키는 테네시주 내에서 제조해야 한다는 점과 단풍나무의 숯에 여과해야 한다는 규정이 추가되었습니다. 단풍나무 숯에 여과하는 방식이 테네시위스키의 가장 큰 특징인데, 이를 목탄숙성법 Charcoal Mellowing 이라 하며, 링컨 카운티 프로세스 Lincoln County Process 라고도 부릅니다. 과거 테네시주의 링컨 카운티 지역에 있던 증류소에서 이 방법을 사용했기 때문이지요.

현재 링컨 카운티에서 테네시위스키를 생산하는 곳은 1997년에 설립된 프리차드 증류소 Prichard's Distillery 단 한 곳이며, 재미있게도 이곳에서는 목탄숙성법을 사용하지 않습니다. 프리차드 증류소는 잭 대니얼을 위한 규정을 따를 수 없다는 이의를 제기했고, 그 결과 규정을 면제받고 있습니다.

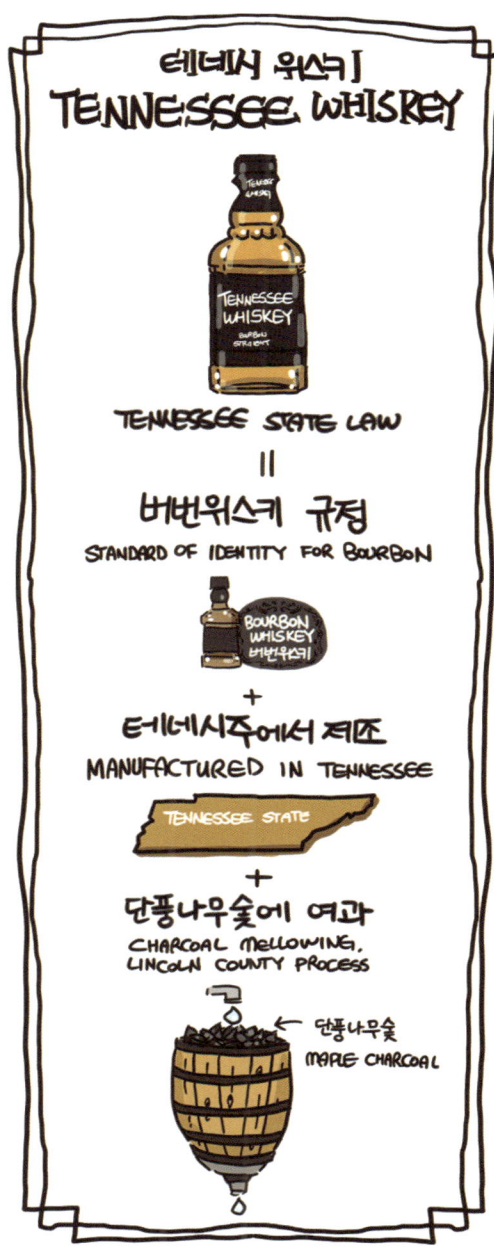

CHAPTER 01 위스키 • 263

■ 스트레이트 위스키

아메리칸 위스키에는 최소 숙성 기간에 대한 규정이 없습니다. 오크통에서 보관해야 한다는 규정만 있을 뿐이죠. 2년 이상 숙성한 위스키에는 스트레이트 Straight 라는 문구를 표기할 수 있습니다. 버번위스키를 비롯한 곡물 규정이나 콘위스키 규정에 따라 '스트레이트 버번위스키' 또는 '스트레이트 라이스위스키'처럼 곡물명과 함께 스트레이트 표기를 할 수 있습니다. 참고로 숙성 기간이 4년이 안 되는 위스키에는 숙성 기간을 표기해야 하니, 숙성 기간이 표기되지 않은 위스키는 4년이 넘은 것이겠죠. 그 때문에 버번위스키는 최소 4년 이상 숙성한다고 여겨지기도 합니다.

아이리시 위스키

서유럽의 섬나라 아일랜드는 영국의 서쪽에 있습니다. 한때 영국의 지배를 받다가 20세기 초에 독립했습니다. 하지만 아일랜드섬 북동부 지역의 북아일랜드는 아직도 영국령으로 남아 있고, 불과 얼마 전까지만 해도 영국과 아일랜드 간 분쟁 갈등이 심했습니다.

위스키는 일반적으로 아일랜드에서 처음 만든 것으로 알려져 있습니다. 아랍의 증류법을 배운 아일랜드 수도사들이 처음으로 위스키를 증류했다고 합니다. 위스키의 어원도 위스게 베하 Uisce Beatha 라는 아일랜드의 게일어 같은 의미의 Uisge Beatha는 스코틀랜드 게일어 에서 왔으며, 지금도 위스키를 대신해 표기되기도 합니다. 특히 아이리시 위스키에는 위스게 베하 Uisce Beatha, 위스키 Whiskey, Whisky 모두 사용할 수 있습니다.

아일랜드 위스키가 정말 인류 최초의 위스키인지 정확하게는 알 수 없지만, 위스키가 처음 알려질 당시 가장 유명한 위스키였던 건 분명합니다. 특히 1800년대 초반까지 아이리시 위스키는 위스키 중에서 가장 유명했습니다. 아이리시 위스키가 세계 위스키 시장의 대부분인 약 80%를 차지했죠. 아이리시 위스키의 대량 공급을 위해 대형 증류기를 사용했는데, 증류기가 너무 커서 위스키의 품질을 위해 증류를 세 차례나 해야 했습니다. 이렇게 맥아와 보리를 혼합해 큰 증류기에서 세 차례 증류하는 팟스틸위스키 Pot Still Whiskey 방식이 생겨났습니다.

그럼에도 계속해서 증가하는 수요로 인해 아이리시 위스키의 품질이 낮아졌고, 정부의 엄격한 통제로 많은 증류소가 사라지기 시작했습니다. 그러던 중 낮은 세금을 부과하게 되자 위스키 생산이 다시 활기를 띠었고, 1832년에 연속식 증류기가 발명되면서 빠르고 저렴하게 위스키를 생산할 수 있게 되었습니다. 그러나 아일랜드 증류소들은 품질을 이유로 연속식 증류기를 사용하지 않았으며, 반면 스코틀랜드에서는 연속식 증류기를 이용해 효율적으로 블렌디드 위스키를 생산합니다. 이때부터 스카치위스키와 구분하기 위해 아이리시 위스키에 'e' 자를 더해 'Whiskey'라고 표기하게 되었죠.

아이리시 위스키의 역사에서 연속식 증류기가 중요한 비중을 차지하는 이유는 무엇일까요? 연속식 증류기를 발명해 특허를 받은 아네스 코피가 아일랜드인이라는 점도 있지만, 스카치위스키에 밀려 아이리시 위스키가 내리막길을 걷게 된 것이 연속식 증류기 사용 여부와 관련되었기도 합니다.

20세기가 지나며 아이리시 위스키는 계속해서 급격한 내리막길을 겪습니다. 아일랜드의 독립, 금주법, 세계대전 모두가 아이리시 위스키에는 악재였습니다. 19세기에 90여 곳에 달했던 증류소는 이때 단 3곳만 남게 되었죠. 그러다 1990~2000년을 지나며 전 세계적인 위스키 호황기가 시작되면서 아이리시 위스키도 모처럼 더없이 좋은 날들을 보내고 있습니다. 이러한 호황기는 한동안 계속될 것으로 보입니다.

■ 아이리시 위스키 종류

아이리시 위스키에는 네 종류가 있습니다. 팟스틸위스키, 몰트위스키, 그레인위스키, 블렌디드 위스키입니다. 지금부터 이 네 종류의 아이리시 위스키에 관해 살펴보겠습니다.

• 팟스틸위스키(퓨어팟스틸 위스키)

팟스틸위스키 Single Pot Still Whiskey 는 한 증류소에서 구리 단식 증류기 주로 대형 증류기 로 맥아와 보리 맥아 최소 30%, 보리 30% 이상, 기타 곡물은 5% 이내 를 두세 번 증류하는 방식으로 만듭니다. 맥아와 발아하지 않은 보리를 섞어 사용하는 방식은 과거 17~18세기 후반 영국에서 맥아에 부과되는 세금을 피하고자 사용하기 시작한 방법이지요. 과거 대부분의 아이리시 위스키가 이 방식으로 제조되었으며, 아이리시 위스키를 대표하는 증류 방식이기도 합니다.

위스키가 한 증류소에서 생산되면 '싱글(Single)'이라 표기할 수 있습니다. '퓨어팟스틸위스키(Pure Pot Sill Whiskey)'라고 부르기도 하지요. 팟스틸위스키도 모두 한 증류소에서 증류되기 때문에 구분 없이 사용합니다. 다른 싱글 팟스틸위스키나 다른 방식의 위스키를 혼합하면 블렌디드 위스키로 분류되기 때문입니다.

• 몰트위스키

구리 단식 증류기 주로 소형 증류기로 100% 맥아 몰트 만 사용하여 증류하는 위스키를 몰트위스키 Single Malt Whiskey 라고 표기할 수 있습니다. 앞서 알아보았듯이 한 증류소에서 생산되는 위스키에는 '싱글'을 표기할 수 있습니다.

• 그레인위스키

그레인위스키 Single Grain Whiskey 는 한 증류소에서 주로 곡물을 증류하여 만든 위스키입니다. 맥아는 30% 이하로 사용해야 하며 발아하지 않은 보리, 밀, 옥수수, 호밀 등의 곡물로 만드는 위스키이고 연속식 증류기로 증류합니다.

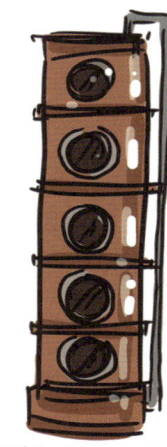

• 블렌디드 위스키

앞서 설명한 방식으로 만든 위스키를 두 가지 이상 섞어 제조한 위스키를 블렌디드 위스키 Blended Whiskey 라고 합니다. 대부분의 아이리시 위스키는 이 블렌디드 위스키입니다.

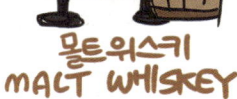
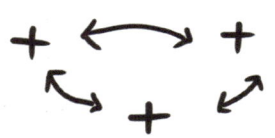

캐나디안 위스키

캐나다는 세계에서 두 번째로 넓은 국토를 소유하고 있으면서 미국과 딱 붙어 있는 국가로, 미국과 세계에서 가장 긴 국경을 접하고 있습니다. 인구는 미국의 1/10 정도이고 정치·경제·문화 등 모든 면에서 미국의 영향을 크게 받는 나라입니다. 당연히 캐나디안 위스키도 미국의 영향을 많이 받겠죠. 캐나디안 위스키가 가장 많이 팔리는 나라 역시 미국이며, 판매도 미국에 맞춰져 있습니다.

1801년 캐나다 최초의 위스키로 알려진 상업용 위스키가 몬트리올의 양조장에서 생산됩니다. 럼을 생산하던 증류기를 들여와 생산을 시작한 것이죠. 미국으로 조금씩 진출하던 캐나다의 위스키는 1861년 남북전쟁 이후 본격적으로 미국에 수출되었고, 이에 따라 미국에서 캐나다 위스키의 소비가 크게 증가했습니다. 시그램 Seagram, 제이피 와이저 J.P. Wiser's, 코비 Corby, 하이람 워커 Hiram Walker 등의 브랜드가 이때 크게 성장했습니다. 그중에서도 하이람 워커의 캐나디안 클럽 위스키는 미국에서 많은 인기를 누렸지만, 아메리칸 위스키 업자들의 반발로 캐나다산임을 표기해야 했습니다. 이후 캐나다 위스키에 캐나디안 Canadian을 표기하기 시작했는데 오히려 이를 위조한 위스키들이 생겨날 정도로 인기 있는 상표가 되었습니다.

1890년 캐나다에서는 위스키를 최소 2년 이상 숙성해야 하는 법을 발효합니다. 놀랍게도 최초로 법적 캐스크 숙성을 하기 시작한 위스키는 캐나디안 위스키이지요. 이 법이 발효된 이후 캐나디안 위스키는 통폐합되기 시작했습니다.

1919년 미국에 금주법이 시행되면서 전 세계 위스키 시장도 어려움을 겪습니다. 캐나디안 위스키는 금주법 시행 이후 미국으로 밀수되었고, 미국으로 들여오는 위스키의 대부분인 2/3 이상을 차지하게 됩니다.

미국의 금주법이 캐나디안 위스키 성장의 발판이 되었다고 널리 알려졌고 실제로도 그랬지만, 합병 등을 통해 여러 증류소가 사라졌기 때문에 이 시기가 캐나디안 위스키에도 좋은 시절이라고 말하기는 어렵습니다. 실제로 시그램을 제외한 하이람 워커, 제이피 와이저, 코비 등이 합병되었죠. 물론 더욱 혹독한 시기를 거쳐야 했던 다른 나라 위스키들에 비한다면 더없이 좋은 시절이었고, 이후로도 꾸준히 미국에서 가장 많이 판매되는 위스키가 되었지만 말이죠. 여전히 잘 팔리기는 하지만 2000년대를 지나 미국의 버번위스키가 부흥의 시대를 맞고 있는 지금, 캐나디안 위스키는 다른 돌파구를 마련해야 할 필요성을 느끼고 있습니다.

■ 캐나디안 위스키 규정

캐나디안 위스키는 전통적으로 라이위스키 Rye Whisky 라고 불렸는데 이는 호밀 rye 의 사용 여부와는 관계가 없습니다. 캐나다에서 정한 규정에 따라 제조한 위스키는 캐나디안 위스키 Canadian Whisky, 캐나디안 라이위스키 Canadian Rye Whisky , 라이위스키 등으로 모두 표기할 수 있습니다.

이렇게 불릴 수 있는 캐나디안 위스키 규정은 곡물 곡류 을 사용하고 3년 이상 작은 나무통에서 숙성하며 병입 시 알코올 도수는 40% 이상이어야 합니다. 또한 캐러멜이나 다른 풍미 향료 를 포함할 수도 있습니다. 이는 다른 나라의 위스키 규정에 비하면 꽤 느슨한 편입니다.

캐나디안 위스키가 다른 나라의 위스키에 비해 특이한 점은 '라이위스키'라는 명칭의 특이성을 빼고도 향미료 flavouring 를 포함할 수 있다는 점과 향미료의 범주 안에 2년 이상 숙성된 코냑, 버번, 포트 와인 등이 포함될 수 있는 점 등입니다. 다만 최대 9.09% 1/11 를 초과할 수 없으며 캐나디안 위스키의 맛과 성격을 가져야 한다는 모호한 규정이 있습니다. 당화나 발효 시에도 맥아 외 효소제, 효모와 유용 미생물을 사용할 수 있다고 규정하여 좀 더 유연하게 적용될 수 있습니다.

캐나디안 위스키에도 싱글몰트 위스키, 100% 호밀로 만드는 라이위스키도 있지만 현재 생산되어 판매되는 캐나디안 위스키는 대부분 호밀, 옥수수, 보리 등 여러 곡물과 혼합한 블렌디드 위스키입니다.

재패니즈 위스키

최근 가장 핫한 위스키는 우리와 가까운 이웃 나라인 일본의 위스키입니다. 얼마 전까지 스코틀랜드, 아일랜드, 미국, 캐나다를 '세계 4대 위스키 생산국'이라 불렀는데, 이제는 일본을 넣어 '세계 5대 위스키 생산국'이라 부르고 있으며, 그렇게 불리기에도 부족함이 없는 듯합니다. 실제로 일본은 스코틀랜드, 미국에 이어 세 번째로 위스키를 많이 생산하는 나라입니다. 최근 몇 년 사이에 엄청난 인기를 얻으면서 위스키 맛은

둘째치고, 높은 몸값으로 더 유명해지고 있는 재패니즈 위스키에 대해 알아보겠습니다.

■ 재패니즈 위스키의 역사

한국과도 깊은 관계가 있는 일본의 위스키는 어느덧 100년의 역사를 자랑하며, 오랜 시간의 정성과 노력 끝에 이제는 누구도 부정할 수 없는 세계적인 위스키 강국으로 자리매김했습니다.

일본에 위스키가 처음 들어왔을 때는 나라의 문을 열었던 1800년대 중반입니다. 1854년 미국과의 연회에서 위스키가 처음 등장했고 1860년대에 위스키를 판매했다는 기록이 있으니, 일본에서 위스키가 등장한 건 적어도 지금으로부터 약 160년 전이었다고 볼 수 있습니다. 수입해서 들어오는 위스키도 있었지만 당연히 가격이 비쌌기 때문에 이런 위스키를 대체하기 위해 여러 증류주와 향신료 등을 혼합해 만드는 증류주를 직접 생산하고 판매하기 시작했습니다. 1923년 일본 최초의 증류소인 야마자키 증류소가 설립되었고 1929년에는 일본 최초의 위스키가 생산되었습니다. 이렇게 보면 재패니즈 위스키는 한 세기의 역사를 가진 셈입니다.

그 짧다면 짧고, 길다면 긴 역사의 시작에는 '재패니즈 위스키의 아버지'라 불리는 두 사람이 있습니다. 토리이 신지로와 타케츠루 마사타카입니다. 두 사람의 이야기는 그대로 재패니즈 위스키의 역사가 되었죠.

■ 토리이 신지로 · 타케츠루 마사타카

1923년 야마자키에 설립된 증류소는 현재 '산토리'라는 주류 회사의 증류소입니다. 우리에게 익숙한 거대 주류 회사 산토리 Suntory 는 창업자 토리이 신지로가 일본의 상징인 태양 sun 에 자신의 이름 중 토리 tory 를 합쳐 이름 지은 회사입니다.

산토리 설립 이전에 토리이 신지로는 '토리이'라는 이름의 잡화점을 운영했는데, 당시 '붉은 구슬'이라는 의미의 '아카다마'라는 이름을 가진 스위트 와인으로 크게 성공했습니다. 이 붉은 구슬을 태양 sun 과 같은 의미로 증류소 이름에 사용했다고도 합니다. 산토리는 1923년 야마자키 증류소를 세우고 일본의 첫 위스키인 산토리 시로 후다 화이트라벨 를 출시했습니다. 그것을 시작으로 여러 인수합병을 거쳐 현재는 세계에서 손꼽히는 주류 회사로 성장했죠. 참고로 짐 빔으로 유명한 빔 Beam 도 산토리에서 인수했습니다.

처음 야마자키 증류소를 세울 때 함께한 사람이 있었으니, 토리이 신지로와 함께 재패니즈 위스키의 아버지라 불리는 타케츠루 마사타카입니다. 타케츠루 마사타카는 위스키의 본고장 스코틀랜드에서 대학을 다니고 위스키 증류소에서도 일했습니다. 그는 위스키를 본격적으로 생산할 때가 되었다고 생각한 토리이 신지로가 원하던 인물이었지요. 고등학교에서 화학을 가르치고 있던 타케츠루 마사타카를 토리이 신지로가 불러서 함께 야마자키 증류소를 세웁니다.

타케츠루 마사타카는 스코틀랜드와 비슷한 환경인 홋카이도에 증류소를 세우자고 했으나, 토리이 신지로는 교통과 판매 등을 고려해 도심 인근에 설립하기를 원했습니다. 조율 끝에 결정된 곳이 오사카의 야마자키였습니다. 이후 계약 기간인 10년이 지난 1934년, 타케츠루 마사타카는 산토리를 나와

대일본과즙주식회사를 설립합니다. 그리고 이전부터 원했던 장소인 홋카이도에 증류소를 세우고 운영을 위해 사과 과즙, 와인을 판매하며 위스키를 증류하기 시작했습니다. 타케츠루 마사타카의 대일본과즙주식회사는 1952년에 재패니즈 위스키계의 쌍두마차 중 하나인 니카 위스키에서 이름을 가져온 니카위스키주식회사로 이름을 변경했으며 니카는 대일본과즙주식회사의 줄임말 '일과'의 일본식 발음, 현재 아사히 맥주의 자회사입니다.

토리이 신지로와 타케츠루 마사타카의 이야기는 2014년 일본에서 드라마로도 제작되어 큰 인기를 얻었습니다. 타케츠루 마사타카와 부인의 이야기를 주 내용으로 하는 〈맛상〉이라는 드라마이지요. 타케츠루의 일대기는 국내에도 《위스키와 나》라는 제목으로 발간되었습니다.

2000년까지 재패니즈 위스키는 대부분 일본 내에서만 소비되었으나 싱글몰트, 버번 등 개성 있는 위스키들이 등장하여 인기를 얻으면서 세계적으로 유명해졌습니다. 2000년부터 각종 품평회에서 상을 받기 시작했으며, 〈맛상〉의 인기와 더불어 2015년 산토리의 야마자키 싱글몰트위스키가 짐 머레이의 '올해의 위스키'에 선정된 것을 계기로 재패니즈 위스키는 그야말로 날아올랐습니다. 하지만 1990~2000년에 위스키 생산 숙성 량을 줄였던 탓에 원주가 모자랐습니다. 덕분에 위스키 제품 생산량이 줄어들었고 가격은 폭등했습니다. 숙성 연수가 조절되고 숙성 제품 중 여러 술이 단종되면서 현재 숙성 연수 미표기 제품 NAS이 생산되며 가격은 계속해서 오르고 있습니다.

■ **재패니즈 위스키의 정의**

재패니즈 위스키는 대부분의 위스키 증류소가 가입된 일본양주주조협회의 자발적인 새로운 규정이 시행되었습니다. 재패니즈 위스키 법적 규정과 일본양주주조협회의 규정을 알아보겠습니다.

■ 재패니즈 위스키 법적 규정

재패니즈 위스키는 일본의 주세법상 발아한 곡류와 물을 원료로 사용해 당화 효모로 발효시킨 뒤 95% 미만으로 증류한 것을 말합니다.

95% 이상으로 증류한 것은 스피릿(주정)으로 구분하며, 이렇게 만들어지면 위스키라 부를 수 있습니다. 곡물과 증류기, 숙성 등의 제한은 없습니다.

재패니즈 위스키의 규정은 다른 나라의 위스키에 비해 그 범위가 아주 넓습니다. 앞서 말한 위스키 규정만으로도 재패니즈 위스키의 범위가 넓은데, 여기에 더 넓은 범위로 확대하는 규정이 추가되었죠. 주정 스피릿 이나 원료용 알코올에, 앞서 설명한 방법 발아한 곡류를 95% 미만으로 증류 으로 만들어진 위스키가 10%만 포함되어도 위스키로 분류한다는 규정입니다. 물론 향료와 캐러멜도 혼합할 수 있습니다. 간단히 말해 재패니즈 위스키는 10% 이상의 곡물로 만드는 증류주로 정의될 수 있습니다. 이런 규정으로 인해 재패니즈 위스키는 보드카와 같다고도 불렸는데 사실 따져보면 틀린 말도 아닙니다.

이 규정이 개정되지 않은 이유는 과거에는 전쟁 등으로 부족했던 위스키 수요를 충족시키기 위함이었으며, 어느 정도는 사케와 소주를 보호하기 위한 이유도 있었습니다. 재패니즈 위스키의 수출량이 점점 늘어나면서 사케에 근접하게 되자 많은 재패니즈 위스키 관계자들이 법 개정을 요구했습니다. 보통 국제적으로 통용되는 자체의 규정을 만들어 적용하는데, 일부에서는 이런 규정이 오히려 재패니즈 위스키의 장점이라고 보기도 했으나, 결국 2021년 4월 1일부터 일본양주주조협회의 규정이 시행되었습니다.

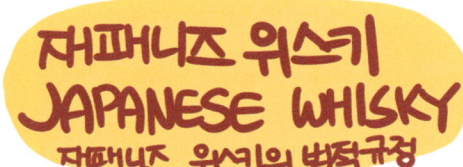

일본 양주주조협회 규정
※ 2021년 4월 1일 이후

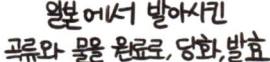
일본에서 발아시킨 곡류와 물을 원료로, 당화, 발효

95% 미만으로 증류

700리터 미만의 나무통에서 3년 이상 숙성

캐러멜 색소 첨가 가능 병입시 알코올도수 40% 이상

■ **일본양주주조협회의 위스키 표시에 관한 규정**

2021년 4월 1일부터 일본양주주조협회의 새로운 규정이 시행되었고 이는 국제적으로 통용되는 규정과 비슷합니다. 먼저, 당연하지만 재패니즈 위스키는 일본에서 생산되어야 합니다. 사실 이전의 주세법상 위스키의 범위가 너무 넓었습니다. 어디서 만들어야 한다는 규정도 없었으니까요. 또한 일본 내에서 발아된 곡물을 포함하고 물을 사용해 당화 발효하며, 95% 이내로 증류, 700L 미만의 나무통에서 최소 3년 이상 숙성, 40% 이상으로 병입, 캐러멜색소를 사용할 수 있다는, 스카치위스키와 비슷한 규정이 시행되었습니다. 라벨에도 오해를 일으킬 수 있는 표기는 사용하지 못하게 했고요.

아직 정식 법제화되지는 않았지만, 이제 재패니즈 위스키는 보드카와 같다는 말이 더는 통하지 않을 것 같습니다. 한 세기에 해당하는 위스키의 역사가 있으며, 사실상 세계에서 세 번째 자리에 올라 있는 위스키 생산 국가가 이제야 이런 규정을 시행하게 되었다는 점이 놀랍기는 하지만요.

세계의 위스키

지금까지 살펴본 스코틀랜드, 아일랜드, 미국, 캐나다, 일본 외에도 전 세계 여러 나라에서 위스키가 생산되고 있습니다. 위스키 생산에 관한 규정은 나라마다 다르고 각 나라 위스키의 특징도 조금씩 다르지만, 어느 정도의 경제력과 인구를 가진 나라에서는 대부분 위스키를 생산하고 있습니다.

술을 증류하기 시작한 이후 증류주는 각 지역과 나라의 역사와 함께 발전해 왔습니다. 아시아에서는 백주와 소주로, 유럽에서는 보드카나 슈냅스, 콘, 브랜디로, 아메리카 대륙에서는 럼과 테킬라로 발전해 왔죠. 그렇게 제조된 증류주는 인근 지역에서 소비되었습니다.

교통 수단의 발달로 세계가 점점 좁아지면서 여러 증류주가 지역을 넘나들고 있습니다. 위스키는 더 많은 국경을 넘으며 인기를 얻었고, 20세기 말 즈음부터 점점 더 개성적이고 특색 있는 위스키들이 나타나면서 많은 나라가 위스키 생산에 열을 올리고 있습니다.

그동안 기온 차이가 큰 나라나 더운 나라들은 위스키를 생산하는 것이 적합하지 않다고 여겨졌습니다. 스코틀랜드의 기후가 스카치위스키의 1등 공신이라고 여겨졌죠. 우리나라에서도 1980년대부터 위스키 생산을 시도했으나 천사의 몫 증발되는 양이 많아 적합하지 않다는 이유로 포기했습니다.

대만과 인도도 높은 기후로 인해 증발하는 양이 많습니다. 대신 천사는 가져가는 몫만큼 대가를 남겨두었습니다. 많이 증발하는 만큼 나이도 빨리 먹는다는 점입니다. 대만 카발란과 인도 암룻 위스키는 숙성 연수가 비교적 짧고 모두 숙성 연수를 표기하지 않지만 풍미에서 좋은 반응을 얻고 있습니다. 한국보다 더운 나라인 대만과 인도 위스키의 도약은 우리에게 생각할 거리를 많이 남깁니다.

한국의 위스키

만들기가 쉽지 않고 돈이 되지 않는다는 이유로 쉽게 놓아버린 한국 위스키. 많은 나라들이 위스키를 생산하는 모습을 보며 아쉬운 마음만 가지고 있었을 뿐이었습니다. 그러던 중 2020년, 드디어 우리나라에도 위스키 증류소가 설립되었습니다. 자본도 제도도 뒷받침해 주지 않고 오직 열정으로 만들어진 증류소가 문을 연 것입니다. 그것도 2곳이나 말이죠.

■ 김창수 위스키 증류소

위스키에 대한 열정만으로 국내 위스키를 만들겠다는, 조금은 무모한 생각을 한 사람이 있습니다. 자전거를 타고 스코틀랜드의 증류소들을 모두 돌아보거나 일본 증류소에서 연수를 했으며, 일본에는 한국의 타케츠루 마사타카로 소개되었던 김창수입니다. 결국 혼자 힘으로 2020년에 증류소를 열고 증류기 등의 설비와 오크통을 들여와 위스키 증류를 시작했습니다.

1년 만인 2021년에 숙성 위스키를 출시했고 이후 국산 오크통, 국산 보리, 국산 효모를 사용해 모두 안 된다고 하는 국산 위스키를 만들었습니다. 엄청난 관심을 받았고 품질에서도 호평을 받았습니다. 2024년 10월에 3년 숙성 정규제품을 출시했습니다.

김창수 위스키 증류소
KIM CHANG SU WHISKY DISTILLERY
김포

■ 기원(쓰리소사이어티스) 증류소

2020년 김창수 위스키 증류소가 문을 열기 조금 전에 문을 연 증류소가 한 곳 더 있습니다. 바로 쓰리소사이어티스 증류소입니다. 스코틀랜드 출신의 디스틸러를 비롯해 여러 사람이 모여 한국의 위스키를 만들고 있습니다. 2021년 9월, 국내 최초의 싱글몰트 위스키를 출시했고, 배치별로 계속해서 위스키를 생산하고 있습니다. 2023년에는 정규 배치 제품인 '기원'을 출시, 2025년에는 증류소의 이름을 출시된 위스키와 동일한 '기원'으로 변경했습니다.

쓰리소사이어티스
THREE SOCIETIES DISTILLERY
남양주

위스키 즐기기

위스키 WHISKY   얼음 ICE   소다수 SODA   위스키하이볼 WHISKY HIGHBALL

부담 없이 하이볼

위스키를 하이볼로 만들어 즐기는 것은 위스키의 독특한 풍미와 친해지고 싶을 때 아주 좋은 방법입니다. 하이볼은 위스키를 널리 알리는 데 큰 힘이 되었습니다. 만드는 방법도 무척 간단하죠. 위스키와 얼음을 넣고 취향에 맞춰 소다수나 토닉워터 등의 음료를 넣어주면 됩니다. 위스키의 풍미가 조금 낯선 사람들에게는 위스키를 친숙하게 즐길 수 있는 가장 좋은 방법입니다.

얼음과 함께

위스키에 얼음을 넣어 마시는 방법은 위스키를 부드럽게 만들어 부담 없이 즐길 수 있는 대표적인 방법입니다.

물과 함께

위스키에 물을 첨가해서 마시는 것도 위스키를 즐기는 방법 중 하나입니다. 적게는 몇 방울부터 위스키와 같은 양까지 다양하게 첨가합니다. 몇 방울의 물은 풍미를 풍부하게 하고, 많은 양의 물은 부드럽고 편안한 위스키로 만들어줍니다.

오로지 위스키

위스키로만 즐기는 것은 위스키 본연의 맛을 즐기기에 가장 좋은 방법입니다. 한숨에 넘기는 것도 좋지만 시간을 들여 풍미를 느끼면서 마시는 것은 위스키를 깊이 이해하고 즐기기에 더없이 좋은 방법이죠.

체이서와 즐기기

위스키를 마시고 맥주처럼 도수가 낮은 술이나 콜라, 우유 등의 음료를 마시는 것을 체이서 Chaser 라고 합니다. 이는 위스키를 부드럽게 즐기거나 다른 풍미를 느끼고 다음 위스키의 맛을 잘 느낄 수 있도록 도와주는 방법입니다.

- 증류주
- 위스키
  - 스카치위스키
  - 블렌디드위스키
  - 1820년 설립 존 워커 (JOHN WALKER)
  - 세계판매 1위 (RED LABEL)
  - 블랙라벨 12년숙성 (가장오래된 라벨)
- 40%
- 디아지오 소유

- 증류주
- 위스키
  - 스카치위스키
  - 블렌디드위스키
  - 설립자 조지 '밸런타인' 1827년 설립
  - 세계판매 2위
  - 12년숙성
- 40%
- 스코틀랜드
- 페르노리카 소유

조니워커 블랙라벨 블렌디드 스카치위스키
JOHNNIE WALKER BLACK LABEL BLENDED SCOTCH WHISKY

조니워커는 존 워커가 1820년 잡화점에서 판매를 시작한 세계적인 위스키 브랜드로, 현재 세계에서 가장 많이 팔리는 스카치위스키입니다. 독보적이죠. 1860년 사각의 병을 선보였고, 1902년 레드라벨과 블랙라벨을 처음 출시했습니다. 마스코트인 스트라이딩 맨은 1909년부터 사용되었습니다. 우리가 아는 조니워커의 시작이라 할 수 있겠네요. 조니워커는 라벨의 색으로 위스키 숙성 등의 종류를 구분합니다. 블랙라벨은 조니워커 시리즈 중 기준이 되는 제품으로 12년 숙성 제품입니다. 조니워커는 현재 디아지오 소유의 대표적인 브랜드로 국내에서도 오래전부터 많은 사랑을 받은 제품입니다.

밸런타인 12년 블렌디드 스카치위스키
BALLANTINE'S 12 YEARS BLENDED SCOTCH WHISKY

밸런타인 역시 조지 밸런타인이 1827년 잡화점에서 판매를 시작한 위스키입니다. 당시 여러 증류소의 위스키를 구매해서 판매하는 것이 일반적인 스카치위스키의 유통 과정이었지만 조지 밸런타인은 직접 위스키를 블렌딩했으며, 아들들과 주류를 유통하며 성장했습니다. 밸런타인의 아들이 회사를 운영하다 1919년 사업권을 넘기고 하이람 워커를 거쳐 현재는 페르노리카 소유의 업체가 되었습니다. 조니워커에 이어 스카치위스키 판매량 2위의 제품이며, 국내에서도 인지도 높은 위스키입니다.

- 증류주
- 위스키
- 스카치위스키
- 블렌디드위스키
- 설립자 시바스 존, 제임스
- 시바스형제, 리갈은 제왕이란뜻
- 1801년 설립
- 12년숙성
- 40%
- 스코틀랜드
- 시바스 브라더스 생산
- 페르노리카 소유

- 증류주
- 위스키
- 싱글몰트 스카치위스키 스페이사이드
- 1887년 설립
- 15년 숙성
- 최초 싱글몰트 위스키
- 사슴계곡을 의미 FIDDICH GLEN
- 40%
- 스코틀랜드
- 윌리엄 그랜트 앤 선즈생산

시바스 리갈 12년 블렌디드 스카치위스키
CHIVAS REGAL 12 YEARS BLENDED SCOTCH WHISKY

글렌피딕 15년 싱글몰트 스카치위스키
GLENFIDDICH 15 YEARS SINGLE MALT SCOTCH WHISKY

시바스 리갈은 제임스와 존 리바스 형제가 만든 잡화점에서 출발한 위스키 브랜드입니다. 1801년 에든버러에서 잡화점을 열었고, 1843년 빅토리아 여왕에게 납품을 하며 '시바스 리갈'이라 이름을 붙였습니다. 리갈은 '제왕에 맞는', '제왕적'이라는 뜻을 가지고 있습니다. 시바스 리갈(시바스 브라더스)은 페르노리카의 소유로 블렌디드 스카치위스키 3위 자리를 두고 그랜츠와 다투고 있으며 국내에서도 인지도가 높은 제품입니다.

글렌피딕은 가장 많이 팔리는 싱글몰트 스카치위스키이며, 적극적인 홍보를 통해 해외에 판매하기 시작한 최초의 싱글몰트 위스키이기도 합니다. 그 때문에 최초의 싱글몰트 위스키로 알려져 있지요. 소유 회사인 윌리엄그랜트앤선즈는 윌리엄 그랜트가 처음 설립한 이후 지금까지 계속 가족 경영으로 운영되고 있습니다. 재고 비축로 적당한 가격과 품질을 유지하며 싱글몰트 위스키의 대중화를 이끌었습니다. 글렌피딕 15년은 국내에서 쉽게 구매할 수 있는 데다 적당한 가격, 크게 치우치지 않은 풍미로 기준점이 되기 좋은 싱글몰트 위스키가 아닐까 생각합니다.

- 증류주
- 위스키
  - 스카치위스키
  - 싱글몰트위스키
  - 스페이사이드
- 1824년 설립
- 최초 정식등록 증류소
- 리벳(강이름)의 계곡
- 12년 숙성
- 40%
- 스코틀랜드
- 페르노리카 소유

더 글렌리벳 12년 싱글몰트 스카치위스키
THE GLENLIVET 12 YEARS SINGLE MALT SCOTCH WHISKY

글렌리벳 증류소는 1824년 정식 등록한 최초의 증류소입니다. 위스키 글렌리벳은 글렌피딕 다음으로 많이 판매되는 싱글몰트 위스키이며, 조지 4세가 스코틀랜드에 방문해서 맛보고 극찬한 것으로도 유명합니다. 스코틀랜드에서 증류 합법화시대의 막을 열어 불법 증류업자들과의 마찰도 겪었지만, 결국 다른 증류소들도 하나둘 정식 등록을 하고 '글렌리벳'이라는 이름으로 위스키를 판매하기 시작했습니다. 그러면서 글렌리벳은 스페이사이드의 위스키를 일컫는 대명사가 되었고, 법적 다툼을 통해 고유명사인 '더(The)'는 글렌리벳 증류소의 제품에만 사용할 수 있게 되었습니다.

- 증류주
- 위스키
  - 스카치위스키
  - 싱글몰트위스키
  - 하이랜드
- 1848년 설립
  12년 숙성
- 스코틀랜드 게일어
  "고요의 계곡"
- 40%
- 스코틀랜드
- LVMH 소유

글렌모렌지 오리지널 12년 싱글몰트 스카치위스키
GLENMORANGIE ORIGINAL 12 YEARS SINGLE MALT SCOTCH WHISKY

하이랜드의 테인 지역에 위치한 글렌모렌지 증류소는 오랫동안 위스키를 생산해 온 지역 양조장이며, 윌리엄 매더슨이 구매하여 1843년 정식으로 등록하고 1849년부터 위스키를 생산하기 시작했습니다. 1887년 증류소가 매각되고 정비되면서, '글렌모렌지'라는 이름을 사용했습니다. 초창기 싱글몰트 위스키 판매가 성공적으로 이루어져 성장하던 중, 2004년 LVMH(루이비통 모에헤네시)에 매각되어 많은 변화와 함께 더욱 성장했습니다. 주력 제품은 '오리지널'이라는 이름을 가진 10년 숙성 제품이었으나, 2025년 숙성기간 12년 제품으로 변경되었습니다. 버번 캐스크의 바닐라, 꿀의 달달함과 과일 향을 느끼기 좋은 부담 없는 위스키입니다.

- 증류주
- 위스키
- 싱글몰트 스카치위스키 스페이사이드 (하이랜드)
- 1824년 설립 정식등록 증류소
- 비옥한 땅이라는 "MAGH" 성 필란을 모시는 ELLAN (St. FILLAN)
- 40%
- 12년 숙성
- 셰리오크 캐스크
- 스코틀랜드
- 에딘버러 그룹 소유

맥캘란 12년 셰리오크 싱글몰트 위스키
MAGALLAN 12 YEARS SHERRY OAK SINGLE MALT WHISKY

맥캘란은 아주 핫한 위스키 중 하나로 세계에서 가장 비싼 위스키란 타이틀을 가지고 있으며, 점점 더 높이 뛰는 몸값을 자랑하는 위스키입니다. 맥캘란은 셰리 캐스크를 사용하는 것으로 유명하며 셰리의 풍미를 느끼기에 좋습니다. 맥캘란 위스키의 가격 상승은 셰리 캐스크의 공급 부족에 따른 수요 상승과 위스키 가격 상승을 부추기는 마케팅 그리고 급격하게 상승하는 세계 경제 정세에 따른 위스키 가격 상승의 원인을 모두 보여주는 대표적인 사례입니다. 최근 맥캘란도 셰리 캐스크 부족으로 여러 캐스크를 사용하는 제품군이 늘고 있습니다. 많은 애호가들이 과거에 비해 싱거워(?)졌다고는 하지만, 셰리 캐스크에서 12년 숙성한 맥캘란은 여전히 셰리의 풍미를 느끼기에 좋은 위스키로 꼽히고 있습니다.

- 증류주
- 위스키
- 스카치위스키
- 싱글몰트위스키
- 하이랜드
- 1826년 설립
- 드로낙 협곡 (계곡) GLEN "DRONACH"
- 셰리캐스크 사용
- 43%
- 스코틀랜드
- 글렌드로낙 생산
- 브라운 포맨 소유 (벤리악)

글렌드로낙 12년 싱글몰트 스카치위스키
GLEN DRONACH 12 YEARS SINGLE MALT SCOTCH WHISKY

1826년 설립된 글렌드로낙 증류소는 여러 곳을 거치며 벤리악 소유가 되었고, 벤리악은 브라운 포맨에 매각되면서 브라운 포맨의 소유가 되었습니다. 글렌드로낙 증류소는 스페이사이드 지역 인근에 있으며, '드로낙'은 증류소 내에 흐르는 개울의 이름에서 가져왔다고 합니다. 글렌드로낙은 2008년 벤리악이 인수한 뒤 빌리워커의 셰리 와인을 중심으로 새롭게 단장하며, 셰리 캐스크의 풍미를 경험하기 좋은 위스키로 다시 태어났습니다. 주력 제품인 12년 숙성 제품은 올로로소 셰리, 페드로 시메네즈(PX) 셰리 캐스크에서 숙성합니다. 국내에서도 어렵지 않게 만날 수 있어 셰리의 풍미를 느끼기에 더없이 좋은 위스키입니다.

- 증류주
- 위스키
- 스카치위스키
- 싱글몰트위스키
- 하이랜드
- 캐스크 스트렝스
- 1836년 설립
- 녹색 풀의 계곡
  105 - 영국식 프루프
  105 proof = 60°
- 셰리 캐스크 사용
- 60%
  120 proof (미국)
- 글렌파클라스 생산

글렌파클라스105 CS 싱글몰트 스카치위스키
GLENFARCLAS 105 CS SINGLE MALT SCOTCH WHISKY

글렌파클라스 증류소는 1836년 설립되어 존 그랜트가 매입한 1865년 이후, 지금까지 그랜트 일가의 가족 경영으로 위스키를 만들고 있습니다. 글렌파클라스 105는 1968년 최초로 출시된 캐스크 스트렝스 위스키로 유명합니다. 105는 알코올 양 측정 단위인 '프루프(proof)'를 말하며, 영국식 프루프이므로 알코올 도수는 60%입니다(100proof=57.1%, 참고로 미국식 100proof는 알코올 도수 50%). 글렌파클라스는 많은 양의 재고(52,000개 정도의 오크통 분량)를 가지고 있는 것으로 유명하며, 증류기(Sprit Still)도 스코틀랜드에서 가장 크다고 합니다. 글렌파클라스는 셰리 캐스크를 사용하는 위스키로, 셰리의 풍미를 느끼기에 좋아서 일명 셰리밤(Sherry Bomb)으로 불리기도 합니다.

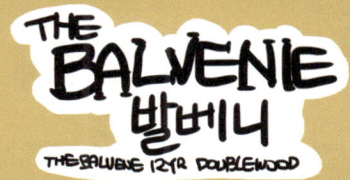

- 증류주
- 위스키
- 스카치위스키
- 싱글몰트위스키
- 스페이사이드 (더프타운)
- 12년 숙성위스키
- 셰리오크
- 버번오크
- 증류소1893년 설립
  인근에
  발베니성이 있음
  BALVENIE CASTLE
- 40%
- 스코틀랜드
- 발베니 생산
- 윌리엄그랜트 앤선즈소유

발베니 12년 더블우드 싱글몰트 위스키
THE BALVENIE 12 YEARS DOUBLE WOOD SINGLE MALT WHISKY

발베니 증류소는 글렌피딕 증류소가 설립된 후 6년 뒤인 1893년 그 인근에 지어진 자매격 증류소로, 글렌피딕 증류소처럼 윌리엄그랜트앤선즈의 소유입니다. 발베니 더블우드는 글렌피딕과 더불어 싱글몰트 위스키와의 첫 만남에 자주 추천되는 위스키입니다. 지금은 일반적으로 많이 쓰이는 버번 캐스크에서 숙성한 후 셰리 캐스크에서 짧게 숙성(피니시)하는 방식을 적용합니다. 발베니 더블우드 12년은 국내에서도 쉽게 만날 수 있는 위스키로, 취향을 크게 타지 않고 가격도 무난해서 많은 이들의 사랑을 받고 있습니다.

LAGAVULIN 라가불린
LAGAVULIN ISLAY SINGLE MALT SCOTCH WHISKY

LAPHROAIG 라프로익
ISLAY SINGLE MALT SCOTCH WHISKY AGED 10 YEARS

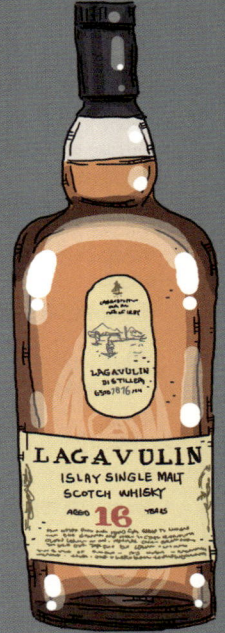

- 증류주
- 위스키
  - 스카치위스키
  - 싱글몰트위스키
  - 아일라, 아일레이
- 1816년 설립
- "방앗간의 분지"라는뜻
- 43%
- 스코틀랜드
- 라가불린증류소 생산
- 디아지오 소유

- 증류주
- 위스키
  - 스카치 위스키
  - 싱글 몰트 위스키
  - 아일러, 아일레이
- 1815년 설립
- 1994년 로열 워런트 수여 찰스왕세자
- 증류소가 위치한 지명 "넓게둘어간 만"이란 의미
- 43%
- 스코틀랜드
- 라프로익 생산
- 빔 산토리소유

라가불린 16년 싱글몰트 위스키
LAGAVULIN 16 YEARS SINGLE MALT WHISKYC

라프로익 10년 싱글몰트 위스키
LAPHROAIG 10 YEARS SINGLE MALT WHISKY

라가불린 증류소는 존 존스턴이 1816년에 설립했습니다. 1908년에 두 번째 증류소인 몰트밀 증류소가 설립되었으나 1962년에 문을 닫았습니다. DCL을 거쳐 지금은 디아지오의 소유입니다. 대표 제품은 라가불린 16년 제품으로 1988년에 출시한 디아지오 클래식 몰트 시리즈 중 하나입니다. 피트, 약품, 스모크, 바다 향 등을 풍부하게 느낄 수 있습니다. 위스키 평론가이자 《위스키 바이블》의 짐 머레이가 95점을 준 위스키로 균형 잡힌 피트 싱글몰트 위스키로 유명합니다. 아일라의 위스키 중에서는 다소 부드러워(?) 피트 풍미 위스키를 처음 접하기에도 좋은 제품입니다.

라프로익 증류소는 1815년 농부인 도널드와 알렉산더 존스턴 형제가 설립했습니다. 1954년까지 존스턴 가문의 소유였으며 지금은 산토리의 소유입니다. 미국에 금주법이 발효되던 시절, '메디컬 스피릿'이라는 이름으로 미국에 수출되었던 위스키이기도 합니다. 찰스 왕세자가 좋아하는 위스키로도 유명하며, 1994년 영국 왕실의 품질 보증서인 로열 워런트(Royal Warrant)를 획득했습니다. 대표 제품은 10년 숙성, 피트와 스모크 풍미를 충분히 느낄 수 있는 제품입니다.

- 증류주
- 위스키
  - 스카치 위스키
  - 싱글 몰트 위스키
  - 아일러 아일레이
- 1815년 설립
- 10년숙성 10 YEARS
- 게일어로 "작은 곶"을 의미
- 46%
- 스코틀랜드
- LVMH 소유

아드벡 10년 싱글몰트 위스키
ARDBEG 10 YEARS SINGLE MALT WHISKYC

아드벡 증류소는 1815년에 맥두걸 가문이 설립했습니다. 1977년 하이람 워커에 인수된 이후 몇 번의 폐·개장을 반복하다가 1997년에 글렌모렌지에 인수되었으며, 현재는 LVMH의 소유입니다. 대표 제품은 아드벡 10년으로 역시 피트와 스모크 등의 풍미를 느끼기에 좋은 위스키입니다. 아일레이(아일라)섬의 피트 위스키 중에서도 피트가 강한 아드벡은 애호가가 많으며 많은 이들이 아드벡을 만나기 위해 섬을 찾고 있습니다. 피트를 좋아한다면 꼭 만나야 할 위스키 중 하나입니다.

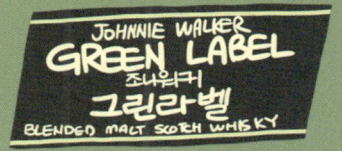

- 증류주
- 위스키
  - 스카치 위스키
  - 블렌디드 몰트 위스키
- 1997년 출시
  (PURE MALT 15 YEARS)
- 15년 숙성
- 43%
- 스코틀랜드
- 조니워커 생산
- 디아지오 소유

조니워커 그린라벨 15년 블렌디드 몰트 스카치위스키
GREEN LABEL BLENDED MALT SCOTCH WHISKY

그린라벨은 조니워커에서 1997년부터 생산하기 시작한 블렌디드 몰트위스키입니다. 15년 숙성 제품으로 탈리스커, 링크우드, 크래겐모어, 쿨일라 4곳의 몰트를 사용하고 있습니다. 2012년 단종되었으나 소비자들의 아쉬움을 반영해 2015년 다시 출시했습니다. 여러 블렌디드 몰트위스키들이 그렇듯이 그린라벨도 가성비 좋은 위스키로 꼽히고 있으며, 국내에서도 현지와 큰 차이 없는 가격에 판매되고 있습니다. 균형 잡힌 몰트의 풍미와 피트 향은 큰 호불호 없이 데일리 위스키로 즐기기에도 부족함이 없는 위스키입니다.

- 증류주
- 위스키
- 아메리칸 위스키
- 테네시 위스키 (단풍나무 숯여과)
- 설립자 "잭대니얼" 1866년 등록, 증류소설립.
- OLD NO.7의 의미. 행운의숫자? 7번째레시피? 잭의 7명의 여자친구? 증류소 번호?
- 40%
- 잭대니얼 생산
- 브라운포맨 소유

- 증류주
- 위스키
- 아메리칸 위스키
- 버번 위스키
- 1795년 첫생산(판매)
- 4년숙성
- 설립자 제이컵 빔의 증손자 제임스빔 JAMES - JIM
- 40%
- 짐빔 생산
- 빔산토리(산토리소유)

잭 대니얼 올드 넘버 7 테네시위스키
JACK DANIELS OLD NO.7 TENNESSEE WHISKEYC

잭 대니얼은 가장 유명하면서도 세계적으로 가장 많이 팔린 아메리칸 위스키입니다. 옥수수 함량이 높은 위스키로 '잭콕'이라는 칵테일을 만들 때 사용되기도 합니다. 법적으로는 버번위스키라 할 수 있겠지만 테네시위스키로 따로 분류되고 있습니다. 일반적인 버번위스키와의 차이점은 테네시에서 생산되었다는 점, 목탄숙성법(단풍나무 숯 여과) 등을 사용했다는 점입니다. 설립자인 잭 대니얼이 마스터 디스틸러로서 1866년 '미국에서 가장 먼저 정식으로 등록한 증류소'라는 주장도 있습니다. 캐러멜, 바닐라 향의 달달한 위스키로 콜라와 함께 마시는 잭콕 칵테일로 많이 마시고 있으며 제품으로도 나와 있습니다.

짐 빔 켄터키 스트레이트 버번위스키
JIM BEAM KENTUCKY STRAIGHT BOURBON WHISKEY

짐 빔은 잭 대니얼에 이어 두 번째로 많이 판매되고 있는 아메리칸 위스키입니다. 가장 많이 팔리는 버번위스키라고도 할 수 있겠네요. 독일계 이민자인 제이컵 빔이 설립했으며, 설립자의 증손자인 제임스 빔의 이름을 따서 '짐 빔'이 되었습니다. 이전에는 'Old Tub'라는 이름이었죠. 제임스 빔의 외손자가 그 유명한 마스터 디스틸러인 프레드릭 부커 노 2세입니다. 금주법 시절에 증류소 문을 닫았는데, 짐 빔 증류소의 220년 역사상 이 시기에만 증류를 하지 않았다고 합니다. 증류소는 2011년 산토리에 매각되었습니다. 짐 빔(화이트)은 4년 숙성 제품으로 잭 대니얼처럼 콜라와 함께 '짐콕'으로 칵테일에 많이 사용됩니다.

Maker's Mark 메이커스마크
KENTUCKY STRAIGHT BOURBON

- 증류주
- 위스키
  - 아메리칸 위스키
  - 버번 위스키
- 1953년 설립
- 설립자 가족이 (MARGIE SAMUEL) 만든 마크
- 45%
- 메이커스마크 생산
- 빔 산토리 소유

메이커스 마크 켄터키 버번위스키
MAKER'S MARK KENTUCKY BOURBON WHISKY

메이커스 마크는 빌 사무엘이 1953년 벅스 증류소를 인수하며 1958년부터 생산한 위스키이자 증류소 이름입니다. 1981년 하이람 워커에 매각된 뒤 현재는 산토리의 소유입니다. 다소 비싸다는 점을 내세운 프리미엄 버번위스키로, 왁스로 밀랍된 병마개가 가장 큰 특징이지요. 왁스 밀랍 외에도 사각의 병과 위스키명, 라벨 디자인, 증류소 운영 등을 빌 사무엘의 아내인 마지 사무엘이 주도했고 그녀는 켄터키 버번 명예의 전당에 이름을 올리기도 했습니다. 2013년에 도수를 3% 낮췄다가 반응이 좋지 않아 철회한 적이 있습니다. 낮은 도수로 증류하고 밀의 함유량이 많아 부드러우며, 잭 대니얼과 짐 빔에 이어 세 번째로 많이 팔리는 아메리칸 위스키입니다.

Buffalo Trace 버팔로 트레이스

KENTUCKY STRAIGHT BOURBON WHISKEY

- 증류주
- 위스키
  - 아메리칸 위스키
  - 버번 위스키
  - 스트레이트 위스키
- 1792년 설립
- 1999년 출시
- GEORGE T. STAGG 에서 BUFFALO TRACE로 증류소 이름 변경
- 광야에 길을 낸 버팔로와 같은, 먼 개척자들의 정신에 헌사
- 45%
- 미국, 켄터키
- 버팔로트레이스 생산
- 사제락 소유

버팔로 트레이스 켄터키 버번위스키
BUFFALO TRACE KENTUCKY BOURBON WHISKEY

버팔로는 사제락의 인수로 인해 '조지 T. 스태그'에서 '버팔로 트레이스'로 증류소명을 변경할 때 출시한 같은 이름의 위스키입니다. 이 증류소는 200년이 넘는 역사를 가졌으며, 금주법 시절에도 의약용을 생산하며 증류를 멈추지 않았다고 합니다. 증류소 이름과 관련한 많은 프리미엄 위스키 제품을 생산하고 있는데, 그중 버팔로 트레이스가 주력 제품이자 대표 제품입니다. 버팔로 트레이스는 옥수수 85%, 10% 미만의 라이, 5%가량의 맥아를 사용한 라이 비율이 낮은, 즉 매시빌의 버번위스키입니다. 국내에서도 쉽게 만날 수 있습니다.

KENTUCKY STRAIGHT BOURBON WHISKEY

- 증류주
- 위스키
  - 아메리칸 위스키
  - 버번 위스키
  - 스트레이트 위스키
- 1940년 설립
- 야생칠면조.
  WILD TURKEY HILL
  증류소가 있는 지역.
  칠면조사냥에서 나눠마심.
- 101 proof
  50.5%
- 미국, 켄터키
- 와일드터키 생산
- 캄파리그룹 소유

와일드 터키 101 켄터키 버번위스키
WILD TURKEY 101 KENTUCKY BOURBON WHISKEY

1942년에 설립된 오스틴 니콜스 증류소는 리피 형제가 설립한 증류소를 비롯해 여러 증류소의 위스키를 받아 '와일드 터키'라는 이름으로 판매했습니다. 증류소는 리젯 그룹에 매각되었고, 리젯 그룹은 옛 리피 형제의 증류소도 매입한 뒤, 증류소 이름을 '와일드 터키'로 변경했습니다. 그 후 증류소는 페르노리카를 거쳐 현재 캄파리 그룹의 소유가 되었습니다. 와일드 터키 위스키명에서 '101'은 101proof(50.5%)를 의미하며, 이는 보리와 호밀이 비슷하게 들어가는 버번위스키입니다. 흔히 메이커스 마크, 버팔로 트레이스와 함께 가성비 좋은 버번위스키로 꼽힙니다. 국내에서도 어렵지 않게 접할 수 있습니다.

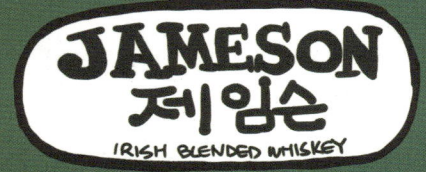

IRISH BLENDED WHISKEY

- 증류주
- 위스키
  - 아이리시 위스키
  - 블렌디드 위스키
  - 3차례 증류
- 1780년 설립
- 설립자 : 존 "제임슨"
- 40%
- 아일랜드
- 미들턴 증류소 생산
- 페르노리카 소유

제임슨 아이리시 위스키
JAMESON IRISH WHISKEY

제임슨 증류소는 1780년 존 제임슨에 의해 설립되었습니다. '아이리시 위스키의 대명사'라고도 할 수 있는 제임슨 아이리시 위스키는 합병을 통해 대부분의 유명한 아이리시 위스키를 생산하는 미들턴 증류소에서 생산되며, 현재는 페르노리카의 소유입니다. 제임슨 아이리시 위스키는 19세기 초반, 세계에서 손꼽힐 정도로 유명한 위스키 중 하나였습니다. 대형 단식 증류기에서 보리와 맥아로 세 차례 증류해 생산한 팟 스틸위스키와 그레인위스키를 섞어 만드는 블렌디드 위스키입니다. 지금도 가장 많이 팔리는 아이리시 위스키이며, 국내에서도 쉽게 만날 수 있습니다.

- 증류주
- 위스키
  - 캐나디안 위스키
  - 블렌디드 위스키
- 1939년 출시 (SEGRAMS)
- 1939년 엘리자베스 여왕 조지 6세왕의 캐나다 방문기념
- 40%
- 캐나다 매니토바
- 크라운로열 생산 (GIMLI)
- 디아지오 소유

크라운 로열 디럭스 캐나디안 블렌디드 위스키
CROWN ROYAL DELUXE CANADIAN BLENDED WHISKY

크라운 로열은 시그램에서 1939년에 출시한 캐나디안 위스키입니다. 엘리자베스와 조지 6세의 방문을 기념하기 위해 출시했지요. 캐나디안 클럽과 더불어 가장 유명한 캐나디안 위스키이기도 합니다. 위스키의 수요가 감소했던 1980년대에 김리 증류소에서 생산하기 시작했고, 현재는 디아지오의 소유입니다. 국내에서도 쉽게 접할 수 있는 캐나디안 위스키 중 하나입니다.

- 증류주
- 위스키
  - 재패니즈 위스키
  - 싱글 몰트위스키
- 1923년 설립 "토리이 신지로" (산토리설립자)
- 오사카 "야마자키" 증류소가 있는 지역이름 일본최초몰트위스키증류소
- 12년숙성 12YEARS 1984년 출시
- 43%
- 일본 야마자키
- 야마자키 생산
- 산토리 소유

야마자키 12년 싱글몰트 재패니즈 위스키
YAMAZAKI 12 YEARS SINGLE MALT JAPANESE WHISKY

야마자키 증류소는 토리이 신지로와 타케츠루 마사타카가 1923년 오사카 야마자키에 설립한 일본 최초의 몰트위스키 증류소입니다. 야마자키는 재패니즈 위스키의 세계적 붐을 일으킨 위스키로 가장 유명한 재패니즈 싱글몰트 위스키이며, 1984년에 출시한 일본 최초의 싱글몰트 위스키이기도 합니다. 12년 숙성 제품은 한때 가장 가성비 좋은 위스키로도 꼽혔으나, 지금은 비슷한 숙성 연수를 가진 위스키에 비해 아주 높은 가격대를 자랑하고 있습니다.

- 증류주
- 위스키
  - 타이완 위스키
  - 싱글몰트 위스키
  - NAS (숙성연수 미표기)
  - 캐스크 스트렝스
- 2005년 설립
- 카발란족
  대만의 여러부족중
  가장 인구수가 많은 부족
- 57%
- 대만
- 카발란 생산
- 킹카그룹 소유

카발란 솔리스트 싱글몰트 타이완 위스키
KAVALAN SOLIST SINGLE MALT TAIWAN WHISKY

대만에서도 세계적으로 유명한 위스키를 생산하고 있습니다. 대만이 WTO에 가입한 뒤 민간에서 위스키를 증류할 수 있게 되자, 킹카(King Car)라는 재벌기업이 2005년에 증류소를 설립해 생산하고 있는 카발란입니다. 대만도 높은 기후로 인해 증발하는 양이 많습니다. 짧은 숙성이지만 고숙성 못지않은 풍미의 개성 있는 위스키로 많은 사람들을 놀라게 했습니다. 카발란의 위스키는 숙성 연수가 비교적 짧고, 대부분 숙성 연수를 표기하지 않습니다. 그중에 높은 도수와 풍부하고 강한 셰리 풍미를 느낄 수 있는 셰리 캐스크 제품은 카발란 위스키를 알린 1등 공신입니다. 국내에서는 주로 면세점에서 인기를 끌고 있습니다.

- 증류주
- 위스키
  - 재패니즈 위스키
  - 블렌디드 위스키
- 1937년 출시
- 산토리
  SUN+TORY
  (청량과 산지로리)
  KAKUBIN, 角瓶
  = 각병, 각진병
- 40%
- 일본
- 산토리 생산
- 산토리 소유

산토리 가쿠빈 블렌디드 재패니즈 위스키
SUNTORY KAKUBIN BLENDED JAPANESE WHISKY

재패니즈 위스키 중에서 가장 널리 알려지고 많이 판매되는 위스키는 하이볼을 위한, 하이볼에 의한, 하이볼의 위스키입니다. 국내에서는 조금 비싼 가격에 판매되고 있지만 해외에서는 매우 저렴한 위스키로, 하이볼로 마시기 좋은 가벼운 제품입니다. 독특한 병 모양 때문에 '가쿠빈(각진 병)'이라 불리기도 합니다. 재패니즈 위스키의 명맥을 이어온 위스키이며, 일본 버블 경제 위기 이후 위스키가 시들해졌을 때, 하이볼로 지금의 재패니즈 위스키 열풍을 이끌어낸 주역입니다. 우리나라에서도 어렵지 않게 접할 수 있으며, 역시 하이볼로 많은 사랑을 받고 있습니다.

- 증류주
- 위스키
  - 코리안 위스키
  - 싱글몰트 위스키
- 2020년 설립
- 2024년 출시
  (정규 제품)
- 호랑이
  (한국 남성)
- 46%
- 한국 남양주
- 기원 생산
- 기원 소유

- 증류주
- 위스키
  - 코리안 위스키
  - 싱글몰트 위스키
- 2020년 설립
- 2024년 출시
- 증류소 위터
- 50.1%
- 한국 김포
- 김창수위스키 생산
- 김창수위스키 소유

기원 타이거 싱글몰트 스카치위스키
KIWON TIGER SINGLE MALT KOREAN WHISKY

쓰리소사이어티스는 우리나라 최초의 위스키 증류소입니다. 2020년 설립, 2021년 한국 최초 '기원'이라는 싱글몰트 위스키를 출시했습니다. 2023년 같은 이름으로 정규 위스키를 출시했으며, 배치별로 다른 풍미의 제품을 생산했습니다. 2024년 사명을 '기원'으로 변경하고, '기원'이라는 이름에 세 가지 스타일의 정규 제품을 출시하였습니다. '호랑이'는 그 중 가장 먼저 출시한 제품으로 한국을 의미하며 셰리, 와인 캐스크에서 숙성한 46% 도수의 위스키입니다. 달콤한 과실 향에 다소 맵고 거친 풍미가 있어 호불호가 있을 수 있지만 가격과 도수, 정규 제품으로 계속 만날 수 있는 좋은 접근성을 생각하면 많은 노력이 담긴 위스키입니다. 이후 다른 스타일의 정규 제품인 '독수리'와 '유니콘'도 차례대로 출시되었습니다.

김포 싱글몰트 코리안 위스키
GIMPO SINGLE MALT KOREAN WHISKY

김창수 위스키 증류소는 2020년, 쓰리소사이어티스 증류소에 이어 국내에서 두 번째로 설립되었습니다. 국내에서는 1년 이상 숙성하면 위스키가 되기 때문에, 2021년에 1년 숙성된 첫 위스키를 출시했으며, 이후 국내의 몰트와 캐스크를 사용한 제품도 출시했습니다. 2024년에는 3년 이상 숙성된 캐스크들을 섞어 만든 공식 제품, 김포 싱글몰트 위스키를 출시했습니다. 이전까지의 제품들이 한정판 개념의 위스키였다면, 김포는 첫 공식 제품이자 계속해서 생산되는 공식 제품입니다. 3년 이상 숙성을 해서 국제적으로도 위스키로 인정을 받을 수 있습니다. 9개의 다양한 크기와 종류의 캐스크를 섞어 만든 싱글몰트 위스키로 그동안의 위스키가 개성을 드러냈다면, 김포는 안정적이고 균형 잡힌 풍미를 가진 제품으로 평가받고 있습니다.

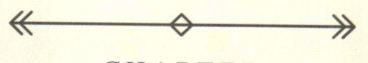

CHAPTER 02

브랜디
BRANDY

브랜디란?

　불과 얼마 전까지 우리에게 '양주'로 익숙하게 불렸던 술은 위스키와 브랜디였습니다. 지금이야 그렇지 않지만 그전까지는 브랜디를 위스키와 잘 구분하지 않고 혼용해서 양주로 통칭했죠. 그래도 조금 실용적(?)으로 생긴 위스키 병에 비해 브랜디는 고급스럽고 사치스러운 병 디자인 때문에 주로 장식장을 장식하던 술이었습니다. 이번 장에서는 브랜디가 위스키와 어떻게 다르고 어떤 종류가 있으며 어떻게 만들어지는지를 알아보겠습니다.

　브랜디는 어원을 보면 어떤 술인지 가늠할 수 있습니다. 브랜디 Brandy 의 어원인 'Brandewjin'은 Burnt wine 변 와인, 태운 와인을 의미한다는 견해가 지배적입니다.

　브랜디는 와인을 증류해서 얻은 증류주로 최소 알코올 도수가 36%입니다. 증류기는 제한이 없으며 최소 6개월 이상 숙성하고, 나무통에서 숙성 시에는 최소 1년 이상의 숙성을 필요로 합니다.

　캐러멜색소 추가는 가능하지만 인공향료·감미료는 불가합니다. 특정 지리적 표시가 있는 경우 각각 해당 지역의 규정을 지켜야 합니다.

　국내에서는 과실주를 증류해서 1년 이상 숙성해야 합니다.

브랜디의 역사

　지금 우리가 마시고 있는 증류주는 아랍의 증류 기술이 전해져 만들어진 술입니다. 이 증류법이 유럽으로 전해지고 한참 시간이 지나 대중화되어 발전하기 시작했을 당시 유럽에서는 맥주와 와인이 주로 소비되던 시기였기 때문에, 맥주로 위스키를 만들고 포도주를 증류해서 브랜디를 만들었습니다. 참고로 위스키를 맥주의 주원료인 보리 외의 곡물을 사용해 만들어도 '위스키'라 부르듯이, 브랜디 역시 포도 외 다른 과일을 사용해 만들어도 '브랜디'라 합니다. 브랜디가 처음 증류된 시기는 위스키와 비슷한 시기인 것으로 기록되어 있습니다.

포도주를 처음 증류한 증류주는 오드비Eau-de-Vie 라고 기록되어 있는데, 이는 위스키와 같이 '생명의 물'을 뜻합니다. 증류법이 도입된 초반에 증류주는 주로 약으로 소량 사용되었습니다. 역시나 수도원에서 말이죠.

'생명의 물'을 뜻하는 오드비는 프랑스에서는 증류주를 의미하며, 브랜디를 포함하는 과실 증류주로서의 의미가 있기도 합니다. 나라에 따라서는 포도 외의 과일로 증류한 술을 말하기도 하고요. 매우 광범위한 의미로 사용되고 있습니다.

시간이 지나 16세기 이후 네덜란드 황금시대의 주역인 네덜란드의 상인들은 프랑스 등지의 와인을 수입해 판매할 때 유통이나 남은 포도주의 보관 문제로, 혹은 관세를 피하기 위해 부피를 줄이고자 포도주를 증류하기 시작했습니다. 이를 보고 '와인을 태운다' 하여 네덜란드어로 브란데바인 Brandewijn 이라 불렀던 것이죠.

1700년대 아르마냑과 코냑 지역에서 생산되는 브랜디가 지역별로 차별화되기 시작했고, 1800년대에는 다른 나라로 수출되며 전문 브랜디 생산자 브랜드들이 생겼습니다. 20세기경 칵테일의 유행으로 브랜디가 많이 사용되었고, 세계대전 이후에 여러 나라들도 브랜디를 생산하기 시작했으며, 21세기에 들어서는 코냑을 중심으로 고급화를 이끌며 브랜디는 높은 인지도와 인기를 얻게 되었습니다.

브랜디의 제조 과정

브랜디는 범위가 매우 넓습니다. 넓은 의미로는 과일을 사용해서 만든 증류주를 모두 브랜디로 분류하고 있기 때문입니다.

나라별로, 혹은 사용하는 재료나 과일별로 제조법은 차이가 있을 수 있습니다. 그러나 브랜디를 만드는 기본 과정은 일반 증류주를 만드는 과정과 같습니다. 재료를 발효시켜 알코올을 만들고 그걸 증류시키는 간단한 과정으로 만들죠. 가장 많이 사용되는 재료인 '포도'로 브랜디를 제조하는 과정을 알아보도록 하겠습니다.

포도 수확

수확 harvesting 을 통해 브랜디에 사용할 포도 등의 과일을 준비합니다. 브랜디와 가장 많이 비교되는 위스키가 보리맥아 외에도 옥수수, 밀, 호밀 등 여러 곡물을 사용하는 것처럼, 브랜디 역시 포도 외에 다양한 과일을 원료로 사용해 만들 수 있습니다.

압착

포도주를 생성하는 과정과 같이 포도 등의 과일을 세척하고, 파쇄 압착 pressing 하여 즙을 생성합니다.

발효

포도즙을 발효 fermentation 시켜 알코올 상태로 만듭니다.

증류

발효된 알코올을 증류 distillation 합니다. 브랜디의 경우 전통적으로 구리로 만든 단식 증류기를 사용해 두 번 증류하는 것이 일반적입니다.

숙성

오크통에서 정해진 시간만큼 숙성 maturation 합니다. 코냑, 아르마냑 등 어느 정도 알려진 대부분의 브랜디는 숙성 과정을 거치지만, 모든 브랜디가 숙성을 필수로 하지는 않습니다. 이는 브랜디의 범위가 넓다는 것을 보여주기도 합니다.

병입

숙성을 마친 브랜디를 최종적으로 병에 주입 bottling 합니다.

브랜디의 분류

브랜디는 좁은 의미에서는 포도를 발효해 만든 와인을 증류한 증류주를 말합니다. 넓은 의미로는 과일을 증류해서 만든 증류주입니다. 물론 나라별로 정해진 규정이 있고요.

브랜디는 범위가 넓다 보니 다른 증류주처럼 딱히 분류가 되어 있진 않습니다. 나라별로 유명한 브랜디 혹은 과일로 만든 증류주들이 있으며 각각 규정을 가지고 있으니, 굳이 분류하자면 나라별로 분류할 수 있을 듯합니다.

프랑스의 브랜디

브랜디는 그 시작도 그렇고 포도, 와인과 떼려야 뗄 수 없는 관계이다 보니 세계 최대이자 최고의 와인 생산국인 프랑스가 브랜디의 본고장으로 불리는 것은 매우 자연스러운 일입니다.

과거 네덜란드 상인들이 와인을 증류하기 시작했을 때, 와인으로 유명한 보르도, 부르고뉴 지방의 와인보다 비교적 저렴했던 코냑 지방과 아르마냑 지방의 와인을 증류해서 판매했는데, 이 술이 오크통에서 숙성되며 독특한 풍미를 얻게 되며 브랜디의 인기가 급상승했고, 그 결과 코냑과 아르마냑 지역이 브랜디로 유명해졌습니다.

이처럼 프랑스에는 서로 다른 개성을 가진 브랜디로 유명한 지역이 3곳 있으며, 프랑스의 브랜디는 이런 지역에 따라 크게 세 종류로 나뉩니다. 또한 그 지역 안에서도 개성이 다른 지역으로 세분해 구분하여 강조하는 것은 와인의 테루아 terroir, 포도에 영향을 주는 땅, 기후, 품종 등 모든 것 와 같은 요소라 보면 될 듯합니다. 와인과 같이 A.O.C 원산지 통제 명칭 를 적용받습니다.

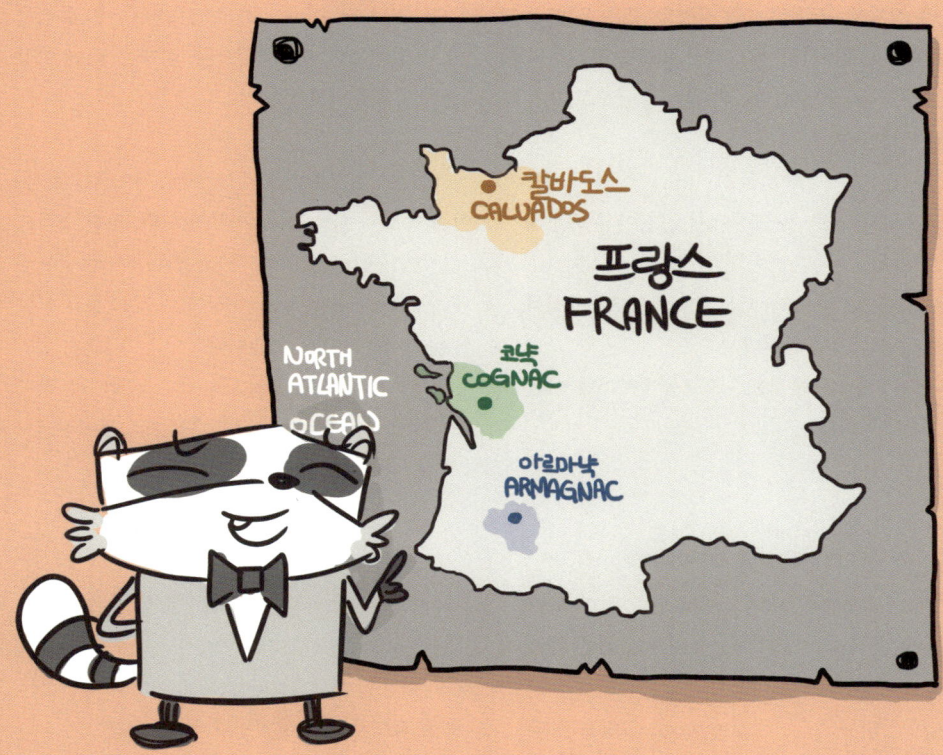

■ 코냑(Cognac)

브랜디 중에 가장 유명한 것이 코냑입니다. 흔히 브랜디가 코냑과 같은 것으로 인식되기도 할 만큼 유명합니다.

코냑 지방은 대서양과 샤랑트강을 끼고 있어 브랜디 제조에 적합한 포도 재배는 물론 수출에도 적합한 지역이며, 이곳에서 생산되는 브랜디를 '코냑'이라고 부릅니다. 코냑 안에서도 6곳으로 세분화합니다.

코냑 지역의 브랜디는 세 품종의 포도로 만드는데 거의 대부분을 차지하는 위니 블랑 Ugni Blanc 과 더불어 폴 블랑슈 Folle Blanche, 콜롬바드 Colombard 입니다. 대부분 소형 단식 증류기를 사용해서 두 번 증류하는 방식으로 만듭니다. 재배부터 증류까지 모든 공정을 직접 하는 곳의 원액을 많이 모아 블렌딩하는 방식으로 만들고 알코올 도수는 보통 40%입니다.

지역을 구분하여 명산지의 명품을 만드는 것이 프랑스의 정책이며 A.O.C, 그러한 정책과 더불어 코냑은 숙성 기간으로 제품을 구분합니다.

처음 코냑에 등급 표시를 사용한 곳은 유명 코냑 브랜드인 헤네시입니다. 별로 등급을 표시하다가 코냑사무국에 의해 다음과 같은 등급으로 표기하기 시작했습니다.

- V.S(Very Special) 오크통에서 2년 이상 숙성해야 합니다.
- V.S.O.P(Very Superior Old Pale) 오크통에서 4년 이상 숙성해야 합니다.
- NAPOLEON(나폴레옹) 오크통에서 6년 이상 숙성해야 합니다.
- X.O(Extra Old) 2018년 이전에는 나폴레옹과 같이 6년 숙성이었으나, 현재는 10년 이상 숙성으로 바뀌었습니다.

코냑은 4월 1일부터 1년 단위로 나이를 먹는데, 이를 콩트 Compte, Count 라고 합니다. 또한 법적으로 정해지는 않았지만 'Hor d'Age Beyond Age,' 'Vieille Reserve Old Reserve'라 하여 X.O 등급 이상을 나타내는 명칭이 있습니다.

코냑으로 유명한 브랜드는 5대 코냑이라 하여 레미마틴, 헤네시, 카 뮤, 마르텔, 쿠르 부아지에가 있습니다.

■ 코냑 생산지 명칭(Cognac Appellation)

- 그랑드 샹파뉴(Grande Champagne) 가장 오랜 기간 숙성하는 지역으로 꽃 풍미의 특색을 가지고 있습니다.
- 프티트 샹파뉴(Petite Champagne) 그랑드 샹파뉴와 유사하며, 더 큰 면적을 가지고 있습니다. 약간 아래 등급으로 여겨집니다.

생산지 명칭은 아니지만 그랑드 샹파뉴(50% 이상)와 프티트 상파뉴만 블렌딩된 경우, 핀 샹파뉴(Fine Champagne)라는 명칭을 붙일 수 있습니다.

- 보더리(Borderies) 6곳의 지역 중 가장 작은 지역으로 짧은 기간 숙성합니다. 그랑드 샹파뉴, 프티트 샹파뉴와 함께 블렌딩에 많이 사용되지만 단독으로 생산되기도 합니다.
- 팽부아(Fins Bois) 코냑의 43% 이상을 생산하는 숙성 속도가 빠른 지역입니다.
- 봉부아(Bons Bois) 남부 지역에 형성되어 있는 모래 토양 지역입니다.
- 보아 오디네르(Bois Ordinaires) 해안을 따라 섬을 포함한 모래 토양 지역입니다.

보통 이런 순서로 품질을 평가하며, 보더리까지 지역 명칭을 표기합니다.

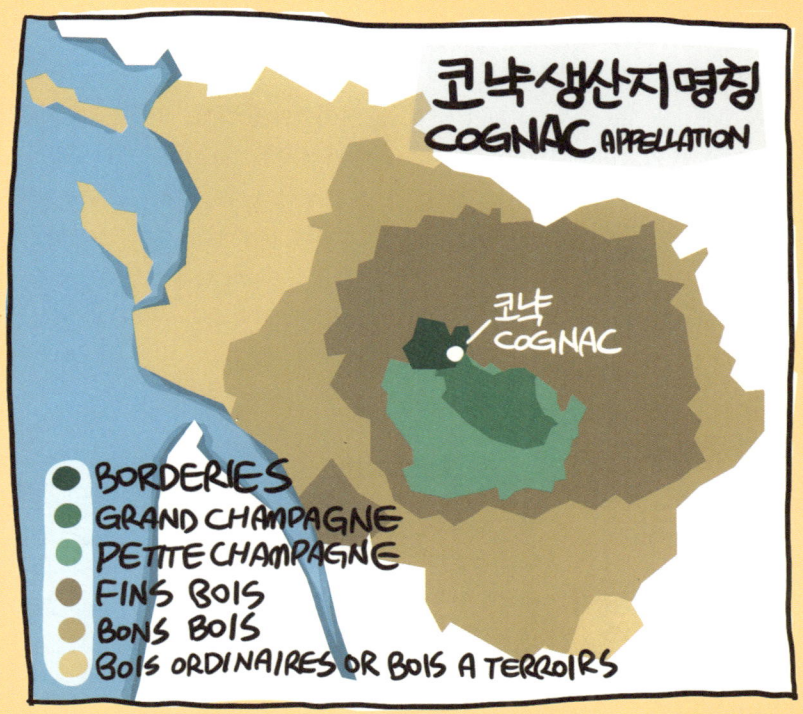

■ 아르마냑(Armagnac)

프랑스에서 브랜디를 가장 먼저 증류하기 시작한 곳은 코냑이 아닌 아르마냑 지역이었습니다. 아르마냑은 단식 증류기로 두 번 증류하는 코냑과 달리, 일종의 연속 증류기에서 한 번만 증류하여 주로 블렌딩하지 않고 사용합니다.

아르마냑은 주로 소규모 방식으로 만들기 때문에 가족이 경영하는 작은 농장에 전문 증류업자가 이동식 증류기를 가지고 와서 증류하기도 합니다.

개성이 강하기 때문에 코냑이 '블렌딩 위스키'라 하면, 아르마냑은 '싱글몰트 위스키'로 비유됩니다. 블렌딩이 되지 않기 때문에 좋은 술이 나온 해에는 빈티지 아르마냑이 나오기도 합니다.

■ 아르마냑 숙성 표기

아르마냑도 아르마냑 사무국 BNIC의 통제를 받으며, 숙성 표기는 코냑과 유사하게 규정되어 있습니다. 각 숙성 표기마다 최소 숙성 기간이 정해져 있습니다.

- VS, 3star 최소 1년 이상 숙성해야 합니다.
- VSOP 최소 4년 이상 숙성해야 합니다.
- Napoleon 최소 6년 이상 숙성해야 합니다.
- XO/Hors d'Age 코냑과 같이 2018년 이후 최소 10년 이상 숙성해야 합니다.
- 빈티지 표기는 단일 해에 증류된 원액만 사용해야 하며, 10년 이상 숙성해야 합니다.

■ **아르마냑 원산지 통제 명칭 AOC**

- 바-아르마냑(Bas-Armagnac) 최아르마냑의 서쪽에 위치하며, 주로 가볍고 신선한 과일 풍미를 가진 섬세한 아르마냑을 생산합니다.
- 테나레즈(Tenareze) 아르마냑의 중앙에 위치하며, 1993년 지정되었고, 복합미가 있으며 개성이 강한 아르마냑을 생산합니다.
- 오-아르마냑(Haut-Armagnac) 아르마냑 남동쪽에 위치하며, 생산량이 적고, 가벼운 아르마냑을 생산합니다.

■ **칼바도스(Calvados)**

프랑스를 대표하는 브랜디 중 하나로, 포도가 아닌 사과로 만든 브랜디도 있습니다. 사과 브랜디는 사과로 만든 발효주인 사과주 Cider를 증류해서 만들었으며, 보통 단식 증류기로 두 번 증류합니다. 사과 브랜디로 유명한 칼바도스도 역시 프랑스의 지역 이름입니다. 제2차 세계대전 상륙지로 유명한 노르망디주에 위치한 곳이며, 오래전부터 사과주로 유명한 지역입니다.

사과 외에 배도 사용할 수 있으며, 지역에 따라 최소 함량이 정해져 있기도 합니다. 이는 풍미를 위한 조정이기도 하지만, 배를 재배하는 농가를 위한 정책이기도 합니다. '칼바도스'라는 지명은 이 지역에 좌초한 무적함대 이름 'El Calvador'에서 유래했습니다.

■ **칼바도스 숙성 표기**

- Fine 최소 2년 이상 숙성해야 합니다.
- Réerve, Vieux 최소 3년 이상 숙성해야 합니다.
- V.O.(Very Old), VSOP(Very Superior Old Pale), Vieille Réerve 최소 4년 이상 숙성해야 합니다.
- Hors d'Age, XO, Trè Vieille Réerve, Trè Vieux, Napolén 최소 6년 이상 숙성해야 합니다.

■ **칼바도스 원산지 통제 명칭 AOC**

- 칼바도스(Calvados) 노르망디 대부분 지역에서 생산되며, 가장 넓은 생산지입니다. 다양한 사과 품종을 사용하고 연속식 증류가 허용되며, 배 함량에 제한이 없습니다.
- 칼바도스 페이도주(Calvados Pays d'Auge) 가장 유명한 생산지로, 배는 30%까지만 허용됩니다. 단식 증류기를 사용해야 하며, 최소 2년 이상 숙성해야 합니다.
- 칼바도스 동프롱테(Calvados Domfrontais) 배 함량이 30% 이상 포함되어야 하며, 연속식 증류가 허용됩니다. 최소 3년 이상 숙성해야 합니다.

세계의 브랜디

포도로 만드는 증류주의 경우 생산 과정이 서로 다르기도 하여 여러 이름으로 불립니다. 큰 범주 안에서 브랜디에 속하는 유명한 포도 증류주를 알아보겠습니다.

■ 이탈리아의 그라파

이탈리아의 브랜디로 유명한 그라파 Grappa 는 와인을 만들기 위해, 포도의 즙을 짜고 난 찌꺼기인 포마스를 발효한 뒤 증류해서 만드는 술입니다. 프랑스의 퍼미스 Pomace 나 마르 Marc 와 같은 종류의 술이죠. 그라파는 짧지 않은 역사, 따져보면 14세기까지 올라가는 긴 역사를 가지고 있으며, 독특한 재료처럼 단식 증류기와 연속식 증류기가 합쳐진 독특한 증류기로 증류합니다. 이는 포도의 개성과 풍미를 위한 것입니다.

프랑스와 함께 최대 와인 산지를 다투는 이탈리아는 수많은 곳에서 그라파를 제조합니다. 와인을 생산하는 곳에서 그라파를 생산하기도 하고, 와인 생산지에서 포도 찌꺼기와 껍질인 퍼미스를 구입한 뒤 증류해서 만들기도 합니다. 증류한 뒤 바로 병입하거나 캐스크에서 숙성하여 병입하기도 합니다.

■ 아르메니아의 아르메니안 브랜디

코냑 외의 코냑으로 유명했던 브랜디가 있습니다. 현재는 '아르메니아 브랜디'라고 불리지만, 한때 코냑 협회의 인용 아래 코냑 외의 지역에서 유일하게 코냑 명칭을 사용하기도 했습니다.

아르메니아의 브랜디는 19세기 후반, 프랑스 브랜디의 기술을 도입하며 생산하기 시작했습니다. 아르메니아의 유명한 아라라트 산 계곡에서 재배되는 아르메니아산 토착 포도를 사용하여 두 번 증류하고 오크통에서 3년 이상 숙성해야 합니다.

'아라라트'라는 브랜드가 아르메니아의 브랜디를 대표하는 제품으로, 아르메니아 브랜디의 대명사격인 브랜드로 알려져 있습니다.

■ 스페인의 브랜디 드 헤레스

프랑스, 이탈리아와 더불어 세계 3대 와인 산지 타이틀을 가지고 있는 나라, 스페인 지방의 헤레스 Jerez 는 셰리 와인의 본고장입니다. '셰리'라는 명칭은 이곳 헤레스의 영어식 발음에서 유래된 것입니다. 셰리 와인이 브랜디를 첨가한 스페인 와인이니, 셰리와 더불어 이곳의 브랜디 드 헤레스 Brandy de Jerez 가 유명하지 않을 수 없죠. 이곳에서 생산되는 브랜디는 스페인의 원산지 표기법에 따라 명칭이 주어집니다.

■ 칠레와 페루의 피스코

칠레와 페루가 서로 자신들의 술이라 주장하는 피스코 Pisco 도 브랜디의 일종입니다. '피스코'라는 이름이 페루의 피스코항에서 유래된 것이라 하여 페루는 자신들이 원조라 하고, 칠레는 자신들이 만들었던 포도 증류주를 실어 나르던 곳이 피스코였기 때문에 자신들이 원조라 하며 싸우고 있습니다.

'칠레' 하면 세계에서도 알아주는 포도 생산지이며 와인 또한 유명합니다. 피스코의 판매량 규모도 그렇습니다. 다만 원조 타이틀을 가져오기 위해서인지 물량 공세가 치열할 정도로 페루와 칠레의 공방전은 만만치 않은 듯합니다. 티격태격하는 두 나라의 관계 또한 그러하고, 그런 공방전이 피스코의 이름을 더 알리기도 하니 말이죠. 페루는 전통적인 방식으로 브랜디를 생산하고 대부분 색이나 첨가물이 없다면, 칠레는 다양한 방식을 사용하기에 색을 띠거나 첨가물을 더하는 경우도 있습니다.

브랜디의 정수, 오드비

'생명의 물'이라는 뜻의 오드비는 초기에 증류주를 부르는 단어였습니다.

증류주가 세분되면서 오드비의 일종이었던 것이 다른 명칭을 갖게 되었고, 현재 오드비는 여러 의미를 가지고 있습니다. 보통 다음과 같은 세 가지를 의미합니다.

첫째, 초기 증류주를 의미했던 것처럼 증류주의 최상위 개념으로 증류주를 지칭하기도 합니다. 사과 오드비는 칼바도스, 포도 오드비는 브랜디, 심지어 곡물 오드비는 위스키를 지칭하기도 합니다.

둘째, 유럽에서는 색이 없는 과일 증류주를 지칭합니다.

셋째, 코냑의 증류 원액을 지칭합니다. 코냑은 와인을 두 번 증류합니다. 처음 증류할 때 27~30% 정도의 증류주를 생산하는데 이것을 브루이 Brouillis 라고 합니다. 브루이를 증류해서 67~72% 정도의 증류주를 만들고 이를 '오드비'라 지칭하죠. 이렇게 바로 증류된 증류 원액부터 코냑으로 제품화되기 전에 숙성 중인 코냑 원액을 오드비EAU DE VIE라고 부릅니다.

브랜디 즐기기

잔을 감싸고 데워서

브랜디는 오래전부터 향을 즐기는 술로 여겨졌습니다. 아무래도 포도주를 증류한 술이라는 이미지 때문에 더욱 그런 듯합니다. 튤립 모양의 잔에 브랜디를 따르고 손으로 감싸 손의 온기로 술을 살짝 데워 마시는 것이 대표적인 음용법입니다. 브랜디 잔은 자연스럽게 감싸기 좋게 디자인되어 있죠.

그 외에 위스키와 같이 물을 조금 첨가하거나, 얼음을 넣어 마시거나, 칵테일로 만들어 마시는 것도 브랜디를 즐기기 좋은 방법입니다.

- 증류주
- 브랜디
- 코냑
- 1765년 설립
- 설립자 리차드 "헤네시"
- 40%
- 프랑스 코냑
- 헤네시 생산
- LVMH 소유

헤네시 V.S.O.P 코냑
HENNESSY V.S.O.P COGNAC

헤네시 증류소는 1765년 리처드 헤네시가 두 명의 동업자와 함께 설립했습니다. 그의 아들 제임스 헤네시는 장 마르텔의 딸과 결혼하고, 1794년부터 미국에 수출하기 시작했습니다. 1804년에는 병입(bottling) 상태로 수출하기 시작하면서 위조가 어려워졌고, 이로 인해 브랜드의 신뢰도와 인기가 더욱 높아졌습니다. 1971년 모에 샹동과 합병하며 루이비통모에헤네시(LVMH)의 소유가 되었습니다. 최초의 V.S.O.P(Very Superior Old Pale)는 1817년에 출시했으며, 여러 나라에 수출하며 명성을 쌓았습니다. V.S.O.P는 4년 이상 숙성된 코냑을 블렌딩해서 만듭니다. 화사한 과일 풍미에 달콤한 캐러멜, 오크 풍미와 맛으로 호불호 없이 즐기기 쉬운 코냑입니다.

- 증류주
- 브랜디
- 코냑
- 1715년 설립
- 설립자 장 "마르텔"
- 40%
- 프랑스 코냑
- 마르텔 생산
- 페르노리카 소유

마르텔 V.S.O.P 코냑
MARTELL V.S.O.P COGNAC

마르텔 증류소는 1715년 장 마르텔이 설립했습니다. 1715년 제품은 흔히 말하는 '5대 코냑' 중 가장 오래된 코냑입니다(오지에가 코냑 브랜드 중에서는 가장 오래된 브랜드라고 합니다). 장 마르텔은 코냑 지역의 포도밭을 소유하고 트롱세 참나무통을 사용했습니다. 마르텔은 위니 블랑을 사용한 자사 증류액을 70% 사용하고 나머지는 다른 곳에서 만든 증류액을 사용했습니다. 마르텔의 V.S.O.P는 부드럽고, 달콤하면서도 다양한 풍미를 지녀, 가볍게 즐기기에 적합한 코냑입니다.

- 증류주
- 브랜디
  - 코냑
- 1724년 설립
  - 설립자
    '레미마르탱'
    REMY MARTIN
- 40%
- 프랑스 코냑
- 레미마르탱 생산
- 레미쿠엥트로 소유

- 증류주
- 브랜디
  - 코냑
- 1863년 설립
  - 설립자
    장 바티스트 '카뮈'
- 40%
- 프랑스 코냑
- 카뮈 생산
- 메종 카뮈 소유

레미 마르탱 V.S.O.P 코냑
REMY MARTIN V.S.O.P COGNAC

카뮈 V.S.O.P 코냑
CAMUS V.S.O.P COGNAC

레미 마르탱 증류소는 레미 마르탱이 1724년에 설립했습니다. 1738년 루이 15세는 레미 마르탱의 포도밭에 포도를 더 많이 심도록 허락했습니다. 1927년부터 V.S.O.P를 생산했고, 1948년부터는 그랜드 샹파뉴와 쁘띠 샹파뉴의 포도만 사용해 만들었습니다. 포도의 97%는 유니 블랑 품종입니다. 알람빅 증류기에서 증류되며 리무진 오크에서 숙성됩니다. 1981년 코냑 중에 최초로 X.O를 출시했고, 1991년 쿠엥트로와 합병하면서 레미 쿠앵트로가 되었습니다. 레미 마르탱의 루이 13세는 우리나라에서 아주 비싼 양주의 대명사로 여겨졌습니다. V.S.O.P는 긴 목의 병 디자인이 특색 있는 것으로 유명하고, 화사한 과실 향에 달달한 풍미가 어우러져 처음 접하기에 적당한 코냑입니다.

카뮈는 1863년 장 바티스트 카뮈가 설립했으며, 지금까지도 5대째 가족이 소유하고 경영하는 몇 안 되는 코냑 생산자입니다. 카뮈는 증류 원액인 오드비를 중요시합니다. 코냑 지역 중에 가장 작은 보더리 크뤼에 포도밭을 가지고 있으며, 테루아를 내세우고 있습니다. 5대 코냑 중에는 역사도 짧고 규모도 작지만, 영국과 러시아 등지로 수출하기 시작하고 면세점에도 판매하면서 '카뮈'라는 이름을 세계에 알리고 지켜왔습니다. 깊은 과일 꽃 내음의 풍미가 장점으로 꼽히는 V.S.O.P는 코냑을 알기에 좋은 제품입니다.

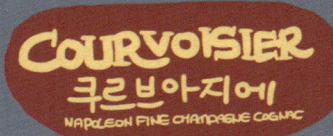

- 증류주
- 브랜디
- 코냑
- 1809년 설립
- 설립자 엠마뉴엘 "쿠르브아지에"
- 40%
- 프랑스 코냑
- 쿠르브아지에 생산
- 산토리 소유

- 증류주
- 브랜디
- 코냑
- 1989년 설립
- 설립자 중 한명 '피에르 페랑'
- 40%
- 프랑스 코냑
- 피에르페랑 생산
- 메종페랑 소유

쿠르부아지에 V.S.O.P 코냑
COURVOISIER V.S.O.P COGNAC

쿠르부아지에(쿠브와제, 크루보아제)는 1809년 와인·증류주 상인이었던 에마뉴엘 쿠르부아지에가 시작한 코냑 브랜드입니다. 1811년 나폴레옹에게 코냑을 제공한 이후 '나폴레옹의 코냑'이라 하며 판매했으며, 로고도 오른쪽 가슴에 손을 넣은 나폴레옹입니다. 1857년 샤랑트에 '메종 쿠르부아지에'를 세웠고 지금까지 유지되고 있습니다. 여러 코냑을 블렌딩해서 사용하는 쿠르부아지에는 자체 포도밭을 가지고 있지 않고 그랑 상파뉴와 프티 상파뉴, 보더리, 핀브아즈에서 오드비를 구매하고 있으며, 리무진 오크통에서 숙성하고 있습니다. 하이람 워커를 거쳐 지금은 산토리의 소유입니다. V.S.O.P는 부드럽고 따사로운 과일 향, 꽃 향을 가진 달달한 코냑입니다.

피에르 페랑 앰버 코냑
PIERRE FERRAND AMBRE COGNAC

1702년에 설립되어 10세대가 넘도록 오랫동안 코냑의 원주, 오드비를 생산한 가문의 피에르 페랑은 알렉산더 가브리엘, 장 도미니크 안드레우와 함께 1989년 '코냑 페랑'이라는 회사를 설립합니다. 이때 '피에르 페랑'이라는 상표를 등록하고 코냑 외에도 진과 럼을 생산하기 시작했습니다. 셋은 이후 결별했으나, 피에르 페랑은 자신의 이름으로 된 코냑을 계속 판매했습니다. 피에르 페랑은 보통의 코냑처럼 등급을 표기하지 않고 이름을 붙여 구분합니다. 앰버는 X.O급의 코냑으로 평균 10년 정도 숙성된 원액을 사용합니다. 비슷한 스탠더드 급에는 1840 오리지널 포뮬러와 평균 20년 숙성 제품인 레저브가 있고, 그 외 높은 등급도 있습니다.

MERLET 메를레
MERLET BROTHERS BLEND COGNAC

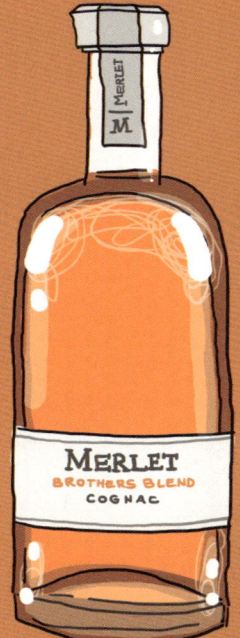

- 증류주
- 브랜디
- 코냑
- 1850 년설립
- 설립자 FIRMIN "MERLET" 가문경영
- 40%
- 프랑스코냑
- 메를레 생산
- 메를레 소유

메를레 브라더스 블렌드 코냑
MERLET BROTHERS BLEND COGNAC

메를레는 1850년부터 가문 경영으로 코냑 원주(오드비)를 생산하여 메이저 코냑 회사에 납품하면서 여러 증류주를 생산하고 있습니다. 메를레 브라더스 브랜드는 2010년에 운영자의 두 아들이 경영에 참여하는 기념으로 자신들의 이름을 걸고 출시한 코냑입니다. V.S.O.P급의 코냑으로 낯선 이름이지만 좋은 반응을 얻고 있죠. 4~10년의 원주로 만들고 이후 다른 등급의 코냑들과 다양한 리큐어를 생산하고 있습니다.

DELAMAIN 델라망
DELAMAIN X.O PALE AND DRY GRANDE CHAMPAGNE COGNAC

- 증류주
- 브랜디
- 코냑
- 1759 년설립
- 설립자 제임스 "델라망"
- 40%
- 프랑스
- 델라망 생산
- 델라망 소유

델라망 X.O 페일 & 드라이 코냑
DELAMAIN X.O PALE & DRY COGNAC

델라망은 제임스 델라망이 1759년에 설립했습니다. 100% 그랜드 샹파뉴의 원액(오드비)을 사용하는 코냑 델라망은 전 제품이 X.O 등급 이상이며, 보통의 코냑보다 오래 숙성하며 물을 타서 도수를 맞추지 않고 저도수의 원액(13%)을 섞어 도수를 맞춥니다. 델라망을 대표하며 가장 많이 알려지고 판매되는 X.O 페일 & 드라이는 1920년에 출시된 제품으로 평균 25년 숙성한 원액으로 만듭니다. 색이 밝고 드라이해서 '페일 & 드라이'라 이름 지어졌고, 달달한 바닐라 및 과일과 향신료의 향까지 가미된 부드럽고 다양한 풍미를 특징으로 가지고 있습니다. 페일 & 드라이 다음으로 유명한 베스퍼는 평균 35년의 숙성 기간을 가집니다.

- 증류주
- 브랜디
  - 코냑
- 1795년설립
  - 설립자 JEAN BAPTISTE ANTOINE "OTARD"
- 40%
- 프랑스
- 오타드 생산
- 바카디 소유

- 증류주
- 브랜디
  - 아르마냑
- 1870년설립
  - 샤토드로바드
- 40%
- 프랑스
- 샤토드로바드
- 메를레소유

바론 오타드 V.S.O.P 코냑
BARON OTARD V.S.O.P COGNAC

1795년에 설립된 바론 오타드는 두 세기가 넘도록 자기 소유의 포도밭에서 오드비를 증류해 왔으며, 지금은 마티니 앤 로시를 거쳐 바카디의 소유입니다. 50% 이상 그랜드 샹파뉴 지역의 포도를 사용하며, 일명 '바이킹 침입을 막기 위해 지은 오래된 성'을 그대로 사용하는 바론 오타드는 '샤토 드 코냑(Catearu De Cognac)'으로 잘 알려져 있습니다. 가장 많이 알려진 바론 오타드 V.S.O.P는 최소 50% 이상 그랜드 샹파뉴 지역의 코냑과 나머지 프티 샹파뉴 지역의 코냑을 블렌딩해서 제조됩니다. 프렌치 오크통에서 숙성되며 녹녹한 과일 향에 달달한 바닐라 풍미가 부담 없는 코냑입니다.

샤토 드 로바드 아르마냑
CHATEAU DE LAUBADE ARMAGNAC

1870년 설립된 샤토 드 로바드는 1974년 레고구스 가문이 인수하여 3대째 대를 이어 아르마냑을 생산하고 있습니다. 오드비로 유명한 바 아르마냑 지역에 있으며, 105헥타르(31만 평, 260에이커)의 포도밭을 소유하고, 전통 방식의 알람빅 증류기로 증류하고 있습니다. 2014년에는 문화유산기업(EPV)으로 지정받았습니다. 연도별 빈티지 제품들이 있으며, 주제품은 6~12년 숙성하는 V.S.O.P, 12~20년 숙성하는 Hors d'Age, 15~25년 숙성하는 X.O 제품 등입니다.

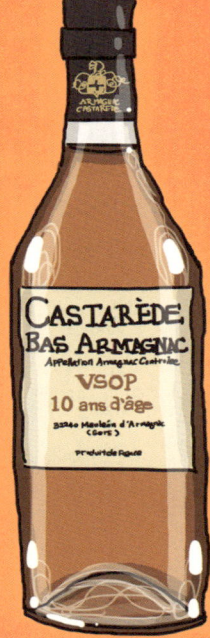

- 증류주
- 브랜디
- 아르마냑
- 1832년설립
- 1932년 레이몬드 카스타레드가 경영하며 성장
- 40%
- 프랑스
- 카스타레드 생산
- 카스타레드 소유

- 증류주
- 브랜디
- 칼바도스
- 1954년설립
- 샤토 뒤 브뤼이
- 40%
- 프랑스
- 샤토 뒤 브뤼이
- 사제락 소유

카스타레드 V.S.O.P 아르마냑
CASTAREDE V.S.O.P ARMAGNAC

카스타레드를 생산하는 메종 카스타레드는 1832년에 설립되어 아르마냑 지역에서 캐스크를 거래했으며, 지금까지 운영되는 가장 오래된 아르마냑 생산자로 알려져 있습니다. 1932년 레이몬드 카스타레드가 운영을 맡으며 크게 성장했고, 6대째 대를 이어 가족이 운영하며 샤토 드 마니반(Chteau de Maniban)에서 아르마냑을 생산하고 있습니다. X.O는 20년 이상의 원주를 블렌딩해서 만들고, V.S.O.P는 10년 이상의 원주를 블렌딩해서 만드는데 최근에는 10년 표기를 빼고 보통 8년 이상 숙성된 원주를 사용하고 있습니다.

샤토 뒤 브뤼이 V.S.O.P 칼바도스
CHATEAU DU BREUIL V.S.O.P CALVADOS

1954년 필리프 비조아르(Philippe Bizouard)가 설립한 샤토 뒤 브뤼이는 칼바도스 페이도주에 400여 년 전부터 있었던 샤토입니다. 노르망디의 페이도주에 22,000그루의 사과나무를 가지고 있다고 합니다. 6주간 발효해서 시드르(cidre)를 만들고, 구리 증류기로 두 번 증류해서 칼바도스를 생산한 뒤 숙성하고 블렌딩해서 병입하고 있습니다. 특이한 종 모양의 병은 설립자가 직접 디자인했습니다. V.S.O.P는 프렌치 오크 통에서 4년 이상 숙성되며 풍부한 사과, 과실 향과 씁쓸함이 강하게 어우러지므로 시간을 두고 향을 느끼며 마시기에도 좋고, 칵테일로도 어울립니다.

- 증류주
- 브랜디
 - 필리핀 브랜디
 - 브랜디 리큐어
- 1990년 출시
 - 황제
- 36%
- 필리핀
- 엠페라도르 생산
- 앨리언스글로벌 소유

엠페라도르 필리피노 브랜디
EMPERADOR FILIPINO BRANDY

1990년 출시된 엠페라도르는 세계에서 가장 많이 팔리는 브랜디입니다. 점점 판매량이 줄기는 하지만 전 세계 증류주 판매량에서 다섯 손가락 안에 드는 증류주이죠. 진로(참이슬), 오피서스초이스(인도 위스키)와 같이 엠페라도르 브랜디도 대부분 필리핀과 인근의 나라에서 소비됩니다. 지역에서 소비되기는 하지만 필리핀이 관광 등으로 가까워진 덕에 그리 만나기 어려운 술은 아닙니다. 가장 많이 판매되는 라이트는 도수가 27.5%로 가볍게 마시기에 좋아 흔히 우리나라의 소주와 비교되곤 합니다. 물론 가격도 상당히 저렴합니다. 얼음을 넣어 마시거나 콜라 등과 섞어 마시기 좋습니다. 브랜디에 사탕수수 등을 첨가하고 색소를 넣은 리큐어에 속합니다.

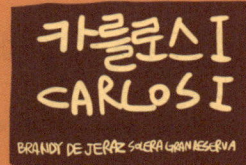

- 증류주
- 브랜디
 - 스페인 브랜디
- 1772년 설립
 - 카를로스 1세
  (카를 5세)
- 40%
- 스페인
- 오스본 생산
- 오스본 그룹 소유

카를로스 I
CARLOS I SOLERA GRAN RESERVA

1772년 설립되어 와인·증류주를 생산하는 오스본 그룹에서 생산한 브랜디입니다. 1889년 셀러마스터가 지하에서 발견한 브랜디를 맛보고 세계를 정복할 맛이라 감탄하며 만들기 시작했다고 합니다. 카를로스 I 은 스페인의 정복자인 국왕 카를로스 1세(카를 5세)의 이름을 따서 만들었습니다. 카를로스 I 은 스페인 헤레스 지역 카디스에서 만들고 있습니다. 엄선된 포도를 구리 증류기와 알람빅 증류기에서 증류하며, 셰리 위스키를 숙성했던 미국산 셰리 오크통에서 솔레라 시스템으로 숙성됩니다. 기본 제품인 솔레라 그란 리제르바는 셰리 풍미와 달달한 바닐라 풍미를 부드럽게 느낄 수 있습니다.

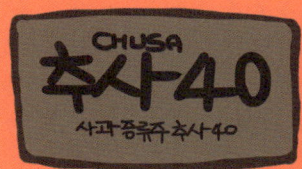

- 증류주
- 브랜디
- 한국 브랜디
- 일반 증류주
- 2017년 출시
- 추사 김정희 고향 가을 사과
- 40 %
- 충남 예산
- 예산사과와인 생산
- 예산사과와인 소유

추사 40
CHUSA 40

사과를 재배하다 2010년부터 사과 와인을 생산하기 시작한 예산사과와인에서 만드는 충남 예산의 증류주입니다. 직접 재배한 사과를 이용해 증류하고 오크통에서 3~4년 숙성합니다. 알코올을 40%로 맞춘 뒤에는 6개월 정도 스테인리스 탱크에서 안정화(후숙성) 후 출시합니다. 추사 김정희의 고향이 충남 예산이고, 도수가 40%이기 때문에 '추사 40'으로 이름을 지었다고 합니다. 브랜디라고 할 수 있지만, 브랜디는 지역특산주로 분류되어 혜택을 받을 수 없기 때문에 일반 증류주로 구분됩니다. 오크통 숙성에서 오는 달달한 풍미에 은은한 과실, 사과 향이 어우러져 3년 숙성 브랜디로는 생각되지 않는 풍미를 가지고 있습니다. 2017년에 태어났으니 얼마 되지 않은 어린 나이지만 우리나라를 대표하는 브랜디 중 하나가 되었습니다.

- 증류주
- 브랜디
- 한국 브랜디
- 일반 증류주
- 오미자
- 2016년 출시
- 고운달 높은 구름 최차원 선성호
- 52 %
- 경북 문경
- 오미나라 생산
- 오미나라 소유

고운달
GOWOON DAL

고운달은 우리나라의 여러 위스키를 만든 최초의 마스터 블렌더인 이종기 명인이 오미나라에서 생산하는 오미자 브랜디입니다. 오미나라는 문경의 600년 전 주막터에 있으며 술만이 아니라 문화와 풍류를 즐기기 위해 설립했다고 합니다. 고운달은 오미자를 6개월 발효하고 1년간 숙성해서 만든 오미자 와인을 동 증류기로 두 차례 증류하고 유러피언 오크통에서 1년간 숙성한 브랜디입니다. 풍부한 과실, 오미자 풍미와 부드러움, 달달한 끝맛, 비싸 보이는 병 디자인까지 국내에서 가장 프리미엄(비싼)인 증류주이며, 지역특산주로 혜택을 받기 위해 브랜디가 아닌 일반 증류주로 구분됩니다(주세법 개정이 필요한 이유입니다).

CHAPTER
03

진
GIN

진이란?

진의 원래 명칭은 주재료인 주니퍼베리 Jeneverbes를 뜻하는 네덜란드어에서 따온 예네버르 Jenever, 제네버 Genever로, 이 술이 네덜란드에서 영국으로 들어오며 앞 글자만 따서 진 Gin 으로 불리게 되었을 것으로 추정합니다.

증류 기술이 유럽으로 전해져 이른바 '생명의 물'이라 불리며 소량 증류되기 시작했고, 더 발전하여 각 지역을 대표하는 술의 증류주가 되었습니다. 진도 그렇게 발전한 다른 증류주들과 다르지 않습니다.

진은 주니퍼베리를 첨가한 증류주입니다. 주니퍼베리를 발효 및 증류해서 만든 술이 아닌 주니퍼베리를 첨가하는 증류주이죠. 진이 다른 증류주와 가장 차별화되는 점입니다.

주니퍼베리는 이뇨 작용에 좋아 이전부터 약용으로 사용되었습니다. 증류주가 대중화되기 시작하면서 증류주에 첨가되기 시작했고, 주니퍼베리가 들어간 증류주는 세월이 지나 오늘날의 진 Gin 이 되었습니다.

진의 역사

16세기 네덜란드의 의학교수 프란시스코 실비우스가 증류주에 주니퍼베리를 침출시켜 약효를 극대화했고 이것이 발전하여 진이 되었다고 많이 알려져 있으나, 그는 좀 더 개량된 진을 만들었을 뿐입니다. 그 이전에도 주니퍼베리와 증류주는 이뇨제로 사용되었으며, 주니퍼베리를 첨가한 증류주는 15세기부터 있었던 것으로 보입니다.

와인을 증류하기 시작한 네덜란드인이 와인보다 더 저렴한 곡물로 증류를 시작했고, 그렇게 곡물로 만든 증류주가 진의 기본이 됩니다. 네덜란드와 스페인의 30년 전쟁 전후로 영국은 자국 군인들을 네덜란드로 보내게 되었고, 영국인들이 네덜란드인의 용기 Dutch Courage라는 별명으로 부르며 마시던 진 예네버르, 제네버은 군인들과 함께 영국으로 들어왔습니다.

대부분의 술이 그렇듯이 진도 영국에서 여러 법

안과 국내외 정세에 따라 운명이 결정되었습니다. 진에 대한 낮은 과세와 이후 맥주에 대한 증세로 진이 빠르게 영국에 퍼졌고, 높은 인기와 함께 진은 사회 문제의 원인으로 지목되었죠. 규제로 인한 무허가 판매 및 저품질 등의 문제로 인해 여러 차례 진에 관한 법 Gin Act 이 제정되었으며, 우여곡절 끝에 안정화되었습니다.

19세기 영국이 세계로 뻗어나가면서 진도 더 넓은 세상에 알려졌습니다. 제2차 세계대전 시기에는 알코올 사용이 제한되었기 때문에 진도 다른 증류주들과 같이 어려움을 겪었습니다. 1950~60년대에는 보드카의 부상으로 주춤하다가, 1980년대 보드카가 이끈 화이트 스피릿의 인기에 힘입어 진도 다시 인기를 얻었죠. 1987년에 봄베이 사파이어 진이 출시되며 진은 낡은 이미지를 버리고 독특하고 신선한 술로 인식되었습니다. 고수 등 여러 부재료들이 활발하게 사용되기 시작했으며 이 흐름은 크래프트 진으로 이어져 많은 진이 생산되고 인기를 얻었습니다.

2000년 이후에는 위스키 붐으로 많은 증류소들이 설립되고 원주가 숙성되는 동안 개성을 더해 바로 판매할 수 있는 적절한 증류주로서 진이 많이 생산되면서 진의 확산을 가져왔습니다.

진 법 Gin Act

진의 과도한 소비로 1729년에 처음으로 진에 대한 규제를 담은 법안이 제정되었습니다. 이 법안은 세금을 인상하고 소매 수수료를 높이는 내용을 포함했으나, 그 결과 오히려 불법 증류업의 확산을 초래하게 됩니다.

1736년에 시행된 세 번째 법안은 면허세를 인상하고, 소량 판매를 불법화했으며, 무면허 판매에 대해 벌금을 부과하는 조치를 포함했습니다. 이러한 규제로 인해 합법적인 소매업자 수가 줄고, 불법 거래와 음지화는 더욱 가속화되었습니다.

1751년에는 면허 비용을 인상하고, 소규모 판매점을 제한하는 여덟 번째 진 법안이 시행되었습니다. 법안의 효과에 대해서는 논란이 있지만, 이 시기에 불법 판매와 소비가 급격하게 감소하게 되었고, 이른바 30여 년 지속된 진 광풍 Gin Craze은 멈췄습니다.

2008년 유럽연합 EU은 진에 대한 법적 규정과 함께 진을 구분하였습니다. 이후 소규모 진을 생산하는 업체들이 늘어나며 개성 있는 다양한 진이 생산되기 시작했습니다.

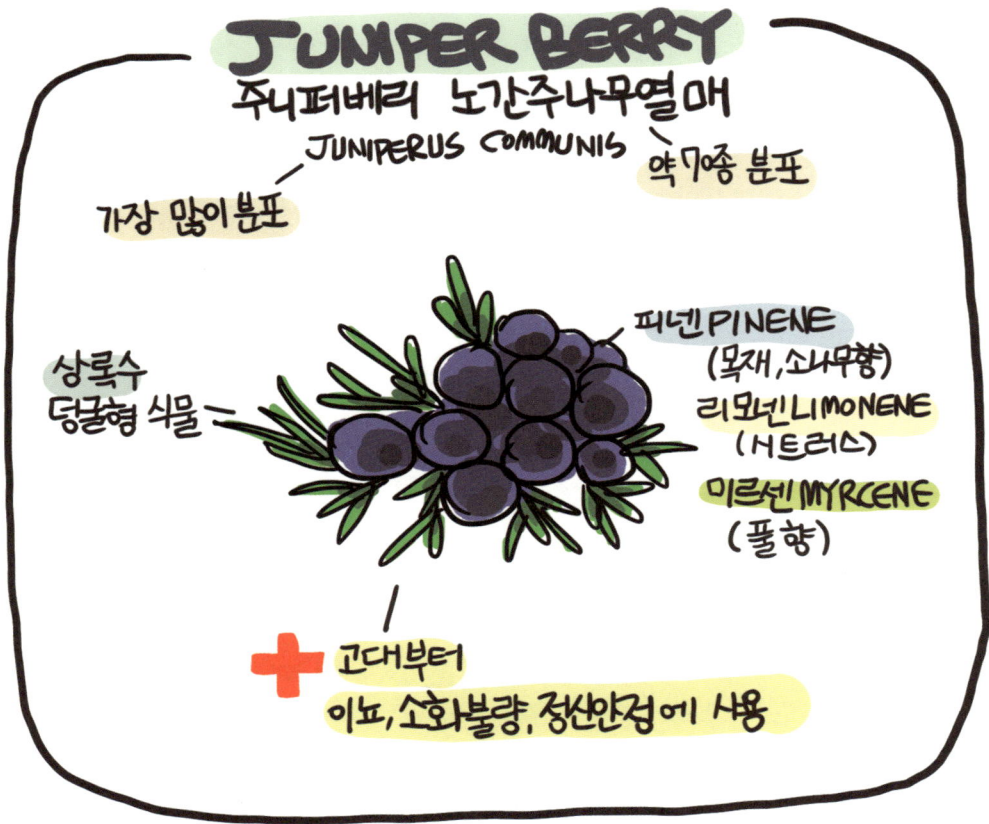

주니퍼베리

진의 정체성을 결정짓는 핵심 원료가 있으니, 앞서 여러 차례 언급한 주니퍼베리Juniper Berry 입니다. 주니퍼베리는 진에 있어서 필수적으로 포함해야 하는 가장 중요한 요소입니다.

주니퍼베리는 침엽수와 관목으로 이루어진 고대 사이프러스과의 일종으로, 우리나라에서는 '노간주나무'라고 불리고 있습니다. 주니퍼베리의 열매는 기원전 1500년 이집트 파피루스에 치료를 위한 사용이 기록되어 있었으며, 이뇨 작용, 복통 등의 위장질환, 강장제 등 다양한 의학적 효능 때문에 치료 목적으로 널리 사용되었습니다.

알파 피넨, 미르센, 리모넨 등 향신료 속 성분들이 들어 있는 이 열매의 향은 심신 안정에도 쓰이며, 진에 들어가는 다른 향신료 허브들과 조화롭게 어울립니다.

진의 부재료

진에는 주니퍼베리 외에도 다양한 풍미를 가진 많은 부재료가 들어가는데, 이런 다양한 식물 재료는 진이 가진 큰 매력 중 하나입니다.

필수적으로 사용되는 레몬, 오렌지 같은 감귤류와 고수 씨앗, 안젤리카, 정향, 아니스 등의 향신료 식물 재료 외에도 개성 있는 씨앗, 허브, 껍질 등도 진의 풍미를 한층 더 풍부하게 만들어 줍니다.

그동안 진의 풍미는 주니퍼베리가 중심이었으며, 지금도 변함없이 진의 정체성을 대표하는 핵심 요소입니다. 하지만 최근에는 주니퍼베리 외의 부재료들이 지닌 풍미의 중요성이 점점 부각되고 있습니다.

생산자의 의도에 따라 다양한 식물 재료를 사용하여 제품에 개성을 부여합니다. 이러한 유연성은 진이 다른 증류주들과 뚜렷하게 차별화되는 점이라 할 수 있습니다.

진의 제조 과정

진의 특별함

주니퍼베리의 성분이 들어가는 것이 진의 가장 큰 특징이지만, 진은 재료 자체를 발효한 뒤 증류해서 제조하는 다른 증류주들과는 다르게 만들어집니다. 주재료가 되는 주니퍼베리를 발효하고 증류해서 만드는 것이 아니라, 이미 증류된 술에 주니퍼베리와 그 외의 다양한 식물 재료를 더하는 방식으로 만들어지는 술입니다.

이러한 제조 방식은 흔히 말하는 메이저 증류주 위스키, 브랜디, 테킬라, 럼, 보드카 중에서는 유일하며, 진만이 가지고 있는 특별함이라 할 수 있습니다.

우리나라에서는 진이 주세법상 '기타주류'에 속합니다. 순수한 증류주로 보기 어려워 우리나라처럼 기타주류 혹은 리큐어 범주로 분류되기도 하지만, 세계적으로는 대표적인 증류주의 하나로 인정받고 있습니다. 이는 진 자체가 가지고 있는 특별한 매력과 힘, 역사가 있었기 때문이 아닌가 생각됩니다.

곡물 중성주정

진의 정체성은 주니퍼베리와 다양한 식물 재료에서 비롯되며, 이들의 풍미가 진에서는 가장 중요한 요소입니다.

연속식 증류기가 개발되고 고도수이면서 특징 없이 순수한 증류주인 '주정'을 생산하면서부터 주정은 마치 하얀색의 캔버스와 같이 주니퍼베리와 다양한 식물 재료들의 풍미와 특징을 담을 수 있는 진에 가장 어울리는 증류주가 되었습니다.

현재 대부분의 진은 연속식 증류기에서 여러 곡물을 증류해서 96% 이상의 특징이 없는 중성주정을 사용합니다. 중성주정은 진의 제조에 있어서 가장 기초가 되는 준비 과정인 것입니다. 중성주정은 보리, 쌀, 옥수수 혹은 라이, 밀 등의 곡물과 포도 등의 과일을 발효 증류해서 생산됩니다.

대부분의 진 생산업체는 주정을 직접 생산하기보다는 대형 업체에서 생산하는 주정을 사용하고 있으며, 이를 통해 생산자가 쉽게 생산에 접근 할 수 있고, 수많은 부재료를 사용해 생산자의 개성을 쉽게 표현할 수 있어 덕분에 진은 생산자와 소비자에게 매력적인 술입니다.

중성주정 생산

진을 만들 때 증류주, 즉 '주정'이 필요합니다. 이는 주니퍼베리를 사용해서 만드는 것이 아니고 보드카처럼 여러 곡물로 생산합니다. 이를 주정 생산 Make Spirit GNS 이라고 합니다. 다만 진은 주니퍼베리와 다른 부재료들의 풍미를 더하기 위해 밀, 보리 등의 곡물로 만든 높은 도수의 순수한 중성주정을 기본으로 하는 경우가 많습니다. 곡물을 발효 증류해 96%의 높은 도수를 가진 중성주정을 생산합니다. 이 과정은 보드카를 생산하는 과정과 같습니다 주정을 여과하면 보드카가 되는 것이죠.

주니퍼베리와 식물 재료 첨가

진은 기본적으로 중성주정에 주니퍼베리 성분이 포함되어야 합니다. 중성주정에 물을 더해 도수를 낮추고 주니퍼베리와 식물 재료를 첨가합니다. 증류주에 주니퍼베리와 기타 원하는 재료를 담가서 만들거나, 진액을 섞어주거나, 증류주와 주니퍼베리를 재증류하는 등의 여러 방법이 있습니다.

병입

정해진 증류주의 도수에 따라 물을 넣어 희석시켜 병입 bottling 합니다. 유럽에서는 37.5% 이상의 도수를 가져야 판매할 수 있습니다.

진의 재료 첨가 방식

중성주정에 진의 재료를 첨가하는 방식은 보통 다음과 같은 방식입니다.

■ 침지 방식(steeping)

재증류 없이 주니퍼베리나 부재료를 주정에 담가놓고 재료의 풍미를 우려내는 방법입니다. 우리나라의 담금주를 생각하면 될 듯합니다. 사실 이런 방식은 저가 혹은 저품질의 진을 생산하는 방식이라 요즘에는 많이 사용하지 않습니다.

■ 담금증류(steep & boil)

중성주정에 주니퍼베리와 부재료 등을 담가 steeping 성분을 우려낸 뒤 증류해서 진을 생산하는 방법으로, 진 생산에는 이 방식을 많이 사용합니다. 주니퍼베리와 다른 재료들을 적절한 도수로 물을 탄 곡물주정 Grain Neutral Spirit, GNS 에 담가 증류해서 풍미를 생성하는 방법이며 적시기 maceration 라고도 부릅니다.

■ 증기통과/증기여과(vapour infusion)

주니퍼베리와 다른 재료들을 증류주와 직접적으로 접촉하지 않고 증류 시 재료들을 통과하며 풍미를 입히는 방법입니다. 증류되는 관에 재료를 넣은 바구니를 연결하면 증류 시 발생되는 증기가 이 바구니를 통과하며 풍미가 생성됩니다.

■ 진공증류/감압증류(vacuum distillation)

증류기 내부의 공기를 제거해 압력을 낮춰 재료가 낮은 온도에서 끓도록 하여 증류하는 방식입니다. 이러한 방식은 저온 냉각 증류 cold distillation 라고도 합니다.

낮은 온도에서 증류하기 때문에, 재료의 손실 없이 섬세하고 신선한 풍미를 얻을 수 있는 것이 큰 장점입니다. 일반적으로는 실온인 약 25℃ 정도에서 증류가 진행되지만, 일부 제품은 감압을 극대화해 끓는점을 극도로 낮춰 증류하는 경우도 있습니다.

진의 종류

진의 규정

유럽 규정상 진 Gin 은 주된 풍미를 주는 주니퍼베리와 기타 식물의 향이 첨가되어야 합니다. 또한 최소 기준 이상의 도수로 증류되어야 하는데, 병입 시 알코올 도수는 최소 37.5% 이상이어야 합니다. EU에서는 진을 제조 방식과 성분 기준에 따라 다음 세 가지 유형으로 분류합니다.

- 진(Gin) 가장 범위가 넓으며, 착색과 향미 첨가에 대한 제한이 없습니다.
- 증류 진(Distilled Gin) 중성 알코올을 전통 증류기로 재증류하여 만들며, 이후 향미 성분이나 첨가제가 추가될 수 있습니다.
- 런던 진(London Gin) 정해진 규정에 따라 제조되어야 합니다.

이 세 가지 규정에 따라 진은 제조 시기, 방법, 원료의 출처 등에 따라 런던 드라이 진 London Dry Gin, 플리머스 진 Plymouth Gin, 예네버 Jenever, 올드 톰 진 Old Tom Gin, 슬로 진 Sloe Gin 이 있습니다.

런던 드라이 진

진이 네덜란드에서 시작되었지만 흔히 영국의 술이라고 여겨지는 이유는 런던 드라이 진 London Dry Gin 때문입니다. 실제 우리가 접하는 대부분의 진이 런던 드라이 진입니다.

19세기 초, 연속 증류기의 도입으로 높은 도수 상태의 중성주정을 얻을 수 있었고, 이 중성주정에 주니퍼베리와 그 밖의 재료들을 넣어 재증류해 진을 만들기 시작했습니다. 기존의 진에 비해 단맛 없이 드라이 dry 했기 때문에 런던 드라이 진, 줄여서 '런던 진'이라고 불렀습니다.

런던 드라이 진은 지역이 아닌, 만드는 방식에 따라 붙여지는 이름입니다. 즉, 런던이 아닌 곳에서도 정해진 방식으로 제조한다면 '런던 진'이라고 표기할 수 있습니다. 연속 증류기로 증류된 높은 도수의 중성주정 알코올 96% 이상 에 주재료 주니퍼베리와 그 외 재료를 어느 정도 담가둔 다음 함께 증류해서 최소 알코올 70% 이상으로 재증류해야 합니다. 이때 포함되는 주니퍼베리와 그 외 재료들은 가공되지 않은 식물 상태여야 하며, 병입 시 알코올은 37.5% 이상이어야 합니다 유럽 기준.

또는 중성주정을 재증류할 때 일명 Flavor Basket 풍미 상자 또는 Botanical Basket 식물재료 상자라 부르는 공간을 증기 상태의 알코올이 지나가며, 주니퍼베리와 그 외 재료들의 풍미가 스며드는 방식으로 만들어야 합니다. 물론 이 공간 속 재료들도 식물 상태여야 하죠.

진의 라벨에 '런던 진'이라 표기된 진은 모두 이 방식으로 만들어지며, 이런 방식 외에 주정에 담그거나 진액을 첨가하여 만든 경우에는 런던 진을 표기할 수 없습니다.

플리머스 진

영국 남부 지역에서 발전한 플리머스 진 Plymouth Gin 은 부드러우며 진의 풍미가 덜한 특징이 있고, 57%의 도수를 가집니다. 런던 진은 생산 지역과 상관없이 공정만 맞추면 표기가 가능한 데 비해 플리머스 진은 영국 해군이 주둔하는 항구도시인 플리머스의 증류소에서 생산되는 진입니다.

■ 프루프(proof), 네이비 스트렝스(navy strength)

프루프는 술의 도수를 나타내는 기준 중 하나입니다. 정확한 비중계의 개발로 100proof는 57% 57.142857% 로 계측 정의되었는데, 영국 해군은 100개의 샘플로 자체 실험을 하여 100proof=54.5%를 채택했습니다. 프루프는 1980년 영국이 알코올을 측정하는 기준을 ABV Alcohol by Volume 로 채택할 때까지 유지되었습니다.

그 때문에 네이비 프루프 또는 네이비 스트렝스는 정확히는 54.5%의 도수를 말하지만 57%인 경우도 있습니다. 미국 프루프는 50%이기 때문에 50% 이상을 '오버 프루프'라고도 부릅니다.

예네버

진은 처음 네덜란드에서 유래된 술로, 당시에는 예네버 Jenever, Genever 라고 불렸습니다. 지금이야 런던 진이 대중화되어 진의 상징이 되었다지만, 여전히 네덜란드, 벨기에, 프랑스, 독일 일부 지역에서는 예네버가 생산되고 있으며, 더치 진 Dutch Gin 또는 홀랜드 진 Holland Gin 이라는 이름으로도 불립니다.

현재의 진이 주니퍼베리의 풍미를 강조하기 위해 중성주정을 사용하는 반면, 예네버는 몰트와인 맥아를 사용한 증류주를 뜻하나 실질적으로는 오밀, 밀, 옥수수, 맥아 등의 곡물을 사용하며, 주니퍼베리보다는 곡물 고유의 풍미에 더 중점을 둡니다.

예네버는 맥아와인 함량과 당분 함량에 따라 크게 두 가지로 나뉘는데, 아우더 예네버 Oude Jenever, Old Jenever는 맥아와인 함량이 15% 이상이고, 당 함량이 리터당 20g 미만이며, 용어 예네버 Jonge Jenever, Young Jenever는 맥아와인 함량이 15% 미만이고 당 함량이 리터당 10g 미만입니다.

이 외에도 100% 곡물을 사용한 것을 흐란예네버 Graanjenever라 하며, 여기에 1년 이상 숙성까지 한 경우는 아우더 흐란예네버 Oude Graanjenever 로 분류합니다. 코렌바인 Korenwijn은 51% 이상의 몰트와인을 사용하며, 주니퍼베리가 들어가지 않아도 됩니다.

올드 톰 진

진이 네덜란드에서 영국으로 넘어와 드라이한 런던 진이 유행하면서 진의 대부분이 런던 드라이 진 스타일이 되기 전, 원래의 진은 지금과는 다른 풍미를 지녔습니다.

영국 정부의 진 통제가 시작되자 업자들은 단속을 피해 고양이 모양의 구조물에 튜브를 연결해서 진을 판매하는 방법이 유명해지기도 했고, 그 때문에 진을 '올드 톰'이나 '톰 진'이라 부르기도 했습니다. 그 당시의 풍미, 즉 조금 더 단맛을 가진 진을 올드 톰 진 Old Tom Gin 이라 했는데, 이 술은 네덜란드 진과 런던 드라이 진 사이를 이어주는 '잃어버린 고리'라고 불리며 다시 생산되고 있습니다. 처음부터 의도했

던 것은 아니고 크래프트 칵테일의 유행으로 오리지널 칵테일을 찾아 접근하다 보니 다시 올드 톰 진이 쓰이기 시작했다고 합니다.

슬로우 진

'진'이라는 이름을 가지고는 있지만, 슬로우 진 Sloe Gin 에 들어가는 재료는 주니퍼베리가 아닌 자두의 일종인 슬로베리 Sloe Berry 입니다. 신맛이 너무 강해 생으로 먹기 힘든 슬로베리는 발효시켜 술로 만들거나 진에 담가 마시곤 했습니다. 이름 때문에 진의 일종으로 보이지만, 실제로는 진이 아닌 혼성주 리큐어로 분류되는 술입니다. 진의 이름을 쓰는 유일한 혼성주이기도 합니다.

가향 진

가향 진 Flavor Gin 은 인공적으로 향을 첨가한 진을 의미합니다. 일반적으로 착색과 가향이 함께 이루어지며, 다양한 풍미를 갖게 됩니다. 이 경우 라벨에는 반드시 플레이버드 Flavored 라고 표기해야 합니다. 또한 알코올 도수가 유럽 기준 37.5%, 미국 기준 40%에 미치지 못할 경우, 해당 제품은 진 리큐어 Gin Liqueur 로 분류됩니다.

컴파운드 진

컴파운드 진 Compound Gin 은 증류주에 주니퍼베리와 여러 식물 재료를 담가 침출시키는 방식으로 만드는 진을 말합니다.

금주법 시절에는 대용량의 진을 밀주로 만들 때 욕조에 재료를 넣고 증류주를 부어 만드는 방식이 사용되었으며, 이로 인해 배스텁 진 Bathtub Gin 이라는 이름으로도 불렸으며 이는 컴파운드 진의 대표적인 형태로 볼 수 있습니다. 일반적으로는 품질이 낮게 인식되기도 하지만, 다양한 재료를 넣을 수 있고 쉽게 제조할 수 있다는 장점을 가지고 있습니다.

숙성진

과거에는 진을 숙성한다는 개념이 다소 어색하게 느껴졌지만, 오크통 숙성이 전반적인 주류 트렌드로 자리 잡으면서 숙성하는 진이 자연스럽게 생산되고 있습니다.

숙성 진Aged Gin은 보통 스피릿을 숙성하는 것보다는 짧게 숙성하며, 아직 대부분의 나라에서는 이에 대한 법적 기준이 명확하지 않아 제품 명칭이나 숙성 용기 등에 대한 규정이 통일되어 있지 않습니다. 이러한 숙성 진은 오크통 숙성으로 색을 띠게 되며, 옐로우 진Yellow Gin, 캐스크 에이즈드 진Cask Aged Gin등과 같은 명칭으로 불리기도 합니다.

클래식 진

클래식 진Classic Gin은 가장 전형적인 스타일의 진으로, 주니퍼베리의 향이 중심이 되는 진을 말합니다. 보통의 진으로, 오래되고 흔하게 접하는 유명한 진들이 대부분 클래식 진 입니다.

고든스Gordon's, 비피터Beefeater, 봄베이 사파이어Bombay Sapphire, 탱커레이Tanqueray 등 비교적 오래전부터 유명하고 익숙한 진들이 대표적인 예입니다.

컨템포러리 진

컨템포러리 진 Contemporary Gin 은 전통적인 진 스타일에서 벗어나, 주니퍼베리 향 외에 다양한 식물성 재료의 향을 강조한 새롭게 등장한 진이라 보면 됩니다.

대표적인 컨템포러리 진으로는 핸드릭스 Hendrick's, 더 보타니스트 The Botanist, 몽키 47 Monkey 47 등이 있으며, 비교적 최근에 출시된 제품들입니다. 기존의 전통 진 브랜드들 또한 이러한 트렌드에 맞춰 새로운 제품을 선보이고 있는데, 봄베이에서는 봄베이 사파이어 이스트 Bombay Sapphire East, 탱커레이에서는 탱커레이 넘버 10 Tanqueray No.10과 같은 컨템포러리 진을 출시하고 있습니다.

SECTION 04

진 즐기기

토닉 워터

토닉 워터는 진을 지금의 자리에 있게 해준 조력자 중 하나입니다. 진과 토닉 워터를 섞어서 진토닉으로 만들어 마시는 것은 진을 즐기기 가장 쉬운 방법입니다. 잔에 진을 넣고 토닉 워터로 채운 다음 레몬이나 라임, 오이 등을 넣어서 마시는 아주 간단한 방법입니다.

온더록스

진의 풍미가 좋거나 진 자체가 좋아지면 진토닉보다는 자연스럽게 진만 마시거나, 얼음을 타서 마시게 됩니다. 우선 얼음을 넣어 마시다가 좀 더 온전한 진 자체의 풍미를 원하면 아무것도 넣지 않고 니트로 마시면 됩니다.

칵테일

진을 즐길 때 칵테일로 만들어 마시는 방법을 빼놓을 수 없습니다. 그만큼 칵테일은 진을 즐기기에 좋은 방법이죠. 진 칵테일 중에서 마티니는 진은 몰라도 그 이름만큼은 대부분 들어보았을 정도로 유명한 칵테일입니다. 진토닉을 제외한 진의 칵테일 중 가장 유명합니다. 진에 베르무트를 6:1 정도 혹은 취향에 따라 넣고 잘 저은 뒤 잔에 따라 마시면 됩니다. 올리브 하나를 넣어주면 보기에도 좋고 안주로 먹을 수도 있습니다.

김렛도 만들기 좋은 칵테일입니다. 김렛은 '송곳'을 말합니다. 그만큼 날카로운 칵테일이죠. 셰이커나 텀블러에 진과 라임 주스를 3:1로 섞은 뒤 잔에 따르고 라임을 넣어주면 됩니다. 상큼한 맛을 좋아하는 사람들에게 아주 좋은 칵테일입니다.

- 증류주
- 진
  - 런던 드라이 진
- 1769년 설립
- 설립자
  알렉산더 '고든'
- 최초 왕실인증
- 40%
- 영국
- 고든스 생산
- 디아지오 소유

- 증류주
- 진
  - 런던 드라이 진
  - 실제 런던에서 생산
- 1820년 설립
- 1876년 출시
  - 비프 이터
    런던탑 근위병
    (급료의 일부를 소고기로 줌)
- 40%
- 영국
- 비피터 생산
- 페르노리카 소유

고든스 런던 드라이 진
GORDON'S LONDON DRY GIN

고든스 진은 세계에서 가장 많이 판매되는 진입니다. 오랜 세월 동안 변함없이 자리를 지키고 있습니다. 알렉산더 고든이 1769년에 증류소를 설립했으니 250년이 넘었네요. 1898년 고든은 탱커레이와 합병하여 탱커레이 고든 컴퍼니를 설립하였습니다. 이후 1922년 디스틸러스 컴퍼니에 인수되고 디아지오의 소유가 되었습니다. 고든스 진은 세 번 증류하고 주니퍼베리 외에도 안젤리카, 오렌지와 레몬 껍질, 고수 씨앗, 당귀 등의 여러 부재료를 사용합니다. 기본적인 진으로 보통의 런던 진을 생각하면 될 듯합니다. 칵테일에 사용하기 좋은 진이며 여러 풍미를 느끼며 마시기에도 모자라지 않습니다. 국내에서도 쉽게 구매할 수 있습니다.

비피터 런던 드라이 진
BEEFEATER LONDON DRY GIN

1820년에 설립된 첼시 증류소를 제임스 버로가 400파운드에 구매한 후 1863년부터 여러 증류주를 생산하다가 1876년 출시한 진입니다. 영국 런던탑을 지키는 근위병들을 비피터(Beef Eater, 소고기를 먹는 사람)라고 부르는데, 예전에는 급료의 일부를 소고기로 받아서 그렇게 불렀다고 합니다. '런던 진'이라는 것은 런던에서 생산되는 진이 아닌 진을 만드는 방법에 따라 붙는 이름인데, 비피터 진은 실제 런던에서 생산되는 런던 진인 것이지요. 비피터 진은 주니퍼베리를 포함해 아홉 가지 식물(안젤리카, 고수 씨앗, 아몬드, 오리스 뿌리, 레몬 껍질 등)을 사용해서 만듭니다. 전 세계에서 유명한 진 중 하나로 다섯 손가락 안에 꼽힐 정도로 많이 판매되며, 국내에서도 쉽게 만날 수 있습니다.

탱커레이
TANQUERAY
TANQUERAY LONDON DRY GIN

- 증류주
- 진
  - 런던 드라이 진
- 1830년 설립
  - 설립자 찰스 '탱커레이'
  - 셰이커 모양의 병
- 47.3%
- 영국
- 탱커레이 생산
- 디아지오 소유

탱커레이 런던 드라이 진
TANQUERAY LONDON DRY GIN

유명한 진이라면 탱커레이 진도 빠질 수 없습니다. 전 세계에서 세 손가락 안에 드는 판매량을 지닌, 꾸준한 사랑을 받아온 아주 유명한 진입니다(봄베이와 2위 다툼이 치열합니다). 찰스 탱커레이가 1830년 처음 증류하기 시작한 진으로 47.3%의 다소 높은 도수를 가지고 있으며 어렵지 않게 만날 수 있습니다. 탱커레이 진의 병은 칵테일 바텐더 셰이커 모양으로 디자인되었습니다. 그래서인지 바텐더가 가장 선호하는 진이라고 합니다. 탱커레이 증류소에서 2000년에 출시한, 열 번째 증류기인 가장 작은 증류기를 사용해서 만들어 이름 붙여진 탱커레이 10도 좋은 반응을 얻고 있는데, 이는 캐모마일과 그레이프프루트 등이 첨가된 진으로 탱커레이보다 조금 더 시트러스합니다.

봄베이사파이어
BOMBAY SAPPHIRE

BOMBAY SAPPHIRE LONDON DRY GIN

- 증류주
- 진
  - 런던 드라이 진
- 1987년 출시 (1761년 레시피)
  - "인도의 별" 이라 불린 보석
  - 봄베이=인도 뭄바이
- 47%
- 영국
- 봄베이스피리츠 생산
- 바카디 소유

봄베이 사파이어 진
BOMBAY SAPPHIRE GIN

봄베이 사파이어 진은 나이로 보자면 1761년의 레시피를 사용한다고는 하나, 1987년 출시된 얼마 안 된(?) 진이라 할 수 있습니다. '봄베이 사파이어'는 가장 크고 유명한 별 사파이어 보석을 말합니다. 또한 '봄베이'는 영국의 식민 지배 시절, 인도의 수도였던 뭄바이를 말하기도 합니다. 봄베이 진은 사파이어를 연상시키는 사파이어의 푸른색 병을 사용해서 더욱 유명해진 제품입니다. 술은 투명하지만요. 병에 기재되어 있는 10개의 재료가 첨가되어 있고, 47%의 도수지만 향을 느끼며 니트로 마시기에도 좋습니다. 물론 칵테일에 사용하기도 좋습니다. 디아지오를 거쳐 현재는 바카디의 소유로 진 중에서 가장 높은 판매량을 자랑하는 브랜드 중 하나입니다.

- 증류주
- 진
  - 오이, 장미
- 1999년 출시
  - 장미정원사의 이름
  - 오이샌드위치에서 영감을 얻음
- 44%
- 스코틀랜드
- 거번 증류소
- 윌리엄그랜트앤선즈소유

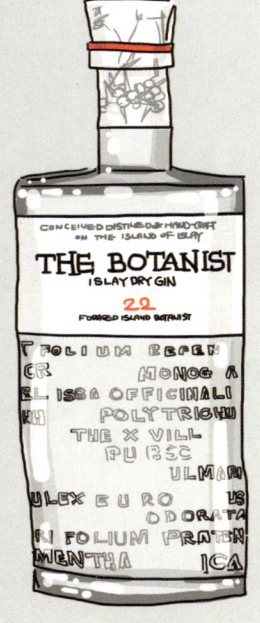

- 증류주
- 진
  - 드라이진
- 2011년 출시
  - 식물학자
  - 아일라섬의 22가지 식물재료
- 46%
- 스코틀랜드
- 브룩라디 증류소생산
- 레미쿠앵트로 소유

헨드릭스 진
HENDRICK'S GIN

발베니 그랜츠를 만드는 위스키 명가 윌리엄그랜트앤선즈가 1999년 출시한 진입니다. 수공으로 소량만 생산되는 프리미엄 진이기 때문에, 전 세계적으로도 판매량은 손에 꼽을 정도에 불과합니다. 오이와 장미의 풍미로 유명한 헨드릭스는 독특하고 멋진 '베네트'와 '카터헤드'라는 두 증류기에서 다른 방식으로 생산되는 진을 섞어 만듭니다(진을 생산하는 증류소에서는 이처럼 증류기에 이름을 붙이거나 애칭을 부르는 경우가 많습니다). 2018년 윌리엄그랜트앤선즈의 그레인 증류소인 거번 증류소 내에 '헨드릭스 진 펠리스'라는 멋진 증류소를 설치해 생산하고 있습니다. 많은 진들이 그렇긴 하지만 독특한 병 디자인부터 독특한 풍미, 독특한 증류기, 독특한 증류소 등으로 특별한 진으로 기억되기 좋은 제품입니다.

더 보타니스트 아일레이 드라이 진
THE BOTANIST ISLAY DRY GIN

위스키의 성지, 스코틀랜드 아일레이섬의 브룩라디 증류소에서 생산되는 진입니다. 보리를 증류하고 진에 들어가는 31종의 식물 재료 중, 식물학자(botanist)들이 한 손 한 손 따낸 아일레이섬의 재료 22종을 혼합해서 만드는 진입니다. 31종의 재료라니, 진에 들어가는 재료 중 웬만한 건 다 들어간다고 보면 될 것 같습니다. 아일레이의 브룩라디 증류소에 있는 '에글리 베티'라는 애칭을 가진 특이한 증류기(Lomond Still)로 증류하고, 이 섬에서 도움을 준 2명의 식물학자에게서 영감을 받아 이름 지었다고 합니다. 많은 식물 재료가 들어가지만 부드럽고 시원한 풍미를 가진 진입니다.

몽키 47
MONKEY 47
MONKEY 47 SCHWARZWALD DRY GIN

- 증류주
- 진
  - 드라이진
  - 47가지 재료
- 2008년 출시
  - 제조자가 휴양한 원숭이 게스트 하우스 (WILD MONKEY) 공사중 레시피 발견
- 47%
- 독일
- 브룩라디 증류소 생산
- 페르노리카 소유

몽키 47 슈바르츠발트 드라이 진
MONKEY 47 SCHWARZWALD DRY GIN

몽키 47은 개성을 중시한 크래프트 진입니다. 혹은 이미 대량화되었으니 프리미엄 진이라 해야 할까요? 어떻게 불리든 몽키 47은 직접 따고 손질한 47종의 식물들이 어우러져 많은 사랑을 받는 풍미를 만들어냅니다. 도수도 47%입니다. '몽고메리'라는 영군 군인이 2차 세계대전 후 독일 블랙 포레스트에서 게스트하우스를 경영하며 진을 생산했는데, 몇십 년 후 이 게스트하우스를 리모델링하다가 당시의 라벨과 레시피를 발견하고 제조했다고 합니다. 독특한 병, 독특한 이름, 술에 담긴 이야기는 풍미에 더해지는 또 하나의 작은 재료인 듯합니다. 47개의 재료 중에는 독특하게 블랙베리, 포멜로, 링곤베리 등 과일 재료도 있으며, 부드럽고 다양한 풍미를 느낄 수 있는 진입니다.

SIPSMITH 십스미스

SIPSMITH LONDON DRY GIN

- 증류주
- 진
  - 런던드라이진
  - 47가지 재료
- 2009년 설립
  - SIP : 홀짝이다
  - SMITH : 장인
- 41.6%
- 영국
- 십스미스 생산
- 산토리 소유

십스미스 런던 드라이 진
SIPSMITH LONDON DRY GIN

소량 생산 진의 상징적인 제품입니다. 친구 2명이 네그로니 파티에서 만난 사람과 함께 진을 만들기로 의기투합해 증류소를 설립합니다. 영국에서는 1,800L 미만 증류기에는 증류소 허가를 하지 않았는데, 300L의 증류기를 가지고 있던 그들은 계속된 청원으로 2008년 법을 개정하게 만들었습니다. 십스미스는 'Prudence', 'Patience', 'Constance'라는 이름의 3기 백조목을 가진 구리 증류기에서 소량 생산되는 진입니다. 런던 드라이 진 외에 보드카, 슬로 진 리큐어도 증류하는데 모든 증류주는 수공 소량 생산(Handcrafted in Small Batches) 제품입니다. 레시피를 완성하고 한 모금마다 풍미를 음미할 수 있는 작업을 한다는 뜻으로 '십스미스'라는 이름을 붙였다고 합니다.

- 증류주
- 진
  - 보리증류
  - 4가지 재료
- 2008년 출시
  - 지중해의 진
  - MARE NOSTRUM 지중해
- 42.7%
- 스페인
- 진마레 생산
- 브라운포맨

- 증류주
- 진
  - 드라이 진
  - 6가지 일본식물
- 2017년 출시
  - 육, 6, 六
  - 벚꽃, 벚잎, 전차 옥로, 산초, 유자
- 43%
- 일본
- 산토리 생산
- 산토리 소유

진 마레 메디터레이니언 린
GIN MARE MEDITERRANEAN GIN

스페인 지중해의 진 마레는 보리를 증류해서 만들고 주니퍼베리와 올리브, 로즈메리, 바질, 타임 등의 재료를 혼합해서 만드는 진입니다. 바다를 뜻하는 '마레'로 불리는 이 진은 바다가 생각나는 병 디자인처럼 지중해에서 영감을 받아 만들어진 제품이죠. 스페인 바르셀로나 외곽의 '빌라로바'라는 작은 마을에 있는 작은 증류소, 작은 증류기에서 적은 양 생산되고 있습니다. 풍부한 과일, 시트러스 향과 은은한 로즈메리, 올리브 향이 어우러진 부드러운 진으로, 재미있게도 병뚜껑은 50ml 용량의 지거(Jigger)로 사용할 수 있습니다. 2022년 브라운 포맨에 매각되어 브라운 포맨의 소유입니다.

로쿠 재퍼니즈 크래프트 진
ROKU JAPANESE CRAFT GIN

개성적인 진들이 앞다퉈 나오는 요즘, 내로라하는 증류소에서도 하나둘 크래프트 진을 생산하기 시작했습니다. 일본의 산토리에서도 새로운 진을 생산하기 시작했죠. 로쿠는 숫자 '6'을 뜻합니다. 주니퍼베리 등 보통 진에 많이 사용되는 기존 재료와 함께 일본의 여섯 가지 식물 재료가 추가로 들어간 진입니다. 병 디자인도 육각이며 유리병과 라벨에 재료들이 새겨져 있어 눈으로도 풍미를 느낄 수 있습니다. 2017년에 출시되었으니 이제 얼마 되지 않은 진입니다만, 가까운 나라의 눈길이 가는 술이라 그런지 국내에서도 점점 눈에 띄고 있으며 조만간 정식 수입되어 더욱 쉽게 만날 수 있을 듯합니다.

- 증류주
- 진
- 플리머스진
- 1793년출시
- 영국군항 해군기지
- 41.2%
- 영국
- 플리머스생산
- 페르노리카소유

- 증류주
- 진
- 올드톰진
- 1863년설립
- 2007년출시
- 설립자 후손 크리스토퍼 헤이먼 5세대 가족경영
- 40%
- 영국
- 헤이먼스생산
- 헤이먼스 소유

플리머스 진
PLYMOUTH GIN

런던 진과는 다르게 영국의 군항, 해운기지로 사용되었던 항구 도시 플리머스에서 생산되는 진을 '플리머스 진'이라 합니다. 다만 플리머스 지역에서 생산되는 진은 플리머스 진밖에 없기 때문에 진의 스타일이자 '플리머스'라는 상표명이기도 합니다. 워낙에 개성적인 진들이 많아서 흔히 만나볼 수 있는 진(드라이)과 그렇게 큰 차이가 나진 않습니다. 조금 더 부드럽다는 평이 많으며 시트러스 과일 향과 은은한 향료의 조화가 플리머스의 인상으로 꼽힙니다. 플리머스에서는 57%의 네이비 스트렝스 제품도 생산하고 있습니다.

헤이먼스 올드 톰 진
HAYMAN'S OLD TOM GIN

네덜란드의 진이 영국으로 넘어가 현대의 드라이한 진이 되기 전, 네덜란드 진과 런던 진의 중간 격인 단맛의 진이 유행했는데 이런 진 스타일을 '올드 톰 진'이라 합니다. 2000년도가 지나 칵테일과 증류주들을 과거 방식으로 제조하는 것이 유행했고, 애호가들의 요구에 따라 사라진 올드 톰 진도 다시 생산되기 시작했습니다. 헤이먼의 올드 톰 진도 옛 레시피를 사용해 2007년부터 다시 생산되기 시작했죠. 헤이먼스 진(헤이먼스 오브 런던)은 1863년 증류소를 인수한 제임스 버로에게서 시작된 진입니다. 제임스 버로는 비피터 진을 출시하기도 했습니다. 후손들이 운영하다가 1987년 위트브레드에 매각했고, 분리된 사업부를 제임스 버로의 증손자가 다시 인수해 이름을 변경한 뒤 자식들과 같이 경영하고 있습니다.

- 증류주
- 진
- 드라이진
- 1996년 출시
- 1775년 덩케르크의 시타델(CITADELL)에서 진생산에 관한 왕의 승인을 받음
- 44%
- 프랑스, 코냑
- 시타델 생산
- 메종페랑 소유

시타델 오리지널 진
CITADELLE ORIGINAL GIN

주니퍼베리 외 오렌지필, 안젤리카, 커민, 너트맥, 계피 등 19가지 식물 재료를 혼합해 프랑스 코냑에서 생산하는 프랑스 코냑산 진입니다. 생산 방식으로는 런던 진의 범주에 들지만 표기는 되어 있지 않습니다. 프랑스, 그것도 코냑의 진이라는 것이 가장 큰 특징일 테니 딱히 표기할 이유는 없을 듯하긴 합니다. 44%의 도수로 보통 진보다 조금 도수가 높습니다. 국내에서도 오리지널과 오크통에서 숙성한 리저브 제품이 정식 수입되고 있습니다만, 인지도가 높지 않아서인지 만나기가 쉽지는 않습니다. 칵테일에 잘 어울리고 큰 개성 없이 어느 정도 균형 잡힌 진이라는 평을 받습니다.

- 증류주
- 진
- 제네버
- 1575년 설립
- 1664년 첫 생산
- 2008년 재출시
- 설립자 기문 BOLS' LUCAS BOLS가 발견시킴
- 42%
- 네덜란드
- 루카스볼스 생산
- 놀렛그룹 소유

볼스 제네버
BOLS GENEVER

세계에서 가장 오래된 증류소를 가진 루카스 볼스는 여러 리큐어로 유명한 주류회사입니다. 볼스에서는 1664년 진의 원조인 제네버를 생산했고, 2008년부터 1820년의 레시피로 다시 생산하고 있습니다. 진의 시작은 네덜란드의 예네버(Jenever)였습니다. 영국으로 넘어와 제네버(Genever)로 불렸고, 단맛이 없어지면서 런던 드라이 진 방식의 진으로 변하게 되었죠. 이제는 제네버를 '네덜란드의 진'이라 부르기도 합니다. 개성적이고 다양한 진이 만들어지는 최근 추세에 따라 지금은 자취를 감추게 된 제네버를 옛 레시피를 사용해 다시 생산한 것이죠. 1820년의 레시피라 초창기의 제네버와는 또 다른 풍미를 가졌다고 합니다. 살짝 가미된 주니퍼베리의 풍미에 여러 곡물의 향과 단맛을 느낄 수 있습니다.

- 증류주
- 진
  - 드라이진
  - 한국진
- 2020년출시
- 부자가 함께 만든 진
  아버지:재료
  아들:증류
- 44%
- 한국
- 부자진 생산
- 부자진 소유

부자 진
BUJA GIN

부자 진은 아버지가 유기농으로 키운 여러 식물 재료를 아들이 증류해서 만든 진입니다. 부자가 같이 만들어 '부자 진'이라 이름 지었다고 합니다. 꽃, 허브 풍미에 중점을 둔 진으로 깔끔하게 마실 수 있습니다. 진토닉 등의 칵테일로도 활용하기 좋습니다. 코로나19 시기를 지나며 국내에서도 하나둘 진이 만들어지고 있는데 크래프트 증류로는 처음 생산된 진입니다. 지역특산주로 구분되어 전통주와 같이 직접 주문해서 받을 수 있습니다. 부자 진에서는 우리에게 친숙한 오미자, 쑥, 둥굴레 등의 재료를 부각시킨 다양한 종류의 진들이 생산되고 있습니다.

- 증류주
- 진
  - 드라이진
  - 한국진
- 2021년출시
- 웨스턴 스피릿
- 선비
- 48%
- 한국, 충주
- 토끼소주 생산
- 토끼소주 소유

선비 진
SONBI GIN

미국인이 만드는 소주인 토끼소주(제품과 같은 이름)에서 만드는 진입니다. 2021년 출시한 웨스턴 스피릿 중 하나로 보드카와 같이 출시되었습니다. '선비'는 우리가 아는 그 선비가 맞습니다. 라벨은 화폐를 흉내 낸 디자인입니다. 10종의 식물 재료를 사용해서 만든 진으로 전통주가 크게 성장한 코로나19 시기에 발매되어 좋은 반응을 얻었습니다. 주니퍼베리 향 위로 시트러스 향이 시원하고 부드럽게 풍겨, 48%의 도수지만 니트로 마시기에도 좋습니다.

럼이란?

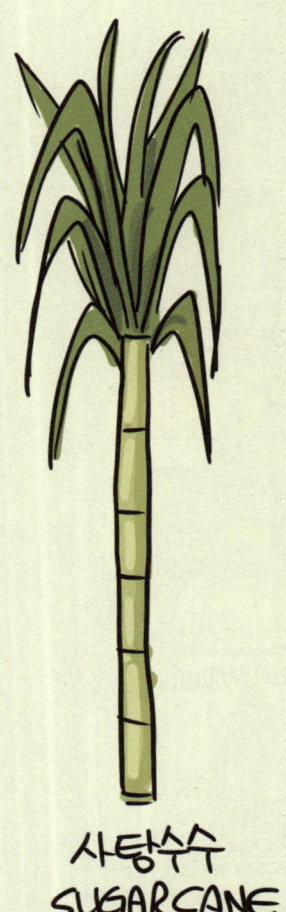

럼은 Rum, Rhum, Ron 등으로 표기되며, 어원은 확실하지 않습니다. '생명의 물'이라는 의미나 특정 지역 혹은 아락 Arak, 오늘날 증류주의 시초 격인 아랍 증류주 과 같은 어원을 통해 어느 정도 유추가 가능한 다른 증류주들과 달리, 럼의 어원은 확실하지 않고 다만 '흥분할 때 내는 소리' 혹은 '강한, 최고, 좋은' 등의 단어에서 왔을 것으로 유추합니다. 럼이 rumbullion 거대한 폭풍, rombostion 강한 액체, 센 술 으로 불린 기록이 있어 여기에서 비롯되었을 것이라 보는 견해도 있지만 이 또한 정확하지는 않습니다.

어원이야 확실하지 않지만 럼의 고향은 서인도 제도라 불린 카리브해 인근 지역입니다. 인도를 찾아 신항로를 찾던 유럽인들은 인도로 생각했던 이곳을 발견한 후 세월이 흐른 뒤에 설탕의 원료가 되는 사탕수수를 옮겨오고 사탕수수를 가꿀 사람들도 옮겨왔습니다. 그 사람들은 노예였죠. 럼은 노예로 불린 이들이 노동이 끝난 뒤, 설탕을 만들고 남은 부산물인 당밀로 만든 증류주입니다.

럼의 원료, 사탕수수

사탕수수는 인도 등지에서 생산되는 작물로서 설탕의 원료입니다. 과거에는 설탕을 만드는 유일한 원료였고 지금도 대부분인 70~80%의 설탕을 사탕수수로 만듭니다. 이 사탕수수는 세계에서 가장 많은 양을 생산하는 곡물입니다. 원산지는 인도 갠지스강 인근으로 지금은 세계 열대 지역에서 재배되고 있습니다.

설탕과 당밀

설탕은 사탕수수즙을 끓여 만듭니다. 사탕수수를 압착하면 즙이 나오고, 그 즙을 끓이면 정제되지 않은 설탕 원당이 생기며, 이를 빼면 짙은 색의 액체가 남습니다. 바로 이 부산물이 당밀입니다. 당밀을 발효한 뒤 증류해서 만드는 술이 '럼'입니다.

럼의 역사

럼을 생각하면 어떤 이미지가 떠오르나요? 비슷할 겁니다. 바닷가, 배, 선원 등이 떠오르죠. 럼은 우리가 어렵지 않게 상상할 수 있는 바로 그 이미지인 바다, 배, 뱃사람들의 술입니다. 럼의 고향인 카리브해 주변은 17세기 무렵 강대국들의 싸움터였습니다. 우리 편 해군은 저쪽 편의 해적이고, 저쪽의 해군은 우리에게는 해적인 그런 곳이었습니다.

럼의 고향 카리브해

유럽과 신대륙을 오가는 이들에게 꼭 필요한 것은 술이었습니다. 당시 농장의 노예들은 사탕수수에서 설탕을 만들고 난 뒤의 당밀 찌꺼기로 술을 만들어 마셨는데 이를 증류하여 럼을 만들었다고 했죠. 브랜디는 너무 비싸고 맥주는 쉽게 변질되었으며 오는 길뿐 아니라 돌아가는 길에도 술은 필요했으니, 럼은 정말이지 안성맞춤인 술이었습니다. 또한 돌아오는 길에 넉넉하게 실은 럼으로 다시 농장에 필요한 노예들을 구매할 수도 있었으니 말이죠. 이른바 삼각무역의 시작이랄까요.

많은 술이 그렇듯 럼도 역사와 밀접한 관계가 있습니다. 17세기 유럽은 힘든 설탕 생산에 필요한 노동력을 구하기 위해 인근 아프리카 지역의 흑인들을 말 그대로 잡아와 노예라는 상품으로 만들었습니다. 이들은 카리브해 연안의 사탕수수 농장에 팔려 강제 노동에 투입되었고, 그곳에서 생산된 설탕과 럼을 싣고 유럽으로 돌아왔습니다. 유럽에서는 총기 등의 무기와 옷을 가지고 아프리카 노예를 구매했습니다. 이렇게 럼은 산업의 한 축으로 생산되고 소모되었습니다.

미국에서도 위스키 전에 주로 생산하던 증류주는 럼이었습니다. 이후 영국의 높은 관세, 독립전쟁 이후 원재료의 수입 불안정, 활발한 옥수수 경작 등으로 위스키를 주로 생산하기 시작했죠. 위스키의 증류 기술에 럼을 생산하던 증류 기술이 자연스럽게 더해졌습니다.

19세기 럼 생산에 연속식 증류기가 도입되면서 생산 효율성이 높아졌고, 지역에 따라 특색 있는 연속식 증류기들을 사용해 럼을 생산했습니다. 럼이 해외로 본격적으로 수출되기 시작하자 바카디 같은 유명 브랜드들이 성장했습니다. 미국의 금주법 당시에는 미국과 가까운 쿠바의 럼이 인기를 끌었고 이어 여러 칵테일을 통해 럼은 더욱 많이 알려졌습니다. 쿠바혁명으로 바카디는 푸에르토리코와 다른 나라로 증류소를 옮겨 계속 성장했습니다.

21세기에 들어서며 전 세계 주류시장에 불어닥친 크래프트 바람 덕분에 고숙성, 고품질의 럼들이 생산되고 알려졌으며 위스키의 인기와 더불어, 혹은 높아진 위스키 몸값 때문에 적절한 대체품으로 소비되기도 하면서 질적으로나 양적으로나 더욱 성장하고 있습니다.

뱃사람들에게 럼은 해열제요, 식수중화제요, 위로제였습니다. 영국 해군은 17세기부터 300년가량 럼을 보급품으로 지급했습니다. 1970년 7월 31일을 마지막으로 해군의 럼 보급은 이어지지 않지만, 블랙 도트 데이 Black Tot Day 라 하며 그날을 기념하고 있으니 그들에게 럼은 의미가 있는 술인 거죠. 이렇게 럼은 영국 해군의 전통으로 이어지는 상징적인 술이 되었습니다.

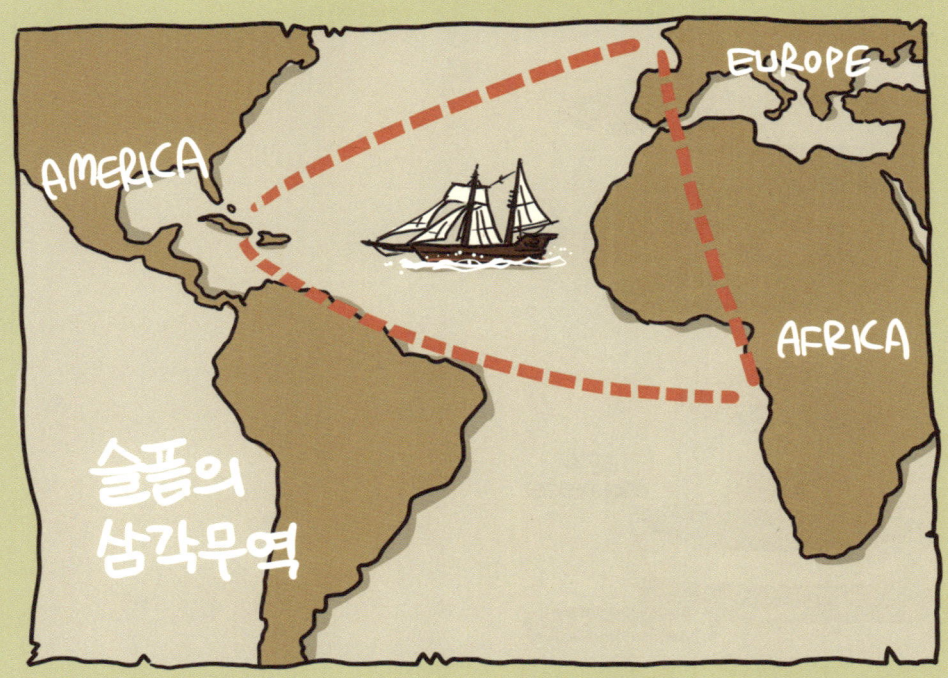

럼의 제조 과정

럼이 만들어지는 과정을 살펴보겠습니다. 당밀 자체가 당을 포함하다 보니 당화 과정 없이 발효시켜 알코올 상태로 만들 수 있습니다.

수확

사탕수수를 수확 harvesting 하여 준비합니다.

제분

사탕수수를 압착시켜 즙을 짜내는 제분 grinding 과정을 거칩니다.

자비

자비 boiling 과정에서는 사탕수수즙을 끓여 당밀을 만듭니다.

오늘날 대부분의 럼은 당밀로 만들지만 사탕수수즙으로 만드는 럼도 있습니다. 이를 '아그리콜 럼'이라 부릅니다. 아그리콜 agricole 은 '농업'이라는 뜻입니다. 설탕을 만드는 부산물인 당밀을 사용하는 럼은 '인더스트리얼 산업, 공장 럼'이라 부르고, 혹은 '전통 럼'이라고도 부르는데 전통적으로 당밀을 사용해 럼을 만들었기 때문입니다.

발효

당밀에 물을 넣고 효모를 사용해 어떤 곳은 천연 효모를 사용 발효 fermentation 시켜 알코올 상태로 만듭니다. 보통 하루에서 2주까지 발효하는데, 생산하는 지역이나 목적에 따라 6시간부터 몇 주까지 발효하기도 합니다.

자메이카의 일부 럼 증류소에서는 발효·증류를 하고 남은 부산물을 다음 발효 시에 첨가합니다. 이는 전통적인 방법으로 다른 증류주에서도 볼 수 있죠. 버번위스키에서의 사워매시(sour mash)도 이와 유사한 방법으로 제조합니다. 사워매시가 조금은 순한 방법이라면, 럼에는 보다 강도 높은 방법을 사용합니다. 증류 시 남은 부산물을 '던더(dunder)'라고 하는데, 이를 통에 넣어 오랫동안 숙성시키거나 '머크피트(muck pit, 일종의 거름 구덩이)'라는 구덩이에 과일 등 다른 재료들과 함께 말 그대로 거름처럼 숙성시키고 난 뒤 발효조에 첨가해서 럼을 만듭니다.

증류

발효된 알코올을 증류 distillation 합니다.

숙성

필요에 따라 숙성 aging, maturation 합니다. 대부분의 술이 오크 캐스크에서 숙성한 것과 달리 럼은 다양한 캐스크를 사용합니다. 물론 오크통을 많이 사용하지만요.

럼의 분류

럼은 사탕수수로 만든 당밀을 재료로 하는 것 외에는 큰 제약이 없습니다. 나라마다 법적으로 분류는 하고 있으나 표준을 정해 지역, 종류 혹은 숙성 기간에 따라 명확하게 나누지는 않죠. 아주 오랫동안 그렇게 별다른 제약과 구분 없이 생산되었습니다.

그동안 가장 많이 구분된 방식은 색상에 따른 분류입니다. 위스키나 다른 숙성제품처럼 명확한 기준에 의해 구분되는 것이 아니고, 보통 색에 따라 세 가지 정도로 구분되지만 이 또한 강제적이거나 명확하게 나누지는 않습니다. 편의와 일반적인 인식에 의해서 나눈 정도라 보면 될 듯합니다.

그 외에 생산 지역에 따라, 혹은 과거 식민지 시대 프랑스와 영국, 스페인의 지배 지역에 따른 분류가 있으며, 생산 방법에 따라서는 사탕수수즙이나 당밀의 사용 여부에 따라 구분하기도 합니다. 또한 위스키의 분류법을 참고해 독립병입자인 벨리에의 소유주 루카 가르가노 Luca Gargano 가 제안한 가르가노 분류법 등이 있습니다.

색상에 따른 분류

오랫동안 럼의 분류에 가장 많이 사용되었고 지금도 사용되고 있는 색상에 따른 분류를 알아보도록 하겠습니다. 색상에 따른 분류는 정말 단순히 럼의 색상에 따른 분류이므로 이것이 럼에 대한 어떤 기준이나 조건을 의미하지는 않습니다. 물론 위스키나 브랜디 등 다른 증류주의 통상적인 분류법을 참고하여 표기해 분류하기도 합니다. 그러나 그 또한 규제가 없다 보니 아직까지는 참고 정도로만 사용되고 있죠.

■ **화이트 & 라이트 럼**(White & Light Rum)

 증류한 뒤 바로 병입하거나 오래 숙성시키지 않은 럼을 '화이트 럼', '라이트 럼'이라고 말합니다. 어느 정도 숙성했어도 투명한 색을 가지면 '화이트 럼'이라 부릅니다. 대부분 숙성시키지 않거나 짧은 기간 숙성하다 보니 골드나 다크에 비해 색과 맛이 가볍다고 할 수 있습니다. 가장 유명하고 흔하게 볼 수 있는 럼이 바카디 화이트 럼이죠. 주로 칵테일에 사용됩니다.

■ **골드 & 미디엄 럼**(Gold & Medium Rum)

 일정 기간 숙성시켜 황금색을 띤 럼을 말합니다. 다크 럼과 화이트 럼의 중간 럼이라 볼 수 있고, 숙성 기간과 색 또한 중간 정도입니다. 숙성 기간에 따라 황금색을 띠고 있으며 캐러멜로 색을 맞추기도 합니다.

■ 블랙, 다크 럼 & 헤비 럼 (Black, Dark Rum & Heavy Rum)

블랙 럼과 다크 럼은 보통 같은 의미로 사용됩니다. 짙은 색을 띠며, 색처럼 가장 오랜 기간 숙성시킨 럼입니다. 같은 브랜드 내에서 가장 고급에 속한다고 보면 됩니다. 물론 블랙 럼이나 다크 럼도 캐러멜로 색을 내는 경우가 있습니다. 자메이카산이 가장 유명하며 많은 다크 럼이 자메이카산 럼을 블렌딩하여 만듭니다.

헤비럼은 보통 블랙 럼이나 다크 럼처럼 짙은 색을 띠지만, 향미와 질감이 더 무겁고 복합적인 풍미를 가진 럼입니다.

생산 지역에 따른 분류

럼은 생산 지역에 따라 'Rum, Rhum, Ron'로 표기됩니다. 이는 과거 프랑스, 영국, 스페인 식민지 지역에 따른 분류로 풍미와 스타일을 나누기는 하지만 큰 의미는 없습니다. 가장 익숙한 럼 브랜드들은 주로 스페인에 속한 지역에서 생산되었고, 프랑스 지역에서는 사탕수수즙을 사용해 생산하는 아그리콜 럼이 대표적입니다. 영국식 럼은 자메이카와 바베이도스의 스타일 및 풍미가 대표적입니다. 현재 식민지에 따른 분류가 의미 없는 것처럼, 이런 스타일이 있다는 것과 현대 럼으로 발전된 흐름을 이해하는 정도로만 알면 될 듯합니다.

과거 식민지에 따른 스타일

FRENCH STYLE

RHUM

사탕수수 즙
SUGARCANE JUICE

- MARTINIQUE
- HAITI
- FRENCH GUYANA
- GUADELOUPE
- MARIE GALANTE
- REUNION
- MAURITIUS

ENGLISH STYLE

RUM

당밀
MOLASSES

- JAMAICA
- BARBADOS
- TRINIDAD & TOBAGO
- ANTIGUA
- ST. LUCIA
- GUYANA
- BERMUDA

SPANISH STYLE

RON

당밀
MOLASSES

- CUBA
- PUERTO RICO
- DOMINICAN REPUBLIC
- VENEZUELA
- GUATEMALA
- NICARAGUA
- PANAMA
- COLUMBIA
- PERU
- COSTA RICA
- ECUADOR

가르가노 분류법

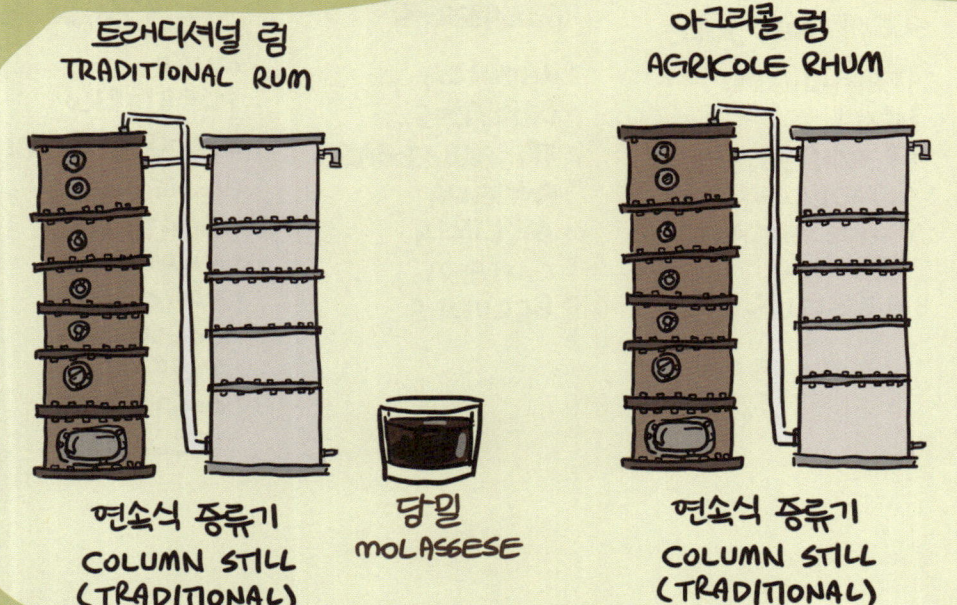

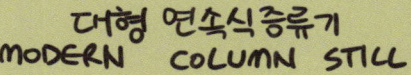

가르가노 분류법

가르가노 분류법은 벨리에의 소유주 루카 가르가노와 포스퀘어 증류소의 소유주 리처드 실의 위스키 분류법을 참고해서 제안한 럼 분류법으로, 증류법과 원료로 럼을 분류하는 방식입니다.

럼을 생산하는 단식 증류기는 다른 단식 증류기와 방식이 조금 다릅니다. 물론 일반적인 단식 증류기도 사용하지만요. 일반적인 증류기인 스카치위스키 증류기와 비교하면 보통 두 개의 단식 증류기로 한 번 증류해서 '로 와인'이라는 낮은 도수의 증류액을 얻고, 다시 한번 증류해서 '하이 와인'이라는 높은 도수의 증류액을 얻습니다. 두 번 정도 증류를 하는 방식이 일반적이라면, 럼을 생산하는 단식 증류기는 '레트로'라는 일종의 작은 증류기를 연결해서 두 번 증류한 것과 비슷한 결과를 얻습니다.

연속식 증류기는 두 가지로 분류되는데, 전통적으로 사용했던 연속식 증류기와 현대 산업에서 사용되는 대형 연속식 증류기로 나뉩니다.

- **퓨어 싱글 럼** 단일 증류소에서 전통 단식 증류기로 증류한 럼
- **퓨어 싱글 아그리콜 럼** 단일 증류소에서 사탕수수즙을 사용해서 단식 증류기로 증류한 럼
- **싱글 블렌디드 럼** 단일 증류소의 전통 단식 증류기와 연속식 증류기를 이용해서 생산한 럼을 섞어 만든 럼
- **트래디셔널 럼** 연속식 증류기를 사용해서 만든 럼
- **아그리콜 럼** 사탕수수즙을 사용해서 연속식 증류기로 생산한 럼
- **럼** 가장 많이 접하는 일반적인 스타일의 럼으로, 당밀을 사용해 대형 연속식 증류기에서 생산한 럼

루카 가르가노
LUCA GARGANO

럼 명칭 통제, A.O.C

럼은 최근까지 아주 자연스러운 방법으로 제조되었습니다. 사탕수수를 사용해서 만드는 증류주로 제약이 없었다고 할 수 있죠.

아그리콜 럼을 생산하는 프랑스의 해외 영토인 마르티니크는 1996년부터 프랑스 와인에서 사용하는 원산지명칭통제 A.O.C 를 도입해서 사용하고 있습니다. 사탕수수 주스를 사용해서 럼을 만드는 방식인 아그리콜 럼은 럼에서 5% 이하의 적은 양이 생산되며, 대부분의 아그리콜 럼은 마르티니크에서 생산된 럼입니다. 마르티니크는 여러 럼 생산지를 구분해서 생산 지역을 표기하며, 이 명칭은 통제되어 사용되고 있습니다.

마르티니크 럼 AOC
MARTINIQUE RHUM AOC

SECTION 04

럼 즐기기

콜라

콜라는 럼과 찰떡궁합인 음료이죠. 콜라를 럼에 타서 마시면 누구나 쉽게 럼을 즐길 수 있습니다. 럼에 콜라를 탄 '럼콕'은 달달한 럼의 이미지에 딱 맞는 술입니다. 라임이나 레몬을 넣어주면 더욱 상큼하게 마실 수 있습니다.

온더록스

예전과 달리 다양한 럼이 생산되고 있으며, 특히 숙성된 럼이 많이 생산되고 있습니다. 숙성된 럼은 럼 자체의 풍미를 즐기기에도 좋아서 얼음을 타서 마시거나 니트로 마셔도 좋습니다.

칵테일

럼을 즐기는 방법 중 칵테일을 빼놓을 수는 없죠. 그중에서도 소설가 헤밍웨이가 사랑했던 다이키리는 럼의 매력을 잘 보여줍니다.

얼음을 채운 셰이커나 텀블러에 럼과 라임 주스를 2:1 비율로 넣어줍니다. 그리고 설탕 한 스푼을 넣고 신나게 섞은 다음 잔에 따른 뒤 라임으로 장식하면, 매력적인 맛의 다이키리를 즐길 수 있습니다.

우리나라에서는 모르는 사람이 없는 모히토. 잔에 설탕 2스푼과 민트 잎 6장, 라임 주스 라임 를 넣고 소다워터 탄산수 를 조금 넣은 다음 잘 저어줍니다. 얼음을 넣고 소다워터를 채운 뒤 민트잎과 라임으로 장식하면 됩니다. 만들기가 살짝 번거롭지만 보기도 좋고 럼의 매력을 즐기기에도 좋은 칵테일입니다.

- 증류주
- 럼
  - 인더스트리얼 럼 (당밀발효)
- 1862년 설립
  - 1960년 이전 (쿠바혁명)
  - 설립자 FACUND "BACARDI" MASSO
- 40%
- 푸에르토리코
- 바카디 생산
- 바카디 소유

- 증류주
- 럼
  - 인더스트리얼 럼 (당밀발효)
- 1934년 출시
  - 하바나의 클럽 페르노리카 V 바카디 (쿠바) (미국) 상표권 분쟁
- 40%
- 쿠바
- 하바나클럽 생산
- 페르노리카 소유

바카디 카르타 블랑카 럼
BACARDI CARTA BLACA RUM

바카디는 1862년 파쿤도 바카디 마소가 쿠바 산티아고에 설립한 럼 증류소입니다. 설립자의 아내가 박쥐를 행운의 상징으로 내세웠고, 지금까지 박쥐는 바카디를 상징하고 있습니다. 럼 베이스 칵테일인 다이키리, 그리고 쿠바의 독립전쟁을 도와준 미군이 마시던 쿠바 리브레(럼 콕)가 금주법 등으로 인해 미국에서 인기를 끌었고, 바카디는 쿠바 혁명 당시 푸에르토리코로 위치를 옮겨 계속해서 바카디 럼을 생산했습니다. 지금까지 5대를 이어 가족 경영으로 이끌고 다른 브랜드들을 소유하며, 국제적인 거대 주류회사가 되었습니다. 바카디 럼 화이트(블랑카)는 아메리칸 오크통에서 숙성한 뒤 석탄 여과 방식으로 제조하며, 세계적으로 가장 많이 판매되는 럼이며, 수많은 럼 칵테일로 만들어지고 있습니다.

하바나 클럽 아네호 럼
HAVANA CLUB ANEJO RUM

쿠바에 가지 않고 쿠바를 만날 수 있는 방법! 바로 하바나 클럽 럼을 마시는 것이죠. 하바나 클럽은 쿠바를 대표하는 럼입니다. 1878년 아레차발라 가문에서 증류장을 설립했고, 1934년 '하바나 클럽(Havana Club)'이라는 이름으로 제품을 생산하기 시작했습니다. 1960년 쿠바에서 혁명이 일어나자 아레차발라 가문은 미국과 스페인으로 떠났습니다. 하바나 클럽은 정부에 의해 운영되며 럼을 생산했고, 1972년부터는 외국으로도 판매했으며, 1994년에는 페르노리카와 제휴하며 전 세계로 판매하기 시작했습니다. 하바나 클럽 아네호는 3년 숙성한 다음 여과시켜 병입한 럼입니다. 여러 럼 칵테일에 사용하기 좋은 제품으로, 특히 모히토에 제격인 칵테일입니다.

RON BARCELÓ 론 바르셀로
RON BARCELO IMPERIAL DOMINICAN RUM

BRUGAL 브루갈
BRUGAL ANEJO RUM

- 증류주
- 럼
  - 사탕수수즙 발효
  - 도미니칸 럼
- 1929년 설립
  - 1980년 출시 (IMPERIAL)
  - 설립자 JULIAN 'BARCELO'
- 38%
- 도미니카 공화국
- 론 바르셀로 생산
- 론 바르셀로 소유

- 증류주
- 럼
  - 인더스트리얼 럼 (당일 발효)
  - 도미니칸 럼
- 1888년 설립
  - 설립자 ANDRES 'BRUGAL'
- 38%
- 도미니카 공화국
- 브루갈 생산
- 에드링턴그룹 소유

론 바르셀로 임페리얼 럼
RON BARCELO IMPERIAL RUM

카리브해 인근의 대표적인 럼 생산국 중 하나인 도미니카공화국의 럼입니다. 론 바르셀로가 1929년에 설립된 이후 지금까지 가족 경영으로 이어져 오고 있으며, 세계 판매량은 다섯 손가락 안에 꼽히는 유명한 럼입니다. 실버 아네호 등 기존의 제품도 있지만, 론 바르셀로의 대표 제품은 '임페리얼 숙성 럼'입니다. 이 럼은 도미니카공화국의 사탕수수즙(주스)을 발효한 다음 증류해 만드는 아그리콜 럼입니다. 보통 4~10년가량 숙성하고, 마무리는 약 2년 정도 프렌치 오크 캐스크에서 숙성합니다. 기존의 거친(?) 럼과는 달리 다양한 풍미와 달콤하고 부드러운 맛을 자랑하여 럼 자체로 즐기기 좋은 제품입니다.

브루갈 아네호 럼
BRUGAL ANEJO RUM

럼을 품은 바다, 카리브해의 서인도제도에 위치한 도미니카 공화국. 브루갈은 이 섬나라에서 출시된 지 100년이 훌쩍 넘은 럼으로 안드레스 브루갈이 1888년 증류소를 설립하여 생산한 이후 5대째 브루갈 가문의 가업으로 이어져 왔습니다. 지금은 에드링턴 그룹의 소유지만, 브루갈 가문에서 계속 생산하고 있습니다. 브루갈 럼은 미국 오크통에서 숙성하는 것으로 유명합니다. 투명한 블랑코-실버 제품도 숙성을 하며, 여과 과정을 통해 색을 제거합니다. 아네호는 5년 숙성한 제품으로 과하지 않은 아메리칸 오크의 풍미를 느낄 수 있으며, 부드러워서 니트로 마시기에 좋습니다.

- 증류주
- 럼
  - 스파이스드 럼
- 1944년 출시
- 영국 해적 헨리 모건
- 35%
- 자메이카
- 브루갈 생산
- 디아지오 소유

- 증류주
- 럼
  - 사탕수수 즙 발효
  - 과테말라 럼
  - 솔레라 기법숙성
- 1876년 설립
- 과테말라의 주
- 40%
- 자메이카
- 론자카파 생산
- 디아지오 소유

캡틴 모건 스파이스드 골드 럼
CAPTAIN MORGAN SPICED GOLD RUM

캡틴 모건은 1944년 시그램사에서 만든 럼입니다. 2001년 매각되어 지금은 디아지오의 소유입니다. 스파이스드 럼으로 여러 재료가 들어가 부드럽고 가벼우며 달달하고 스파이시한 럼입니다. 정확히는 럼이라기보다는 리큐어에 가깝지만요. 가볍게 마시기 좋고 콜라 같은 음료와 섞어서 마시기에도 좋은 럼입니다. '캡틴 모건'이라는 이름은 영국 해적 헨리 모건에서 영감을 받아 지었다고 합니다. 해적이 벌컥벌컥 마시는 이미지에 잘 어울리는 럼입니다.

론 자카파 23
RON ZACAPA 23

과테말라 자카파에서 생산되는 럼 자카파는 일반적인 럼처럼 당밀로 만들지 않고 사탕수수즙에 파인애플 효모를 사용해서 숙성한 뒤 증류해서 만듭니다. 자카파 럼 중 가장 유명한 제품은 솔레라 23으로 자카파 설립 100주년을 기념해 1976년에 출시된 제품입니다. 솔레라 23은 여러 통을 연결해서 빠진 만큼 채워 넣는 셰리 와인의 숙성 방식인 솔레라 기법으로 숙성되며, 숙성되는 장소는 해발 2,300m에 위치한 곳입니다. 높은 곳에 위치한 만큼 낮은 온도에서 숙성되어 증발량이 많지 않고 천천히 숙성됩니다. 솔레라 23 럼은 최소 6년, 최고 23년 숙성된 럼을 블렌딩해서 만들고 있습니다. 바닐라부터 스파이시한 풍미와 달달한 맛 덕분에 마시기 편한 럼입니다.

DIPLOMATICO 디플로마티코
DIPLOMATICO RESERVA EXCLUSIVA RUM

- 증류주
- 럼
  - 인더스트리얼 럼 (당밀 사용)
  - 베네수엘라 럼
- 1956년 출시
- 외교관, 수완가 럼제작자, 연구가 돈 후안초(JUANCHO)
- 40%
- 베네수엘라
- 디플로마티코 생산
- 브라운포맨 소유

디플로마티코 리제르바 익스클루시바 럼
DIPLOMATICO RESERVE EXCLUSIVA RUM

디플로마티코 라벨 속 인물 '돈 후안초'라는 베네수엘라의 럼 생산·연구·수집가인데, 그를 기려 '디플로마티코'라 이름 지었다고 합니다. 디플로마티코 증류소는 1959년 설립되었으며, 설립 당시에는 시그램의 소유였고 디아지오 페르노리카에 매각되었다가 다시 베네수엘라에서 매입되어 온전한 베네수엘라 럼이 되었습니다. 2022년 브라운 포맨에 인수되어 현재는 브라운 포맨 소유입니다. 가장 많이 알려진 레세르바(익스클루시바)는 대부분 12년 숙성의 달달하니 풍부한 향을 가진 부드러운 럼입니다. 조용히 홀짝이기 좋으며 럼과 친해지기에도 참 좋습니다. 국내에도 정식 수입되고 있으며, 조금씩 천천히 알려지고 있는 제품입니다.

PLANTATION 플랜테이션

PLANTATION 3 STARS JAMAICA BARBADOS TRINIDAD WHITE RUM

- 증류주
- 럼
  - 인더스트리얼 럼 (당밀 사용)
  - 블렌디드 럼
- 1989년 설립
- 대규모 농장 사탕수수 농장
- 40%
- 프랑스 코냑(블렌딩)
- 메종페랑 생산
- 메종페랑 소유

플랜테이션 3 스타스 럼
PLANTATION 3 STARS RUM

플랜테이션 럼은 럼의 주 생산지인 자메이카 등지에서 생산한 럼을 프랑스 코냑으로 가져와 블렌딩 및 마무리 작업을 한 다음 프랑스에서 출시하는 럼입니다. 플랜테이션 럼 중 유일하게 색이 투명한 화이트 럼(실버 럼)인 '3 스타스'는 자메이카, 바베이도스, 트리니다드 세 곳에서 생산된 럼을 블렌딩하는데 이 중에는 숙성된 럼도 있기 때문에 필터링해서 색을 제거한 뒤 병에 담습니다. 화이트 럼이지만 다양하고 풍부한 풍미와 달달한 맛으로 칵테일은 물론 럼 자체로 즐기기에도 좋습니다.

MATUSALEM 마투살렘
RON MATUSALEM 15 YEARS RUM

- 증류주
- 럼
- 인더스트리얼럼 (당밀사용)
- 도미니칸 럼
- 1872년 설립
- 2002년 재출시
- METHUSELAH 므두셀라
- 40%
- 도미니카공화국
- 마투살렘 생산
- 플로시오 스피리츠 소유

마투살렘 15년 럼
MATUSALEM 15 YEARS RUM

마투살렘은 성서 속 가장 오래 산 사람인 므두셀라의 스페인어 표기입니다. "므두셀라보다 오래된"이라는 유명 문구에서 차용했다고 하는데, 그만큼 오래 숙성된 럼이라는 것을 내세우는 듯합니다. 현재 도미니카에서 생산되는 럼이지만 19세기(1872년)에 쿠바에서 설립되어 생산했고, 쿠바 혁명으로 떠난 뒤 소유권 문제를 해결하고 2002년 도미니카에서 생산하며 재출시한 럼입니다. 대표 제품은 15년 제품인데 솔레라 방식으로 숙성합니다. 그 외 18, 23, Extra Anejo 등의 제품이 있고 대부분 숙성 럼입니다.

APPLETON ESTATE 애플톤 이스테이트
APPLETON ESTATE SIGNATURE BLEND RUM

- 증류주
- 럼
- 인더스트리얼럼 (당밀사용)
- 블렌디드 럼
- 1749년 설립
- 1987년 출시
- 자메이카 남서부 사탕수수 농장
- 40%
- 자메이카
- 애플톤 이스테이트 생산
- 캄파리 소유

애플톤 이스테이트 럼
APPLETON ESTATE RUM

자메이카의 애플톤 럼은 이스테이트, 자메이카의 레이앤 네퓨를 거쳐 현재는 캄파리 소유의 럼입니다. 확인된 기록으로는 1749년부터 럼을 생산했고, 1987년부터 여러 럼을 숙성하여 블렌딩한 제품을 생산하기 시작했습니다. 당밀을 이용해 럼을 만들고 있으며, 대표 제품인 V/X는 현재 이름이 바뀌어 '시그니처 블렌드'라는 이름으로 나오고 있습니다. 이는 15개의 숙성 럼을 블렌딩하고 숙성 연수를 표기하지 않는 NAS 제품이지만 평균 4년 정도 숙성한다고 합니다. 시그니처 블렌드 외 주요 제품으로는 6년 정도 숙성한 리저브 블렌드와 좋은 평을 듣는 12년 숙성의 레어 블렌드 12가 있습니다. 그 이상 등급으로 21년과 50년 제품도 있습니다.

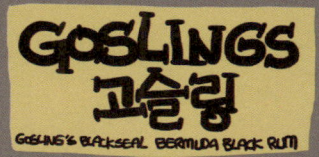

- 증류주
- 럼
  - 인더스트리얼럼 (당밀사용)
- 1703년 설립
  - 존 '게이' 앨런
- 40%
- 바베이도스
- 마운트게이 생산
- 레미쿠앵트루 소유

- 증류주
- 럼
  - 다크럼
- 1806년 설립 1860년 럼생산
  - 설립자 JAMES 'GOSLINGS'
- 40%
- 버뮤다
- 고슬링 생산
- 고슬링 소유

마운트 게이 이클립스 럼
MOUNT GAY ECLIPSE RUM

고슬링 블랙 실 럼
GOSLINGS BLACK SEAL RUM

현존하는 럼 중 가장 오래된 브랜드입니다. 1703년부터(혹은 그 이전부터라고 주장) 생산하기 시작했다는 바베이도스의 럼, 마운트 게이 농장과 증류소(Mount Gilboa)를 상속받은 소유주가 친구이자 같이 일했던 존 게이 앨런이 죽은 후, 그를 기리기 위해 농장 및 증류소 이름을 '마운트 게이'로 바꾸었다고 하네요. 지금은 레미 쿠앵트로의 소유이며, 1910년에 출시한 이클립스가 마운트 게이를 대표하는 럼입니다. 1910년은 헬리 혜성이 통과하고 개기일식도 있었던 해라 이클립스로 이름 지었습니다. 최대 2년 정도 숙성하는 럼으로 달달한 풍미 덕분에 콜라, 진저에일 등과 섞어 칵테일로 마시기에 좋습니다. 이 외에 8~15년 숙성하는 마운트 게이 X.O도 많이 알려져 있습니다.

버뮤다는 럼의 고향 카리브해의 위쪽에 위치한 영국령의 섬나라입니다. 고슬링은 버뮤다를 대표하는 럼으로, 1806년 설립된 이후 지금까지 고슬링의 이름을 잇는 설립자의 가족이 증류소를 운영하며 만들고 있습니다. 고슬링 럼을 대표하는 럼은 다크 럼인 '블랙 실 럼'으로 제1차 세계대전 시에 영국 해군들이 가져온 빈 병에 럼을 채운 뒤 검정 밀랍으로 봉해 '검정 물개'라는 별칭이 생겼다고 합니다. 숙성된 깊은 맛은 없지만 달달하고 럼이면 떠오르는 다양하고 강한 풍미를 가지고 있어, 취향에 맞는다면 그냥 즐겨도 좋지만 여러 음료들과 섞어 마시기 좋은 럼입니다. 무엇보다 칵테일 '다크 앤 스토미'의 럼이므로 다크 앤 스토미만을 위해서라도 (이런 종류의 칵테일이 좋다면) 하나쯤 있어도 좋습니다.

SAILOR JERRY
세일러 제리
SAILOR JERRY ORIGINAL SPICED RUM

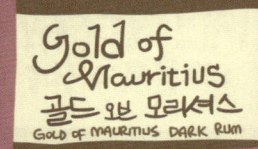
Gold of Mauritius
골드 오브 모리셔스
GOLD OF MAURITIUS DARK RUM

- 증류주
- 럼
  - 스파이스드 럼
- 1999년 출시
- 전직 미해군 선원 전설적 타투이스트
- 40%
- 스코틀랜드
- 거반 증류소 생산
- 윌리엄 그랜트앤선즈 소유

- 증류주
- 럼
  - 다크 럼
- 2012년 설립
- 모리셔스의 금 모리셔스의 골드 럼
- 40%
- 모리셔스
- 리치큐어 생산
- 리치큐어 소유

세일러 제리 스파이스드 럼
SAILOR JERRY SPICED RUM

미국의 전설적인 타투이스트 세일러 제리를 기리는 세일러 제리 럼. 발베니 그랜츠의 그랜트앤선즈에서 만드는 럼입니다. 윌리엄그랜트앤선즈의 그레인 증류소인 거반 증류소에서 생산하며, 상표에는 세일러 제리의 타투, 훌라걸이 그려져 있습니다. 세일러 제리는 해군이며, 제2차 세계대전 이후 하와이에 머물며 문신을 새겼다고 합니다. 그의 이름에 걸맞게 범선을 소유하기도 했다네요. 천연 향신료들을 더한 달짝지근한 맛이 나는 스파이스드 럼으로 단독으로 홀짝이기에도 좋고 콜라 등과 섞어서 마시기에도 안성맞춤입니다. 익살스러운 라벨처럼 기분 좋고 가볍게 즐기기 좋은 럼입니다.

골드 오브 모리셔스 럼
GOLD OF MAURITIUS RUM

모리셔스는 아프리카 동쪽의 섬 마다가스카르에서 동쪽으로 한참 떨어진 곳에 있는 섬 이름입니다. 골드 오브 모리셔스는 모리셔스의 사탕수수와 당밀을 사용해서 생산하는 다크 럼입니다. 제조사 리치큐어는 프레데릭 베텔(Frederic Bestel)이 설립했으며, 모리셔스의 여러 럼 증류소에서 럼 원액을 가져와 숙성시키고 블렌딩하여 제품을 판매하고 있습니다. 시그니처 제품인 골드 오브 모리셔스 다크 럼은 12~15개월 정도 숙성한 럼을 블렌딩하며, 캐스크는 남아프리카의 포트 와인 오크통을 주로 사용합니다. 친근한 바닐라, 캐러멜, 과일 등의 풍미를 가지고 있으며, 니트로 마시기 좋은 럼입니다(물론 칵테일에도 좋지요). 럼에 대해 관심이 생겼을 때 처음 만나기에 좋은, 여러모로 무난한 럼입니다.

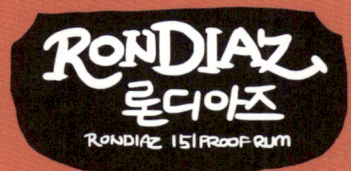

- 증류주
- 럼
  - 카리비안 럼
  - 오버프루프 럼
- 2012년 설립
- 76.5%
- 미국
- 리처큐어 생산
- 프레스터지 그룹

론디아즈 151 럼
RONDIAZ 151 RUM

바카디사의 철수와 생산 중단으로 인해 75.5%의 높은 도수를 자랑하던 바카디 151 프루프 럼이 수입되지 않게 되자, 그 자리를 대체하고 있는 제품이 바로 론디아즈 151 럼입니다. 카리브해의 럼을 들여와 미국에서 생산하는 럼이죠. 생산하기 시작한 지 얼마 되지 않아 외국에서도 그다지 인지도가 있는 편은 아닙니다. 그나마 스파이스드 럼이 제일 알려져 있는데, 우리나라에서는 바카디 151의 인상이 강했기 때문인지 '151 럼'으로 많이 알려져 있습니다. 75.5%의 높은 도수 때문에 마시거나 보관할 때 주의를 더 기울여야 하는 럼이죠. 보통 불을 붙이는(?) 용도로 많이 사용하고 칵테일로도 사용되고 있습니다.

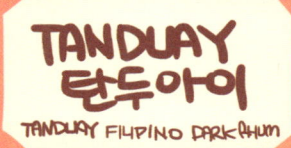

- 증류주
- 럼
  - 인더스트리얼 럼
    (당밀 발효)
- 1854년 설립
- 필리핀 마닐라 지명
  (CALLE TANDUAY)
- 40%
- 필리핀
- 탄두아이 생산
- LT 그룹 소유

탄두아이 다크 럼
TANDUAY DARK RHUM

필리핀에서 생산되는 탄두아이는 세계에서 가장 많이 팔리는 럼입니다. 증류주 중 열 손가락 안에 드는 판매량을 자랑하며 필리핀을 대표하는 술이죠. 대부분 필리핀과 인근의 나라에서 소비됩니다. 처음 생산한 시기가 1854년으로 오래된 역사를 가지고 있습니다. 가장 많이 알려진 탄두아이는 5년 숙성한 탄두아이 다크로 콜라, 음료와 함께 칵테일로 마시기에 좋습니다. 그 외 27.5%의 라이트, 30%의 셀렉트 등의 제품이 있습니다.

- 증류주
- 럼
 - 아그리콜 럼
 - 마르티니크 럼
- 1845년 설립
 - 설립자
   JEAN MARIE MARTIN
- 45%
- 마르티니크
- RHUM J.M 생산
- 버나드 하요트 소유

럼 제이엠 X.O 럼
RHUM J.M X.O RUM

럼 제이엠은 1790년에 설립된 필리산 기슭의 설탕 정제소 부지를 장 마리 마틴이 구매한 뒤 1845년부터 생산하기 시작했습니다. 2002년 버나드 하요트 그룹이 매입하여 설비를 늘리며 럼을 생산하고 있습니다. 자체 생산한 사탕수수즙을 발효해서 만드는 아그리콜 럼으로 A.O.C 규정에 따라 럼을 생산하고 있습니다. 럼 X.O는 6년 이상 숙성한 제품으로 부드럽지만 풍부한 과일 향에 스파이시한 풍미를 가져 니트로 마시기에 좋습니다.

- 증류주
- 럼
 - 아그리콜 럼
 - 마르티니크 럼
- 1765년 설립
 - "세인트 제임스"
   생산지역 이름
- 40%
- 마르티니크
- 생제임스 생산
- 라 마르티니케즈 소유

생 제임스 임페리얼 블랑 럼
SAINT JAMES IMPERIAL BLANC RUM

생 제임스 럼은 생피에르 병원 옆에 있는 트루 바일란트 증류소에서 생산했는데, 이 증류소는 에드몽 르페뷔르 신부가 1765년에 설립한 설탕 정제소에서 시작되었습니다. 북미로 수출할 때 트루 바일란트 이름이 어려워, 해당 지명을 지칭하는 다른 이름인 생 제임스로 이름 지었다고 합니다. 1973년 쿠앵트로를 거쳐 2003년 라 마르티니케즈에 인수되었습니다. 럼 아그리콜 A.O.C 규정을 따르며 연속 증류기에서 증류하고 있습니다. 가장 유명한 제품인 임페리얼 블랑은 일반적인 화이트 럼보다 풍미가 더욱 풍부하며, 아그리콜 칵테일에 많이 쓰입니다.

- 증류주
- 럼
  - 가이아나 럼
- 1640년 설립 (농장)
- 1992년 출시
  - 황금도시, 이상향
- 40%
- 가이아나
- 데메라라 생산
- 데메라라 소유

엘도라도 15년 데메라라 럼
EL DORADO 15 YEAR OLD DEMERARA RUM

엘도라도는 대항해 시대에 남미로 넘어온 정복자들이 찾아 헤맸던 전설 속 황금도시를 말합니다. 럼 엘도라도는 황금의 도시가 있던 곳이라 여겨진 가이아나에서 데메라라 증류소가 1992부터 생산하기 시작한 럼입니다. 황금을 찾아온 사람들이 황금의 도시를 찾지 못하자 대신 데메라라 강가의 황금, 사탕수수의 당밀로 럼을 만든 것이죠. 엘도라도 15년은 버번 통에서 15년 이상 숙성한 럼으로 바닐라, 초콜릿, 말린 과일의 다양한 풍미를 가진 달달하고 부드러운 럼입니다.

- 증류주
- 럼
  - 필리핀 럼
- 2012년 출시
  - 필리핀 혁명 지도자 "PAPA" ISIO
- 40%
- 필리핀
- 브리딩 하트 생산
- 디아지오 소유

돈 파파 스몰 배치 럼
DON PAPA SMALL BATCH RUM

돈 파파 럼은 레미 쿠앵트로의 전 임원이었던 스티븐 캐럴이 브리딩 하트 컴퍼니에서 출시한 필리핀 럼입니다. 돈 파파는 19세기 후반 필리핀 네그로스섬의 독립운동 지도자 파파 이시오의 이름에서 빌려왔다고 합니다. 2012년에 출시되어 2017년 미국 시장에 판매되었고 2023년 디아지오에 인수되었습니다. 필리핀 네그로스섬의 사탕수수를 사용하며, 7년 숙성한 뒤 블렌딩한 다음 병입하여 판매하고 있습니다. 열대 기후에서 숙성되어 빠른 숙성의 효과를 내고 있죠. 시원한 과일 향, 달달한 맛 덕분에 니트로 마시기에 좋고 가볍게 혼합해서 마시기도 좋습니다. 국내에도 정식 수입되어 판매되고 있습니다.

테킬라란?

테킬라 Tequila 는 멕시코의 술입니다. 선인장과 비슷하게 생긴 아가베 Agave, 용설란 라는 식물을 이용해서 만드는 술 중 테킬라 인근의 지역에서 생산되는 증류주를 말합니다.

멕시코에는 예전부터 마게이 Maguey 로도 불리던 이 아가베를 발효해서 만드는 풀케 Pulque 라는 발효주가 있었습니다. 아가베는 흔히 선인장의 한 종류로 알고 있으나 다른 목에 속하는 식물입니다. 스페인 정복자들이 함께 가져온 증류 기술로 맥주의 원료인 보리를 증류해서 위스키를 만들었듯이, 풀케의 원료인 아가베를 발효하고 증류해서 증류주를 만들었습니다.

이런 증류주는 멕시코 원주민 나와틀어로 '구운 아가베'라는 뜻의 메즈칼 Mezcal 이라는 이름으로 불렸으며, 테킬라는 메즈칼을 만드는 멕시코의 지역 이름입니다. 즉 테킬라는 브랜디에 속하는 코냑처럼 테킬라 인근의 특정 지역에서 일정한 요건으로 생산되는 메즈칼을 말합니다. 다른 유명 증류주들과 다른 특별한 점은 멕시코에서만 만들 수 있는 증류주라는 점입니다.

테킬라 메즈칼 만큼 유명한 어떤 증류주도 이렇게까지 제한된 지역에서만 생산되지 않습니다. 대부분의 유명한 증류주들은 세계가 좁아진 만큼 여러 곳, 여러 나라에서 생산되고 있죠. 테킬라만이 테킬라 지역에서만 만들어지고 있습니다.

테킬라의 역사

최소 3,000년 전부터 아즈텍에서는 아가베를 발효하여 생활 속에서 사용해 왔을 것으로 추정합니다. 아가베를 발효해서 만든 발효주 풀케는 아즈텍 문명에서 중요한 역할을 해왔죠. 대부분의 문명들에서 그랬듯이 아즈텍에서도 통치수단의 일환 혹은 의식 등에 쓰였습니다.

증류의 역사는 항상 같습니다. 그 지역에서 주로 생산되는 작물이 발효주가 되고 증류로 이어졌습니다. 멕시코의 아가베를 발효해서 풀케를 만들고, 풀케를 증류해서 증류주를 만들었습니다. 이런 증류주가 메즈칼로 불렸죠. 술은 늘 만드는 사람, 역사와 함께합니다. 증류주 메즈칼도 멕시코 침략과 함께했습니다.

아즈텍의 신 중에는 아가베(마구이)의 신과 그 남편인 풀케의 신이 있습니다.

콜럼버스가 미대륙을 발견한 뒤 16세기에 스페인 사람들은 이곳 멕시코로 넘어왔습니다. 침략했다는 것이 더 맞는 말이겠네요. 스페인의 침략자들은 고국에서 가져온 증류주 브랜디의 공급이 원활해지지 않자, 멕시코 지역에서 쉽게 구할 수 있는 작물인 아가베로 증류주를 만들기 시작했습니다.

17세기 초반에 할리스코의 테킬라 지역에 대규모 증류소가 설립되었고 스페인에서는 세금을 부과했습니다. 1758년에는 호세 안토니오 쿠에르보가 스페인 왕실로부터 받은 토지에 증류소를 설립하고 테킬라를 생산했습니다. 이것이 그 유명한 호세 쿠에르보 브랜드의 시초입니다.

19세기 멕시코 독립전쟁을 통해서 테킬라는 전역으로 확대되었고, 1873년에는 사우자 증류소가

설립되었으며 미국으로 수출을 하기 시작했습니다. 1974년 '테킬라'라는 명칭이 법적으로 보호받게 되었고, 테킬라 인증번호인 놈 넘버가 도입되었습니다. 이 시기부터 테킬라는 인근 미국에서 열리는 파티에서 많이 사용되었고, 칵테일에도 활용되며 점차 인기를 얻었습니다.

21세기에 와서는 미국의 여러 유명인이 생산하는 테킬라의 인기와 증류주의 고급화로 인해 테킬라 시장이 활기를 띠고 있습니다.

테킬라는 'vino mezcla de Tequila'로 불렸는데 여기서 비노(vino)는 와인을 뜻합니다. 당시 '와인'이라는 단어는 여러 술에 사용되었고 메즈칼에도 사용됐다고 하니, '테킬라의 메즈칼'이라는 뜻이라고 할 수 있겠네요. 이후 간단하게 줄여 '테킬라'로 부르게 되었다고 합니다.

아가베

멕시코에서 '마게이'로 불리는 아가베 Agave 는 한자어로 '용의 혀'라는 뜻인 '용설란'으로도 불립니다. 흔히 선인장의 종류 중 하나로 알고 있지만 아스파라거스 목에 속하는 식물로 선인장보다는 아스파라거스에 더 가깝습니다.

아가베는 중앙아메리카에서 오래전부터 아주 중요한 작물이었습니다. 식용이나 집을 만들 때 사용하기도 했고 옷을 만들 때도 사용했습니다. 말 그대로 의식주 모두에 쓰였습니다.

아가베는 수많은 종류가 있고 사용하는 종류에 따라 만들어지는 술이 달라집니다. 이 중 블루아가베는 할리스코의 토착종으로 높은 당분을 함량하고 있어 발효·증류하기에 아주 좋은 조건을 가지고 있습니다. 법적으로는 블루아가베를 51% 이상

테킬라가 생산되는 지역은 할리스코, 미초아칸, 타마울리파스, 과나후아토, 나야리트의 다섯 주입니다. 테킬라 지역은 할리스코주 내에 있는 과달라하라 인근의 마을입니다. 그러나 이 다섯 주에서 만들어진다고 모두 '테킬라'라는 이름을 붙일 수는 없으며, 또 다른 조건이 필요합니다. 바로 최고급 아가베인 블루아가베 푸른 용설란를 사용해야 한다는 것입니다.

사용해야만 테킬라로 부를 수 있고, 고급 테킬라는 100% 블루아가베로 만듭니다.

가장 고유한 술인 테킬라에 가장 중요한 재료는 아가베입니다. 오래전부터 수요를 맞추기 위해 아가베 생산을 늘렸지만, 테킬라 제조에 사용되는 블루아가베는 7년 이상의 긴 성장 시간이 필요한 데다 테킬라의 인기가 치솟으면서 수요를 맞추기 어려워졌습니다. 가격은 이미 아주 큰 폭으로 오른 상태입니다. 아가베의 공급 부족은 테킬라의 인기에 따른 기우일 뿐이라는 말이 있지만 다른 작물에 비해 환경에 강한 식물임에도 불구하고 계속되는 이상 기후, 서식지 파괴를 비롯해 같은 지역의 같은 종을 사용해야 하는 유전적 불리함 등으로 인하여 아가베 자체의 위기를 걱정하는 목소리도 있습니다.

아가베를 사용할 때는 잎을 모두 제거한 뒤 몸통만 사용합니다. 잎을 제거한 아가베의 몸통은 피나 pina 라고 부르는데 피나는 솔방울같이 생긴 것을 뜻합니다. 참고로 파인애플도 피나라 부르죠.

이런 작업은 수작업으로 이뤄지며 아가베는 오랫동안 재배 및 관리가 필요하며, 이와 같은 전반적인 작업을 하는 사람들을 '히마도르'라고 부릅니다. 그들의 손에서부터 테킬라가 자라는 것이지요. 그들을 상표 이름으로 한 엘 히마도르 El Jimador 라는 테킬라도 있습니다.

CHAPTER 05 테킬라 • 385

테킬라 규제위원회, CRT

테킬라 규제위원회 Consejo Regulador del Tequila, CRT 는 1993년 설립된 민간 단체에서 출발한 테킬라의 인증, 규제 기관입니다. 테킬라 표준 규정을 만들고 인증을 부여하며 원산지 명칭 보호를 통해 지리적 원산지를 보장하고 있습니다. 테킬라 수요가 늘고 고급화되면서 더욱 큰 역할을 하고 있죠. 이에 너무 밀접해진 대형 주류업체와 산업화를 위한 정책에 치우쳐 있다는 비판도 있습니다.

테킬라 규제위원회(CRT)는 아가베 증류주 생산 과정의 투명성과 전통적인 방식인 천연 재료의 사용을 옹호하고 있으나, 숙성 테킬라에 한해 최대 1%까지 첨가물을 허용하고 있습니다. 이에 반해 무첨가연합(AFA, Additive Free Alliance)은 어떠한 첨가물도 허용하지 않는 원칙을 바탕으로 독자적인 인증 시스템을 운영하고 있어, CRT와 마찰을 빚고 있기도 합니다. AFA는 2020년, 테킬라 및 메즈칼 증류주 생산자들과 애호가들이 함께 설립한 단체입니다.

멕시코 규제 표준, NOM

멕시코는 놈 NOM, Norma Oficial Mexicana이라는 네 자리 번호를 통해, 테킬라가 공식 규정을 준수해 생산되었는지를 식별하고 있습니다. 놈 넘버 NOM number는 테킬라가 생산된 증류소와 생산자를 확인할 수 있는 코드로, 테킬라의 품질, 안정성, 진위 여부를 보장하여 신뢰성을 높이고 있습니다. 테킬라 매치메이커 웹 사이트 www.tequilamatchmaker.com 에서 브랜드와 해당 놈 넘버를 조회할 수 있습니다.

놈 넘버와 증류소 브랜드

테킬라에는 2,000개가 넘는 브랜드가 있습니다. 놈 넘버는 200개가 조금 안 되며, 증류소는 140여 개가 있습니다.

하나의 증류소에서 하나의 놈 넘버에 한 개의 브랜드를 생산하는 경우도 있지만, 한 증류소에서 여러 놈 넘버를 가지거나 하나의 놈 넘버에서 여러 가지 브랜드를 생산하는 경우도 많습니다.

테킬라의 제조 과정

테킬라는 보통 다음과 같은 과정을 거쳐서 태어납니다. 테킬라가 메즈칼의 한 종류에 들어가듯, 메즈칼은 넓은 의미에서 풀케로 만든 증류주를 뜻하지만, 지역과 만드는 방법에 따라 테킬라와 같이 메즈칼 안의 한 종류로 구분되기도 합니다.

수확

테킬라에 사용될 아가베를 수확 harvesting 하여 준비합니다.

굽기

잎을 제거한 아가베를 자른 뒤 일종의 화덕, 오븐에 넣어 쪄서 익히며 cooking 전분을 당분으로 바꿔줍니다.

분쇄

충분히 찐 피냐 아가베 를 분쇄 grinding 합니다. 과거에는 노새나 말이 '타호나'라는 맷돌을 끌어 분쇄했습니다. 요즘은 대부분 기계를 이용합니다.

발효

물을 넣고 발효 fermentation 시켜 알코올 상태로 만듭니다.

숙성

필요에 따라 숙성 maturation 합니다.

증류

발효된 알코올을 증류 distillation 합니다.

병입

알코올 도수 35–55% 사이로 병입합니다. 100% 아가베 테킬라는 멕시코 내에서 병입해야 합니다.

메즈칼

테킬라가 메즈칼의 한 종류에 들어가듯 메즈칼은 넓은 의미에서 '풀케pulque로 만든 증류주'를 뜻합니다. 우리나라의 가양주처럼, 멕시코의 수많은 곳에서 메즈칼을 만들었습니다. 곳곳에 수많은 메즈칼 증류소가 있죠.

테킬라와는 사용하는 아가베 용설란 나 지역의 차이도 있지만 전통 방식의 메즈칼은 익히는 작업을 할 때 구덩이에 불을 피우고 주위에 아가베를 두르거나 흙으로 덮어 익히며, 증류할 때 전통 증류기로 한 번 증류하는 제조 방법상의 차이도 있습니다. 이는 테킬라에 비해 메즈칼의 생산업체가 영세하다는 이야기일 수도 있겠네요. 하지만 전통 제조법으로 소량 생산되는 점은 더 개성이 다양하다는 장점이 될 수도 있겠지요.

테킬라 하면 술 안에 애벌레가 들어 있다고 생각하는 경우가 있는데, 실제로 애벌레는 테킬라가 아닌 일부 메즈칼에만 들어갑니다. 과거 마케팅 전략의 일환으로 넣었던 것이며, 오히려 메즈칼을 낮은 품질로 보이게 했습니다. 이러한 점은 테킬라가 메즈칼과 차별화되기 위해 고급화 전략을 선택하게 된 배경 중 하나이기도 합니다.

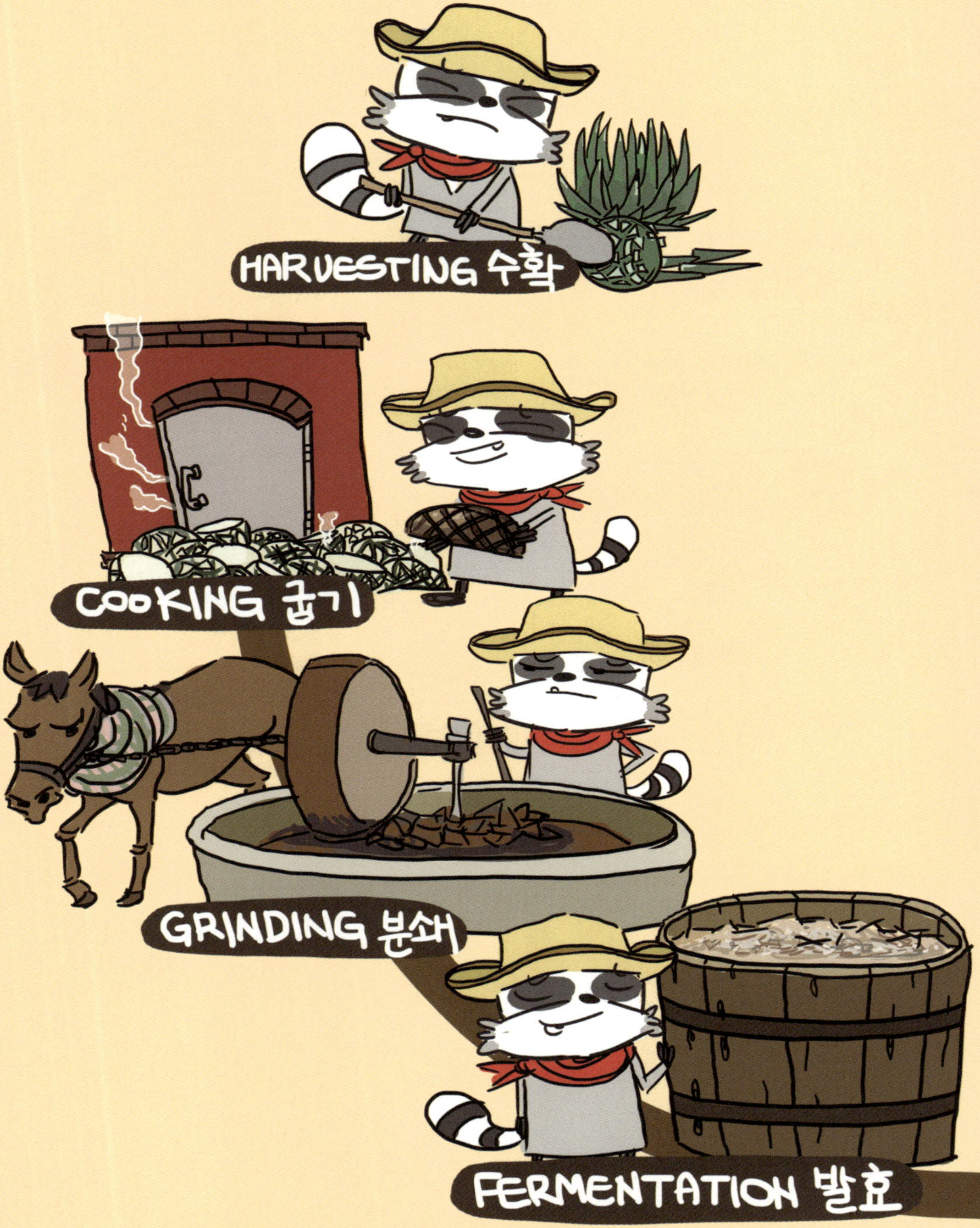
HARVESTING 수확
COOKING 굽기
GRINDING 분쇄
FERMENTATION 발효

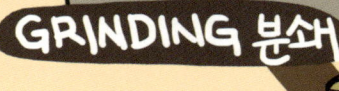

테킬라의 분류

테킬라는 숙성 기간에 따라 크게 블랑코, 레포사도, 아네호, 엑스트라 아네호로 구분됩니다. 규정에는 들어가 있지 않지만, 숙성된 테킬라의 색을 필터링으로 걸러낸 테킬라를 '크리스탈리노'라고 하며, 아가베 함량이 51% 미만인 경우에는 '믹스토 테킬라'라고 부릅니다.

블랑코 실버 & 골드

블랑코 Blanco 는 숙성하지 않거나 아주 짧은 기간 숙성한 테킬라입니다. 블랑코는 '하얀'이란 뜻으로 색이 없는 테킬라를 지칭하죠.

용도에 따라 색소 등을 첨가해서 황금색을 띠는 테킬라를 '젊은'이란 의미의 호벤 Joven 혹은 골드 Gold 라고 부르며, 역시 숙성하지 않거나 짧은 기간 숙성한 테킬라와 숙성하지 않은 테킬라를 섞는 경우를 지칭합니다.

레포사도

레포사도 Reposado 는 '고요한'이라는 뜻이며, 테킬라 레포사도 Tequila Reposado 는 오크통에서 최소 2개월, 최대 12개월 이하로 숙성한 테킬라를 말합니다. 옅은 황금빛을 띠고 있습니다.

아네호

아네호 Anejo 는 '숙성된'이란 뜻입니다. 테킬라 아네호 Tequila Anejo 는 최소 1년에서 최대 3년까지 오크통에서 숙성된 테킬라를 말합니다. 레포사도보다 짙은 황금빛을 띠고 있죠.

엑스트라 아네호

엑스트라 아네호 Extra Anejo 는 '추가로 숙성된'이란 뜻입니다. 최소 3년 이상 오크통에서 숙성해야 하는 테킬라입니다. 최상위 프리미엄급 테킬라이죠.

크리스탈리노

크리스탈리노 Cristalino 는 새로운 스타일의 테킬라로, 보통 아네호급 이상 숙성한 테킬라를 여과하고 색상을 제거해서 투명한 색을 가진 테킬라입니다. 아직 CRT 규정으로 분류되지 않았습니다.

테킬라 즐기기

테킬라 샷

테킬라 하면 떠올리는 모습이 있죠. 엄지와 검지 사이에 소금을 올린 뒤 핥은 다음 샷잔에 담긴 테킬라를 입에 털어넣고 라임을 베어 먹으며 마무리하는 모습입니다. 냉동 건조된 커피로 소금을 대신하기도 했습니다. 한 번쯤은 시도해 봐야 할 테킬라를 즐기는 가장 유명한 방법입니다.

테킬라 온더록스

과거 테킬라가 파티에 어울리는 조금은 저렴한 스피릿의 이미지였다면, 지금은 점점 어떤 술로도 대처할 수 없는 유일한 술로 고급화되고 있습니다. 테킬라 고유의 풍미를 깊게 느낄 수 있는 제품의 생산도 증가되고 있죠. 온더록스와 니트로 테킬라를 즐기는 것은 테킬라 고유의 풍미를 즐기기 좋은 방법입니다.

칵테일

테킬라를 즐길 때도 물론 칵테일을 빼놓을 수 없습니다. 테킬라 선라이즈는 노래로도 불릴 정도로 테킬라를 대표하는 칵테일입니다. 얼음을 넣은 잔에 테킬라와 오렌지 주스를 1:2 비율로 붓고, 숟가락 뒷면을 사용해 석류 시럽을 조금 따라주면 어렵지 않게 멋진 그러데이션의 테킬라 선라이즈를 만들 수 있습니다. 부담 없이 테킬라를 즐길 수 있는 칵테일입니다.

테킬라 선라이즈와 함께 편하게 즐길 수 있는 대표 칵테일을 꼽으라면 마가리타가 있습니다.

테킬라 2, 라임 주스 1, 오렌지 리큐어 1의 비율로 넣고 셰이킹한 뒤, 칵테일 잔의 림 부분에 라임을 바르고 소금을 묻힌 다음, 잔에 따라줍니다. 마지막으로 라임으로 장식하면 마가리타가 완성됩니다.

- 증류주
- 테킬라
- 블루아가베 (51%이상)
- 1795년출시
- 설립자 JOSÉ "ANTONIO DE CUERVO"
- 40%
- 멕시코
- 호세쿠엘보 생산
- 프락시모스피릿소유

- 증류주
- 테킬라
- 블루아가베 (51%이상)
- 1873년설립
- 설립자 CENOBIO "SAUZA"
- 40%
- 멕시코
- 사우자생산
- 산토리소유

호세 쿠엘보 테킬라 골드
JOSE CUERVO TEQUILA GOLD

테킬라를 말할 때 호세 쿠엘보를 빼놓을 수 있을까요? 그만큼 호세 쿠엘보는 테킬라의 대명사가 되어버렸습니다. 설립자는 돈 호세 안토니오 데 쿠엘보로 1758년 스페인 국왕에게 테킬라 지역의 토지를 받고, 1795년 정식 허가를 받아 테킬라를 생산하기 시작했죠. 1812년 라 로헤냐(la Rojena) 증류소를 설립했는데 이 증류소는 라틴 아메리카에서 현재까지 운영되는 증류소 중 제일 오래된 증류소가 되었습니다. 1852년 미국에 호세 쿠엘보가 첫발을 내디뎠고 1978년 테킬라의 법률 제정에 상당한 영향력을 끼쳤으며 마가리타 열풍으로 시작된 세계적인 테킬라의 인기 중심에 있었습니다. 가장 유명한 호세 쿠엘보는 숙성된 레포사도와 블렌딩된 골드로 '아! 이게 테킬라구나' 하고 느낄 수 있는 풍미입니다.

사우자 테킬라 골드
SAUZA TEQUILA GOLD

세계적으로 가장 많이 팔리는 테킬라가 '호세 쿠엘보'라고 하면, 테킬라의 본고장에서 가장 많이 팔리는 테킬라는 '사우자 테킬라'입니다. 설립자 세노비오 사우자가 1873년 설립하여 생산하기 시작했습니다. 호세 쿠엘보만큼은 아니지만 150년이 넘는 역사를 가졌습니다. 가족 경영으로 이어지다가 1988년 스페인 업체 페드로 도메크에 넘어갔고 지금은 산토리의 소유입니다. 사우자도 호세 쿠엘보처럼 숙성하지 않은 실버와 캐러멜로 색을 낸 골드 제품이 가장 많이 판매됩니다. 주로 칵테일에 많이 사용됩니다.

- 증류주
- 테킬라
- 블루아가베 (100%)
- 1942년 설립
- 설립자 DON JULIO GONZALEZ FRAUSTO ESTRADA
- 40%
- 멕시코
- 돈훌리오 생산
- 디아지오 소유

- 증류주
- 테킬라
- 블루아가베 (100%)
- 1989년 설립
- PATRON 후원자 "빅보스"
- 40%
- 멕시코
- 패트론 생산
- 바카디 소유

돈 훌리오 레포사도 테킬라
DON JULIO REPOSADO TEQUILA

설립자 돈 훌리오 곤살레스가 열일곱의 나이에 증류소를 설립하고 증류하기 시작한 테킬라입니다. 1980년 후반에 자신의 이름으로 상표를 붙여 판매하기 시작했고, 대형 주류기업과 손을 잡고 성장해 지금은 다섯 손가락 안에 드는 테킬라가 되었습니다. 돈 훌리오는 100% 블루아가베를 사용해 만들고 있으며 평판이 아주 좋습니다. 제품별로 다른 귀여운 병 디자인도 좋은 평가를 받고 있죠. 돈 훌리오 제품 중 많이 알려진 레포사도는 미국산 화이트 오크 캐스크에서 8개월 숙성됩니다. 돈 훌리오 레포사도는 아가베의 풍미 뒤에 과일 향과 바닐라, 캐러멜의 향긋한 풍미와 부드러움을 갖춘 테킬라입니다. 테킬라를 처음 접할 때나 테킬라는 거칠 것이라는 편견을 바꾸기에 좋은 제품으로 꼽히고 있습니다.

패트론 실버 테킬라
PATRON SILVER TEQUILA

패트론은 프리미엄 테킬라로 가장 성공한 제품입니다. 패트론은 테킬라 중 최고 품질을 가진 빅보스(?)가 될 것이라는 의미로 지어진 이름이라고 합니다(다른 테킬라 생산자가 같은 이름을 쓰고 있어서 나중에 상표권을 인수했습니다). 존 폴 디조리아와 마틴 크롤리가 공동 창립했습니다. 유명인의 자연스러운 홍보, 독특한 병과 고유번호를 넣고 코르크 마개를 사용하는 등 많은 부분을 수작업화한 고급화 전략으로 성공한 테킬라로 2018년 바카디사에 51억 달러에 매각되었습니다. 실버 테킬라도 100% 블루아가베를 사용합니다. 부드럽고 차분한 풍미를 가진 제품으로 국내에서는 다소 비싼 가격으로 판매되고 있어 주로 면세점에서 많이 구매하는 테킬라입니다.

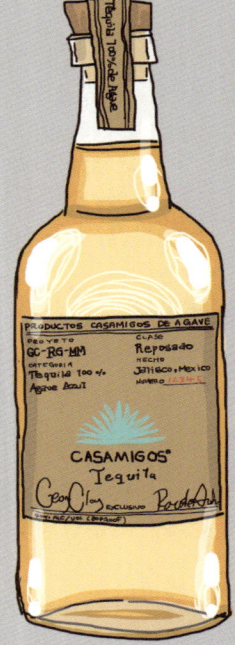

- 증류주
- 테킬라
- 블루아가베 (100%)
- 2013년 출시
- CASA = 집 AMIGOS = 친구들 친구들의 집
- 40%
- 멕시코
- 카사미고스 생산
- 디아지오 소유

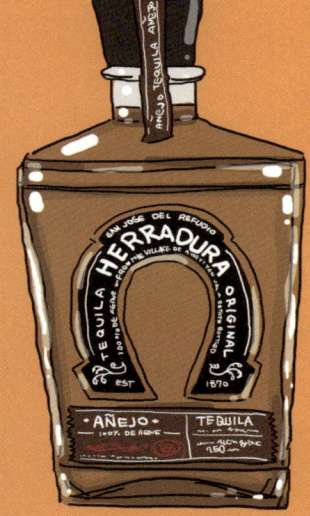

- 증류주
- 테킬라
- 블루아가베 (100%)
- 1870년 설립
- 말편자
- 40%
- 멕시코
- 에라두라 생산
- 브라운포맨 소유

카사미고스 테킬라
CASAMIGOS TEQUILA

할리우드 스타 조지 클루니의 테킬라로 유명한 카사미고스. 조지 클루니가 친구(동업자) 2명과 2013년에 만든 테킬라로 카사미고스는 '친구들의 집'이라는 뜻입니다. 라벨에 있는 사인은 조지 클루니와 동업자인 신디 크로포드의 남편 랜드 거버의 것입니다. 테킬라를 좋아하는 친구들이 직접 마시고 즐기기 위해 시작했지만, 2017년 디아지오에 무려 10억 달러라는 큰 금액에 인수되어 큰 화제를 모았으며, 조지 클루니는 계속해서 홍보를 하고 있죠. 프리미엄 테킬라인 만큼 100% 블루아가베는 기본입니다. 아가베는 전통 방식으로 굽고 2~8일 숙성한 뒤 바로 증류합니다. 기본적으로 블랑코, 레포사도, 아네호가 있고, 메즈칼도 있습니다.

에라두라 아네호 테킬라
HERRADURA ANEJO TEQUILA

말편자의 로고가 병 한가운데 박혀 있는 에라두라 병 라벨. 이름인 에라두라는 '편자'를 뜻합니다. 에라두라는 호세 아우렐리오 로페즈가 1870년 설립한 테킬라 증류소입니다. 설립자가 아가베 밭에서 편자를 발견하고, 이를 상징으로 여겨 브랜드의 상표로 사용했다고 합니다. 에라두라에서는 설립자의 이름을 딴 페페로페즈도 생산하고 있으며, 이는 엘 히마도르도 에라두라에서 생산하는 테킬라입니다. 테킬라 에라두라는 100% 블루아가베로 전통 방식과 현대 기술을 사용해 만들고 보통 숙성 기간보다 더 숙성하는 것으로 유명합니다. 아네호는 2년 이상(25개월) 숙성하는 테킬라입니다. 다른 프리미엄 테킬라에 비해 가격도 다소 저렴한 편이며, 온더록스나 니트로 마시기에도 좋습니다.

- 증류주
- 테킬라
- 블루아가베 (100%)
- 1994년 출시
- 용설란 관리자 작업자
- 40%
- 멕시코
- 에라두라 생산
- 브라운포맨 소유

엘 히마도르 레포사도 테킬라
EL JIMADOR REPOSADO TEQUILA

'엘 히마도르'는 원래 아가베를 관리하는 사람을 말합니다. 테킬라의 원료인 아가베(용설란)를 다루는 작업자들의 수고와 고마움을 기리기 위해 이렇게 이름 지어진 제품입니다. 고급 테킬라 제품인 에라두라에서 대중화를 위해 비교적 저렴하게 생산하는 테킬라로 에라두라보다 판매량이 높을 정도로 많은 사랑을 받고 있습니다. 블랑코, 레포사도, 아네호 모두 100% 블루아가베를 사용합니다. 에라두라보다 적은 기간 숙성하지만 그래서 오히려 더 깔끔하다고 생각할 수도 있습니다. 레포사도 역시 깔끔하게 마실 수 있고 칵테일로도 좋습니다.

- 증류주
- 테킬라
- 블루아가베 (100%)
- 1975년 출시
- 테킬라를 처음 숙성한 년도
- 40%
- 멕시코
- 카사쿠엘보 생산
- 호세쿠엘보 소유

1800 아네호 테킬라
1800 ANEJO TEQUILA

1800은 1975년에 출시된 테킬라이며, 호세 쿠엘보 라인에서 독자 제품으로 바뀐 테킬라입니다. 2004년 실버, 레포사도 아네호 제품이 출시되었습니다. 이름인 '1800'은 멕시코에서 처음으로 제대로 된 테킬라가 태어난 연도라고 합니다. 위가 좁은 독특한 병 디자인은 마야 피라미드를 상징합니다. 100% 블루아가베를 사용하며 실버는 15일, 레포사도는 6개월, 아네호는 14개월 이상의 숙성 기간을 거칩니다. 테킬라의 아네호는 부드럽지만 조금 스파이시한 풍미를 가지고 있습니다. 레포사도에 비해 살짝 거부감이 들 순 있지만 익숙해지면 오히려 더 좋아지기도 합니다.

- 증류주
- 테킬라
  - 블루아가베 (100%)
- 1998년 출시
- 수탉의 "박차" (며느리발톱)
- 40%
- 멕시코
- 카사 산 니콜라스 생산
- 캄파리 소유

- 증류주
- 테킬라
  - 블루아가베 (100%)
- 1950년 출시
- 용암 탑 = 전통아가베화덕
- 40%
- 멕시코
- 사우자 생산
- 산토리 소유

에스폴론 레포사도 테킬라
ESPOLON REPOSADO TEQUILA

호니토스 레포사도 테킬라
HORNITOS REPOSADO TEQUILA

익살스러운 라벨 그림과 둥글둥글 귀여운 병 디자인의 에스폴론 테킬라. 에스폴론은 '며느리발톱', '수탉의 박차', '뒤로 튀어나온 발톱'을 뜻하며, 망자의 날(Dia de los Muertos/Day of the dead)을 연상시키는 병의 라벨 일러스트에는 '라몬'이라는 수탉이 등장합니다. 모두 멕시코의 문화와 전통을 상징합니다. 멕시코 문화의 상징이 된 테킬라처럼 말이죠. 박차를 가해 테킬라를 만든 영혼들의 헌신을 기리는 의미도 있고요. 에스폴론에도 블랑코, 레포사도, 아네호, 아네호 X의 제품이 있습니다. 모두 100% 블루아가베로 만들고 레포사도는 3~5개월 숙성되며, 아네호는 1년(마무리 2개월은 와일드터키를 숙성했던 배럴에서 숙성), 아네호 X는 6년 숙성합니다.

호니토스(오니토스)는 용암 및 가스가 나오는 화덕 모양의 분출구를 말하며, 그와 비슷한 모양의 아가베를 굽는 전통 화덕 역시 '호니토스'라고 합니다. 이름처럼 멕시코 전통 방식으로 오븐에서 구워 만듭니다. 우리나라에서는 만나기가 쉽지 않지만, 사우자에서 생산하는 호니토스는 멕시코는 물론 세계적으로 손꼽히는 유명한 테킬라입니다. 1950년 독립기념일에 출시되었고, '레포사도'라는 말이 없었을 때부터 레포사도를 만들었다고 주장하고 있습니다(아네호라는 말은 이전부터 쓰였다고 합니다).

- 증류주
- 테킬라
- 블루아가베 (100%)
- 2009년 출시
- OLMECA
- 올메카문명 ALTOS LOS"ALTOS" 할리스코 도시
- 40%
- 멕시코
- 올메카 생산
- 페르노리카 소유

올메카 알토스 레포사도 테킬라
OLMECA ALTOS REPOSADO TEQUILA

1967년 설립된 올메카는 할리스코, 로스 알토스에 위치하고 있습니다. '올메카'는 멕시코의 고대 문명을 뜻합니다. 테킬라 올메카 알토스는 올메카에서 2009년 출시한 제품으로 올메카와 유명 바텐더들의 협업으로 만들어졌습니다. 플라타(블랑코), 레포사도, 아녜호 모두 100% 블루아가베를 사용하며 레포사도는 8~10개월 정도 숙성한다고 합니다. 바텐더와 협업으로 만들어진 테킬라인 만큼 칵테일에도 어울리는 것은 기본이고, 적당히 부드러워 샷으로 즐기기에도 큰 부담이 없는 테킬라입니다.

- 증류주
- 테킬라
- 블루아가베 (100%)
- 1997년 출시
- "BLUE CLASS" 블루아가베 블루페인트
- 40%
- 멕시코
- 클라세 아줄 생산
- 클라세아줄 소유

클라세 아줄 레포사도 테킬라
CLASE AZUL REPOSADO TEQUILA

클라세 아줄은 '블루 클래스'를 뜻하며 블루아가베, 용기에 사용하는 블루페인트 등을 뜻합니다. 바를 운영하던 23살 아트로 로멜리가 1997년에 만든 테킬라입니다. 반응이 좋지 않자 마케팅을 공부해 도자기에 테킬라를 담았습니다. 그리고 미국의 바를 돌며 홍보했는데 처음에는 특이한 병과 비싼 가격으로 외면받았으나 노력을 계속한 끝에 결국 알려지기 시작했습니다. 비싼 가격, 다 마신 뒤에 다른 용도로 사용할 수 있는 독특한 병 디자인으로 유명하지만 테킬라의 품질이 떨어졌다면 지금의 자리까지 오진 못했을 것입니다. 가장 많이 알려진 레포사도는 8개월 이상 숙성하며 부드럽고 풍부한 풍미를 가진 테킬라입니다. 니트로 마시기에 좋습니다.

SECTION 01

보드카란?

국제적으로 가장 많이 팔리는 증류주는 보드카 Vodka 입니다. 보드카 자체로서는 물론, 다른 재료와 섞어 마시는 칵테일에 사용되는 술로서도 애용되죠. 무색, 무미, 무취가 특징인 보드카는 다른 재료들과 섞이기에 알맞은 술이기 때문입니다.

보드카는 브랜디, 위스키의 어원과 같이 생명의 물을 뜻하는 즈이즈네니야 보다 Zhizennia Voda에서 유래되었다고 합니다. 보드카는 국제적으로 보통 40% 이상의 도수를 기준으로 하며 유럽은 37.5%로 그 기준이 조금 낮습니다. '멘델레예프 주기표'를 만든 멘델레예프가 러시아 정부의 요청에 따라 가장 맛있는 술의 도수를 측량하자 40%였다고 하는데, 이건 믿거나 말거나입니다.

보드카는 앞에서 말한 것처럼 무색, 무미, 무취라 '3無'라 할 정도로 이른바 가장 순수하게 증류된 상태의 증류주입니다. 물에 희석한 증류주를 다시 숯탄에 거르고 남은 풍미를 제거함으로써 보다 순수한 증류주가 되었습니다. 물을 뜻하는 보드카의 이름처럼 가장 순수한 술이죠. 이런 순수하다는 특징은 결정적으로 19세기에 발명된 연속식 증류기로 인해 더욱 두드러졌습니다. 특색 있는 풍미가 많이 걸러진 높은 도수의 증류주를 만들어내게 된 것입니다. 그것도 더욱 쉽고 저렴하게 말이죠.

사용되는 재료와 도수가 다를 뿐, 우리가 흔히 마시는 희석식 소주도 보드카와 같은 방식으로 만듭니다. 즉, 연속식 증류주에서 증류된 높은 도수 상태의 증류주인 주정에 물을 탄 뒤 여과와 후가공을 하여 만드는 방식입니다. 우리나라 소주의 재료인 주정을 예로 들면 주정을 전문으로 만드는 회사가 각 주류사에 주정을 판매하듯이, 보드카도 대량 증류 회사가 증류한 뒤 이 증류액을 가지고 자신들의 보드카를 만드는 경우가 많습니다.

보드카의 역사

러시아에서는 9세기에 수도사들이 보드카와 비슷한 술을 만들었다고 주장하고, 문헌의 기록으로는 12~13세기경에도 보드카가 증류되었다지만 타 지역들의 '생명의 물'인 브랜디, 위스키와 같이 지금과는 다른 모습으로 존재하면서 약으로 소량 사용되던 증류주였을 것입니다. 폴란드가 14세기 후반의 기록을 통해 워드카 Wodka 라는 술을 보드카의 기원으로 내세우고 있는 것으로 보아 그 무렵부터 증류주를 생산했을 것으로 보입니다.

이렇듯 러시아와 폴란드가 서로 보드카의 종주국임을 주장하고 있지만, 보드카는 아랍의 증류기술이 이탈리아를 거쳐 전해지며, 일명 '보드카 벨트' 지역인 러시아, 폴란드, 핀란드, 스웨덴, 북

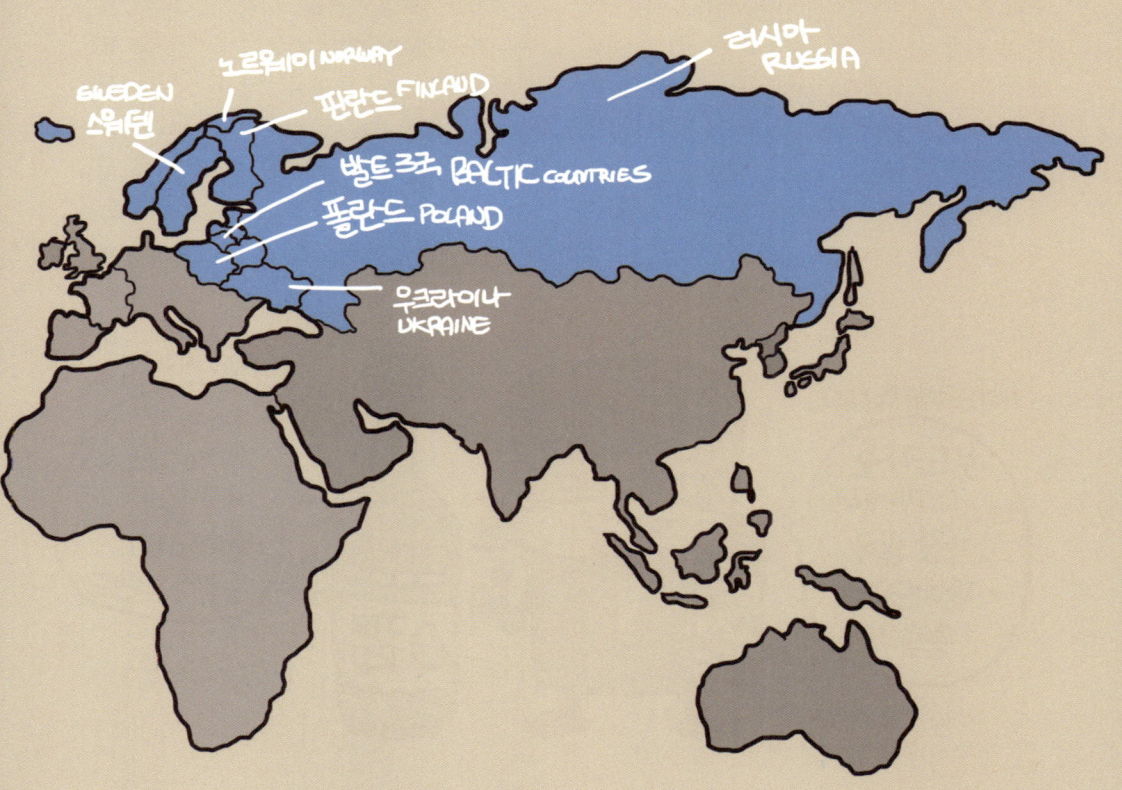

CHAPTER 06 보드카

유럽 발트해 등지에서 지역적으로 생산되던 술로 생각하면 될 듯합니다. 게다가 지금 보드카의 재료로 익숙한 감자, 밀, 호밀 등의 곡류들이 보드카에 사용되기 시작한 건 그로부터 한참이 지난 후이니 당시에는 다른 재료로 보드카를 만들었을 것으로 짐작합니다.

보드카는 처음에는 다른 초기의 증류주들과 같이 소량으로 증류되면서 주로 약이나 의례 등으로 사용되었고, 일반인들이 증류주를 활발하게 증류하고 소비하기까지는 오랜 시간이 필요했습니다.

16세기 말부터 폴란드에서 보다 큰 규모로 생산되며 보드카가 조금씩 알려졌고, 18세기 러시아에서 숯 여과 기술이 발명되어 도입되면서 어느 정도 지금과 같은 모습을 갖춘 보드카가 생산되었죠. 19세기에는 연속식 증류기의 도입으로 지금과 같은 보드카가 되었습니다.

19세기 후반에는 스미노프 보드카가 판매되며 러시아에서 큰 인기를 끌었습니다. 이때쯤 러시아 혁명으로 러시아의 보드카 생산업자들이 고국을 떠나 다른 나라에서 보드카를 생산하게 되었습니다. 스미노프 보드카 생산자들이 러시아를 떠나 터키를 거쳐 프랑스에 정착하여 생산한 스미노프 보드카가 미국에서 인기를 얻으며 세계적으로 알려지게 됩니다.

미국의 금주법이 폐지되고 2차 세계대전이 끝나면서 더욱 인기를 끌던 보드카는 1970, 80년대부터 파티에 쓰이는 칵테일과 함께 젊은 사람들에게 유행하던 새롭고 가벼운 증류주들인 진, 럼, 테킬라, 리큐어의 가장 앞에 서서 그 인기를 주도했고, 지금까지 '가장 많이 팔리는 증류주'라는 명성을 유지하고 있습니다.

보드카의 제조 과정

수확

보드카에 사용될 재료들을 준비합니다.
주로 사용하는 곡물로는 호밀, 감자, 밀 등이 있으며, 옥수수, 쌀, 당밀은 물론 포도 등의 과일로도 보드카를 만들 수 있습니다.

발효

재료를 발효 fermentation 시켜 알코올 상태로 만듭니다.

증류

발효를 통해 알코올이 생성된 재료를 연속식 증류기로 증류하여, 96% 정도의 높은 도수를 가진 주정을 만듭니다. 이 주정은 진과 희석식 소주에 사용되는 것과 동일합니다.

여과

증류를 마친 주정을 여과 filtration 합니다. 여과에는 주로 자작나무, 야자 활성탄 등을 이용합니다. 여과는 보드카의 특징이며 중요한 과정입니다.

병입

여과를 끝낸 보드카를 원하는 도수에 맞게 병입합니다.

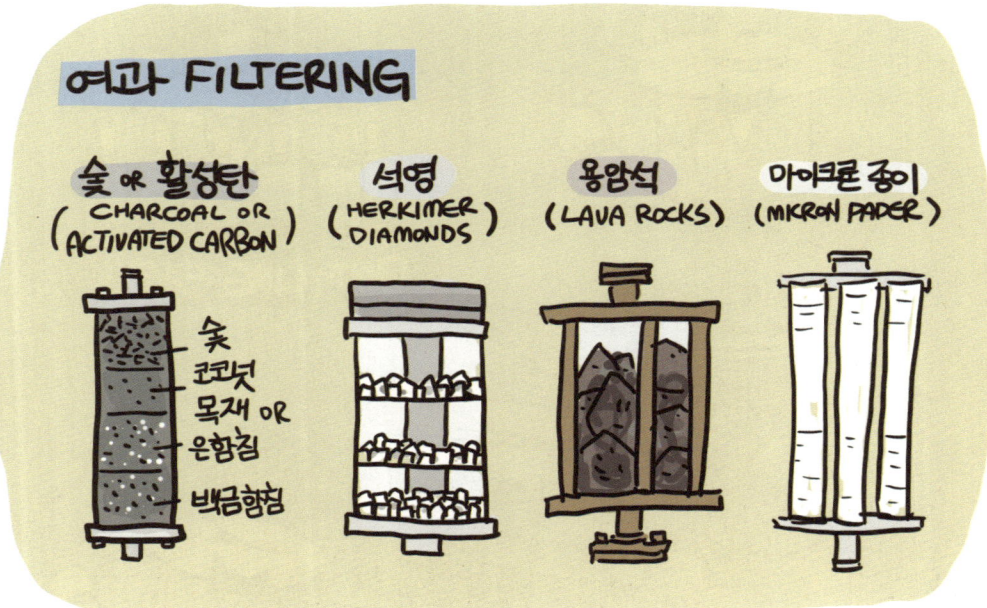

보드카의 특별함, 여과 과정

보드카는 재료를 발효해서 얻은 알코올을 증류한 뒤, 물을 섞어 원하는 도수를 맞춘 다음 활성탄에 여과시켜 다시 한번 남은 맛과 향을 걸러내는 과정을 거쳐 만듭니다. 보드카의 특징을 굳이 꼽자면 나무 숯이나 모래, 용암석, 종이, 심지어는 다이아몬드 석영 로 여과하는 과정에 있겠죠.

개량된 증류기로 향미가 제거된 순도 높은 알코올 상태로 증류되기 때문에 다시 한번 여과하는 건 크게 의미가 없어 보이기도 합니다. 하지만 그런 공정 자체가 순수함의 상징이기도 하며, 작은 차이가 큰 결과를 가져올지 모르니 어쩌면 아주 큰 의미가 있는 듯 보입니다.

이런 과정을 볼 때 물 voda이라는 이름을 가진 보드카는 이름처럼 어느 증류주보다 물이 중요하다고 할 수 있습니다. 술의 맛에 영향을 끼치는 요소가 많지 않다는 것은 맛을 결정하는 가장 중요한 것이 물이라는 의미일 테니 말이죠.

보드카에도 맛의 부드러움을 위해 구연산 시트르산 같은 첨가물을 첨가합니다. 나라별로 정해진 용량 이내에서 첨가할 수 있으며 대부분 그 맛을 알아챌 수 없을 정도로만 첨가합니다. 물론 더욱 순수한 맛을 위해 첨가하지 않기도 합니다.

보드카 전쟁

보드카를 즐겨 마신 나라들은 저마다 자신들이 이 술의 기원지라고 주장합니다. 그중 러시아와 폴란드는 끝까지 이런저런 문헌을 들면서 보드카의 종주국임을 주장하며 싸움을 벌여왔습니다. 이것이 바로 보드카 전쟁 Vodka War입니다. 결국에는 흐지부지되어 일종의 휴전으로 첫 번째 보드카 전쟁은 잠시 멈췄죠.

이후 스미노프 보드카를 소유하고 있는 글로벌 회사 디아지오에서 포도로 만든 '시락'이라는 보드카가 인기를 끌면서 두 번째 보드카 전쟁이 벌어졌습니다. 전에는 서로 싸웠던 보드카 벨트 안의 나라들이 이번에는 힘을 합쳐, 어떻게 포도를 증류한 것에 '보드카'라는 이름을 붙일 수 있느냐며 공격했던 것이죠. 두 번째 보드카 전쟁은 결국 곡류, 감자, 당밀 외의 재료로 만드는 보드카에는 원재료를 표기해야 한다는 결과를 남기고 종전되었습니다. 사실상 여러 재료를 사용하는 등 보드카의 변화를 주도하던 다국적 글로벌 기업의 승리라 할 수 있습니다.

보드카의 종류

보드카는 제조국이나 색, 재료 등으로 분류되지 않습니다. 만드는 방법으로도 분류되지 않고, 단지 생산된 증류주에 여과 과정이 들어갈 뿐입니다. 순수함을 내세우는 증류주인 보드카는 그저 보드카일 뿐이죠.

보드카는 감자를 사용해 만드는 것으로 알려졌지만 밀과 호밀, 그 밖의 다른 곡물로도 많이 만듭니다. 주로 사용되는 재료는 곡물이지만 보드카는 과일로도 만들 수 있습니다. 이는 보드카 전쟁으로 더욱 명확하게 정리되었죠. 만드는 나라, 회사 등에 따라서 조금씩 다른 스타일을 가지고 있을 뿐입니다.

굳이 보드카를 나누자면 일반 보드카, 여러 향을 첨가하거나 과일 등의 재료를 넣은 보드카의 일종 정확히는 보드카를 사용한 증류주 으로 나눌 수 있습니다. 크게 다음과 같이 세 가지의 종류로 분류됩니다.

보드카

일반 보드카입니다. 다른 재료들을 첨가하지 않고 곡물로만 만들어 여과한 보드카를 말합니다. 굳이 나누자면 사용하는 곡물에 따라 구분할 수 있겠지만 사용하는 곡물의 특색이 크게 드러나지 않는 보드카의 특성상, 아직 어느 곡물을 사용한다는 것은 단지 참고 사항 정도에 불과합니다.

보드카 PLAIN VODKA

가향 보드카

여러 종류의 향과 맛을 첨가한 보드카입니다. 보드카를 사용해 손쉽게 만든 가향 리큐어에 가깝다고 볼 수 있습니다. 대부분의 유명한 보드카 회사들은 기본 보드카 외에도 여러 가향 보드카를 생산하고 있습니다. 다만, 보드카로 표기할 때 가향 보드카임을 표기해야 하다 보니 제품명에 보드카를 사용하지 않는 경우가 많습니다.

가향 보드카 FLAVOURED VODKA

침출 보드카 INFUSED VODKA

침출 보드카

크게 보면 가향 보드카의 범주에 들어가는 침출 보드카는 여러 재료, 특히 과일을 담가 만든 보드카입니다. 보통 과일 보드카를 이런 방식으로 만들기 때문에 '과일 보드카'라고 부르기도 합니다. 가향 보드카에 비해 시간과 비용이 많이 들기 때문에 일반적으로 소량 생산됩니다.

CHAPTER 04

보드카 즐기기

스트레이트

보드카를 즐기는 방법으로 아주 꽁꽁 차갑게 해서 스트레이트로 한잔하는 것이 있죠. 무색·무미·무취의 깨끗한 보드카를 즐길 수 있는 가장 기본적인 방법입니다.

니트, 온더록스에 가니시

잔에 보드카를 따른 다음 라임이나 레몬 등을 한 조각 넣어준 뒤 마시는 것도 보드카를 즐기기 좋은 방법입니다. 넣는 재료에 따라 청량함과 상큼함을 더할 수 있습니다.

칵테일

칵테일로 흥한 다른 스피릿처럼, 보드카에도 간단하면서 걸출한 칵테일이 있습니다. 얼음을 넣은 잔에 보드카를 한 잔 넣고 오렌지 주스를 따른 다음 스크루드라이버로 섞어주면 끝나는 아주 간단한 칵테일 스크루드라이버입니다. 독한 술이 부담되는 이들에게는 더없이 좋은 보드카 칵테일이죠. 오히려 너무 부담이 없어 위험하기도 합니다.

모스코뮬도 보드카를 알리는 데 큰 공을 세운 칵테일입니다. 잔구리 잔이 최고! 에 얼음부순 얼음이면 최고! 을 넣고 보드카 한 잔을 따른 다음 진저에일로 채우고 라임으로 장식하면 되는 어렵지 않고, 부담 없이 보드카를 즐기기 좋은 칵테일입니다.

스미노프 보드카 레드 라벨
SMIRNOFF VODKA RED LABEL

- 증류주
- 보드카
- 곡물
- 1864년 설립
- 설립자 표트르 "스미노프"
- 레시피 기반
- 40%
- 이달리아
- 스미노프 생산
- 디아지오 소유

세계에서 가장 많이 팔리는 증류주는 바로 스미노프 보드카입니다. 1864년대에 표트르 스미노프가 러시아에서 보드카 증류소를 설립해 생산했으며, 숯에 여과하는 것을 내세우며 19세기 후반까지 모스크바에서 제일 많이 팔리는 보드카였습니다. 1886년 공식적으로 러시아 황실에 공급되는 보드카로 선정되었습니다. 1917년 러시아 혁명으로 스미노프 가족은 러시아를 떠나 터키에 증류소를 설립합니다. 1934년 미국 시장에 진출한 스미노프 보드카는 모스코 뮬 칵테일로 사용되었고, 1960년대 화이트 스피릿과 칵테일의 인기에 힘입어 큰 인기를 얻었습니다. 1987년 매각·합병을 통해 지금은 최대 주류사 디아지오의 소유입니다. 가장 많이 팔리는 보드카답게 국내에서도 쉽게 만날 수 있습니다.

앱솔루트 스위디시 보드카
ABSOLUT SWEDISH VODKA

- 증류주
- 보드카
- 겨울밀
- 1879년 설립
- 1917년 국유화
- 1979년 출시 (미국 시장)
- "ABSOLUT" PURE VODKA
- 40%
- 스웨덴
- 앱솔루트 생산
- 페르노리카 소유

스웨덴의 앱솔루트는 보드카 중에서 스미노프 보드카 다음으로 많이 판매되는 제품입니다. 1879년 라스 올슨 스미스가 '앱솔루트 랜드 브랜빈(Absolut Rent Brännvin, Absolut Pure Vodka)'이라는 이름으로 암스테르담에서 연속 증류기를 사용해 보드카를 증류하여 판매하였습니다. 1917년 증류소가 국유화되면서 정부 주도로 판매되기 시작한 보드카는 1979년 '앱솔루트(Absolut)'라는 이름으로 미국 시장에 진출했습니다. 옛 소독약 병을 연상시키는 특별한 병 디자인으로 바로 인기를 얻었습니다. 이어 유명 예술가들과 협업하거나 사회적 이슈를 담으며 전략적으로 마케팅을 펼쳐 성공했고, 지금까지 계속해서 좋은 이미지를 유지하며 판매되고 있습니다. 2008년 페르노리카 그룹의 소유가 되었습니다.

- 증류주
- 보드카
- 맥아
- 30일 숙성
- 5번 여과
- 2002년 출시
- 철갑상어과 물고기
- 40%
- 러시아
- 마린스크 증류소 생산
- 벨루가 그룹 소유

- 증류주
- 보드카
- 곡물
- 밀, 호밀
- 1938년 출시 (소련정부주도)
- "STOLITSA" 수도를 의미
- 상표권분쟁 (러시아 VS SPI)
- 40%
- 라트비아
- 스톨리치나야 생산
- SPI 그룹소유

벨루가 노블 러시안 보드카
BELUGA NOBLE RUSSIAN VODKA

러시아에서 생산되는 프리미엄 보드카, 벨루가. 보드카로는 드물게 보리-맥아를 증류해서 만들고, 병에 넣기 전에 짧은 기간 숙성하여 병에 넣는 제품입니다. 노블(Noble)은 30일, 골드(Gold)는 90일가량을 숙성한다고 합니다. 벨루가가 지향하는 고급 보드카 이미지처럼 부드럽고 깔끔한 풍미를 가지고 있습니다. 시베리아의 마리인스크 증류소에서 생산하고 있습니다. 다른 보드카에 비해 비교적 고가에 판매되고 있는 대표적인 프리미엄 보드카로, 국내에서도 좋은 반응을 얻으며 판매되고 있습니다.

스톨리치나야 보드카
STOLICHNAYA VODKA

러시아의 보드카 스톨리치나야는 옛 소련 정부의 주도로 만들어진 보드카입니다. 스톨리치나야는 1901년에 설립된 국영 증류소에 뿌리를 두고 있으며, 지금과 같은 모습은 1938년에 갖추게 됩니다. 소련의 해체 과정에서 헐값에 넘어간 상표권과 이를 돌려받으려는 러시아의 상표권 분쟁으로도 유명하죠. 이 상표권 분쟁으로 러시아와 인근의 몇몇 나라에서는 러시아의 스톨리치나야가, 그 외 대부분의 나라에서는 SPI 그룹의 스톨리치나야(리트비아에서 제조)가 판매되고 있습니다. 우리나라에서도 대부분의 나라와 같이 SPI 그룹의 스톨리치나야를 만날 수 있습니다. 큰 특징 없이 병 디자인처럼 기본적으로 깔끔한 보드카입니다. 2022년부터 '스톨리(Stoli)'라는 이름으로 판매되고 있습니다.

- 증류주
- 보드카
  - 곡물
  - 들소풀 성분
- 1928년 출시
  - ZUBR = 들소
  - "들소풀" BISON GRASS
- 40%
- 폴란드
- 폴모스 비알리스토크 생산
- MASPEX 그룹소유

- 증류주
- 보드카
  - 밀
  - 겨울밀
- 1997년 출시
  - 호텔 분수대의 거위때에서 영감
- 40%
- 프랑스코냑
- 그레이구스 생산
- 바카디소유

주브로브카 보드카
ZUBROWKA VODKA

뜬금없이 풀떼기가 들어 있는 보드카가 있습니다. 우리에게는 다소 생소할 수 있지만, 폴란드 보드카인 주브로브카는 전 세계 보드카 판매량 기준으로 다섯 손가락 안에 들 만큼 많은 이들에게 사랑받고 있는 브랜드입니다. 주브로브카는 들소(Bison, Zubr)들이 즐겨 먹어서 '들소풀(Bison Glass, Zubrowka)'이라 불리는 풀의 에센스를 첨가한 보드카입니다. 주브로브카는 현재 민영화된 폴란드 기업에서 생산되고 있지만, 과거에는 보드카 원조 공방을 벌이고 있는 러시아의 소유였습니다. 러시안 스탠더드 소유였으나 2022년 폴란드의 마스펙스(maspex) 그룹에 인수되었죠. 주브로브카 보드카는 들소 풀의 독특하고 강한 향과 역시 강한 보드카의 맛이 어우러져 드러나는 부드러움을 느낄 수 있습니다.

그레이 구스 프렌치 보드카
GREY GOOSE FRENCH VODKA

그레이 구스는 1997년에 출시된 보드카로, 고급화 전략 등 차별화된 마케팅으로 단숨에 인기를 얻었습니다. 걸어온 길 자체도 프리미엄한 최초(?)의 프리미엄 보드카입니다. 지금은 여러 고가의 보드카들이 생산되고 있지라 '프리미엄 보드카'라는 수식어가 크게 어울리지 않아 보이지만, 발매 당시에는 프랑스 북부의 겨울 밀 사용, 보드카로는 보기 힘든 코르크 마개를 사용하고 프랑스 코냑에서 생산하는 등의 고급화 전략의 노력이 보였던 보드카입니다. 가격은 다른 보드카와 비슷해서 프리미엄 제품 같지 않게 느껴질 수도 있지만, 기본 용량이 375ml에 불과하기 때문에 실제로는 더 높은 단가를 가지고 있습니다. 깔끔해서 차게 해 니트로 마시기에도 좋습니다.

- 증류주
- 보드카
- 포도
- 저온공정 포도발효
- 5번 증류
- 2003년 출시
- 정상의 바위
- 40%
- 프랑스
- 시락생산
- 디아지오 소유

- 증류주
- 보드카
- 밀
- 1691년 설립 "놀렛 증류소"
- 1983년 출시
- 1호증류기 KETEL 증류기
- 40%
- 네덜란드
- 놀렛증류소 생산
- 디아지오 소유

시락 그레이프 보드카
CIROC GRAPE VODKA

시락은 프랑스산 포도를 증류해서 만드는 보드카입니다. 보드카에 포도 향을 입히지 않고 포도를 재료로 증류해서 만드는 보드카로 어떻게 포도를 증류한 것에 '보드카'라는 이름을 붙일 수 있냐는 논쟁을 일으키기도 했습니다. 논쟁은 결국 '감자, 곡류, 당밀 외의 재료를 증류해서 만드는 보드카에는 원재료를 표기해야 한다'는 것으로 끝이 났습니다. 시락은 다섯 번 증류하는데, 네 번은 연속 증류기에서 증류하고 마지막에는 구리 증류기에서 증류합니다. 무색, 무미, 무취가 특징인 보드카의 증류주에 포도 풍미가 은근하게 깔려 있어 보드카 자체로 즐기기 수월합니다. 물론 차게 해서 마시거나 레몬, 소다수, 토닉, 음료와 함께 칵테일로 마시기도 좋습니다.

케틀원 보드카
KETEL ONE VODKA

1691년 설립된 후 11대째 가업으로 이어오는 네덜란드 스카담의 놀렛 증류소에서 수공으로 생산되는 보드카가 바로 케틀원입니다. 캐롤로스 놀렛이 증류소를 이어받은 후, 미국 시장에 출시해 성공을 거뒀습니다. 케틀은 '팟스틸'을, 케틀원은 '증류소에서 사용하던 증류기'를 뜻한다고 하네요. 2008년 디아지오의 투자를 받아 디아지오가 판매하며, 놀렛 가문이 증류소를 운영·소유하고 있습니다. 유전자 조작을 하지 않은 유럽의 밀을 구리 단식 증류기로 증류해 만듭니다. 부드러운 보드카로 니트로 마시기에도 좋으며 칵테일로 만들어 마시기에도 좋은 제품입니다.

- 증류주
- 보드카
  - 곡물
- 미국 생산 보드카
  - "러시아까지 역과 시킨 보드카"
- 1992년 출시
  - '하늘' 순수함의미 Y는 기억하기쉽게
- 40%
- 미국
- 스카이 보드카 생산
- 캄파리그룹 소유

스카이 보드카
SKYY VODKA

파란색의 깔끔한 병이 인상적인 스카이는 미국 곡물로 만드는 미국 태생의 미국 보드카입니다. 1992년 출시되었고, 지금은 캄파리 그룹 소유입니다. 태생부터가 칵테일에 사용될 것을 염두에 두고 만들어진 보드카로 전 세계에서 열 손가락 안에 드는 판매량을 자랑합니다. 우리나라에서도 마트 등에서 어렵지 않게 만날 수 있으며, 깔끔한 병 디자인으로 한때 인기가 있었습니다. 다른 브랜드의 보드카처럼 시트러스, 라즈베리, 포도 등 여러 향을 가진 제품들이 있습니다. 대체로 무난한 풍미를 가지고 있어 칵테일로 사용하기 좋습니다.

- 증류주
- 보드카
  - 호밀
  - 4차례 증류
- 1910년 설립
- 1993년 출시
  - 폴란드 궁
- 40%
- 폴란드
- 폴모스지라르두프생산
- LVMH 소유

벨베데레 폴리시 보드카
BELVEDERE POLISH VODKA

폴란드의 보드카, 벨베데레(혹은 벨베디어)는 폴란드 수도 바르샤바 인근의 폴모스 지라르두프에서 생산됩니다. 벨베데레는 보드카 병에 그려진 폴란드 수도에 있는 궁전을 말하며 이곳은 현재 대통령궁으로 사용되고 있습니다. 또한 '벨베데'라는 단어는 전망이 좋은 곳, 전망대를 뜻하는 말로 특정 건축양식, 건물, 도시 등의 이름에도 쓰이고 있습니다. 폴란드 호밀을 사용하며, 네 차례 증류해서 부드럽다는 특징이 있습니다. LVHM의 소유로, 첫 폴란드 프리미엄 보드카인 점을 내세우며 럭셔리 보드카로 소개되곤 합니다. 부드러워서 니트로 마시기에 좋습니다.

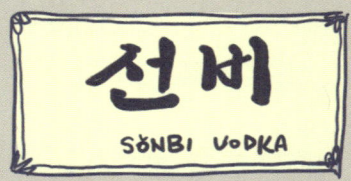

- 증류주
- 보드카
  - 찹쌀
  - 증류식소주원액
- 2020년 설립 (한국)
- 2021년 출시
  - '선비'
- 40%
- 한국, 충주
- 토끼소주 생산
- 토끼소주 소유

선비 보드카
SONBI VODKA

국내에서도 생산되는 보드카가 있습니다. '토끼소주'로 유명한 토끼소주 증류소에서 생산하는 선비 보드카입니다. 찹쌀소주 원액을 혼합한 보드카로 세 번 증류, 네 번 여과해서 생산합니다. 토끼소주는 미국인 브랜 힐이 우리나라 전통 증류 기술을 배우고 뉴욕에서 생산하기 시작한 소주로, 2020년 같은 이름의 증류소를 한국에 설립하고 각각 '토끼소주'와 '선비'라는 이름의 진과 보드카를 생산하고 있습니다. 소주 원액이 포함되어 약간의 풍미가 있습니다.

- 증류주
- 보드카
  - 옥수수
  - 핸드메이드
  - 6회증류
- 1997년 설립
  - 설립자 'TITO' BEVERIDGE
- 40%
- 미국
- MOCKINGBIRD 생산
- FIFTY GENERATION 소유

티토스 보드카
TITO'S HANDMADE VODKA

2022년 기준으로 미국 내에서 가장 많이 팔리는 보드카가 티토스입니다. 버트 버틀러 베버리지가 1977년 설립한 텍사스의 모킹버드 증류소에서 출시한 보드카로, 옥수수를 증류해서 만들기 때문에 '글루텐 프리 보드카'라고 하네요. 핸드메이드인 점을 내세우고 있으며, 코냑 증류소 같은 단식 증류기를 사용합니다. 무엇보다 부드러움에 초점을 맞춘 보드카입니다. 증류소 설립부터 라벨 제작까지 모든 과정을 창립자가 직접 주도해 만든 보드카로 시작했으며, 현재 미국 내에서 가장 잘나가는 보드카가 되었습니다. 유기견이나 환경, 재난 등에 관련해 많은 기부를 하는 증류소입니다. 부드럽고 니트로 마시기 좋은 점 덕분에 우리나라에서도 최근 인기가 많아지면서 어렵지 않게 만날 수 있게 되었습니다.

SECTION 01

소주란?

우리나라를 대표하는 술이라면 무엇이 있을까요? 발효주 중에는 청주와 탁주가, 증류주 중에는 소주가 있겠습니다만, 그중 가장 많이 그리고 압도적으로 팔리는 건 녹색 병의 술, 소주입니다. 적어도 판매 측면에서는 우리나라를 대표하는 술이라 할 수 있겠죠. 전통적으로 한국을 대표하는 증류주 또한 '소주'라고 할 수 있습니다. 전통주로서의 소주와 현재 팔리는 녹색 병의 소주는 어떤 차이가 있으며, 어떻게 변화되어 왔는지 알아보겠습니다.

증류주인 소주를 지칭하는 단어는 '불에 태워 만든 술'이라는 뜻인 소주 외에도 '불의 술'을 뜻하는 화주 火酒, 증류되는 모습을 딴 '이슬의 술' 노주 露酒, 땀이라는 어원을 가진 아랍 술 아락처럼 '땀의 술' 한주 汗酒가 있으며, 약용으로 사용되었기에 기주 氣酒 로도 불렸습니다. 또한 지역에 따라 '아라키주, 아락, 아락주'라는 이름으로도 불렸는데, 이는 아랍 증류주인 아락에서 유래된 사실을 다시 한번 확인시켜 주는 명칭입니다.

다른 여러 나라의 증류주들과 같이 소주도 아랍의 증류 기술이 우리나라에 들어와 탄생했습니다. 정확히는 아랍의 문물을 받아들였던 원나라 몽골 를 통해 전해졌죠. 소주가 전해지고 알려지는 시기 또한 대부분의 증류주들과 비슷합니다. 우리나라 문헌에는 고려 충렬왕 시기에 燒酒 불사를 소, 술 주 라는 이름으로 처음 등장했고 이후 줄곧 기록이 있습니다. 원나라를 통해서 들어왔기 때문에 개성과 제주, 안동처럼 원나라의 영향이 크게 미쳤던 지역의 소주가 유명합니다.

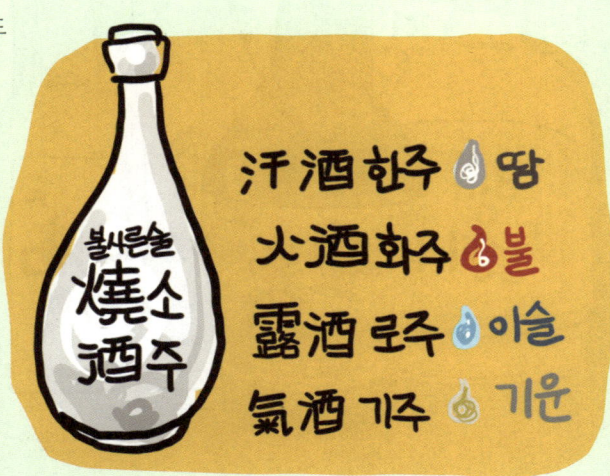

소주의 역사

다른 나라들의 증류주들이 그렇듯이 소주도 초기에는 주로 약용으로 사용되었습니다. 또한 소주 한 잔을 만들기 위해서는 밥 한 공기가 필요하다고 할 정도로 많은 양의 쌀 또는 곡식을 필요로 했기 때문에 쉽게 접할 수 있는 술은 아니었습니다. 신분이 높거나 재력 있는 사람들의 술이었지요. 이후 점차 널리 알려지며 소주는 집에서도 빚어 마시는 가양주 중 하나가 되었습니다.

우리나라 곡식인 수수, 찹쌀, 멥쌀, 좁쌀 등에 전통 누룩을 넣어 당화 발효해 증류하던 소주는 일제강점기 시절부터 개량 누룩인 입국을 사용해 만드는 방식으로 바뀌었습니다. 현재의 '참이슬', '처음처럼' 같은 희석식 소주 당시에는 기계식 소주로 불림 의 등장으로 인해 전통 누룩으로 만드는 소주는 점차 줄어들었습니다.

1909년 일본의 주세법 제정과 시행, 1916년 주세령 시행으로 집에서 빚은 술인 가양주 제조가 금지되며 수많은 곳에서 만들어지던 전통주는 점점 모습을 감춥니다. 1965년에는 곡식으로 술을 만들지 못하게 하는 양곡관리법이 시행되면서 대부분의 전통주는 발효주, 증류주 할 것 없이 모두 모습을 감추었습니다. 더 많은 곡물을 필요로 하며 긴 시간과 여러 도구가 필요한 소주 같은 증류주의 경우 더욱 꼭꼭 숨어버렸죠.

이후 정부는 지역의 양조장을 통폐합했고, 그로 인해 허가받은 소수의 업체만 규제 속에서 가장 싼 곡물을 수입해서 주정을 만든 뒤 여러 첨가물을 넣어 만드는 천편일률적인 술을 만들게 되었습니다.

주세법상 소주

소주는 현재 법상으로는 증류를 한 증류주를 말하며, 불휘발분이 2% 미만이어야 합니다. 즉 알코올과 물 외의 첨가물이 2% 미만이어야 합니다. 때문에 자몽소주, 포도소주 등 이런 과일소주는 기타주류, 리큐어에 속합니다.

소주는 '증류식 소주'와 '희석식 소주'로 나눕니다. 증류식 소주는 녹말이 포함된 재료와 누룩 등을 원료로 하여 발효시켜 연속식 증류 외의 방법으로 증류한 것에 곡물주정을 혼합하거나 나무통에 저장한 것을 말합니다. 희석식 소주는 주정 또는 곡물주정을 물로 희석한 것에 증류식 소주를 혼합하거나 나무통에 저장한 것입니다. 범위가 너무 넓고 명확하지 않은 구분이기 때문에 오히려 명확하게 구분되어야 함에도 불구하고 2013년부터는 증류식 소주와 희석식 소주를 구분해 표기하지 않게 되어, 구분이 더 모호해졌습니다.

SECTION 02

소주의 제조 과정

증류식 소주의 제조 과정

증류식 소주, 즉 전통 방식의 소주를 제조하는 과정은 다음과 같습니다.

■ 고두밥 짓기

재료인 쌀을 찌는데, 쉬운 당화를 위해 고두밥으로 만듭니다.

■ 누룩 섞기

고두밥에 누룩을 섞어줍니다.

■ 재료 담기(담금)

항아리에 고두밥과 누룩을 섞은 뒤 물을 넣어서 보다 쉽게 당화 및 발효될 수 있게 합니다.

■ 발효

재료가 알코올 상태가 되도록 발효합니다.

■ 증류

알코올 상태의 술덧을 소줏고리로 증류합니다. 현재는 대부분 단식, 다단식 증류기를 사용합니다.

희석식 소주의 제조 과정

희석식 소주는 주정을 만드는 과정까지는 보드카와 같습니다.

■ **재료 준비**

발효 및 증류할 재료를 준비합니다.

■ **당화, 발효**

재료를 당화 및 발효해 알코올 상태로 만듭니다.

■ **증류**

연속식 증류를 통해 95% 법적 85% 이상 의 알코올-주정을 만듭니다.

여기까지의 과정은 우리나라 10곳의 전문 주정 생산회사에서 정해진 지침에 따라 만듭니다. 이렇게 만들어진 알코올-주정을 '대한주정판매'라는 회사에서 모아 필요로 하는 곳에 판매합니다. 이후 주정을 받은 소주 제조 회사에서 다음 과정을 진행합니다.

■ **가수, 첨가물 첨가**

물을 섞어 도수를 낮추고, 맛을 내기 위해 허가된 각종 첨가물을 추가합니다.

이렇게 전통 방식의 증류식 소주와 희석식 소주는 다른 방식으로 만들어집니다. 쉽게 접할 수 있는 희석식 소주는 사실 보드카에 가깝다고 볼 수 있습니다.

소주의 분류

증류식 소주

증류식 소주란?

소주는 크게 '증류식 소주'와 '희석식 소주'로 나뉩니다.

고려 말기부터 증류되었던 우리나라 고유의 증류식 소주는 다른 증류주처럼 처음에는 약용으로 사용되다가 점차 널리 사용되었습니다. 원나라 몽골를 통해 들어왔으며 몽골군이 주둔했던 곳인 안동, 개성, 제주 등은 우리나라 소주의 유명지가 되었습니다. 소주는 '아랑, 아락, 아락주'라는 이름으로도 불렸는데, 이 명칭은 아랍 증류주인 아락에서 전해졌음을 다시 한번 확인시켜 줍니다.

우리나라에서 소주는 현재의 소주를 포함한 증류주 전체를 지칭하기도 합니다. 순수한 곡물로 만든 것은 물론이고 전통주로 많이 알려진 조선 3대 명주인 감홍로, 이강주, 죽력고를 비롯해 송로주, 옥로주, 홍주, 추성주 등 여러 부재료가 들어가는 증류주들도 소주로 불렸습니다. 증류주 전체가 '소주'라는 큰 범위라고 보면 좋을 듯합니다. 소주燒酒라는 한자도 '태운 술'을 뜻하니 같은 의미이기도 하네요.

1909년 주세법을 시행하면서 전통 누룩을 사용하던 양조장은 점점 없어졌고, 일본이 지정한 양조장에서 입국을 사용하는 업체들이 늘어나기 시작했습니다. 동시에 가양주를 금지하며 전통 누룩으로 만드는 증류소주는 점차 사라졌습니다.

1965년 양곡관리법의 시행으로 개량 누룩을 사용해 만들던 증류소주들도 없어졌고, 특히 그나마 집에서 조용히 만들던 전통 소주들도 엄격한 법 시행으로 사라졌습니다. 쌀로 술을 빚어 제조하는 증류식 소주는 모두 깨끗하게 자취를 감추게 된 것이죠.

올림픽을 치르고 1990년대에 들어서면서 전통주를 다시 살리려는 노력이 시작되었고, 증류소주 또한 그 덕분에 다시 빚어졌습니다. 몇십 년 동안 사라졌던 전통 소주를 온전히 되살리기는 힘들었지만 다른 전통주와 같이 꾸준하게 이어 나가, 점유율 면에서는 아직 미미하더라도 성장을 멈춘 희석식 소주에 비해 최근 큰 폭으로 성장하고 있습니다. 대기업들도 하나둘 증류식 소주에 손을 대기 시작하는 추세를 보면 잘 알 수 있죠.

다만 전통식으로 만드는 소주들을 제외하고, 규모가 좀 있다 하는 증류식 소주 제조사들은 모두 입국을 사용하고 있습니다. 물론 입국을 사용해서 만드는 소주들도 한 세기의 나이를 먹었으니 우리나라의 술이라 할 수 있을 것입니다. 그렇지만 전통 방식으로 만드는 소주와 그 외 증류식의 소주는 구분되어야 하며, 그에 따라 제재나 지원도 구분되어야 할 것입니다. 그리고 전통 누룩과 보다 나은 술에 관한 연구와 발전도 함께 이뤄져야겠죠. 적어도 그나마 조금씩 살아나는 전통 소주, 전통주들이 자리를 잡기까지는요. 다시 잊어버리면 이제 영영 되찾을 수 없을지도 모릅니다.

증류식 소주의 도약

2004년에 '화요'라는 증류식 소주가 발매되면서 증류식 소주에 대한 관심이 커졌습니다. 2007년 진로에서는 '일품진로'를 출시했고, 2010년에는 일품진로 10년 숙성 소주가 인기를 끌었죠. 2014년에는 롯데에서 희석식 소주에 증류식 소주를 소량 첨가하는 '대장부'를 출시했습니다. 국순당에서 2016년 고구마 증류소주 '려'를 출시하며 규모가 있는 주류회사에서도 증류식 소주에 관심을 가지기 시작했습니다.

2017년부터 전통주가 온라인으로 판매되었고, 2019년 하반기부터 시작된 코로나19 사태로 혼술·집술이 유행하며 전통주가 인기를 얻었습니다. 때를 맞춰 수많은 전통주와 증류소주가 생산되었죠. 2022년 가수 박재범이 출시한 원소주는 품절 대란으로 구하기 어려워져 숙성을 짧게 한 다른 버전의 제품이 출시될 정도로 큰 인기를 얻었고 그로 인해 증류식 소주와 전통 증류주의 붐이 일었습니다. 유명인들과의 협업으로 많은 술이 출시되기도 했지만 이는 원소주의 인기가 차분해질 즈음까지 짧은 유행으로 지나갔습니다. 그럼에도 전통주의 가능성을 보여주었고 협업·의뢰로 만들어진 제품의 장점과 한계를 보여주기도 했습니다. 처음 밝힌 대로, 자신의 생산 시설을 갖추고 생산하여 원소주가 하나의 소주 브랜드로 이어질지 여부가 아직 남아 있습니다.

증류식 소주의 재료와 누룩

북한 지방과 남한 지방은 지역의 차이로, 사용하는 증류기 및 증류법들이 다릅니다. 보통 북한 지방에서는 기장, 수수, 조, 옥수수 등의 잡곡을 사용하고, 남한 지방에서는 멥쌀이나 찹쌀을 많이 사용했습니다. 이런 곡물에 누룩을 사용해서 당화하고 발효한 뒤 증류하여 소주를 빚어왔습니다.

우리나라의 전통 누룩은 밀, 쌀 등을 적당한 크기로 분쇄한 뒤 틀에 넣고 밟아서 틈이 없도록 한 다음 발효시켜 효소와 효모들이 어우러질 수 있게 발효하여 만듭니다. 전통 누룩은 누룩곰팡이, 효소, 젖산, 효모 외에 많은 균을 가지고 있어 개성이 있으나 균일한 품질을 가지기 힘들다는 단점이 있습니다. 이는 대량생산이 어렵다는 단점으로도 이어집니다. 반면 누룩곰팡이의 단일 균을 배양해서 곡식 가루에 배양한 입국은 다른 균의 침투를 방지하고 당화의 기능만 하여 일정한 결과를 만듭니다. 이는 대량생산에 유리하다는 장점과 개성이 약하다는 단점을 가집니다.

국내의 전통 소주는 당연히 전통 누룩을 사용해서 만들어졌으며, 누룩은 농가나 집에서 직접 만드는 것이 일반적이었습니다. 그러다가 일제 강점기 때 주세법이 시행되면서부터 누룩 제조회사에서 누룩을 대량 생산하기 시작했습니다. 이때부터 소주 제조용 흑국을 사용하여 소주를 만들고, 전통 누룩은 청주와 탁주에만 사용하게 되었습니다.

1938년 일본에서는 주정을 사용해 만드는 공장형 희석식 소주인 갑류소주가 등장했으며, 이에 따라 우리나라에도 희석식 소주가 등장하게 되었습니다.

증류식 소주의 증류기

증류식 소주의 증류기는 법적으로 연속식 증류 외의 방법으로 증류하는 것이라 표기되어 있습니다. 연속식 증류는 주정을 만들 때 사용하는 방법이지만 주정이나 곡물 주정을 물로 희석하거나 혼합한 것 또한 소주로 지칭하고 있으니, 사실상 증류기의 제한은 없는 것과 같다고 볼 수 있습니다.

증류식 소주의 경우 지금은 대부분 스테인리스나 구리로 만든 증류기를 사용하지만, 보통 우리나라에서는 소주를 증류할 때 쇠솥이나 은솥에 소줏고리를 올려 사용했고 이는 단식 증류기에 속한다고 할 수 있습니다.

단식 증류기는 다양한 풍미를 얻을 수 있지만 증류 시간이 길고 생산량 또한 적다는 단점이 있습니다. 연속식 증류기는 주정을 만드는 회사에서 풍미가 없는 높은 도수의 주정을 효율적으로 생산하는 데 사용하는 증류기입니다.

규모가 있는 증류식 소주를 생산하는 증류소는 보통 다단식 단식 증류기 Hybrid Still, 다단식 증류기를 사용하고 있습니다. 이는 단식 증류기와 연속식 증류기의 중간 단계로 양쪽의 장점을 합친 증류기이죠. 외국에서는 연속식 증류기로 구분되며, '하이브리드 증류기'로도 부릅니다.

단식 증류기는 보통 전통 소주를 증류할 때 사용하고, 연속식 증류기는 희석식 소주를 만들 때 사용하며, 다단식 증류기로는 증류소주 입국을 사용하는 현대식 증류소주를 생산한다고 보면 될 듯합니다.

증류소주 특유의 풍미를 조금 더 끌어올리면서 부드러운 풍미까지 원하는 요즘에는 단식 증류기와 연속식 증류기의 중간 단계인 다단식 증류기를 주로 사용하는 곳이 조금씩 늘어나고 있습니다. 앞서 말했듯 다단식 증류기는 그 둘의 장점을 혼합한 증류기로 단식 증류기와 연속식 증류기의 중간에 위치한 증류기입니다. 특색 있는 풍미를 어느 정도 지키면서 효율적인 증류를 할 수 있다는 점이 장점인 증류기입니다.

상압증류와 감압증류

국내 증류식 소주를 증류하는 증류소 중에는 유독 감압식 증류기를 사용하는 곳이 많습니다.

증류의 방식에는 감압식과 상압식이 있습니다. 우리나라에서 증류주를 만들 때 많이 사용하는 방

식이므로 감압증류와 상압증류로 구분되지만, 대부분의 증류주를 만드는 일반적인 방식은 상압증류입니다. 거기에 감압증류를 조금 특별한 방식으로 보는 편이 정확합니다.

감압증류 방식은 증류기 내부의 공기를 빼서 압력을 높여 낮은 온도에서 끓을 수 있도록 해 증류하는 방식입니다. 일본의 소주를 증류할 때 많이 사용하는 방식이며, 일부 진 Gin 을 생산할 때에도 사용합니다. 낮은 온도에서 짧은 시간을 증류하다 보니 경제적으로도 효율이 앞서는 편입니다. 탄내 같은 원치 않는 풍미를 얻지 않으면서도 정제되고 부드러운 풍미의 결과물을 얻을 수 있다는 장점이 있지만 그만큼 개성이 없어지는 단점도 있습니다.

우리나라의 전통식 소주에서 감압증류기를 많이 사용하는 이유는 소주 소비자들이 희석식 소주에 익숙하다 보니 낯설게 느끼는 누룩 냄새를 줄이고 부드럽고 가벼운 풍미를 얻기 위해서입니다. 특히 증류소주를 알린 화요에 사용해서 좋은 반응을 얻은 뒤 소주를 증류하는 많은 증류소에서 이 증류기를 사용하고 있습니다.

누룩 냄새를 비롯한 소주 특유의 강한 풍미는 일반적으로 숙성을 통해 부드럽게 만드는데, 숙성 없이 혹은 짧은 시간의 숙성만으로 그런 효과를 얻을 수 있는 것도 감압증류의 장점이라고 할 수 있습니다. 그러나 감압증류 방식이 아닌 상압증류 방식은 오랜 기간 숙성을 거치면서 부드러워진 누룩, 소주 특유의 풍미를 지니게 하는 장점이 있습니다. 결국 소비자의 입맛이 변한다면 증류 환경도 그에 따라 변하게 되겠죠.

개선되어야 할 증류식 소주의 분류

우리에게 익숙한 녹색 병의 희석식 소주 외에 증류식 소주는 법적으로 분류되어 있지 않습니다. 따라서 조금 더 세분하고 명칭을 정리할 필요성이 높아지고 있죠.

일반적으로는 제조에 사용되는 곡물과 생산 방식에 따라 분류할 수 있습니다. 사용하는 누룩에 따라 전통 누룩을 사용하는 전통 소주와 입국을 사용하는 근대식 소주로 나뉠 것이고, 사용하는 곡물에 따라 고구마, 보리 등의 이름이 붙을 수 있습니다. 안동소주처럼 생산 지역에 따라 구분되는 것은 당연하며, 사용하는 증류기와 곡물 제조 방법 등을 법으로 규제해야 할 것입니다.

희석식 소주란?

우리나라 소주는 전 세계에서 가장 많이 팔리는 증류주 브랜드 중 1등 참이슬 과 3등 처음처럼 을 기록하고 있으며, 연간 약 4조 원가량의 매출을 올리고 있습니다. 이 정도면 소주를 '국민주'라고 불러도 손색이 없을 듯합니다. 많은 이들의 저녁 시간을 함께하며 때로는 위로를 주고, 때로는 곤란하게도 만들었던 그 녹색 병의 소주는 알코올에 물을 타서 만드는 희석식 소주입니다. 정확히는 95%의 알코올인 주정에 물을 첨가해 도수를 맞추고, 첨가물을 넣어 맛을 낸 증류주입니다.

소주병이 지금의 녹색으로 바뀌게 된 것은 1994년에 출시된 그린소주가 엄청난 인기를 끌면서부터입니다.

희석식 소주
稀釋式 燒酎

희석식 소주는 1965년 시행된 양곡관리법 이후 '소주'라는 이름을 이어주는 유일한 술이지만, 그 내용물은 우리나라의 전통 소주와는 거리가 멉니다. 주정과 곡물주정을 혼합한 것까지 희석식 소주의 범위에 포함할 정도로 워낙에 범위가 넓은 술이다 보니 보드카보다 더하죠 큰 특징이 없다는 것이 특징입니다. 하지만 한 나라를 대표하는 증류주로 보기에는 특이한 점을 여럿 가지고 있는 술입니다.

첫 번째 특징은 희석식 소주의 경우 그 원재료를 알 수 없다는 점입니다. 소주를 만드는 주정은 우리나라에서 10곳 정도의 회사에서 생산되고, 전부 모아서 '대한주정판매'라는 곳을 통해 주정을 사용하는 곳들에 판매합니다. 즉, 모든 희석식 소주는 동일한 주정을 사용하고 있는 것입니다. 주정은 1970년대 초반에는 고구마로 만들다가 이후 더 저렴한 원료인 '타피오카'라는 식물을 수입해 주재료로 사용하여 만들고 있습니다. 여기에 쌀과 고구마 등의 재료들도 섞고 있지만, 일종의 구색 맞추기처럼 정확한 내용을 표기하지 않아 알 수 없으며 재료를 선택할 수도 없습니다. 들어가는 재료들의 비중도 다양하여 정확히 무엇으로 만들어지는지 알 수 없죠. 다만, 대부분은 타피오카를 사용하고 있을 것입니다.

두 번째로 특이한 점은 보통의 증류주에 비해 도수가 낮다는 것입니다. 소주의 도수는 내려가고 내려가 15%대의 도수를 가진 제품까지 있으니 말입니다. 높은 도수를 가진 증류주들의 도수가 조금씩 내려가는 것이 세계적인 추세이기는 하지만, 그 이전부터 소주의 도수는 꾸준히 낮아졌고 그 폭도 상당히 크다고 할 수 있습니다.

희석식 소주의 도수 변천사

양곡관리법이 시행된 이후 1965년에 소주의 도수는 30%로 시작하여 1973년에는 25%로 낮아지고, 1998년 23%로 내려가는 것을 기점으로 점점 낮아져 2019년에는 16%대까지 내려왔습니다. 2024년에 와인 도수와 동급인 15%대로 내려오면서 1965년부터 50년 만에 도수가 15% 낮아져 원래 도수의 절반인 술이 되었습니다. 이 정도면 다른 술이 되었다고도 말할 수 있을 정도입니다.

도수가 낮아진 이유로는 주정을 적게 쓰기 위해, 혹은 여성들의 사회진출과 더불어 가벼워지는 술자리 등을 위해서라는 등 여러 의견이 있습니다. 결국 시장에서 받아들여지는 것이 원인이었겠죠. 그러나 그 이면에는 희석식 소주를 위한 주세법의 문제점과 다양한 주류문화를 이끌지 못하는 대기업 등 여러 복잡한 문제들도 있습니다.

마지막으로 특이한, 혹은 특이했던 점은 '지역소주'라는 것이 있다는 점입니다. 1965년 양곡관리법으로 희석식 소주만 남게 된 이후 1973년부터는 '자도주 구입제도'라 하여 최소한 50% 이상 그 지역 도에서 생산되는 소주를 판매하도록 조치했습니다. 물론 다른 나라에서도 품질과 성장을 위해 원산지 표시와 지역 및 생산 등을 규제하므로 언뜻 보면 지역의 발전을 위한 것처럼 보이지만, 지역의 많은 제조업체를 통폐합해서 하나의 업체만 판매하도록 한 것을 보면 딱히 그렇다고도 볼 수 없습니다. 그저 독점을 통해 선택적 수혜를 주고 쉽게 통제하기 위한 방법이었던 것이죠. 이런 자도주 구입제도는 1995년에 위헌 판결을 받아 지금은 이런 규제가 없어졌지만 아직 그 지역을 대표하는 술들이 남아 있습니다.

지역별 대표 소주

지역마다 대표하는 소주들이 있었습니다. 그러다 자도주 구입제도가 위헌 판결을 받은 이후로 대기업의 소주들이 공격적인 마케팅을 펼치며 참이슬이 전국 점유율 50%를 넘었고, 처음처럼은 20%에 가까워졌습니다. 그 뒤로 경남 지방의 무학 좋은데이의 점유율이 10%를 조금 넘게 되었죠. 전체의 80% 이상을 차지하는 참이슬, 처음처럼, 좋은데이를 이른바 '빅3'로 부릅니다. 각 지역의 점유율 50%를 차지하던 지역 소주들이 빅3에 점점 자리를 내주고 있어 그나마 개성이 없는 희석식 소주는 더욱 천편일률적이 될 수밖에 없습니다.

소주(燒酒)와 소주(燒酎)

소주의 라벨을 보면 희석식 소주를 포함해 많은 소주의 한자 표기가 '燒酎 불사를 소, 전국술 주'로 되어 있는 것을 볼 수 있습니다. 여기서 '酎'는 '군물을 타지 않은 술, 세 번 빚은 술'이라는 의미입니다. 그에 비해 우리나라의 문헌에는 대부분 '燒酒 불사를 소, 술 주'로 기록되어 있죠. 이 표기는 《세종실록》에서도 찾아볼 수 있는데, 대부분 酒 자를 쓰고 있지만 酎 자는 단 몇 차례 기록되어 있을 뿐입니다.

둘 중 어느 한자로 표기해야 할지에 관해서는 여러 의견이 있습니다. 먼저 일본이 '燒酎'라고 표기하여 우리나라에서도 같은 한자로 표기했으니, 이제는 원래대로 '燒酒'로 표기해야 한다는 의견이 많습니다. 적어도 희석식 소주는 '燒酎'로 표기해도 전통식 소주에는 '燒酒'라 표기해야 한다고 말이죠.

그에 반해 '燒酎'라는 표기가 비록 일본식이지만 벌써 한 세기가 지났다면, 그리고 우리가 즐기고 있다면 우리 것으로 봐야 한다는 의견과 '燒酎' 자체를 우리나라의 전통 소주와는 다른 술로 인식해야 한다는 의견도 있습니다.

그런데 이게 또 그렇게 간단하지가 않습니다. 소주의 한자 표기는 우리나라 술에 관한 전반적인 문제를 엿볼 수 있는 일례에 불과하기 때문입니다.

주세법

우리나라 주세법

우리나라 술 중에서 가장 많이 팔리는 것이 소주인데, 이 소주에 관한 법은 너무도 간단합니다. 도수도 지역도 만드는 방법도 그리고 표기조차 아무런 제한이 없습니다. '국누룩이 들어가야 한다'는 규정이 있지만 '주정을 사용하면 된다'는 또 다른 규정이 있어, 그저 2% 미만의 불휘발성을 포함한 증류주와 다를 것 없이 규정됩니다. 억지로 희석식 소주에 맞추려니 소주에 대한 범위는 늘어날 수밖에 없는 것이죠. 그나마 있었던 증류식, 희석식 소주의 구분도 2013년에 없어졌습니다.

증류식 소주 시장을 외롭게 지켜왔는데 입국을 사용한다는 이유로 전통주 취급을 받지 못한다고 시무룩해하는 술이자 증류식 소주 중에 가장 많이 팔리는 화요가 소주의 한자 표기를 '燒酒'로 하고, 전통 누룩을 이용해 전통 방식으로 만들어지는 안동소주는 대부분 '燒酎'라 표기하는 것을 보면 전통주가 다시 만들어지기 시작한 것이 얼마 되지 않아 표기법에 관한 진지한 고민을 할 새도 없었던 듯합니다.

CHAPTER 07 소주 • **441**

한자 표기에 앞서 더 중요한 문제점은 우리나라 주세법의 개정 종량세 전환 과 명칭 정리에 있습니다. 우리나라에서 전통적으로 '소주'라고 불렸던 술은 지금 우리가 생각하는 희석식 소주가 아닙니다. 감홍로, 진로, 홍주, 소주, 문배주 등 증류를 했던 대부분의 술을 구분하지 않고 '소주'라고 불렀습니다. 우리나라에서는 술을 넓게 구분했기 때문이죠. 예를 들어 청주와 탁주, 약에 쓰이는 약주, 제사에 쓰이는 술 등으로 말이죠. 우리 술인 전통주, 탁주, 약주, 소주 등은 명칭조차 명확하게 정의되어 있지 않습니다. 세월의 흐름에 따라 술의 범위를 나누고 세분하여 정리할 필요가 있습니다.

현재 전통주로 분류되기 위해서는 첫째 무형문화재 보유자가 제조한 술, 둘째 식품명인이 제조한 술, 셋째 농어업경영체 및 생산자단체가 직접 생산하거나 제조장 소재지 관할 지역 및 인근에서 생산한 농산물을 주원료로 제조한 술이어야 합니다.

'전통주'라는 명칭에 대한 정확한 분류가 없다 보니 사전적인 의미인 전통주인지, 어떤 방식으로 만들어진 술인지, 아니면 그저 우리나라에서 만든 지역 술인지 등에 대한 정확한 판단이 어렵습니다. 생산 과정, 재료, 지역, 생산 자격 등을 명확하게 분류하고 세분하는 것이 무엇보다 시급한 이유입니다.

그 이후에는 종가세에서 종량세로의 전환이 이뤄져야 합니다. 증류주에 적용되는 종가세의 종량세 전환 등이 이뤄져야 고부가가치를 기대할 수 있는 술들이 나오리라 생각합니다. 그렇다면 종량세와 종가세는 어떻게 다를까요?

종량세와 종가세

주세에는 두 가지 부과 방식이 있습니다. 술의 도수에 따라 세금을 부과하는 종량세와 술의 최종 가격에 따라 세금을 부과하는 종가세입니다. 우리나라는 현재 종가세를 채택하고 있습니다. 발효주는 2020년 종량세로 전환했지만, 증류주는 아직 최종 가격의 72%를 주세, 주세의 30%를 교육세로 그리고 10%의 부가세가 세금으로 부과됩니다. 이런 종가세는 가격이 높은 술에 불리한 방식입니다. 국세 수입 중 주세가 약 0.8%에 불과한 만큼, 이런 방식의 주세는 실정에 맞지 않습니다. 결국 종가세는 희석식 소주를 위한 것입니다.

희석식 소주는 저렴하고 깔끔하다는 장점이 많은 술입니다. 다만 이 술 때문에 다른 술들의 자리가 사라지는 것이 문제입니다. 술의 한 종류여야 하는데 술 자체로 인식되어 모든 규정이 이 희석식 소주를 중심으로 돌아가는 것이 문제가 됩니다. 앞으로는 다양한 술, 부가가치가 높고 품질이 좋은 술이 많이 만들어지고 알려져, 문화와 산업에 큰 힘을 보태는 것이 그간 오명을 받아온 우리나라 술이 가야 할 길이 아닐까요?

　기나긴 암흑기를 지나 전통주가 다시 밝은 곳에서 만들어지기 시작한 건 어림잡아 30여 년입니다. 짧으면 짧고 길다면 긴 시간이죠. 이제 술에 관한 규칙을 만드는 사람들, 술을 만드는 사람들, 술을 연구하고 관리하는 사람들 그리고 술을 사랑하는 이들이 모두 함께 우리 술에 대해 생각하고 관련 사항들을 고치며 발전해 나가야 할 때입니다. 언젠가 북한과의 교류가 활발해진다면 서로 비교하면서 연구해 보는 것도 좋은 방법이겠네요.

일본 소주

일본에도 우리나라와 같이 소주가 있습니다. '쇼츄'라고 불리며 우리나라의 소주와 같은 이름, 같은 형태의 술이라고 할 수 있죠. 우리나라의 전통 소주와 비슷한 방식으로 제조됩니다. 따라서 비슷한 병 디자인으로 흔히 사케와 혼동되기도 하지만 쇼츄는 우리나라의 소주와 같은 증류주입니다. 간단하게 막걸리를 증류하면 소주가 되는 것처럼, 사케를 증류하면 쇼츄가 되는 것과 같습니다. 쌀누룩과 물, 효모를 넣고 발효시켜 밑술을 만들고 1차 담금 주재료를 넣어 발효시켜 2차 담금 증류하는 방식으로 만듭니다.

• PART 03 술의 매력적인 진화, 증류주

쇼츄 주재료

일본의 쇼츄는 쌀만 사용하는 사케와 달리, 지역에 따라 쉽게 구할 수 있거나 특색을 가진 재료들로 만들어져왔습니다. 여러 다양한 재료들로 만들고 있으며 주로 쌀, 보리, 고구마, 흑당, 메밀을 사용합니다. 재료마다 풍미가 달라 지역과 재료에 따라 다른 개성을 가진 쇼츄가 됩니다.

아와모리

아와모리는 오키나와에서 생산되는 전통 증류주입니다. 주세법상 쇼츄에 속하지만 여러 가지 다른 점이 있습니다. 재료로 쌀만 사용하며 백국균을 배양해 만든 쌀누룩을 사용하는 일반 쇼츄와 다르게, 아와모리는 고온다습한 기후에 적합한 흑국균을 배양한 쌀누룩을 사용해서 만듭니다. 또한 2단 담금을 하는 쇼츄와 달리 흑누룩과 물, 효모를 넣고 한 번의 담금으로 밑술을 만들고 증류합니다.

일본의 희석식 소주와 증류식 소주

일본의 쇼츄도 희석식 소주, 증류식 소주처럼 종류가 나뉩니다. 갑류쇼츄와 을류쇼츄로 나뉘는데, 먼저 갑류쇼츄는 36% 미만의 연속식 증류를 사용한 우리나라의 희석식 소주와 같은 쇼츄입니다. 을류쇼츄는 45% 이하의 우리나라의 증류식 소주처럼 단식 증류기를 사용하고 쌀과 곡물 재료들을 사용합니다.

SECTION 06

소주 즐기기

천천히 풍미 즐기기

　증류식 소주를 즐기는 좋은 방법은 잠시 시간을 두고 향을 느끼는 것입니다. 증류식 소주는 희석식 소주와 다르게 다양한 풍미를 가지고 있으니, 조금 시간을 들여서 소주의 풍미를 천천히 느끼는 것은 증류식 소주를 즐기기 좋은 방법이겠죠.

하이볼로 부드럽게

　희석식 소주의 도수에 익숙해져 있기 때문에 높은 도수와 증류식 소주 특유의 풍미가 다소 낯설게 느껴질 수 있습니다. 그럴 때는 탄산수나 진저에일, 토닉워터 등의 음료를 섞어 하이볼로 마시는 것도 편하게 증류식 소주의 풍미를 느끼며 마시기 좋은 방법입니다.

얼음과 함께

　얼음을 타서 온더록스로 마시는 것도 도수가 높은 증류식 소주를 즐기기 좋은 방법입니다. 얼음으로 시원하고 부드럽게 마시면서 증류식 소주 특유의 풍미와 친해질 수 있습니다.

- 증류주
- 소주
- 증류식소주
- 박재서 명인
- 1995년 명인지정
- 안동소주
- 35%
- 경북안동
- 명인안동소주

박재서 명인 안동소주 35

- 증류주
- 소주
- 증류식소주
- 조옥화 명인 (작고)
- 김연박 (명인)
- 배경화 (무형문화재)
- 1987년 출시
- 안동소주
- 45%
- 경북안동
- 민속주안동소주생산

조옥화 명인 민속주 안동소주 45

고려시대에 원나라를 통해 들어온 증류 기술로 소주를 만들기 시작하면서 경북 안동은 소주를 생산하는 명지가 되었습니다. 안동소주는 이곳 안동에서 빚어지는 소주입니다. 명인 안동소주는 1995년 전통식품명인 제9호로 지정된 박재서 명인과 그 아들, 손자까지 3대가 함께 만들고 있습니다. 2000년대에 증류 방식을 감압 방식으로 하여 탄내, 누룩취를 줄였습니다. 이후 남북정상회담 만찬주로 선정되었고, DVD 동호회 등에서 입소문이 나며 안동소주 자체가 널리 알려졌습니다. 22%, 35%, 45% 제품이 있고, 100일 정도 숙성합니다. 안동소주 중 가장 널리 알려졌으며, 곡물 향과 은은한 누룩 향을 가진 깔끔한 소주입니다.

안동소주 가운데 널리 알려진 또 다른 제품은 조옥화 명인의 민속주 안동소주입니다. 민속주 안동소주는 45% 제품만 생산했다가 2023년 처음으로 25% 제품을 선보였습니다. 민속주 안동소주는 물을 타지 않은 것이 특징으로 물 대신 도수가 낮은 증류 원액으로 도수를 낮춥니다. 조옥화 명인이 2020년 작고하시고 아들과 며느리가 명인 및 무형문화재를 전수했으며 손자가 전수자로 있습니다. 누룩 제조, 20일 발효, 20일 상압 증류를 한 다음, 6개월에서 1년간 스테인리스에서 숙성한 뒤 병입합니다. 좀 더 오래 숙성하는 제품을 준비 중이라고 하는데, 안동소주를 대표하는 소주 중 하나인 만큼 오래 숙성시킨 제품은 좋은 차별화 요소가 될 듯합니다.

삼해소주 45	제주 고소리술

삼해주는 고려시대부터 전해진 우리나라 전통주입니다. 정월 첫 해일(亥日)에 밑술을 담고 다음 해일에 덧술을, 다다음 해일에 두 번째 덧술까지 총 세 번 술을 빚어 만들기 때문에 '삼해주(三亥酒)'라고 부릅니다. 삼해소주는 이 삼해주를 증류해서 만든 소주입니다. 현재 삼해소주를 빚고 있는 김현종 대표는 2016년 김택상 명인에게 술을 배우고 2017년 삼해소주 법인 설립 후 같이 삼해소주를 만들어왔다고 합니다. 삼해소주의 가장 큰 특징은 100일이 넘는 긴 숙성 기간과 작은 증류기로 증류한다는 점입니다. 소줏고리는 아니고 10L짜리 동단식 증류기(포르투갈산 알람빅 증류기)를 사용합니다. 누룩과 곡물 향이 구수하게 올라오고 부드럽게 잘 넘어갑니다.

국내 3대 소주로 불리는 개성소주, 안동소주, 제주소주. 모두 몽골의 주둔지가 있던 지역으로, 증류기법을 받아들여 발전시켰습니다. 제주소주는 '고소리술'이라고도 불리는데, 전통 증류 도구인 소줏고리의 방언입니다. 다른 전통주와 같이 가양주로 이어지던 고소리술은 자취를 감췄다가 1990년 이후 복원되기 시작했고, 1995년 제주 무형문화재 11호로 지정되었습니다. 제주술익는집의 제주 고소리술은 좁쌀, 보리쌀 누룩만을 사용하고 전통 소줏고리(고소리)를 사용하는 전통 소주입니다. 증류된 소주는 2년 이상 항아리에서 저온 숙성한다고 합니다. 전통 방식의 누룩, 곡물, 과실의 구수한 풍미와 저온 숙성 덕분에 순한 듯 부드러운 목 넘김이 특징으로 꼽히는 마시기 편한 소주입니다.

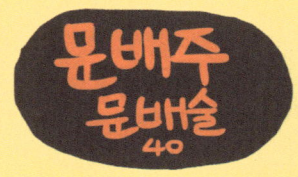

- 증류주
- 소주
  - 증류식소주
  - 문배주
  - 이기춘명인
- 1995년 명인지정
  - 문배(돌배)향의 술
- 40%
- 경기도 김포
- 문배주 양조원

- 증류주
- 소주
  - 증류식소주
  - 감홍로
  - 이기숙명인
- 2012년 명인지정
  - 단감 붉은 홍 이슬로
- 40%
- 경기도 파주
- 감홍로 생산

문배술 40

문배주는 문배(돌배)의 향이 나는 전통 증류주입니다. 고려시대부터 증류되기 시작한 평양 지역의 향토주이기도 합니다. 이경찬 선생께서 문배술과 감홍로를 빚어오다가, 6.25 전쟁 이후 남한으로 넘어와 1980년대부터 다시 제조하기 시작했습니다. 1990년, 2000년 남북정상회담에서 만찬주로 사용되었습니다. 이후 세대를 이으며 유리병 패키지, 용량, 새로운 용법 도입 등 변화하고 노력하며 나라를 대표하는 술로 익어가고 있으며, 2018년 남북정상회담에서도 만찬주로 선정되었습니다. 문배술은 이경찬 선생의 아들 이기춘 명인이 생산하고, 감홍로는 딸 이기숙 명인이 생산하고 있습니다. 문배술은 40%, 25% 등 여러 도수가 있으며, 이름처럼 고유의 은은한 과일 풍미와 쌉쌀한 곡물의 풍미가 있습니다.

감홍로

감홍로는 관서 지방의 전통주였으며 대부분의 전통주처럼 일제 강점기, 한국 전쟁, 양곡관리법을 거쳐 2000년 전후에야 다시 정식으로 만들어지고 있습니다. 이경찬 선생의 딸 이기숙 명인이 감홍로 명인으로 지정되어 파주에서 감홍로를 생산합니다. 이기숙 명인의 감홍로는 고두밥, 좁쌀, 누룩으로 술을 빚어 두 번 증류한 뒤 지초, 생강, 방풍, 진피, 감초, 용안육, 계피, 정향 등 약재를 자루에 담아 1년 이상 숙성시키는 방법으로 만들어집니다. 깊고 조화로운 약초 향에 은은한 단맛과 깔끔함이 있으며, 풍미를 더해주는 고급스러운 병도 많은 이들이 좋아하는 요소 중 하나입니다. 전통주라는 개념 안에서는 전통 소주로 볼 수도 있지만, 추가 재료로 인해 주세법상 일반증류주로 구분됩니다.

이강주 梨薑酒
조정형 명인 이강주 25

- 증류주
- 소주
  - 증류식소주
  - 리큐어
  - 이강주
  - 조정형 명인
- 1996년 명인지정
  - 배나무 '이'
    생강 '강'
- 25%
- 전북 전주
- 이강주 생산

죽력고
송명섭 명인 죽력고

- 증류주
- 소주
  - 증류식소주
  - 일반증류주
  - 죽력고
  - 송명섭 명인
- 1996년 명인지정
  - 대나무 '죽'
    거름 '력'
    기름 '고'
- 32%
- 전북 정읍
- 태인양조장 생산

조정형 명인 이강주 25

이강주는 죽력고, 감홍로와 함께 흔히 '조선 3대 명주'로 불립니다. 서울 올림픽 무렵, 한국 전통술을 복원하고자 이강주, 문배술, 안동소주 제조자 3명이 한국을 대표할 술 제조자 향토무형문화재로 지정되었습니다. 이강주는 1996년 식품명인 제9호로 지정된 조정형 명인이 전승자인 딸과 함께 생산하고 있습니다. 조정형 명인은 25세 때부터 주류회사에서 근무했으며, 집안의 가양주였던 이강주를 재현하기 위하여 줄곧 연구해 왔습니다. 이강주에는 배와 생강 외에도 울금, 계피, 꿀이 들어갑니다. 쌀을 증류한 소주에 배, 생강, 계피, 울금을 넣고 숙성시켜 만든 약소주이며 주세법상 리큐어로 분류됩니다. 깔끔하고 은은하게 올라오는 달콤한 풍미로 부담 없이 마실 수 있으며, 도수는 19%, 25% 제품이 있습니다.

송명섭 명인 죽력고 32

죽력은 대나무를 숯불에 얹어 내리는 진액으로 한방에서는 천식, 해열, 중풍 등에 쓰였습니다. 죽력고는 죽력에 찹쌀로 만든 술, 생강, 솔잎, 계심(계피), 창포 등을 넣고 소주를 내리듯이 증류해서 만드는 전통주로 조선 3대 명주 중 하나로 불리던 약소주입니다. 송명섭 명인의 죽력에 들어가는 쌀은 손수 농사를 짓고 댓잎도 직접 기른 대나무에서 가져와 만든다고 합니다. 직접 재료를 만들고 소줏고리에서 증류하는 등 생산하는 과정이 까다롭고 힘들기 때문에 소량 생산되는 술입니다. 달달한 계피 향과 약재 향의 풍미가 특징이며, 깔끔하고 부드럽게 넘어가는 술입니다.

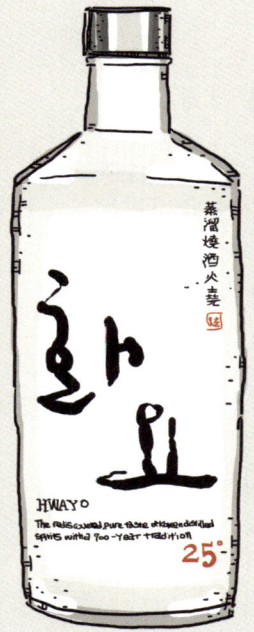

- 증류주
- 소주
- 증류식소주
- 2005년 출시
- 소주의 소자를 분리
  燒=火 酒=堯
  소   화 요   요
- 25%
- 경기도 여주
- 화요생산

화요 25

화요는 증류식 소주로 2005년에 출시되었습니다. 감압식 증류를 사용해 익숙하지 않은 탄내와 누룩취를 낮춰 깔끔한 증류식 소주의 대명사가 되었습니다. 주력 제품인 25%의 경우 희석식 소주의 도수보다 높은 편인데도 불구하고 더 순하고 부드러워 젊은 층에게도 인기가 높으며, 41%, 53%의 높은 도수의 제품도 있어 낮은 도수로 아쉬웠던 사람들에게도 환영받고 있습니다. 증류식 소주의 대중화를 이끈 제품으로, 외국에서는 위스키로 분류되는 오크통 숙성 제품과 다양한 도수의 제품 등을 출시하며 계속해서 다양한 시도를 하고 있습니다. 세법이나 지역특산주 등의 지원도 없이 꾸준하게 자리를 지켜온 증류식 소주입니다.

- 증류주
- 소주
- 증류식소주
- 2022년 출시
- 원, ₩, O, 1
- 22%
- 충북 충주
- 고헌정영농조합

원소주 22

원소주는 가수 박재범이 2022년에 출시한 증류식 소주입니다. 출시하자마자 선풍적인 인기와 함께 품절 대란을 일으켰습니다. 원주의 모월과 충주의 고헌정 영농조합의 양조장에서 생산하는, 일종의 주문생산 방식을 채택했습니다. 주문생산 방식이지만 실제 양조장을 설립할 것이라 하여, 이름만 빌려주는 여타 연예인 마케팅과는 다르다고 차별화했습니다. 숙성 기간이 필요한 관계로 주문을 처리하기 위해 숙성을 하지 않는 스피릿과 상압증류의 클래식도 출시했습니다. 근 1여 년간 엄청난 판매량으로 전통주 업계에 가능성을 선보인 이후, 실제 양조장 건설로 이어져 판매가 지속 가능할 것인가 하는 의문점을 남겨두고 있습니다. 감압식의 깔끔한 증류식 소주로 하이볼에 사용하기에도 좋습니다.

- 증류주
- 소주
- 증류식 소주
- 2020년 설립
- 2016년 출시
- 설립자가 한국에 방문한 해가 토끼해
- 23%
- 충북 충주
- 토끼소주

- 증류주
- 소주
- 증류식소주
- 고구마소주
- 2016년 출시
- 증류소가 있는 여주의 앞자 '려'
- 25%
- 경기도 여주
- 국순당 생산

토끼소주

토끼소주는 미국인 브랜 힐이 만든 전통 증류식 소주입니다. 브랜 힐이 한국에서 증류법을 배운 해가 2011년 토끼해였기 때문에 토끼소주로 이름 붙였습니다. 브랜 힐은 미국으로 돌아가 2016년부터 토끼소주를 판매하기 시작해, 우리나라에선 외국인이 외국에서 만드는 우리 전통 소주로 알려졌죠. 2020년에 국내로 돌아와 충북 충주에 증류소를 설립해 생산하고 있습니다. 찹쌀에 누룩과 효모, 효소제를 이용해서 만드는 소주로 누룩취와 곡물 풍미가 은은하게 풍기는 부드러운 소주입니다. 기본 제품인 23% 외에 토끼블랙 40%, 오크통에서 숙성한 46% 제품이 있습니다.

려 고구마 증류소주 25

려는 국순당에서 2016년에 출시한 소주입니다. 쌀과 고구마를 블렌딩한 소주, 고구마만 사용한 고구마 소주까지 두 종류의 소주가 있습니다. '려'라는 이름은 증류소주가 빚어지기 시작했던 시기인 '고려'의 끝 글자와, 국순당 증류소가 있는 경기도 '여주'의 앞 글자에서 빌려왔다고 합니다. 여주의 고구마와 쌀을 사용하며 고구마는 상압증류하고 쌀은 감압증류한 뒤 옹기에서 숙성하여 만듭니다. 고구마만 증류해서 만드는 고구마 소주는 다소 거친 듯한 고구마 풍미, 곡물 풍미에 은은한 단맛이 올라옵니다. 큰 부담 없이 마실 수 있는 25%와 묵직하게 마실 수 있는 40%의 제품이 있습니다.

- 증류주
- 소주
  - 증류식소주
  - 보리소주
  - 김견식 명인
- 2014년 명인지정
  - 전라 병영성 장군들이 즐기던 술
- 40%
- 전남 강진 병영
- 병영양조장

병영소주

병영소주는 김견식 명인(2014년 지정)이 과거 전라병영성에서 장군들이 즐겼던 술을 복원해서 만든 전통 소주입니다. 김견식 명인은 1957년부터 병영양조장에서 일했고, 1978년에 양조장을 인수한 뒤 계속해서 술을 빚어왔습니다. 2023년에 작고하신 후에는 명인과 함께 술을 빚어온 아들 김영희 대표가 계속해서 술을 만들고 있습니다. 병영소주는 통밀로 만든 누룩에 보리, 고두밥을 사용해서 만든 술을 3주 이상 숙성시켜 발효한 뒤 소줏고리로 증류해 만들던 보리소주입니다. 지금은 여러 증류소에서 사용하는 코테사의 연속식 증류기를 통해 증류하고 있습니다. 산뜻한 과일 향이 드러나고 쌉쌀한 맛에 곡물 향과 보리, 누룩 향이 은은하게 나는 40%의 도수지만 부드러워 큰 부담 없이 마실 수 있는 소주입니다.

- 증류주
- 소주
  - 증류식소주
  - 밀소주
- 2019년 출시
  - 밀의 옛말
- 40%
- 경북 안동
- 맹개도가 생산

진맥소주 40

진맥은 밀을 뜻하는 우리말입니다. 진맥소주는 '해가 잘 드는 외딴 강마을'이란 의미를 가진 맹개마을의 밀밭에서 키운 유기농 통밀로 만듭니다. 옛 기록인 《수운잡방》(1552)과 《음식디미방》(1670)에서 밀로 만드는 소주인 진맥소주의 유래를 보고 밀로 소주를 만들었다고 적혀 있습니다. 10월에 파종해 다음 해 6월에 수확한 통밀을 찐 다음 밀, 누룩을 섞어 발효한 뒤 두 번 증류하여 6개월에서 1년 이상 숙성해서 완성합니다. 밀로 만드는 국내 유일의 소주로 과실 향과 꽃 향에 밀의 부드러운 풍미, 약간의 향료와 누룩 향까지 어우러져 구수한 풍미를 느낄 수 있습니다. 40% 제품 외에도 22%, 53% 제품이 있으며 '시인의바위(Poet's Rock)'라는 이름으로 오크통에서 숙성해 소량 판매하는 제품도 있습니다.

- 증류주
- 소주
  - 증류식소주
- 2015년 출시
  - 세종의 이름
- 42%
- 충북 청주
- 좋은술세종 생산

- 증류주
- 소주
  - 증류식소주
- 2018년 출시
  - 일품진로
- 25%
- 경기 이천
- 하이트진로 생산

이도 42

이도는 세종대왕의 이름이며, 좋은술세종에서 생산하는 소주 이름이기도 합니다. 좋은술세종은 주로 막걸리를 생산하는 양조장이며, 몇 년의 연구 끝에 2015년 소주 이도를 출시했습니다. 100% 유기농 쌀을 발효해서 만들고 우리 술 누룩 중 소주에서 가장 좋은 효과를 냈던 토종효모 N9를 사용해서 만드는 술입니다. 감압증류를 하고 1년 이상 숙성하기 때문에 호불호 갈리는 누룩취나 탄내가 크게 나지 않습니다. 그러나 목 넘김에서 묵직하게 들어오며 구수함이 남습니다. 42%의 도수가 부담스럽지 않게 부드럽게 넘어가는 소주입니다. 이도는 32%, 22%의 제품도 생산하고 있습니다.

일품진로

얼마 전까지 희석식 소주를 생산하는 대기업에는 증류식 소주 제품이 없었습니다. 그러다 2007년, 과거 참나무통 맑은 소주에 사용하기 위해 숙성했던 증류 원액을 '일품진로'라는 이름으로 출시하면서 증류식 소주를 판매하기 시작했습니다. 처음에는 10년 숙성 제품으로 판매를 하다가 원주가 부족해지면서 지금은 6개월 숙성 제품이 '일품진로'라는 이름으로 판매되고 있습니다. 증류식 소주의 인기가 올라가자 이 시장도 놓치지 않으려는 듯 느긋하고 소심하게(?) 판매하고 있는 제품입니다. 참이슬로 유명한 진로에서 생산하고 있으며 깔끔하며 부드러운 증류식 소주입니다. 여러 한정판을 출시하고는 있지만 이제는 더 깊고 다양한 증류식 소주를 출시할 때가 되지 않았나 생각합니다.

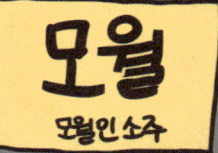

- 증류주
- 소주
- 증류식소주
- 쌀, 누룩
- 2014년 설립
- 2017년 출시
- 모월母月 어머니의 달
- 모월 인(人)
- 41%
- 강원도 원주
- 모월양조장 생산

모월 인 소주

모월은 2014년 강원도 원주에 설립된 양조장입니다. '모월'은 텃세가 없는 원주의 별칭이며, 모월 양조장은 원소주를 생산한 곳이기도 합니다. 모월 인은 2017년 출시된 소주로, 쌀, 물, 누룩을 사용해서 발효하고 증류한 소주입니다. 삼광쌀을 사용하고 동증류기에서 상압방식으로 증류만 사용해 익숙하지 않을 수 있는 누룩 향을 잔잔하게 풍기도록 했습니다. 그래서 은은한 곡물 향과 누룩 향 뒤에 달달한 곡물 맛과 함께 매운맛도 느낄 수 있으며, 뒷맛이 부드러워 누구나 무난하게 즐기기 좋습니다. 또한 2020년 우리술품평회 대통령상을 수상하기도 했습니다.

- 증류주
- 소주
- 일본소주
- 고구마소주
- 1916년 설립
- 1998년 출시
- 흑국사용 키리시마 (지명)
- 25%
- 미야자키현
- 키리시마주조 생산

쿠로키리시마 소주
黑霧島

쿠로키리시마 소주는 일본 소주 중 가장 높은 비율을 차지하는 곡물인 고구마로 만든 소주로, 우리나라에서도 유명한 일본 소주(쇼추)중 하나입니다. 미야자키현의 키리시마 주조에서 생산하며, '쿠로'는 '검다'라는 뜻으로, 흑국을 사용해서 만들기 때문에 '쿠로키리시마'라 불립니다(백국을 사용하는 '시로키리시마'도 있습니다). 곡물 향 뒤로 묵직하고 쌉쌀한 맛이 특징이며, 향이 비교적 강하게 느껴져 찬물을 섞어 마시거나 얼음을 띄어 마시기에 좋은 소주입니다. 비록 일본 현지의 저렴한 가격보다는 비싸지만 국내 마트나 편의점에서도 쉽게 만날 수 있는 접근성 좋은 일본 소주입니다.

백주란?

뭐든 이 나라가 한다면 세계 최대인 경우가 많습니다. 인구가 워낙 많다 보니 이 나라 사람들이 즐기는 술 또한 판매량이 어마어마하죠. 바로 중국입니다. 그런 중국을 상징하는 술이 있으니 이 장에서 소개할 백주 白酒, 바이주 입니다.

백주는 말 그대로 흰색, 즉 '색이 없는 술'을 말하며 이 술은 중국의 증류주입니다. 우리나라에서는 '고량주, 빼갈' 등으로 알려져 있는데 수수로 만드는 고량주도 백주의 종류 중 하나이며, 빼갈은 허베이성의 '백간'이라는 백주에서 유래되었습니다. 중국에서는 간혹 '소주, 백간, 고량주' 등으로도 불립니다.

백주의 역사

중국에서 술은 증류주인 백주, 발효주 양조주 인 황주 黃酒, 과일이나 꽃 같은 부재료들을 넣은 혼성주인 노주 露酒 로 나뉩니다. 노주 대신 홍주 포도주 를 넣어 분류하기도 합니다. 황주는 만드는 데 오랜 시간이 걸려 '늙을 로' 자를 사용해 노주 老酒 라 불리기도 하는데 혼성주인 노주와는 물론 다릅니다.

중국 술 가운데 발효주인 황주의 경우 가장 오래된 고서에 등장할 정도로 아주 오랜 역사를 가졌지만, 백주는 증류 기술이 지금의 중동 지역에서 전해진 12~13세기 전후에 시작된 것으로 추정합니다. 그 이전에도 서양 중동 의 증류 기술과는 다른 증류법들이 적힌 문헌이 있다고는 하지만 지금 사용하는 기술은 서쪽에서 전해진 방법입니다.

오래된 과거 문헌에 등장했다는, 예를 들어 조조가 한나라 헌제에게 바친 것과 같은 술들은 지금의 백주와는 다른 술이었을 것입니다. 아마도 발효주였겠죠. 같은 이름을 가진 다른 술이라고 볼 수 있습니다.

현재 백주는 중국을 대표하는 술로서 근래에 급격히 성장한 중국 경제처럼 같은 기간 큰 성장을 했고 계속해서 성장하고 있습니다. 중국이 워낙에 땅이 넓은 나라이다 보니 백주는 지역별로 다른 특색을 지녔습니다. 전체를 아우르기가 쉽지 않지요. 다만, 중국이 공산화되는 과정에서 국가 주도로 통합·운영되던 1950년대를 전후로, 정부의 지도하에 증류주 생산 기술이 보급되고 발달하면서 현재의 백주 모습을 갖추게 되었습니다. 이로 인해 어느 정도 비슷한 특성을 가진 술들이 존재한다고 볼 수 있습니다. 물론 전통적인 방식으로 생산되는 몇몇 유명 백주를 제외해야 하지만요.

중국의 백주 생산 양조장 증류소 은 3만 개 이상이라고 하는데 등록되지 않은 양조장은 더 많을 것으로 예상되며, 규모가 꽤 큰 업체도 1,500여 개가 넘는다고 합니다.

백주의 제조 과정

수확 및 곡물 준비

수수 고량, 쌀, 옥수수 등 발효·증류할 곡물을 준비합니다.

찌기

곡물을 쪄서 당화하기 쉬운 상태로 만듭니다.

발효

곡물을 발효하는 여러 방법이 있지만 중국 백주만의 발효법은 고태발효입니다. 이는 대곡 등을 첨가해 구덩이에 넣어 발효하는 전통 방식이자 백주 특유의 발효법입니다.

증류

증류기로 발효된 곡물을 증류합니다. 발효되어 곡물을 제거한 액체 상태가 아닌, 고체 상태로 곡물을 통째로 증류하는 것 또한 백주 특유의 방식입니다.

숙성

저장 통에 넣어서 증류합니다. 보통 항아리에서 숙성합니다.

백주의 분류

발효법에 따른 분류

발효법에 따라 백주를 분류하기도 합니다. 앞서 설명한 전통적인 고태발효법 외에도 다른 증류주들과 같은 방식으로 발효하는 액태발효법이 있습니다. 또한 고태발효법과 액태발효법이 섞인 고액발효법도 있죠.

■ 고태발효법

전통적인 고태발효법 고태법 에서 백주의 특이점을 볼 수 있습니다. 대부분의 증류주 증류 방법과는 조금 다른 독자적인 방법으로 발전되었다는 점입니다.

고태법은 기존 증류 방법과 다르게 물을 소량 사용해서 고체 상태로 발효, 당화, 증류하는 백주만의 독특한 방법입니다. 생산 과정에서 시간이 오래 걸리고 생산성이 낮다는 단점이 있습니다. 한마디로 돈과 시간이 많이 든다는 점이죠. 유명한 명주로 구분되는 다소 비싼 백주들을 이 방법으로 만들고 있습니다.

■ 액태발효법

　액태발효법액태법은 보통의 증류주 생성 과정과 같은 발효 방법입니다. 곡물에 물을 넣어 발효하고 높은 도수로 증류한 다음, 다시 물을 넣어 희석하고 향료 등을 넣어 생산하는 방법입니다.

■ 고액발효법

　고액발효법고액결합법, 고액법은 액태법으로 생산된 주정에 고태법으로 생산된 백주를 섞어 생산하는 방법입니다.

당화발효제에 따른 분류

　백주의 당화 효소, 효모는 우리나라 누룩과 같은 방식인 대국 大麯 혹은 대곡 大曲 을 사용합니다. 대곡의 곡 曲 은 누룩을 말합니다. 찐 곡물에 첨가해서 당화를 돕고 동시에 발효 또한 도와줍니다. 당화와 발효가 동시에 가능하도록 상대적으로 낮은 온도로 진행됩니다. 대국은 보통 보리와 콩을 사용해서 만듭니다.

■ 대국(대곡)

　전통적인 방식의 중국 누룩 당화발효제 은 우리나라의 누룩과 비슷한 모양입니다. 대국과 대곡 모두 같은 뜻으로 우리나라는 국 麯 자를, 중국에서는 곡 曲 자를 쓰고 있습니다.

　대곡은 누룩을 만드는 온도에 따라 고온곡, 중온곡, 저온곡으로 나뉘며, 고온곡은 장향형 백주에, 중온곡은 청향형 백주에 주로 사용됩니다.

　대부분의 대국은 고온곡입니다. 모태주, 우량예, 서봉주, 검남춘, 낭주, 전흥대곡주, 양하대곡주 등 명주로 잘 알려진 백주들이 대국으로 만들어집니다. 흔히 '명주'로 불리는 유명한 백주들은 대부분 고태발효법으로 만들어지는데, 이 방법은 발효, 당화, 저장 기간이 상대적으로 길고 곡식 전분 에서 추출되는 양은 상대적으로 적습니다.

　가장 전통적인 방식이며, 백주를 대표하는 방식이긴 하지만 지금 생산되고 있는 중국의 백주 전체에서 차지하는 비중은 얼마 되지 않습니다.

■ **소국(소곡)**

　소국 小麴 혹은 소곡 小曲 은 쌀, 밀기울 밀을 찧고 거른 껍질 등에 곰팡이를 붙여 만드는 당화발효제입니다. 작고 동그란 모양의 누룩이죠. 소국을 사용한 백주의 당화는 고태법을, 발효와 증류는 액태법을 거칩니다. 대곡주에 비해 발효 기간은 짧고 곡식에서 추출되는 양은 많습니다. 명주 중에서는 동주, 삼화주, 옥빙소주가 이 방식으로 만들어지며, 백주에서 차지하는 양은 1/6 정도입니다.

■ **부국(부곡)**

　부국 麩麴 혹은 부곡 麩曲 은 밀기울에 일정 균을 접종한 뒤 다시 효모균을 접종시켜 만드는 방식을 말합니다. 중국의 독립 이후에 연태 옌타이 지방에서 개발되어 사용하던 방법이며, 소국보다 더 짧은 기간에 많은 양을 추출하죠. 현재 생산되는 대부분의 백주들이 이 방법으로 만들어집니다.

　그 외 대국, 소국을 혼용해 사용하는 혼곡법과 당화 효소를 사용해 만드는 기타 당화제법 등이 있습니다.

연태양주 조작법

　1955년 연태양주에서는 밀기울 부곡 을 이용해 짧은 시간에 대량 생산이 가능하며, 기존의 방법에 비해 50~70% 생산량을 증가시킬 수 있는 방법을 담은 책을 출판했습니다. 이 책은 이후 백주 산업에 획기적인 혁신을 가져왔다고 합니다.

향에 따른 분류

백주는 향에 따라 분류됩니다. 많은 술이 향과 맛으로 구분되지만, 백주는 좀 더 구체적으로 '향형'에 따라 구분되기도 하죠. 물론 모두 명확하게 구분되지는 않지만 일반적으로 4개 향으로 분류됩니다.

■ 장향형(醬香型)

고유의 향이 있는 백주로 이름처럼 깊은 장맛 같은 향이 느껴지는 향형의 백주입니다. 모태주, 낭주, 무릉주 등이 이에 속합니다.

■ 농향형(濃香型)

일반적으로 우리에게 친근한 향으로 수수를 주원료로 하는 백주가 농향형에 속합니다. 우량예, 노주노교, 검남춘 등 많은 백주들이 농향형이며, 우리나라의 중국음식점에서 가장 많이 볼 수 있는 연태고양도 농향형 백주입니다.

■ 청향형(淸香型)

맑고 깨끗한 향을 가진 백주로 주정 향이 조금 강할 수 있는 백주입니다. 대표적인 청향형 백주로는 지금은 조금 밀린 듯하지만 중국음식점에서 쉽게 볼 수 있는 이과두주와 분주가 있으며, 요즘 쉽게 접할 수 있는 강소백이 있습니다.

■ 미향형(米香型)

미향형은 쌀을 원료로 만든 백주로, 은은한 쌀향을 가진 향형입니다. 밀향형 蜜香型 이라고도 부르며, 계림삼화주가 대표적인 미향형 백주입니다.

■ 그 밖의 다른 향

위의 공식 4대 기본 향형 외에도 다음과 같은 8가지 향형이 있습니다.

겸향형 兼香型 두 가지 이상의 향형 혼합향, 봉향형 鳳香型 농청향의 복합향, 특향형 特香型 쌀을 원료로 한 복합향, 약향형 藥香型 약재향, 노백간향형 老白干香型 깔끔한 곡물향, 지마향형 芝麻香型 깨의 고소한 향, 시향형 香型 콩 발효향, 복욱향형 馥郁香型 농청장형의 복합적인 향이 있습니다.

착향제 및 증향제

위탁 생산 등을 포함해 고량주를 만드는 제조장은 등록된 곳만 3만여 개이지만 미등록 제조장을 포함하면 더 많을 것으로 추정합니다. 소규모 제조장에서는 대규모 증류소의 증류 원액을 사 와서 착향제, 증향제를 넣어 향을 만든 다음 블렌딩해서 판매하고 있습니다. 많은 백주들에 착향제, 증향제가 들어갑니다.

중국의 국가표준, GB

중국은 한국의 산업 안전 규격처럼 국가표준 GB, 중화인민공화국 국가표준 이라는 규정이 있습니다.

'GB 강제성 국가표준'은 제품에 따라 기술 요구 사항을 강제적으로 통제하는 국가표준입니다. 'GB/T 추천성 국가표준'은 권고 사항으로 특정 제품의 경우 요구 사항을 충족하면 표기할 수 있습니다. 백주도 이에 따라 규격이 적용되어 생산되기 때문에 사이트 www.samr.gov.cn 에서 조회하면 어떤 향을 가진 어떤 제품인지 쉽게 알 수 있습니다.

'GB/T10781'은 고태법 백주, 'GB/T20821'은 액태법 백주, 'GB/T20822'는 고액법 백주, 'GB/T26762'는 소곡 고태법 백주입니다.

백주 향형에 대한 것도 표기됩니다. 'GB/T10781.1'은 농향형, 'GB/T10781.2'는 청향형, 'GB/T10781.3'은 미향형, 'GB/T26760'은 장향형, 'GB/T23547'은 농장겸향형입니다. 그 밖에 많은 정보를 통해 쉽게 백주의 특성을 알 수 있습니다.

술 품평회와 명주

중국은 1952년에 열린 제1회 술 품평회 평주회를 시작으로 1989년까지 5회의 술 품평회를 개최했습니다. 술 품평회에서는 백주뿐만 아니라 맥주, 황주, 포도주 등 여러 술을 품평합니다. 제1회에서는 백주 4종, 황주 1종, 포도주 3종이 선정되었으며, 제2회에서는 백주 8종, 맥주 1종, 포도주 6종, 황주 1종이 선정되었습니다. 금장과 은장을 수여하는데 금장을 받은 술들만 '중국 명주'라고 표기할 수 있습니다. 5회 이후에는 과도한 경쟁과 형평성을 문제로 더 이상 개최하고 있지는 않습니다. 총 17종의 백주가 한 차례 이상 금장을 수상했고 품평회에 참여하여 수상한 횟수로 흔히 '몇 대 명주'라 불리고 있습니다.

■ 중국 명주 17종

- 3대 명주(5회 금장) 모태주, 분주, 노주노교
- 4대 명주(제1회 평주회 금장) 모태주, 분주, 노주노교, 서봉주
- 7대 명주(4회 이상 금장) 모태주, 분주, 노주노교, 서봉주, 오량액, 고정공주, 동주
- 8대 명주(제2회 평주회 금장) 7대 명주+전흥대곡(제2·4·5회금장)
- 10대 명주(3회 이상 금장, 제3회 평주회까지 금장) 8대 명주+양하대곡, 검남춘(제3·4·5회 금장)
- 13대 명주(2회 금장) 10대 명주+랑주, 쌍구대곡(쌍구진보장), 황학루주(제4·5회 금장)
- 17대 명주(1회 이상 금장) 13대 명주+무릉주, 보풍주, 송하량액, 타패주(제5회 금장)

■ 제1회(1952년) 명주

노주노교, 모태주 마오타이, 서봉주, 분주

1차 술품평회(1952)

노주노교 모태주 서봉주 분주

■ 제2회(1963년) 명주

노주노교, 모태주, 서봉주, 분주, 고정공주, 오량액, 전흥대곡, 동주

2차 술품평회(1963)

고정공주 오량액 전흥대곡 동주

■ 제3회(1979년) 명주

노주노교, 모태주, 분주, 고정공주, 오량액, 전흥대곡, 동주, 검난춘, 양하대곡

3차 술품평회(1979)

검남춘 양하대곡

CHAPTER 08 백주 • 469

■ **제4회(1984년) 명주**

　노주노교, 모태주, 분주, 고정공주, 오량액, 전흥대곡, 동주, 검난춘, 양하대곡, 서봉주, 쌍구대곡, 황학루주, 랑주

4차 술품평회(1984)

서봉주　랑주　쌍구대곡　황학루주　전흥대곡

■ **제5회(1989년) 명주**

　노주노교, 모태주, 분주, 고정공주, 오량액, 전흥대곡, 동주, 검난춘, 양하대곡, 서봉주, 쌍구대곡, 황학루주, 랑주, 무릉주, 보풍주, 타패곡주, 소하량액

5차 술품평회(1989)

무릉주　보풍주　타패곡주　송하량액

백주 즐기기

다양한 향형 즐기기

백주에는 다양한 향이 있으며, 성분으로 향을 구분해 표기합니다. 가장 대표적인 향이 장향, 청향, 농향입니다. 이 향형의 백주들은 비교적 구하기 쉬운 유명한 제품들입니다. 어떤 향형의 백주인지 알고, 향을 느끼며 마시고, 다른 향형과 비교하는 것도 백주를 즐기는 좋은 방법입니다.

분주기와 전용 잔 이용

중국에서는 백주를 잔에 따를 때 분주기를 이용합니다. 백주의 경우 잔의 크기가 보통 20ml 정도이니, 우리나라의 소주잔보다 작은 편입니다. 분주기를 이용하면 작은 잔에도 술을 쉽게 따를 수 있습니다. 또한 분주기는 불순물을 제거하고, 공기와 접촉해 향을 깨우는 효과도 있습니다.

모태주 茅台酒 마오타이주

- 증류주
- 백주
- 장향형
- 귀주성 모태진 에서 생산
- 53%
- 중국귀주
- 마오타이그룹

모태주
贵州茅台酒

모태주(마오타이주)는 백주 중의 백주, 백주를 대표하는 백주입니다. 발효된 구릿한 풍미를 지닌 장향형 백주로, 장향을 모향(母鄕)이라고 부를 만큼 장향의 대표 격인 제품이죠. 1915년 샌프란시스코에서 열린 파나마 만국박람회 당시, 깨진 병에서 풍기는 놀라운 풍미로 금상을 수상했다는 유명한 이야기가 있습니다. 1949년 중국 건국 축제에서 국가연회주로 지정되며 국가 행사 때마다 사용되기 시작했습니다. 생산이 수요를 따라가지 못해, 실제 제품 가격보다 몇 배는 비싼 가품이 있을 정도입니다. 면세점에서도 진품을 보증할 수 없다는 이야기도 있죠. 직접 발로 밟은 누룩을 사용하는 전통 방식으로 만들고 정해진 날짜에 술을 생산합니다. 누룩을 많이 사용하며, 긴 발효 과정을 거쳐 여러 번 술을 거르고 숙성하는 특징이 있습니다.

오량액 五粮液 우량예

- 증류주
- 백주
- 농향형
- 다섯 곡식으로 만든액체 수수, 찹쌀, 쌀 옥수수, 밀
- 53%
- 중국사천
- 오량액그룹

오량액
五粮液

중국 3대 명주 중 하나로 꼽히는 오량액(우량예)은 다섯 가지 곡식으로 만든 술입니다. 그 역사는 600여 년 정도로, 명나라까지 거슬러 올라가죠. '오량액'이라는 이름은 송나라 시절 요씨 집안에서 수수, 찹쌀, 쌀, 옥수수, 밀까지 다섯 곡식으로 빚어 '요자설곡'이라 부르던 술에서 비롯되었습니다. 다른 중국의 술들과 마찬가지로 지금의 모습을 갖추게 된 것은 중국 공산정부 수립 이후인 1950년대 초에 여러 옛 양조장을 통합시켜 만든 증류소가 현재의 오량액 그룹이 되면서부터입니다. 오량액은 파인애플, 과실 향을 가진 익숙하고 부드러운 농향형 백주이며, 모태주 다음으로 인기 있는 백주이기도 합니다.

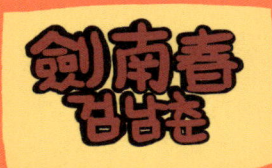

- 증류주
- 백주
- 농향형
- 검산 남쪽에 위치 (검남도)
- 52%
- 중국사천
- 검남춘주창

검남춘
剑南春

중국의 사천 면죽에서 생산되는 백주 검남춘. 생산되는 곳이 검산(검문관) 남쪽에 있어 그렇게 불리기 시작했다고 합니다. '춘'은 술의 별칭이지요. 중국 평주회에서 세 차례 금장을 받았으며, 10대 명주에 속하는 백주입니다. '모오검'이라 하여 모태주, 오량액과 더불어 (평주회의 명주와는 별도로) 3대 명주에 속합니다. 사천 대지진 때 피해를 입었는데 이때 원주를 많이 손실했습니다. 그래서 지진 이전의 검남춘이 귀한 대접을 받는다고 합니다. 검남춘은 농향형으로 기본적인 농향의 풍미에 단맛이 드러나고 부드러워 대체로 균형 잡힌 백주입니다.

- 증류주
- 백주
- 농향형
- 노주의 '오래된 교(술 구덩이)'
- 52%
- 중국사천
- 노주노교공사

노주노교 특곡
泸州老窖 特曲

중국 사천 노주에서 생산되는 백주, 노주노교는 중국의 백주를 대표하는 유명한 술입니다. 노주노교는 중국에서 가장 오래된 교(窖, 발효구덩이, 술발효지)를 가지고 있어 '국교'라 불립니다. 농향형 백주의 시조로도 불리며 모태주, 분주, 서봉주와 함께 중국에서 가장 오래된 4대 명주로 꼽히기도 합니다. 노주노교는 농향형 백주로 수수와 밀을 사용해서 만들어지며, 숙성시간 등에 따라 특곡(보통 3년 숙성), 두곡(1~2년 숙성), 이곡(1년 이하 숙성) 등급을 나눕니다. 특곡은 가장 상급의 제품이라 할 수 있습니다. 파인애플, 과실 향에 은은한 곡물 향이 어우러져 부드럽고 깔끔하게 넘어갑니다.

- 증류주
- 백주
- 농향형
- "연태"지역에서 "옛"기법으로 만든 술
- 52%
- 중국 산동 연태
- 산동연태양주

- 증류주
- 백주
- 농향형
- "양하"진에서 "대곡"으로 만드는 술
- 38%
- 중국 강소
- 수주그룹

연태고양
烟台古酿

연태고양은 중국 산동성 연태시의 백주로, 이름에서 '고양(古酿)'은 '옛 방법으로 지은 술'을 의미합니다. 한국에도 잘 알려진 백주이며, 예전에는 중국요릿집에서 증류주 하면 이과두주나 고량주를 떠올렸지만, 요즘은 으레 이 연태고양을 생각하는 듯합니다. 연태고양을 만드는 산동연태양주유한공사는 1930년에 설립되었고, 다른 백주들과 같이 공사화를 통해 집단화되었습니다. 밀기울을 사용하는 '부국'이라는 누룩에 균을 접종해 사용하여 생산성을 늘리는 연태고양의 제조법이 빠르고 저렴하게 백주를 생산할 수 있어, 중저가 백주의 기본 제조법(연태양주조작법)이 되었습니다. 34%의 비교적 낮은 도수와 농향형의 과일, 꽃 향을 느낄 수 있어 백주를 처음 만날 때 좋은 제품입니다.

양하대곡
洋河大曲

중국 강소성 양하진에서 생산되는 양하대곡. 양하에서 수수, 밀, 보리, 완두를 사용해 대곡(누룩)으로 만드는 백주입니다. 1979년 제3회 술 품평회에서 금장을 받으며 중국 명주 중 하나가 되었고, 이후 제5회에서도 금장을 받았습니다. 농향형 백주로 농향형 특유의 과실 향과 약간 쿰쿰한 곡물 향이 특징입니다. 명주 중에서는 가격이 저렴한 편이지만 대신 프리미엄 등급으로 '양하남색경전'이란 큰 이름 안에 해지남, 천지남, 몽남 등급을 만들어 판매하고 있습니다. 국내에서는 주로 38% 제품이 수입되어 판매되고 있습니다.

- 증류주
- 백주
- 장향형
- 이랑진에서 생산 랑천의 물을 사용
- 53%
- 중국 사천
- 사천랑주그룹

홍화랑
红花郎

랑주는 중국 사천 노주시 고린현 이랑진에서 생산하는 장향형 백주입니다. 제4회, 제5회의 술 품평회에서 금장을 수상한 13대 명주 중 하나입니다. 유명한 장향형 백주로는 모태주가 있습니다. 지역은 다르지만 인접한 귀주성의 기술자로부터 증류 기술을 전수받아 증류했기 때문에 장향형의 백주를 생산하게 되었습니다. 랑주는 이랑진의 '랑천'이라는 샘의 물로 만든 술인데, '이이랑'이라는 사내의 술에 얽힌 설화(사랑을 얻기 위해 샘을 파서 술을 빚은 이야기)가 전해오고 있으며 사내의 이름이 '랑천, 이랑'의 기원이 되었다고 합니다. 유명한 랑주는 붉은색 병의 홍화랑, 청색 병의 청화랑과 노랑주 1956이 있습니다. 대표 형인 장향형의 백주 외에 농향형과 겸향형의 여러 랑주도 생산되고 있습니다.

- 증류주
- 백주
- 농향형
- 옛 우물로 빚어 바치는 술
- 50%
- 중국 안휘성
- 안휘고정공주 생산

고정공주 연분원장
古井贡酒 年份原浆

중국 안휘성 박주시의 백주 고정공주. 박주는 조조와 화타의 고향인데 이곳에는 '천년고정'이라는 오래된 우물이 있다고 합니다. 천 년이 넘도록 오랜 세월 동안 이 물로 술을 빚어 황실에 헌납했기 때문에 '고정공주'라는 이름을 자연스럽게 가지게 되었습니다. 고정공주는 조조가 황제에게 진상한 술입니다. 물론 증류주인 지금의 고정공주와 조조의 술은 다른 술이었겠지요. 수수, 보리, 밀, 찹쌀, 옥수수의 다섯 곡식과 대곡으로 만드는 농향형 백주입니다. 과실 향의 풍미에 구수한 뒷맛이 남고 부드럽게 넘어갑니다. 고정공주 중에는 연분원장이 가장 유명합니다. 대표적으로 숙성 연수 5년, 8년, 16년, 25년 제품이 있습니다.

- 증류주
- 백주
- 봉향형
- 서부 봉상의 술
- 45%
- 중국 산시성
- 서봉그룹 생산

- 증류주
- 백주
- 청향형
- 백향형
- 산서성 분양시 행화촌에서 생산
- 52%
- 중국 산서성
- 펀주그룹 생산

서봉주
西鳳酒

중국 산시성 봉상현의 술 서봉주. 중국에서 가장 오래된 4대 명주 가운데 하나입니다. 1956년에 저우언라이 총리가 양조장 여러 곳을 통합해 서봉주 주창을 만들었습니다. 서봉주는 수수와 보리, 밀, 완두로 만든 대곡(누룩)을 사용하며 청향과 농향이 섞인 봉향형으로 구분되는 백주입니다. 한 번 사용한 발효구덩이를 재사용하지 않는 것이 특징입니다. 또한 주해라는 나무 용기에서 숙성되는데, 종이로 주해의 틈을 막고 피, 밀랍, 기름 등을 발라 오랜 세월 숙성시키면 여러 미생물이 자연스럽게 어우러져 풍미를 낸다고 합니다. 녹색 병에 담긴 기본 제품인 서봉주는 개성 있는 풍미에 부드럽고 깔끔하게 넘어가는 점이 특징이며 은은한 단맛이 남습니다. 프리미엄 등급으로 봉향경전 10년, 20년, 30년 숙성 제품이 있습니다.

청화 분주
青花 汾酒

중국 산서성 분양시 행화촌에서 생산되는 분주(펀주)는 '행화촌주'로도 불리는 유명한 백주입니다. 행화촌은 이전부터 술을 만들었던 역사가 오래된 곳입니다. 1949년에 중국 정부가 분주 회사(현재 산서행화촌분주그룹)를 설립하였습니다. 몇백 년 전 산서성의 장사꾼이 귀주성에서 분주 양조법으로 술을 만들었는데, 이 술이 중국의 최고 명주 모태주로 이어졌다는 이야기가 있어 모태주의 고향은 산시성이라는 말도 있다고 하네요. '백향형'이라 불릴 정도로 대표적 청향형 백주인 분주는 부드럽고 맑고 깔끔하기로 유명하며, 대표 제품으로 10년, 15년 숙성된 노백 분주와 20년, 30년, 40년 숙성된 청화 분주가 있습니다.

- 증류주
- 백주
- 동향형
- 동공사 지역에서 생산
- 동공사 교주
- 54%
- 중국 귀주성
- 귀주동주 생산

국밀동주
國密董酒

중국 귀주성 준의시 동공사 지역에서 생산되기 때문에 줄여서 '동주'라 불리며, '국밀'은 제조에 관련된 내용이 국가 기밀로 지정되었기 때문에 붙였습니다. 동주는 수수를 주원료로 쌀에 95가지 약초를 첨가해 만든 소곡과 40가지의 약재를 첨가해 만든 대곡을 사용해 만듭니다. 소곡은 작은 발효구덩이 소교에서, 대곡은 큰 발효구덩이 대교에서 발효합니다. 약재를 사용해 몸에 좋은 술이라는 점을 내세우고 있습니다. 역시 약재를 사용하기에 약향형이나 동향형으로 구분됩니다. 조금 특이한 한약재 같은 풍미를 가진 백주로 호불호가 있습니다. 8대 명주 중 하나였으나, 과거 농향형의 인기에 향형을 바꾸었다가 결과가 좋지 않았고 한동안 생산을 중단했던 여파로 아직 확실하게 자리 잡지 못한 백주입니다.

- 증류주
- 백주
- 농향형
- 2000년 출시
- 사천의 수정가에서 옛 양조장을 발굴
- 52%
- 중국 사천성
- 사천수정방 생산
- 디아지오 소유

수정방
水井坊

중국 사천 수정가에서 '전흥대곡'이라는 술을 생산하던 전흥집단이 우연히 명·청 시대의 양조장을 발굴합니다. 그곳에 보존되어 있던 시설과 효모균 등을 이용해, 발견한 지역의 이름을 붙여 2000년부터 (재)생산하기 시작한 백주가 수정방입니다. 정부 규제로 인해 전흥대곡을 인수할 수 없었던 디아지오 분리 매각되어 프리미엄 전략으로 인기를 누리고 있습니다. 국가 명주에 속하지는 않지만, 전흥대곡의 주요 교지(발효지)와 주창(증류소)을 사용하고 있어 전통을 계승한다고 볼 수 있습니다. 이 점이 마케팅의 주요 포인트이기도 합니다. 익숙한 농향형 백주로 깔끔한 맛이 특징이며, 대표 제품으로는 정태(정대, Wellbay), 그 위 등급으로 전장이 있습니다.

孔府家酒 공부가주

- 증류주
- 백주
  - 농향형
- 1986년 출시
- 공자 직계자손 집안의 술 공자제사술
- 39%
- 중국, 산동성
- 곡부공부가주 생산

공부가주
孔府家酒

우리나라에서 고량주, 이과두주, 연태고양주 등과 더불어 쉽게 볼 수 있는 백주입니다. 공자의 고향인 중국 산동성 곡부에서 생산되며, 공자 집안에서 사용되었던 술이라 하네요. 1958년에 곡부 지역의 양조장을 통합해 곡부주창이 설립되었고 1986년에 '공부가주'라는 이름으로 발매한 백주입니다. 공자가 공산주의 시절 중국에서 받았던 대접과 '공부가주'라는 이름을 쓴 건 한참 뒤인 1986년 무렵임을 보면, 공자 집안의 술이라는 이야기는 덧칠된 이야기인 듯합니다. 우리에게 친숙한 제품은 부국을 사용해 액태발효법으로 만드는 39%의 공부가주이며, 대국을 사용해 고태발효법으로 생산 및 숙성한 좀 더 높은 등급의 제품인 자약도 국내에서 판매되고 있습니다.

諸葛亮家酒 제갈량가주

- 증류주
- 백주
  - 농향형
- 제갈량가 상표등록 1999년
  - 제갈량 집안의 술
- 38%
- 중국, 산동성
- 산동제갈량 생산

제갈량가주
诸葛亮家酒

제갈량, 제갈양이란 이름을 사용하는 백주는 200여 종이 넘는다고 합니다. 이름 때문에 벌어진 두 건의 상표권 분쟁도 유명합니다. '술 빚을 양(酿)'을 사용하는 제갈양(诸葛酿)이라는 이름과, 제갈량(诸葛亮)이라는 이름을 걸고 각각 법적 분쟁이 있었죠. 제갈양 분쟁은 강구순제갈양이, 제갈량 분쟁은 산동제갈량가주업유한공사가 이겼습니다. 이긴 2곳은 이 소송 결과를 내세우며 광고하지만, 소송에 진 곳들만 못 쓰는 것이어서 수많은 다른 곳에서 계속 제갈양과 제갈량의 이름을 사용하고 있습니다. 국내에 정식 수입되는 제품은 산동제갈량가주업유한공사가 생산하는 제갈량가주입니다. 이 농향형 백주는 과일 풍미가 풍부하며 38%의 도수로 가볍게 마시기 좋아 인기가 많습니다.

- 증류주
- 백주
- 금문고량향
- 1952년 출시
- 금문도의 고량주 (찐먼, 金門)
- 58%
- 대만
- 금문주창 생산

- 증류주
- 백주
- 청향형
- 1952년 설립
- 두번 받아낸술
- 56%
- 중국 북경
- 우란산주창 생산

금문고량주
金門高粱酒

우리나라에서도 쉽게 볼 수 있는 금문고량주는 대만에서 생산되며 대만을 대표하는 백주입니다. 즉, 대만 본토로 가기 전에 있는 금문도에서 만들어지고 있습니다. 중국과 분쟁 중이던 1950년에 '예화청'이라는 양주 업자가 금성주창을 설립하고 고량주를 생산하며 군대에 납품하기 시작했고, 금문도를 통치하던 군인 후렌 장군이 1952년 금성주창을 인수(접수)하고 예화청을 기술과장으로 임명한 뒤 구룡강주창을 설립합니다. 구룡강주창은 이후에 금문주창으로 이름이 바뀌었습니다. 금문고량주는 2004년부터 중국에 정식으로 수출하고 있으며 인증도 받았습니다. 금문향형으로 분류되는 백주로 깔끔하고 부드러운 청향의 특징을 가지고 있습니다.

우란산 이과두주
牛欄山 二鍋頭酒

지금이야 농향형 백주인 연태고양주나 공부가주 등을 중화요릿집에서 쉽게 볼 수 있지만, 전에는 녹색에 빨간 라벨의 청향형 백주인 이과두주와 고량주가 중화요릿집의 대표 백주였습니다. '이과두'는 두 번 받아냈다는 뜻으로, 전통 방식이 아닌 찐 원료에 효모를 넣어 발효하고 술을 받는 과정을 두 번 거치는 방식으로 생산합니다. 1949년에 저렴하고 품질도 있는 술을 공급하기 위해 중국 정부의 주도로 여러 양조장을 통합해 만든 홍성이과두주가 가장 먼저 설립되어 생산했습니다. 이후 북경이과두주, 우란산 이과두주가 설립·생산했으며 홍성이과두주 다음으로 유명한 이과두주들입니다. 이과두주는 높은 도수, 깔끔한 향과 맛으로 기름진 중국 음식에 곁들여 한 잔 털어 넣기 좋은 백주입니다.

- 증류주
- 백주
- 청향형
- 1952년 설립
- 고량: 수수
- 북경시 순의구 우란산진
- 50%
- 중국, 북경
- 우란산주창 생산

우란산 고량주
牛欄山 高粱酒

과거 이과두주와 같이 중국요릿집을 점령했던 백주는 같은 색을 띠고 있는 청향형 고량주였습니다. 50%로 정직하게 술의 위치를 알려주는 청향형 백주였죠. 특유의 깔끔한 향과 어울리는 높은 도수를 가지고 있어, 한 잔씩 기름진 음식과 함께하면 참 잘 어울리는 고량주입니다. 그 때문인지 아니면 저렴해서인지 (둘 다겠죠?) 농향형 백주들이 중국요릿집을 가득 채우고 있는 중에도 밀려나지 않고 아직까지 고량주 자리를 지키고 있습니다. 우란산에서는 저렴한 녹색의 청향형 백주 외에 농향형과 여러 향형의 백주를 생산하고 있습니다.

- 증류주
- 백주
- 농향형
- 2017년 설립
- 고량: 수수
- 한국고량주
- 35%
- 한국, 충북
- 한국고량주 생산

서울고량주 레드
SEOUL KAOLIANG

서울고량주는 한국고량주에서 만들고 있습니다. 한국고량주는 2017년에 설립되어 국내에서 여러 고량주를 생산하고 있죠. 2022년에 출시된 서울고량주는 가장 기본적인 제품으로 국내산 수수, 누룩을 사용하고 발효주정과 고량주향을 첨가해 만드는 일반증류주입니다. 첨가물이 들어가 있기도 하지만 고량주 자체가 우리나라 술 분류에 들어 있지 않아서 일반증류주로 구분됩니다. 익숙한 농향을 풍기며, 구수하게 넘어가는 전형적인 농향형 백주 맛이 나는 고량주입니다. 이연복 셰프와의 컬래버레이션으로 생산하는 이연 56은 첨가물을 첨가하지 않고 국내산 수수와 누룩, 효모로 만드는 백주입니다. 역시 고량주 분류가 따로 없어 일반증류주로 분류됩니다.

리큐어란?

혼성주인 'Liqueur'의 규범 표기는 '리큐어'이나 우리나라 주세법에는 '리큐르'라고 되어 있습니다. 이 Liqueur는 '녹인다'라는 뜻의 라틴어 Liquefacere에서 유래했으며, 단어가 비슷해 착각하기 쉬운 Liquor술 와는 다른 말입니다.

리큐어는 발효주나 주로 증류주에 과실, 씨앗, 뿌리, 약초 등의 재료를 혼합하여 만드는 당분을 포함한 술을 말합니다. 단어적으로 혼성주는 범위가 더 넓은 의미라 할 수 있으나 같은 뜻으로 사용합니다. 그렇게 보면 우리나라의 담금주를 사용해

서 약초, 과일, 뿌리 등의 재료를 담가 만든 약주들도 리큐어에 속한다고 할 수 있겠네요.

이렇게 단순히 과일에 주정 소주, 보드카 을 부어 만드는 담금주부터 수많은 종류의 재료들을 함께 증류하거나 혼합해서 만드는 대부분의 술을 리큐어라 할 수 있지만 리큐어에 대한 법적 규정은 나라마다 다릅니다.

프랑스에서 리큐어는 15% 이상의 도수를 가진 알코올과 20% 이상의 내용물 그리고 당분을 포함해야 합니다. 미국에서는 증류주를 사용하고 2.5% 이상의 당분이 필요합니다. 우리나라에서는 증류주에 불휘발분 증발잔류물 이 2% 이상인 술을 리큐어로 분류합니다. 우리가 흔히 '과일소주'라고 하는 술들도 리큐어에 속합니다.

범위가 넓지만 리큐어는 증류주에 여러 재료가 혼합되며 당분이 들어간 술이라고 생각하면 될 듯 합니다. 특성 있는 여러 재료가 포함되어 있고 당분이 높기 때문에 한 번에 많이 마시기보다는 식전이나 식후 그리고 잠들기 전에 마시는 술 나이트캡 로 제격입니다.

사실 우리나라에서 리큐어는 특이한 술, 칵테일에 사용되는 술 정도로만 인식되어 리큐어 자체를 즐기는 경우를 보기가 쉽지 않습니다. 하지만 세상에는 개성 만점에 매력적인 리큐어들이 엄청나게 많죠.

이제부터 어떤 리큐어들이 있으며 어떤 특징이 있는지, 리큐어의 세계에 한 걸음 더 다가가 보겠습니다.

SECTION 02

리큐어의 제조 과정

리큐어는 대부분 증류주에 여러 재료를 혼합해서 만듭니다. 이때 증류주는 높은 도수의 중성주정부터 보드카, 브랜디 등 여러 종류를 사용합니다. 간단하게 재료를 발효·증류하는 방식을 통해 만들거나, 정해진 규정에 따라 만든 증류주 주정, Spirit 를 사용하여 리큐어를 만드는 방식을 알아보겠습니다.

리큐어를 만들 때는 보통 연속식 증류기로 증류한 주정을 사용합니다. 쉽게 말해서 우리나라의 담금주나 보드카처럼 큰 특징이 없는 증류주를 사용해 만듭니다. 일반적으로 대량 생산한 주정을 도수에 맞춰 사용하죠. 주정에 주재료를 추가해 리큐어를 제조하는 방법으로는 보통 네 가지가 있습니다.

침출법

침출법 infusion 은 알코올 주정, Spirit 에 내용물을 담가 만드는 방법으로, 흔히 담금주 등에 사용됩니다.

에센스법

약초나 향료, 과일 등에서 생겨난 진액을 주정과 섞은 뒤 당분 등 필요 첨가물을 넣는 방식을 에센스법 essence 이라 합니다. 보통 칵테일에 사용되는 리큐어 중 저렴한 가격의 제품들이 이 방식으로 만들어집니다.

증류법

주정에 사용할 약초, 뿌리, 껍질 등의 내용물을 담근 뒤 재증류한 다음 당분 등의 첨가물을 첨가해 만드는 방식을 증류법 distilled 이라고 합니다. 진을 만드는 방식에서도 흔히 볼 수 있습니다.

여과법

증류주를 증류할 때 증기가 재료를 통과하여 재료의 풍미가 스며들도록 하는 방식을 여과법 percolation 이라고 합니다.

리큐어의 종류

HERB LIQUEURS 허브리큐어

허브 리큐어

여러 리큐어 중 약초, 향초 등의 재료로 만드는 리큐어를 비터스 리큐어 Bitters Liqueur 라 구분하기도 합니다. 이 허브 계열의 리큐어 Herb Liqueur 는 여러 약초를 주로 사용해서 그런지 제조법이 비밀인 것은 물론이고 효능은 거짓말을 많이 보태 불로장생 비약에 버금가며, 얽힌 사정은 소설에 맞먹는 이야기를 가진 것들이 많습니다.

CURAÇAO LIQUEURS
큐라소리큐어
• 오렌지리큐어

퀴라소 리큐어

럼의 본고장 카리브해에 '퀴라소'라는 작은 섬이 있습니다. 이곳의 오렌지 껍질를 이용해 만든 리큐어가 유명하기 때문에, 오렌지 껍질을 이용해 만드는 오렌지 리큐어를 퀴라소 리큐어 Curacao Liqueur 라고 부릅니다.

크렘 리큐어

이름 앞에 크렘 드 Crème de 라는 말이 붙은 리큐어들이 있습니다. 이는 당분과 재료의 함유량이 일정량 이상 함유된 크렘 리큐어 Crème Liqueur 를 말합니다. 크렘 Crème 은 '크림'을 뜻하기도 하지만 여기서는 '가장 좋은 것'이라는 의미로 쓰이며, 크림을 사용해 만든 크림 리큐어 Creme Liqueur 와는 다른 의미입니다. 카카오, 민트, 카시스, 바나나 등 재료에 따라 구분되며 볼스, 드카이퍼, 마리에 블리자드와 같이 제조사별로 제품이 있습니다.

플레이버드 브랜디
FLAVORED BRANDY

플레이버드 브랜디

'브랜디'라는 이름이 붙어 있지만 브랜디처럼 재료를 증류해서 만드는 것이 아니고 증류주에 향미를 가미해서 만드는 브랜디형의 리큐어가 있습니다. 이 플레이버드 브랜디 Flavored Brandy 는 브랜디보다 리큐어에 더 가깝다고 보면 됩니다. 체리 플레이버드 브랜디, 애프리코트 플레이버드 브랜디 등 재료에 따라 여러 종류가 있으며, 역시 리큐어 제조사별로 다양한 제품이 있습니다.

위스키리큐어
WHISKY LIQUEURS

위스키 리큐어

위스키의 종주국인 아일랜드와 스코틀랜드는 위스키가 대표 증류주이다 보니, 위스키에 여러 재료를 넣어 리큐어를 만들었습니다. 크림 리큐어인 베일리스와 허브 리큐어인 드람브이도 위스키 리큐어로 볼 수 있습니다.

미국에서도 여러 위스키 리큐어가 나오고 있으며 적극적으로 위스키의 이미지를 사용하고 있습니다. 위스키의 다소 높은 도수와 풍미가 부담스러운 사람도 위스키 리큐어는 비교적 쉽고 가볍게 즐길 수 있습니다.

비터

예전부터 강장제 위장약 로 많이 사용된 비터 Bitter 는 도수가 높으며, 여러 약초가 들어가 쓴맛이 특징인 술입니다. 19세기에는 몸에 좋은 약이라 하여 인기가 높았습니다. 그 인기는 미국의 식품 및 약품 위생법이 실시된 후 효과를 입증하지 못하면서 사그라들었고, 남은 비터들은 주로 칵테일에 쓰였습니다. 올드 패션드 Old Fashioned 같은 클래식한 칵테일을 즐길 때 몇 방울의 비터는 없어서는 안 될 중요한 존재가 되었습니다.

가장 유명한 것은 앙고스트라 비터이며, 더불어 칵테일의 어원을 이야기할 때 항상 등장하는 프랑스계 약사인 페이쇼 Antoine Amadie Peychaud 의 페이쇼 비터도 유명합니다.

비터는 점점 더 많이 쓰이고 있습니다. 유행은 돌고 도는 것이니 비터가 다시 큰 사랑을 받을 때가 되었나 봅니다.

압생트 ABSINTHE

압생트

마지막으로 조금 특별한 술 하나를 소개하겠습니다. '녹색의 요정', 혹은 '녹색의 악마'로 불렸던 높은 도수의 매혹적인 술, 압생트 Absinthe 입니다.

약쑥 wormwood 과 향신료 아니스를 주재료로 하는 이 압생트의 기원은 정확하지 않습니다. 아주 오래전 고대 이집트 때부터 이어졌다는 설이 있으나 가장 잘 알려진 것은 프랑스 혁명 당시 스위스 퀘베 지역으로 피신했던 의사 피에르 오디네르가 향쑥을 주재료로 해서 녹색의 약술을 만들었고, 그가 남긴 레시피가 앙리 루이스 페르노에게 전해져 프랑스에서 다시 만들어졌다는 이야기입니다. 사실 이 이야기처럼 이렇게 저렇게 전해진 레시피 이야기는 특별한 술들에 빠질 수 없는 레퍼토리죠.

페르노사의 압생트를 선두로 여러 압생트는 19세기 말부터 20세기까지 프랑스에서 큰 인기를 끌었습니다. 특히 노동자들과 예술인들에게 빼놓을 수 없는 술이 되었고, 많은 예술 작품 속에서 압생트를 볼 수 있습니다.

압생트가 유명한 이유 중 빼놓을 수 없는 것이 향쑥이 가진 환각 증세, 중독 때문에 금지된 술이었다는 점과 고흐의 특이한 그림과 정신 이상이 이 압생트 때문이라는 이야기입니다.

압생트의 향쑥으로 인한 환각, 발작은 문제로 인식되어 20세기 초반 미국과 프랑스를 비롯한 많은 나라에서 판매를 금지했습니다. 실제로 향쑥에는 투존 thujone 이라는 환각 및 발작을 일으킬 수 있는 성분이 포함되어 있긴 하지만 터무니없이 적은 양에 불과하다고 합니다. 그렇다면 고흐의 그림과 정상적이지 않은 정신상태도 압생트 때문은 아니라는 말이 됩니다. 물론 음주 자체는 그에게 큰 문제였지만 말이죠.

그런 잘못된 생각에서 벗어나, 혹은 각종 이해가 맞물려서 금지되었던 압생트는 누명을 벗은 뒤 2007년 미국에서 다시 판매가 시작되었습니다. 이제 대부분의 나라에서 합법적으로 판매되지만 아직은 향쑥을 빼거나 양을 조절해서 판매하기도 합니다.

프랑스에서 압생트의 판매가 금지되자 향쑥 성

CHAPTER 09 리큐어 • 497

분과 압생트라는 이름을 뺀 제품들이 나왔는데 그 중 패스티스 Pastis 라는 제품으로 유명한 리카드사와 압생트를 프랑스에서 처음 생산한 페르노사는 1974년 합병한 뒤 '페르노리카'라는 프랑스의 거대 글로벌 주류회사가 됩니다.

1990년쯤 압생트 금지 국가가 아니었던 체코의 상인이 압생트 Absenth 라는 제품을 만들어 판매했는데 오리지널 레시피와는 다르게 리큐어에 좀 더 가까운 압생트였습니다. 금지된 술, 환각, 고흐 등 예술가들에 얽힌 이야기, 마시는 방법 등을 마케팅에 적극적으로 활용해 성공을 거두자 이런 체코 보헤미안 스타일의 압생트가 큰 인기를 얻게 되었습니다. 판매 금지가 풀리며 예전 레시피로 압생트를 다시 생산하는 업체들은 오리지널 압생트로서 체코 스타일의 압생트와 차별화된 점을 마케팅에 적극 활용하고 있습니다.

우리나라에서도 정식 수입된 압생트들을 만날 수 있습니다. 명성에 걸맞게 2009년 수입 당시에는 안전성 확인을 이유로 잠시 유통 및 판매가 금지되기도 했습니다. 물론 곧 다시 유통되었지만요.

압생트 즐기는 법

압생트에는 별다른 규정이 없으며, 대부분의 나라에서 단순히 증류주 혹은 리큐어로 구분됩니다. 다시 불어온 압생트의 유명세는 앞서 말한 대로 금지된 술, 환각, 예술가들에 얽힌 이야기 등의 레퍼토리가 큰 영향을 미쳤겠지만, 어느 정도는 마시는 방법 때문이기도 합니다.

압생트는 도수가 높다 보니 주로 물로 희석해서 마시지만 좀 더 다양하게 즐기는 방법들도 있습니다. 압생트를 어떻게 마시는지 알아보겠습니다.

■ 물에 희석하기

압생트를 마시는 가장 기본적인 방법은 물에 희석해서 마시는 것입니다. 전통적이면서 가장 많이 사용되는 방식이죠. 물을 섞으면 우윳빛으로 불투명하게 색이 변하게 되는데, 향쑥과 함께 주재료로 쓰이는 아니스의 성분 중 하나인 아네톨이 분해 유화되면서 생기는 현상입니다. 이런 현상을 압생트에서는 루시 louche 라 하고, 우조라키 등의 증류주에서는 우조 현상 ouzo effect 이라고도 합니다.

■ 물방울 떨어뜨리기

구멍이 뚫린 스푼에 각설탕을 올리고, 위에서 물을 한 방울씩 떨어뜨려 각설탕을 녹인 뒤 마시는 방법입니다. 한 방울씩 물을 떨어뜨리는 물병을 압생트 파운틴 Absenthe Fountain 이라고 부르며 이 방법도 예전부터 사용해 왔습니다.

HOW TO DRINK ABSINTHE
여러가지 압생트를 즐기는 방법

■ 불로 각설탕 녹이기

스푼 위에 각설탕을 올리고 압생트를 뿌린 다음, 불을 붙여 각설탕을 녹인 뒤 물을 타서 마시는 것입니다. 최근에 압생트가 알려지는 데 단단히 한몫해 준 방법입니다.

그리고 그냥 마시는 방법이 있겠습니다. 크~

SECTION 04

리큐어 즐기기

그대로 즐기기

리큐어들은 대부분 강한 풍미를 가진 경우가 많다 보니 다른 술처럼 많은 양을 마시기는 어렵습니다. 그럼에도 정해진 양을 따라 즐기면 리큐어 자체의 풍미를 즐기기 좋고, 특히 식전이나 식후주로 제격입니다.

꽁꽁 얼리기

꽝꽝 얼려서 마시는 것도 리큐어를 즐기기 좋은 방법입니다. 리큐어는 보통 증류주를 기본으로 하므로 어느 정도 도수가 있어 얼리기는 쉽지 않지만, 얼리듯 차게 해서 마시는 것도 좋습니다.

음료와 섞어서

대부분의 리큐어는 다른 음료들과 섞여 음용되고 있습니다. 특색 있는 음료들과 어울려서 칵테일과 같은 특색 있는 술이 되곤 하죠. 다양한 음료와 섞어 마시는 것은 리큐어를 즐기는 가장 좋은 방법입니다.

물을 타서

도수가 높고 풍미가 강해서 쉽게 마시는 술은 아니지만, 특유의 풍미를 원하는 경우 물을 타서 마시는 것도 리큐어를 즐기는 좋은 방법입니다.

CHAPTER 09 리큐어

베일리스 BAILEYS IRISH CREAM

- 혼성주
- 리큐어
- 크림 리큐어
- 1974년 설립
- 런던 소호 식당 "BAILEYS" BISTRO
- 17 %
- 아일랜드
- 베일리스 생산
- 디아지오 소유

베일리스 오리지널 아이리시 크림
BAILEYS THE ORIGINAL IRISH CREAM

디아지오에서 만든 베일리스는 세계에서 가장 많이 팔리는 리큐어입니다. 베일리스 오리지널 아이리시 크림 리큐어는 주류사의 전문가들이 만든 제품으로 크림 리큐어의 선구자라고 할 수 있습니다. 베일리스는 런던 소호 사무실 아래층 레스토랑 이름에서 착안해 지었다고 합니다. 아이리시 위스키와 우유를 주재료로 만드는 리큐어인데, 당시 재고가 넘쳐나던 아이리시 위스키와 자매사의 유제품을 이용하기 위해 만들었습니다. 초콜릿 향의 아주 달달하고 부드러운 제품으로 우유에 타거나 커피, 아이스크림 등에 사용하며, 칵테일로도 많이 마시는 리큐어입니다.

MALIBU 말리부 코코넛럼
CARIBBEAN RUM WITH COCONUT FLAVOUR

- 혼성주
- 리큐어
- 럼 리큐어
- 바베이도스 리큐어
- 1978년 출시
- 말리부 캘리포니아 해변
- 21 %
- 바베이도스
- 말리부 생산
- 페르노리카 소유

말리부 오리지널
MALIBU ORIGINAL

베일리스의 아이리시 크림 리큐어를 만든 톰 야고(Tom Jago)의 또 다른 제품으로 바베이도스의 럼과 코코넛 향으로 만든, 피나콜라다를 위한 리큐어입니다. 베일리스와 같이 디아지오의 소유였으나 매각을 통해 페르노리카의 소유가 되었습니다. 만들기 어려운 피나콜라다를 위한 리큐어답게 럼과 달달한 코코아 향 덕분에 우유, 오렌지주스, 파인애플주스 등과 섞어 마시기에 아주 좋습니다. 시원한 칵테일을 좋아하는 이들과 그런 술이 필요한 자리에 좋은 리큐어입니다.

KAHLUA 칼루아
KAHLUA COFFEE LIQUEUR

CAMPARI 캄파리
CAMPAR BITTER LIQUEUR

- 혼성주
- 리큐어
  - 커피리큐어
- 1936년출시
  - 멕시코 원주민 ACOLHUA의집
- 20%
- 멕시코
- 칼루아생산
- 페르노리카소유

- 혼성주
- 리큐어
  - 비터리큐어
- 1860년 설립
  - 설립자 GASPARE CAMPARI
- 25%
- 이탈리아
- 캄파리생산
- 캄파리소유

칼루아 커피 리큐어
KAHLUA COFFEE LIQUEUR

커피 리큐어의 대명사 칼루아. 멕시코 원주민 아콜우아(Acolhua)족의 언어로 칼루아는 '집'이라는 뜻입니다. 리큐어 칼루아는 우리나라에서 한때 많은 인기를 누렸죠. 럼과 커피, 시럽, 설탕, 바닐라빈 등 듣기만 해도 달달한 재료들이 들어가는 달착지근하고 부드러운 리큐어입니다. 우유에 타 먹는 칼루아 밀크, 보드카를 조금 섞는 화이트 러시안 같은 부들부들 달달한 칵테일, 아이스크림에 얹어 먹는 방식 등은 술에 관심은 있지만 쉽게 다가서지 못하는 사람들에게 아주 제격이라 많은 사랑을 받고 있습니다.

캄파리 비터 리큐어
CAMPARI BITTER LIQUEUR

캄파리는 가스파레 캄파리가 만든 리큐어입니다. 1867년 밀라노에 캄파리 카페를 열고 1904년 첫 공장을 연 뒤 아들 다비드 캄파리의 주도로 수출하기 시작했습니다. 1915년 다비드는 카페 옆에 바를 열고 캄파리와 소다를 판매했으며 엄청난 인기를 끌었습니다. 허브와 과일 등 68가지 재료를 사용해서 만드는 상쾌한 붉은색을 띤 캄파리는 현재 이탈리아를 대표하는 리큐어 중 하나입니다. 씁쓸할 뿐 아니라 달달해서 식전주로 많이 마시며 오렌지주스 혹은 소다수와 함께 네그로니, 아메리카노 등의 칵테일로도 종종 활용됩니다. 비터류의 리큐어 중 만만하게 하나쯤 있어도 좋아 우리나라에서도 많이 알려진 리큐어입니다.

DISARONNO 디사론노
AMARETTO DI SARONNO

- 혼성주
- 리큐어
  - 넛 리큐어
- 1900년 출시
  - DI SARONNO 사론노의
- 28%
- 이탈리아
- 디사론노 생산
- 일바사론노 소유

디사론노 오리지널 리큐어
DISARONNO ORIGINALE LIQUEUR

디사론노는 이탈리아의 유명한 아마레토 리큐어입니다. 아마레토는 이탈리아어로 '조금 쓴'이라는 뜻으로 증류주에 살구씨와 그 외 견과류를 혼합해 만드는 아몬드 향 리큐어죠. 2001년에 '디사론노'로 변경되었지만 이전의 '아마레토 디 사론노'라는 이름처럼 아마레토의 원조 격인 리큐어입니다. 실제로는 1900년 전후로 발매되었으나 1525년 르네상스 시절, 다빈치의 제자와 사랑에 빠진 여관 주인이 전해준 레시피로 만들었다는, 이름 좀 있다는 리큐어들이 흔히 가지는 그럴싸한 (확인하기 힘든) 이야기가 있습니다. 달달하고 체리, 아몬드, 견과류 향이 풀풀 나는 리큐어이며 위스키, 보드카, 브랜디 등과 섞어 칵테일로 많이 마십니다. 특히 위스키에 디사론노를 넣고 오렌지로 장식한 '갓파더' 칵테일로 유명합니다.

CHARTREUSE 샤르트뢰즈
GREEN CHARTREUSE HERBAL LIQUEUR

- 혼성주
- 리큐어
  - 허브리큐어
- 1764년 출시
  - 1605년 레시피
  - 샤르트뢰즈 수도원
- 55%
- 프랑스
- 샤르트뢰즈 생산
- 샤르트뢰즈 소유

샤르트뢰즈 그린 리큐어
CHARTREUSE GREEN LIQUEUR

샤르트뢰즈는 프랑스의 카르투지오 수도사들이 만든 리큐어입니다. 130가지 허브 식물을 재료로 만들어지며, '리큐어의 여왕'이라는 별명을 가지고 있습니다. 1605년 첫 제조법이 전해지고 약술로 사용되기 시작했습니다. 프랑스 수도회의 술들이 그렇듯 역사와 세월 속에서 부대끼다가 제2차 세계대전 후에야 안정되게 생산되고 있습니다. 명약술이었던 샤르트뢰즈의 레시피는 수도사 2명만 알고 있다고 합니다. 샤르트뢰즈는 그린(55%)과 옐로(40%) 제품이 있고, 그중에도 샤르트뢰즈 그린을 대표 제품이라 할 수 있습니다. 높은 도수와 강한 약초 풍미로 보통 차게 해서 마시거나 얼음과 함께, 혹은 각설탕에 적셔 마시는 등 다른 음료와 섞어 칵테일로 많이 마시는 리큐어입니다.

- 혼성주
- 리큐어
- 플로럴리큐어
- 2006년 설립
- 생 제르맹 데 프레 수도원
- 20%
- 프랑스
- 쿠퍼스피리츠 생산
- 바카디 소유

- 혼성주
- 리큐어
- 체리리큐어
- 1821년 설립
- 설립자 GIROLAMO LUXARDO
- 32%
- 이탈리아
- 룩사르도 생산
- 룩사르도 소유

생 제르맹 엘더플라워 리큐어
ST-GERMAIN ELDERFLOWER LIQUEUR

2007년에 출시된, 프랑스 파리를 담은 리큐어 생제르맹. 파리의 생 제르맹 수도원 교회에서 영감을 얻은 리큐어로 한 송이 한 송이 정성을 담아 딴 엘더플라워를 포도 증류주-오드비에 침지해 만듭니다. 한 병에 최대 1,000개의 엘더플라워 꽃잎이 사용된다고 합니다. 참고로 엘더플라워는 1년 중 늦봄, 약 한 달 동안만 채취할 수 있으며, 라벨에 그려진 조그마한 자전거 그림처럼 실제로 자전거를 타고 가서 따 온다고 합니다. 생제르맹을 연상시키는 병 디자인, 꽃과 과일의 넘치는 풍미, 꽃잎을 사용해서 만드는 보기 드문 리큐어로 스피리츠, 진토닉 등 칵테일에 사용되며, 바텐더들이 좋아하는 리큐어로 손꼽히기도 합니다. 탄산수 등에 섞어 마시기에도 좋지만 향을 느끼며 그냥 마시거나 얼음에 타서 마셔도 좋습니다.

룩사르도 마라스키노 리큐어
LUXARDO MARASCHINO LIQUEUR

룩사르도 마라스키노는 마라스카 체리로 만드는 리큐어입니다. 1821년 증류소가 설립되고 판매되었으니 200여 년의 세월을 지내온 아주 오래된 제품입니다. 제1차 세계대전 이후 이탈리아에 편입된 크로아티아 자다르의 룩사르도 증류소는 제2차 세계대전 때 연합국 폭격으로 피해를 입은 뒤 이탈리아로 이전해 6대째 가업을 이어오며 이탈리아의 유명 리큐어가 되었습니다. 강한 향과 달달한 맛을 가진 룩사르도는 칵테일로 많이 마시며 식후주로 마시기에도 좋습니다. 허브, 과일 리큐어를 좋아한다면 함께해도 좋은 리큐어입니다.

- 혼성주
- 리큐어
  - 베르무트 리큐어
- 1863년 출시
- 설립자
  ALESSANDRO "MARTINI"
  LUIGI "ROSSI"
- 15%
- 이탈리아
- 마티니앤로쏘 생산
- 바카디 소유

- 혼성주
- 리큐어
  - 허브 리큐어
- 1845년 설립
- 설립자
  BERNADIN "BRANCA"
  이탈리아버터 FERNET
- 39%
- 이탈리아
- 프라델리브랑카 생산
- 프라델리브랑카 소유

마티니 엑스트라 드라이 베르무트
MARTINI EXTRA DRY VERMOUTH

칵테일에 대해 알지 못해도 대부분 들어는 봤을 이름, 마티니. 증류주 진에 '베르무트'라는 리큐어를 혼합해서 만드는 칵테일입니다. 마티니에 들어가는 가장 유명한 베르무트가 있으니, '칵테일의 왕' 마티니와 같은 이름을 가진 마티니입니다. 칵테일 마티니의 유래에는 여러 설이 있으며 베르무트 마티니에서 왔다는 이야기가 가장 유력합니다. 혼합해서 칵테일로, 식전주로, 스트레이트로 많이 마시는 술이지만 우리나라에서는 그렇게 많이 찾지 않아서인지 유명세에 비해 만나기가 조금 힘든 편입니다(마트에서도 좀처럼 보기 힘듭니다). 마티니를 원한다면 (적어도 처음에는) 꼭 있어야 할 리큐어로 다양한 종류의 개성 있는 술, 리큐어를 좋아한다면 하나쯤 가지고 있어도 좋은 술입니다.

페르넷 브랑카
FERNET BRANCA

페르넷은 이탈리아산 비터, 아마로의 한 종류로 약초와 향초가 들어간 쓴맛 나는 술입니다. 페르넷 브랑카는 가장 많이 알려진 페르넷이며, 비터 리큐어 중 예거 다음으로 많이 팔리는 허브, 비터 리큐어입니다. 아르헨티나에서는 주로 콜라와 함께 마시며 '국민 술'로 불릴 정도로 유명한데, 이는 이탈리아인의 아르헨티나 이주와 포클랜드 분쟁으로 스카치위스키 대신 사용되었던 이유 등에서 비롯된 것이라고 합니다. 1941년 부에노스아이레스에도 증류소가 설립되었습니다. 약초, 향초, 뿌리 등 27가지 재료로 만드는 페르넷 브랑카도 여타의 비터 리큐어같이 씁쓸한 약 같은 맛으로 단번에 호불호가 갈립니다. 과거에 왜 강장제, 소화제로 쓰였는지 감이 옵니다. 그런데 또 묘한 매력에 한번 빠지면 그만큼 좋을 수 없습니다.

- 혼성주
- 리큐어
- 오렌지리큐어
- 1827년 설립
- 1880년 출시
- 설립자
  LOUIS ALEXANDRE
  "MARNIER" LAPOSTOLLE
- 40%
- 프랑스
- 그랑 마르니에 생산
- 캄파리 소유

- 혼성주
- 리큐어
- 오렌지리큐어
- 1849년 설립
- 설립자
  ADOLPHE
  "COINTREAU"
- 40%
- 프랑스
- 쿠앵트로 생산
- 레미쿠앵트로 소유

그랑 마르니에 리큐어
GRAND MARNIER LIQUEUR

오렌지 리큐어 중 가장 유명한 그랑 마르니에. 병에서 풍기는 분위기부터가 매력적인 이 리큐어는 1880년 루이 알렉산드르 마르니에 라폴스톨레가 만들었습니다. 카리브해의 오렌지껍질과 코냑을 사용해 6개월 동안 오크통에서 숙성한 오렌지 리큐어(큐라소 리큐어)로 향이 일품입니다. 유명한 호텔리어 세자르 리츠가 감탄하며 '그랑 마르니에'라 이름 지었다고 합니다. 넓고 둥근 병에 달린 붉은 리본 장식도 꽤 멋지죠. 식후주나 오렌지 리큐어가 들어가는 칵테일에 많이 사용되고, 요리나 제과 제빵에서 종종 사용됩니다. 간단하게 그랑 마르니에에 얼음을 띄우고 소다수(없으면 생수)를 채우고 마셔도 좋습니다. 기왕이면 레몬이나 오렌지를 곁들이면 더 좋겠죠.

쿠앵트로 리큐어
COINTREAU LIQUEUR

쿠앵트로 가족이 설립하여 생산하기 시작한 리큐어 쿠앵트로는 그랑 마르니에와 함께 오렌지 리큐어 가운데 최고 자리를 차지하고 있습니다. 레미 마틴과의 합병을 통해 현재는 레미 쿠앵트로의 소유가 되었습니다. 쿠앵트로가 주로 사탕무로 만든 중성주정에 오렌지껍질을 사용해서 만드는 트리플 섹 리큐어라면, 마르니에는 코냑을 사용하는데 이는 쿠앵트로를 비롯한 다른 트리플 섹과 다른 점이죠. 시원한 오렌지 향, 여러 감귤류의 향과 껍질의 쌉쌀함, 달달함이 특징입니다. 트리플 섹 리큐어 중에서 가장 널리 알려진 리큐어로, 오렌지 리큐어를 사용하는 칵테일에 많이 쓰입니다.

- 혼성주
- 리큐어
- 위스키리큐어
- 허브리큐어
- 1910년 출시
- "만족시키는 술"
- 40%
- 프랑스
- 드람브이 생산
- 윌리엄그랜트앤선즈

드람브이 위스키 리큐어
DRAMBUIE WHISKY LIQUEUR

리큐어들이 으레 가지고 있는 레시피에 관한 이야기는 1745년부터 이어진다고 하네요. 위스키 도매상과 드람브이 상표를 등록했던 설립자의 아내 엘리너가 1909년부터 함께 생산하기 시작했습니다. 2014년까지 가족 경영으로 이어지다가 윌리엄 그랜트 앤 선즈에 인수되었습니다. 레시피는 글래스고의 회사 금고에 보관되어 있다고 하네요. 드람브이는 '만족할 만한 술(음료)'이라는 뜻입니다. 스카치위스키와 헤더, 여러 허브와 꿀, 향신료로 만들어집니다. 도수는 위스키와 같지만 약초 향에 달달한 맛으로 부드럽게 마실 수 있습니다. 뜨거운 물을 타거나 여러 음료와 섞어 마셔도 좋고, 무엇보다 스카치위스키에 섞는 유명한 칵테일 드람브이에 사용하는 것으로 알려진 리큐어입니다.

- 혼성주
- 리큐어
- 멜론리큐어
- 1978년 출시
- 녹색, 초록
- 20%
- 멕시코
- 미도리 생산
- 산토리 소유

미도리 멜론 리큐어
MIDORI MELON LIQUEUR

미도리는 일본어로 '녹색, 초록'을 뜻하는 말입니다. 일본 기업 산토리에서 출시한 제일 유명한 멜론 리큐어입니다. 1964년 일본에서 '에르메스 멜론 리큐어'라는 이름으로 출시했는데 이름을 바꾸고 다시 생산해 1978년 미국의 나이트클럽에서 처음 선보였으니, 칵테일에 사용하기 위해 작정하고 만든 리큐어입니다. 딱 보이는 그대로의 맛입니다. 멜론 향이 풍기고 달달하고 상큼합니다. 미도리 자체로 마시기보다는 보통 섞어서 시원하게 마시는 리큐어로, 미도리 사워와 준 벅 칵테일에 사용되며, 탄산음료와도 잘 어울립니다.

- 혼성주
- 리큐어
- 허브리큐어
- 1878년 설립
- 1935년 출시
- 사냥의 대가
- 35%
- 독일
- 예거마이스트 생산
- 예거마이스트 소유

- 혼성주
- 리큐어
- 허브리큐어
- 압생트
- 1998년 출시
- 술, 쑥
- 55%
- 프랑스
- 도멘프로방스 생산
- 도멘프로방스 소유

예거마이스터 허벌 리큐어
JAGERMEISTER HERBAL LIQUEUR

예거마이스터는 식품 및 주류사업을 이어받은 컬트 마스트가 출시한 허브 리큐어입니다. 예거마이스터는 '마스터 헌터'라는 뜻으로 사냥의 달인, 대가를 의미합니다. 즉, 사냥과 관련된 고위 관리자에 대한 칭호로 1935년 이 술이 출시되었을 당시 헤르만 괴링이 제국 예거마이스터였으며, 상표등록을 허락했다고 합니다. 생강, 카다몬, 계피 같은 56가지 허브, 향신료, 과일 재료를 오크통에서 1년 숙성해서 만들고 레시피는 비밀로 지켜지고 있습니다. 예거마이스터는 과거 독일 가정의 식후주와 상비약(기관지, 소화) 역할을 했습니다. 진한 약초 향과 쑵쓸, 달달한 맛으로 호불호가 갈리는 편입니다. 차게 얼려 진득하게 마시거나 레드불에 타서 마시는 예거밤으로 유명합니다.

압생트 55
ABSENTE 55

'고흐의 광기, 금지된 술, 예술가들이 사랑한 술, 환각의 술, 미스테리한 과거를 가진 술'로 불리는 리큐어 압생트. 환각을 일으키는 성분이 포함된 일종의 쑥(향쑥, warmwood)과 아니스(anise) 등을 첨가해서 만드는 술입니다. 19세기 후반 즈음부터 인기를 끌었지만 환각을 일으킨다는 이유로 여러 나라에서 금지되었다가 21세기에 들어서야 누명을 벗고 다시 만날 수 있게 된 리큐어입니다. 수많은 압생트가 있었는데 현재 우리가 주변에서 쉽게 만날 수 있는 압생트(Abssinte, 술의 명칭)는 프랑스의 압생트(Absente, 브랜드명)입니다. 우리나라에서도 마트 등지에서 만날 수 있는 프랑스산 압생트는 55%의 높은 도수이며, 주로 물에 희석하거나 각설탕을 녹여서 마십니다.

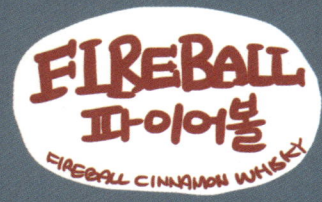

- 혼성주
- 리큐어
- 위스키 리큐어
- 1874년 출시
- 남부의 평온함, 위로
- 35%
- 미국
- 서던컴포트 생산
- 사제락 소유

- 혼성주
- 리큐어
- 위스키 리큐어
- 1984년 출시
- 불꽃 DR. MCGILLICUDDY'S 'FIREBALL' CINNAMON WHISKY
- 33%
- 캐나다
- 파이어볼 생산
- 사제락 소유

서던 컴포트 리큐어
SOUTHERN COMFORT LIQUEUR

미국 남부 뉴올리언스의 위스키, 리큐어 서던 컴포트. 1874년 바텐더인 마틴 웰슨 헤론이 위스키에 이런저런 재료들을 넣어서 더욱 부드럽고 편하게 마실 수 있게 만든 위스키 리큐어입니다. 서던 컴포트는 '남주의 위안, 평온함'이라는 뜻으로 강한 버번이 부담되는 사람들이 마시기에 좋은 제품이죠. 오리지널은 35%이며 그 밖에 50%의 서던 컴포트 100proof와 40%의 블랙이 있습니다. 쉽게 만날 수 있거나 많이 쓰이는 리큐어는 아니지만, 칵테일에도 사용되고 달고 부담 없이 마시기 좋아서 취향에 맞는 이들은 좋아하는 리큐어입니다.

파이어볼 시나몬 위스키 리큐어
FIRE BALL CINNAMON WHISKY LIQUEUR

시나몬이 첨가된 위스키로 나라에 따라 위스키로 분류되기도 하고, 위스키 첨가 리큐어로 분류되기도 하는 술입니다. 캐나다에서 생산되는데 캐나다에서는 위스키로, 우리나라에서는 리큐어로 분류되고 있습니다. 파이어볼은 캐나다 주류 업체 시그램의 닥터 맥길리커디의 '스냅스'라는 리큐어 시리즈 중의 하나였으나, '파이어볼'이라는 이름으로 따로 분리되어 나왔습니다. 시그램을 거쳐 지금은 사제락 소유입니다. 미국에서 위스키 판매량 3위에 올랐으며, 최근 가볍게 즐기는 음주 트렌드에 맞춰, 섞어 마시기 좋은 스타일입니다. 도수도 33%로 일반적인 위스키보다 낮은 편입니다. 그냥 마시거나 얼음을 타서 마시고, 혹은 진저 엘 에너지 드링크 등과 섞어서 많이 마십니다. 우리나라에도 정식 수입되어 판매되고 있습니다.

그밖에 다양한 나라의 증류주

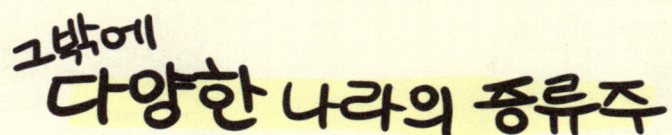

아락
ARAK, ARAQ

레반트 LEVANT

- 증류주
- 50-70%
- 중동
- 포도

아락
ARAK, ARAQ

아락(Arak)은 아랍어로 '땀'을 뜻하는 단어로, 지금은 아랍의 증류 기술로 시작된 증류주를 지칭하는 단어가 되었습니다. '아락'이라는 단어는 여러 나라에서 증류주를 뜻하는 단어의 기원이 되고 있죠. 유럽은 물론 몽골을 거쳐 우리나라까지 증류주의 기원이 되었습니다. 과거 우리나라에서도 증류주를 '아락주'라 부르기도 했습니다. 현재 아락은 50% 이상의 증류주로 포도즙을 증류해서 만들고, 아니스와 여러 향신료 재료를 섞어 만듭니다. 아락은 레바논, 시리아, 이라크, 이스라엘등지에서 생산되고 있습니다. 보통 물과 섞어 마시며, 아니스로 인해 뿌옇게 변하는 우조 현상이 일어납니다. 튀르키예의 라키, 그리스의 우조와 유사한 증류주로도 볼 수 있습니다. 라키, 우조와 다른 점은 여러 번 증류해 도수가 다소 높은 점을 들 수 있습니다.

라키
RAKI

튀르키예 TURKIYE

- 증류주
- 40-50%
- 튀르키예,터키
- 포도

라키
RAKI

라키는 튀르키예의 증류주로 포도를 발효, 증류해서 만드는 전통주입니다. 튀르키예의 대통령인 에르도안이 2013년에 "라키(맥주)는 전통 음료가 아니고 전통 음료는 아이란(일종의 요구르트)"이라고 했다가 많은 비난을 받기도 했죠. 라키(라크)의 어원과 관련한 여러 설이 있습니다. 라키의 주재료인 포도의 품종 중 하나인 'Razaki'에서 기원되었다는 이야기와 이라크(Iraq)의 'Iraki'에서 기원했다는 이야기, 단순히 증류주를 뜻하는 아랍어라는 등 여러 이야기가 있습니다. 라키에는 아니스와 여러 향신료가 들어가는데, 아니스 때문에 물을 섞으면 뿌옇게 변하는 현상이 일어납니다. 이 때문에 '사자의 젖'이라 불리기도 합니다. 보통 물에 섞어서 많이 마시며, 향신료로 인한 독특한 풍미로 호불호가 있습니다. 예니라크가 가장 유명하고 많이 팔리는 라키입니다.

우조
OUZO

우조는 그리스에서 만드는 증류주로, 포도를 증류해서 만드는 술입니다. 우조 역시 아니스를 사용해 만들다 보니 물을 섞으면 뿌옇게 변하는 현상이 일어나며, 이를 '우조 현상'으로 부르기도 합니다. 튀르키예에서 만드는 라키와 같은 술로 서로 원조를 주장하며 싸우고 있죠. 우조의 어원은 마르세유에서 일종의 명품을 나타내는 'uso Massalia'라는 단어에서 유래되었다는 이야기가 있고, 우조와 라키의 주재료가 되는 포도를 말하는 'uzum'에서 유래되었다는 이야기도 있습니다. 라키와 거의 비슷하지만 튀르키예의 라키보다 다소 낮은 도수를 가지거나, 조금 더 단맛을 가지기도 합니다. 라키와 우조 모두 전통적으로는 포도로 만들지만 현재는 다른 곡물로도 만들어지고 있습니다. 아니스 첨가는 필수입니다.

아쿠아비트
AKVAVIT

아쿠아비트는 '생명의 물'이라는 의미의 라틴어 'Aqua Vitae'에서 유래되었습니다. 초기 증류주를 지칭하는 말이었으나 지금은 노르웨이, 덴마크, 스웨덴, 스칸디나비아의 전통주를 뜻하며, 보통 감자나 곡물을 증류해서 만듭니다. 표기는 Akvavit(노르웨이식) 또는 Aquavit(덴마크식)입니다. 15세기 경부터 만들어진 것으로 보이며 당시의 많은 증류주가 그랬듯 대부분 포도를 증류해서 만들었죠. 이후 여러 곡물이 사용되다 18세기부터 감자가 주재료로 쓰이기 시작했으며 캐러웨이, 카다몬 등으로 풍미를 더하고 있습니다. 크리스마스나 부활절, 휴일 같은 기념일 만찬에서 작은 잔에 아쿠아비트를 채우고 마시는 스냅스(snap)라는 일종의 문화로 삶에 가깝게 닿아 있습니다. 아쿠아비트는 주로 스웨덴이나 덴마크에서 만들어지는 숙성하지 않은 종류와 노르웨이의 오크통에서 1년 이상 숙성되어 짙은 색을 가지는 종류가 있습니다.

슈냅스 SCHNAPPS

아락 ARRACK

독일 GERMAN

증류주 | 15~40% | 독일인근 | 과일

스리랑카 SRI LANKA

증류주 | 34~50% | 스리랑카 | 야자수 수액

슈냅스
SCHNAPS

슈냅스는 독일과 인근의 국가에서 과일을 사용해서 만드는 증류주입니다. 과거 게르만 지역에서 포도를 제외한 사과, 배, 체리 등의 과일을 증류해서 만들기 시작해 각 지역에 따라 다양하게 발전된 증류주입니다. '슈냅스'라는 이름은 한 잔을 뜻하는 'Schnaps'에서 유래된 것으로 보고 있습니다. 이름처럼 한 잔에 털어 넣는 독한 술을 말하는 것이죠. 보통 독일, 오스트리아 인근의 유럽에서는 40% 정도의 브랜디와 같은 증류주를 말하는데, 미국을 비롯한 나라에서는 범위가 더 넓어서 가향 브랜디처럼 과일을 사용하는 리큐어들도 슈냅스로 부르고 있습니다.

아락
ARRACK

아락은 스리랑카에서 야자수 수액을 발효, 증류해서 만드는 증류주입니다. '아락'이라는 이름은 중동의 아락(Arak)에서 유래되었으나, 중동의 아락과는 다른 야자수 수액으로 만들죠. 증류기 등 생산 방법이 정해져 있지 않아 여러 제품이 있으며, 제조 방법에 따라 다양한 풍미를 가진 아락이 있습니다. 보통 35~55%의 도수를 가지고 있고 향신료를 첨가하기도 합니다. 스리랑카의 모임, 행사에서 종종 사용되며 스리랑카를 대표하는 전통 증류주가 되었습니다. 스리랑카 인근의 남인도, 인도네시아 필리핀의 증류주를 아락으로도 부르는데, 사탕수수나 다른 곡물들로도 만들고 있습니다.

포틴
POITIN

포틴은 아일랜드에서 곡물로 만드는 증류주를 말합니다. 위스키가 아닌 숙성하지 않은 투명한 색의 증류주를 지칭하며, 과거에는 밀주를 뜻하는 단어이기도 했습니다. 주로 가정에서 작은 구리증류기로 증류했는데 이때 사용하던 작은 증류기를 'pota'로 불렀고, 이는 '포틴'이라는 단어의 유래가 되었습니다. 과거에 식량이 부족할 때 나쁜 품질의 곡물들을 사용해서 증류하는 경우가 많았기 때문에 품질에 대한 선입견이 있었습니다. 비록 밀주에서 시작되었고 생산 자체가 불법이었으나 1987년에 수출용으로 허가를 받아 처음으로 합법적인 생산을 할 수 있게 되었고, 1997년부터는 아일랜드에서도 판매할 수 있게 되었습니다. 2008년부터 EU 규정에 따르는 지리적 표시제를 획득했고, 2015년부터 생산 방법이 규정되었습니다. 수백 년의 세월을 지나 이제는 합법적인 증류주가 되었습니다.

아구아르디엔테
AGUARDIENTE

아구아르디엔테는 스페인(Aguardiente)과 포르투갈(Aguardente)의 초기의 증류주를 말합니다. '아구아'가 '불타는 물'이라는 뜻을 가지고 있어 증류주를 의미하는 단어임을 알 수 있습니다. 초기 증류주를 뜻하는 것처럼 범위가 넓어, 포르투갈과 스페인에서는 향료를 첨가하지 않는 과일과 곡물로 만든 증류주를 말합니다. 여러 재료를 사용하지만 스페인과 포르투갈에서는 주로 포도를, 남미에서는 사탕수수를 이용해서 만드는 경우가 많습니다. 아구아르디엔테는 콜롬비아의 것이 가장 유명하며 콜롬비아를 대표하는 증류주이기도 합니다. 사탕수수를 사용해 만들고 아니스도 첨가하기 때문에 아니스 특유의 향이 특징입니다. 25~29%의 도수로 보통은 그냥 마시지만 음료나 리큐어와 섞어서 마시기도 합니다.

PART

04

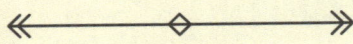

술과 함께
떠나는 여정

CHAPTER 01　함께할 술 만나기

◆

CHAPTER 02　술 여정의 마지막 준비

CHAPTER
01

함께할 술 만나기

바로 너! 술 고르기

자, 이제 가장 중요한 과정, 맛있게 술을 즐기는 일만 남았습니다. 우선 만나볼 술을 정해봅시다.

주종을 종합해서 보자면 음식과 함께 마시는 술과 술만 따로 즐기는 술, 술 위주로 마시는 술로 나눌 수 있습니다. 주로 동양의 술은 음식과 함께, 서양의 술은 술 위주로 마시죠. 서양에서는 맥주와 와인의 경우 물처럼 음식과 함께 마시고, 다른 증류주들은 술만 마시거나 술에 영향을 끼칠 만한 음식 없이 술 위주로 즐깁니다.

술은 음식의 하나이므로 대부분 그 지역의 음식과 궁합이 잘 맞습니다. 이때 증류주보다는 20% 미만의 발효주들이 음식과 함께 즐기기 좋습니다. 맥주와 와인에 여러 음식을 곁들이는 것도 좋지만, 우리나라의 탁주, 청주, 일본의 사케, 중국의 백주까지 더해지면 더 넓은 선택지가 있기 때문에 여러 술을 즐기는 것도 좋습니다.

위스키, 브랜디, 보드카, 테킬라, 진, 럼은 칵테일에도 많이 쓰이는 술이니 칵테일로 즐겨도 좋고, 위스키, 브랜디, 숙성 럼은 풍미를 느끼며 스트레이트로 마시는 것도 추천합니다.

아직 술을 잘 모르는 초보 드링커라면, 다음 내용을 참고해 자신의 취향에 맞는 혹은 원하는 유형의 술을 정해보세요.

취향에 맞는 술 찾기

맥주   와인R   탁주   사케   청주(약주)   소주(희석)   소주(증류)

달콤한 SWEET SMOOTH

가벼운 LIGHT BODY

묵직한 BOLD FULLBODY

가벼운 LIGHT EASY

상큼한 FRESH CITRUSY

이제 시작하는 초보드링커
1. 맥주(W)
2. 와인
3. 리큐어
4. 하이볼

동양미를 찾는 드링커
1. 막걸리
2. 청주
3. 사케
4. 백주

분위기를 즐기는 드링커
1. 와인
2. 리큐어
3. 브랜디

리큐어　브랜디　위스키　보드카　백주　테킬라　럼　진

깔끔한 CLEAN STRONG

진한 RICH STRONG

달콤한 SWEET HARD

이국적인 EXOTIC STRONG

식사와 함께하는 드링커
1. 막걸리
2. 소주
3. 백주
4. 와인
5. 사케

강한것이필요한 드링커
1. 백주
2. 위스키
3. 소주(증류)
4. 보드카
5. 럼

개성을 찾는 효보드링커
1. 맥주 IPA
2. 테킬라
3. 진
4. 리큐어

잔

일반적으로 술의 도수에 따라 잔의 크기도 달라집니다. 한 번에 마실 수 있는 양이 곧 잔의 크기라고 할 수 있는데, 그렇게 보면 맥주잔이 제일 크고 백주잔이 제일 작습니다. 이처럼 각각의 잔은 각각의 술의 향과 맛을 가장 잘 느낄 수 있는 모양과 크기를 가지고 있죠. 좋아하는 주종이 있다면, 해당 주종에 일반적으로 쓰이는 전용 잔 하나쯤은 가지고 있는 것이 좋겠습니다.

음식과 술의 매칭

술과 음식의 조합은 개인의 취향에 따라 달라지기 때문에 정해진 정답은 없습니다. 하지만 일반적으로 음식이 술의 맛에 미치는 영향과, 음식과 잘 어울리는 술의 종류에 대한 몇 가지 기본 원칙이 있습니다. 이를 참고하면 자신에게 맞는 술을 찾는 데 도움이 될 수 있습니다.

술 만나기

어디에서 다양한 술을 만날 수 있을까요? 불과 얼마 전까지만 해도, 주변에서 다양한 종류의 술을 접하기란 쉽지 않았습니다. 세계적으로 유명한 술들은 만나기가 어려울 뿐만 아니라, 가격도 해외에 비해 훨씬 비쌌습니다.

하지만 2010년을 전후로 와인과 위스키를 시작으로 여러 종류의 술을 취급하는 곳이 점차 많아졌고, 무엇보다 2019년 코로나 시대를 지나며 폭발적으로 다양한 술들이 들어오기 시작했습니다.

그렇다면 구체적으로 어디에서 이런 술들을 만날 수 있을까요? 너무 멀리 찾기보다는, 우선 가까운 곳에서부터 찾아보면 좋을 듯합니다.

대형마트

　홈플러스, 이마트, 롯데마트, 이마트 트레이더스, 코스트코 등의 대형마트에서 어느 정도 적정한 가격으로 여러 술들을 쉽게 만날 수 있습니다. 간혹 일부 품목은 외국보다 저렴한 때도 있습니다.

　많이 팔리는 유명 술들이 주를 이루고 있으며, 과거에는 생각지도 못한 정말 많은 술이 몇 년 사이에 들어왔습니다. 그래도 아직은 많이 부족하죠. 다양한 술을 원하는 사람들이 많아질수록 술 종류도 점점 늘어날 것으로 생각합니다.

바

　다양한 술들을 만나기 가장 쉬운 곳이 바로 바 bar 입니다. 근래 위스키의 인기와 함께 서울은 물론 지방에도 많은 바들이 늘고 있습니다. 많은 곳이 위스키, 와인 외에 다양한 술들을 취급하고 있으며, 전문적인 지식을 갖춘 바텐더들의 도움을 받아 접할 수 있습니다. 무엇보다 병으로 구매하지 않고도 조금씩 맛볼 수 있어서, 다소 가격대가 높다고 하더라도 자신에게 맞는 술을 찾기에 무척 좋습니다.

보틀숍 & 주류 백화점

한때 동네마다 하나씩 생겼을 정도로 번창했던 주류 백화점은, 가격대가 다소 높더라도 여러 제품이 있었고, 때로는 단종되었거나 보기 힘든 제품이 있기도 했습니다. 지금도 여전히 다양한 주류를 판매하고 있습니다.

코로나19 시기를 기점으로 와인과 위스키를 비롯한 다양한 술들이 들어오며 보틀숍이 많이 생겼습니다. 빠르게 늘었던 확산세는 이후 주류 판매 감소로 다소 주춤해졌지만 여전히 많은 곳이 남아있으며 다양한 술을 만날 수 있습니다. 주세법 개정으로, 소용량으로 구매가 가능해지면서 자신의 취향에 맞는 술을 찾기가 더 좋아졌습니다.

면세점 & 해외

우리나라에서는 주세로 인해 술 가격이 상대적으로 높기 때문에, 가장 저렴하게 술을 구매할 수 있는 곳이 바로 면세점입니다. 가까운 해외의 소매점에서도 다양하고 저렴한 술을 구할 수 있지만, 국내외 면세점에서는 면세점 한정의 술을 가장 쉽게 구할 수 있다는 장점이 있습니다. 다만, 면세점 구매 및 해외에서의 주류 반입할 때 구매 수량과 금액 제한이 있는 단점도 있습니다.

주류 박람회

최근 몇 년 사이에 주류 박람회가 많이 성장했습니다. 과거부터 이어져 온 박람회는 규모가 점점 커졌으며, 여러 박람회들이 새롭게 열리고 있습니다. 기한이 정해져 있어 항상 만날 수는 없지만, 수많은 종류의 술을 만날 수 있습니다. 그중에서도 서울국제주류박람회가 가장 유명한 행사이며 해마다 참가자들이 늘고 있습니다. 다양한 국내외 주종과 브랜드들을 만날 수 있으며 다양한 관련 정보를 얻을 수 있습니다.

시음회

여러 시음회를 통해서도 다양한 술을 만날 수 있습니다. 와인 시음회는 오래전부터 다양하게 열리고 있으며, 주류 업계 관계자는 물론 애호가들도 참가하고 있습니다. 주제가 되는 주류의 관련 설명을 통해 정보를 얻을 수 있고, 소규모로 진행되기 때문에 집중도가 높으며, 참여자 간의 소통과 함께 교류할 수 있는 장점이 있습니다.

온라인

모든 것이 온라인으로 이뤄지는 세상이죠. 무엇이든 속도를 내는 것과는 조금 동떨어지게도, 국내에서는 전통주를 제외한 주류의 개인 거래 및 온라인 판매는 불법이었습니다.

전통주는 2017년부터 인터넷 쇼핑몰에서 구매할 수 있게 되었고, 다른 주류들은 2020년부터 온라인으로 주문하고 직접 매장을 방문해서 수령하는 스마트 오더 방식의 구매가 가능해졌습니다. 여러 제약이 있지만, 점차 문제점들이 보완되고 주류 문화가 바뀌면 더욱 편리하고 저렴하게 온라인 주문이 이뤄지게 되고, 그런 방식을 통해서 개인 간의 주류 거래도 가능해지지 않을까 생각합니다.

온라인 커뮤니티가 주류 판매에 큰 영향을 끼치게 된 것은 새로운 이야기가 아닙니다. 다양한 인터넷 카페와 커뮤니티 등을 통해 시음회 방식으로 술들을 만날 수 있고, 코로나19 이후 스마트 오더가 더 활발해지며 공동구매 등으로 다양한 술을 구매하는 방식이 좀 더 보편화되고 있습니다.

해외 직구를 통해 국내에서 만나기 힘든 다양한 제품을 구매할 수 있게 되었고, 비록 부가세, 관세, 주세로 인한 가격 차이가 아쉽지만, 수요가 늘어나며 점점 저렴해지고 있는 추세입니다.

온라인 구매는 앞으로도 더욱 성장할 것으로 보이며, 세법 개정을 통해 더 합리적인 가격이 될 것으로 기대합니다.

술을 보관하는 방법

술은 종류에 따라 다르게 보관해야 합니다. 효모 등이 살아 있는 생주는 반드시 냉장 보관해야 하며, 보통 보관 기간은 1~3개월 정도입니다.

5~18%의 발효주 맥주, 와인, 청주, 사케 등 는 25℃ 이하의 상온, 그중에서도 15℃ 내외의 서늘한 곳에서 보관하면 좋습니다. 보관 기간은 도수와 조건에 따라 몇 달부터 수십 년까지 가능합니다.

도수 25% 이상의 증류주는 상온에서 보관이 가능하며, 보관 기간은 특별히 신경 쓰지 않아도 됩니다.

술을 보관하는 데 있어 가장 좋지 않은 것은 강한 햇빛, 높은 온도, 공기 산소와의 접촉입니다. 도수가 높은 증류주도 강한 햇빛, 높은 온도, 지나친 공기 산소 와의 접촉은 품질에 큰 영향을 받게 됩니다. 따라서 공기를 차단하고 햇빛이 들지 않는 상온에 보관하는 것이 좋습니다.

SECTION 03

술 맛보기

이제 술을 맛보는 시간이 왔습니다. 술은 단숨에 마실 수도 있고, 시간을 두고 여러 과정을 거쳐 천천히 즐길 수도 있습니다. 짧은 시간이라도 보통 몇 가지 중요한 과정을 거치며 맛보게 됩니다. 이 과정은 거의 모든 술을 맛볼 때 공통으로 거치는 기본적인 시음 단계이기도 합니다. 바로 보고, 냄새 맡고, 맛보는 세 가지 단계입니다.

- 시각(보고) 술의 색, 점성, 맑기 등을 보고 관찰하며,
- 후각(냄새 맡고) 술에서 나는 다양한 향을 맡고,
- 미각(맛 보고) 실제로 술을 입에 머금고 전체적인 술의 맛을 분석하고 판단합니다.

각 단계는 술을 더욱 깊이 있게 즐기고, 술의 개성과 특징을 발견하는 데 중요한 역할을 합니다.

이제 각 과정이 술의 맛과 경험에 어떤 영향을 주는지, 그리고 구체적으로 어떤 요소들이 있는지 조금 더 자세히 알아보겠습니다.

시각 VISUAL

술을 맛보는 과정은 '보는 것'에서 시작됩니다. 시각적으로 술을 관찰하는 것은 단순히 색을 확인하는 것 이상의 의미가 있습니다.

이 과정을 통해 우리는 술의 색, 맑기, 점도 등을 살피며, 이전에 경험했던 술과 비교하거나 어떤 맛일지 미리 예측합니다. 술의 종류에 따라 시각적 정보의 중요도는 다르지만, 일반적으로 맛을 느끼는 세 가지 단계 중에서는 시각이 가장 적은 영향을 미치는 편입니다.

그럼에도 불구하고, 시각적 요소는 우리가 술의 맛을 인식하는 데 상당한 영향을 줍니다. 또한 시음 이전에 앞서 병이나 라벨 디자인, 브랜드 이미지 등 시각을 통해 얻는 정보는 술을 선택하고 구매하는 데에도 중요한 역할을 합니다.

보통 술을 맛볼 때 시각적으로 관찰하는 요소로는 색, 투명도, 점성 등이 있습니다. 색으로 숙성도나 풍미, 종류를 예상하고, 거품이나 투명도를 통해 질감이나 품질을, 점성으로 술의 무게감이나 도수를 가늠합니다. 이러한 시각적 요소는 실제 선호도나 맛 인식에 영향을 미치고 있습니다.

후각 NOSE

술의 색, 투명도, 점도 등을 살펴본 다음 단계는 향을 맡는 것입니다. 향은 수만 가지의 종류가 있으며, 향기 물질은 40~50만 종에 이른다고 합니다.

술에 있어서 향은 가장 중요하다고 할 수 있습니다. 마시는 과정 중 가장 중요한 단계는 냄새를 맡는 과정이며, 술의 맛을 결정하는 가장 큰 요소가 바로 향입니다. 우선 냄새를 맡음으로써 이취 off flavor 라고 불리는 정상적이지 않은 불쾌한 냄새가 있는지 확인할 수 있습니다. 그리고 수많은 향을 통해 그 술만의 개성과 특징도 파악할 수 있죠.

이처럼 향을 맡는 과정은 술의 품질과 매력을 제대로 느끼는 데 매우 중요한 역할을 합니다.

■ 냄새를 구분하는 능력

사람에게는 400여 개의 후각 수용체 후각 세포 가 있습니다. 이 후각 수용체에 다양한 냄새 분자가 결합하면서, 우리는 1만 종 이상의 냄새를 구분할 수 있다고 합니다. 일부 연구에서는 많게는 1조 개 이상의 냄새를 구별할 수 있다고 주장하죠.

이처럼 냄새를 구분하는 능력은 우리가 생각하는 것보다 훨씬 뛰어나며, 매우 발달된 감각이라고 할 수 있습니다.

향의 표현

플로럴/FLORAL
(꽃계열의 향)

스파이시/SPICY
(향신료 계열향)

프루티/FRUITY
(과일계열향)

오키/OAKY
(오크통에서 나는 향)

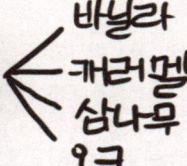
← 바닐라
  캐러멜
  삼나무
  오크

이스티 YEASTY
(효모에서 나는 향)
← 빵
  비스킷
  오트밀
  곡물

■ 향의 표현

술의 향을 평가할 때 흔히 "플로럴하다", "스파이시하다", "오키하다" 등 다양한 표현을 듣게 됩니다.

술에서 나는 향을 비슷한 계열끼리 묶어 구분하기 시작했고, 일반적으로 대부분의 술이 지니는 대표적인 향은 크게 꽃 Floral, 과일 Fruity, 계피나 후추 같은 향신료 Spicy 계열로 나눌 수 있습니다. 여기에 오크통에서 비롯된 오크 Oak 계열의 향, 빵이나 비스킷, 오트밀 등 효모에서 생기는 효모 Yeast 계열의 향, 피트 Peat 계열의 향, 나무 Wood 계열의 향 등도 포함됩니다.

이처럼 술의 향은 다양한 계열로 구분하고 표현할 수 있습니다. 또한 과일 계열에서도 감귤류의 향은 시트러스 Citrus로 따로 구분하는 등 더 세분화된 표현도 사용합니다.

가장 기본이 되는 꽃, 과일, 향신료 계열의 향을 먼저 구분하고, 이후 오크통, 효모, 나무, 미네랄 등에서 나는 향을 차근차근 알아가면, 술의 향을 훨씬 더 다양하게 구분하고 표현할 수 있습니다. 다음은 이런 다양한 향의 구체적인 예시들입니다.

풍미 FLAVOR

- 꽃 FLORAL
- 라벤더 LAVENDER
- 장미 ROSE
- 캐모마일 CHAMOMILE
- 제비꽃 VIOLET
- 자스민 JASMINE
- 박하 MINT
- 오이 CUCUMBER
- 오레가노 OREGANO
- 고수 CORIANDER
- 피망 GREEN PEPPER
- 완두콩 PEA
- 이끼 MOSS
- 월계수잎 BAYLEAF
- 서양배 PEAR
- 레몬 LEMON
- 망고 MANGO
- 살구 APRICOT
- 사과 APPLE
- 라임 LIME
- 복숭아 PEACH
- 귤 MANDARIN
- 구스베리 GOOSEBERRY
- 구아바 GUAVA
- 키위 KIWI
- 오렌지 ORANGE
- 파인애플 PINEAPPLE
- 메론 MELON
- 자몽 GRAPEFRUIT
- 바나나 BANANA
- 무화과 FIG
- 과일 FRUITY
- 모과 QUINCE
- 리치 LYCHEE
- 자두 PLUM
- 산딸기 RASPBERRY
- 카시스 BLACK CURRANT
- 체리 CHERRY
- 블랙체리 BLACK CHERRY
- 블랙베리 BLACKBERRY
- 건포도 RAISIN
- 건포도 SULTANAS
- 잼 JAM
- 건과일 DRIED FRUITS
- 제과용 향신료 BAKING SPICES
- 계피 CINNAMON
- 후추 BLACK PEPPER
- 정향 CLOVE
- 향료 SPICY
- 아니스 ANISE
- 감초 LIQUORICE
- 아몬드 ALMOND

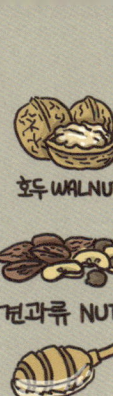

호두 WALNUT	개암 HAZELNUT	버섯 MUSHROOM	생강 GINGER	토피사탕 TOFFEE
견과류 NUTTY	캐러멜 CARAMEL	초콜릿 CHOCOLATE	바닐라 VANILLA	스카치캔디 BUTTER SCOTCH
꿀 HONEY	벌집 HONEY COMB	커스터드 CUSTARD	빵 BREAD	비스킷 BISCUITS
포리지 PORRIDGE	담배 TOBACCO	커피 COFFEE	팝콘 POPCORN	가죽 LEATHER
블루치즈 BLUE CHEESE	삶은감자 POTATO	스위트콘 SWEETCORN	버터 BUTTER	코코넛 COCONUT
머랭 MERINGUE	흑연 GRAPHITE	옥수수 CORN	연기 SMOKY	썩은달걀 ROTTEN EGG
숯 CHAR	타르 TAR	비누 SOAP	지방 MEAT FAT	고기 MEAT
젖은박스 WET CARDBOARD	양초 CANDLE	지우개 ERASER	곡물 CEREAL	맥아 MALT
나무 WOOD	크레용 CRAYON	타이어 TIRE	밀랍 BEEWAX	건초 HAY
토탄 PEATY	삼림토 FOREST SOIL	녹 RUST	송진 SESIN	아이오딘(요오드) IODINE
모닥불 BONFIRE	성냥 MATCHES	재 ASH	에탄올 ETANOL	약품 MADICINAL

■ 술의 주요 향미 성분

술의 주요 향미 성분은 크게 다음과 같이 나눌 수 있습니다. 우선 술의 기본적인 성분인 알코올류 Alcohol 가 있으며, 여기에 과일이나 꽃 향의 에스테르, 에스터 Ester류, 폴리페놀 Polyphenol, 테르펜 Terpene, 피라진 Pyrazine 등이 주요한 향미를 형성합니다.

이 외에도 아세트산, 부티르산 등의 산류와 아세트알데하이드. 기타 화합물 등이 있습니다. 이처럼 수많은 향미 성분이 서로 복합적으로 작용하여 풍미를 만듭니다.

폴리페놀
POLYPHENOL

 레스베라트롤 RESVERATROL

 안토시아닌 ANTHOCYANIN

 쿼르세틴 QUERCETIN

테르펜
TERPENE

  리모넨 LIMONENE

 리날룰 LINALOOL

 멘톤 MENTHONE

피라진
PYRAZINE

 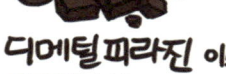 디메틸 피라진 DIMETHYPYRAZINE

 이소부틸 메톡시피라진 ISOBUTYL METHOXY PYRAZINE

 트리메틸 피라진 TRIMETHYL PYRAZINE

미각 PALATE

　이제 술이 입술을 지나, 본격적으로 맛을 느끼는 단계에 도달합니다. 언뜻 생각하면 향처럼 다양한 맛이 있을 것 같지만, 기본적으로 인간이 느낄 수 있는 맛은 단맛, 짠맛, 신맛, 쓴맛, 감칠맛까지 다섯 가지입니다.

　최근에는 기름진 맛 지방 맛, Oleogustus 을 별도의 맛으로 제안하기도 하지만, 아직 공식적으로 기본 맛에는 포함되어 있지 않습니다. 또한 매운맛은 실제 맛이 아니라 통증이나 자극을 느끼는 감각 통각 에 해당하며, 떫은맛 역시 점막이 수축될 때 느끼는 촉각과 같은 감각입니다.

　결국 우리가 실제로 느끼는 '맛'은 이 다섯 가지가 전부이며, 그 외의 다양한 맛 표현은 대부분 향이나 촉각, 통각에 의한 것입니다. 실제로 입안에서 느끼는 향은, 입에서 올라오는 냄새 후각 와 결합되어 더 풍부한 맛의 경험을 만들어냅니다.

맛의 표현 (실제맛이아닌)

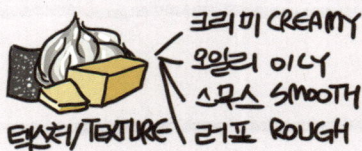
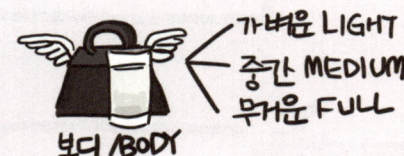
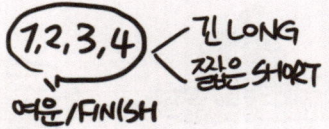

■ 맛의 표현

　맛은 앞서 언급한 다섯 가지가 기본입니다. 그 외에 사용하는 표현들은 실제 맛이 아니라 술의 질감이나 무게감 등 다른 감각을 설명하는 경우가 많습니다.

　'크리미하다'나 '오일리하다' 같은 표현은 술의 질감을 설명하는 것이고, '보디감이 있다'는 우유처럼 묵직하고 풍부한 무게감을 의미합니다. '밸런스가 좋다'는 맛과 향, 질감 등이 얼마나 조화롭게 어우러지는지를 나타내는 말이고, '복합적이다'는 질감과 무게감 등이 풍부하게 느껴질 때 사용합니다. '여운이 길다'는 술을 마신 뒤 맛과 향이 입안에 오래 남는 지속성을 의미합니다.

이처럼 다양한 표현은 술의 맛뿐 아니라 전체적인 음용 경험을 더욱 섬세하게 전달하는 데 도움을 줍니다.

■ **술의 맛을 구성하는 주요 성분**

맛은 앞서 말한 바와 같이 일반적으로 단맛, 짠맛, 신맛, 쓴맛, 감칠맛 다섯 가지로 구분되며, 술의 다섯 가지 맛을 구성하는 주요 성분은 다음과 같습니다.

주로 쓴맛은 알코올, 아미노산, 펩타이드 탄산 등의 성분으로 인한 것이며, 짠맛은 마그네슘, 나트륨, 칼륨, 칼슘 등의 성분에 의한 경우가 많습니다. 단맛은 단당, 올리고당, 글리세롤, 인공감미료 등에 의해 형성되며, 신맛은 젖산, 유기산, 구연산, 초산 등의 산에 의한 것입니다.

■ 맛의 다양성

술은 맛과 향이 어우러져 하나의 풍미를 이룹니다. 기본적으로 느낄 수 있는 다섯 가지 맛인 단맛 sweety, 신맛 sour, 쓴맛 bitter, 짠맛 salty, 감칠맛 umami과 '감각'이라 할 수 있는 매운맛 spicy, 떫은맛 astringency 등에 각종 향이 섞여 수많은 풍미를 만들어내죠. 맛과 향은 뇌로 전달되며, 개인의 체험이나 기억, 상황 등에 따라 다르게 느껴집니다. 따라서 각각의 사람마다 표현되는 맛은 정말 수없이 많다고 할 수 있습니다.

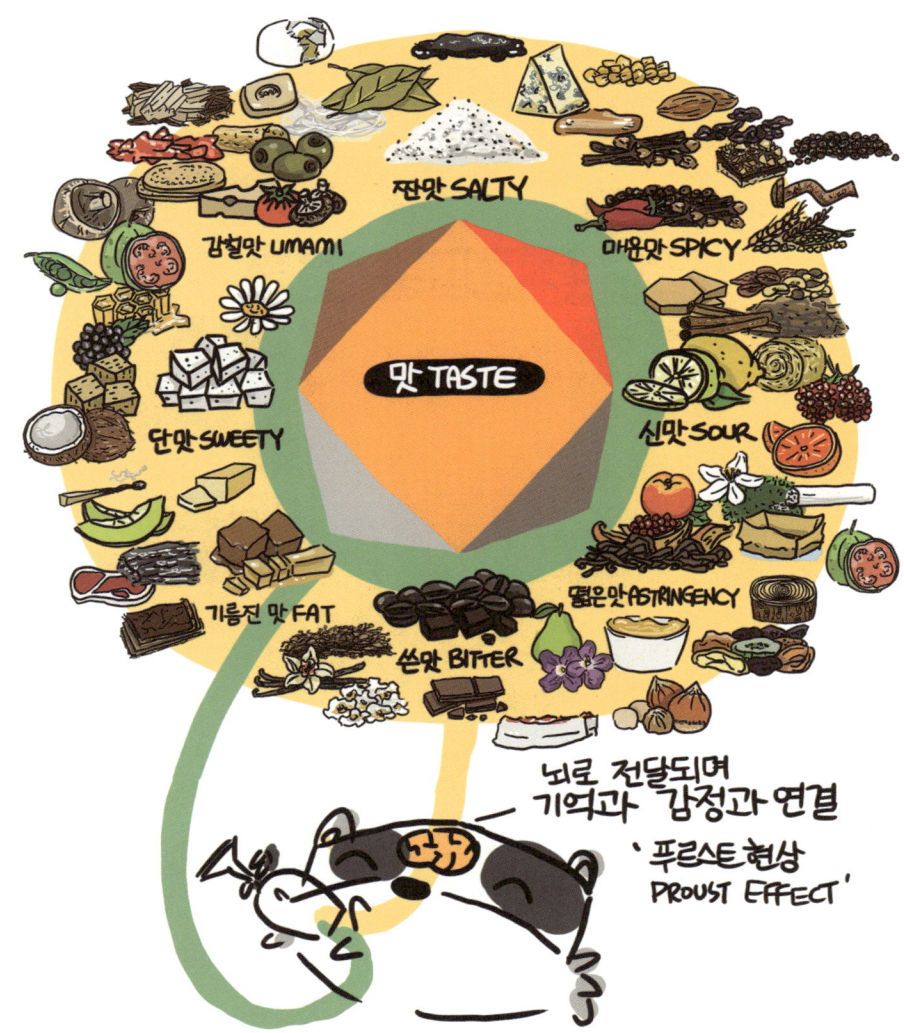

다양한 방식의 테이스팅

시각, 후각, 미각을 통해 조금 더 자세히 다양한 풍미를 가진 술들을 만날 때 다양한 방식을 사용해서 테이스팅 Tasting 을 하면 좀 더 풍부하게 술을 즐길 수 있습니다.

테이스팅을 할 때는 낮은 도수에서 높은 도수로, 가벼운 것에서 무거운 것으로, 드라이한 것에서 단 것으로, 풍미가 약한 술에서 높은 술로 순서를 정해서 맛을 보는 것이 좋습니다. 그럼, 비교적 많이 사용되는 테이스팅 방식을 알아보도록 하겠습니다.

■ 블라인드 테이스팅

때로는 여러 가지 정보가 편견이 되기도 합니다. 블라인드 테이스팅처럼 술의 정보를 배제하면 뜻밖의 재미와 놀라움을 주는 경험을 할 수도 있습니다. 가끔은 나도 모르던 나의 취향을 발견하기도 하죠. 블라인드 테이스팅은 편견을 버리고 술의 풍미를 찾는 가장 기본적인 테이스팅 방법입니다.

다만 블라인드 테이스팅을 할 때는 시음 순서, 다른 사람의 의견, 마시는 술의 양도 결과에 큰 영향을 끼칠 수 있으므로 이러한 요소들을 함께 고려하는 것이 좋습니다.

■ 수직적·버티컬 시음

같은 브랜드의 와인을 빈티지별로 시음하거나, 위스키의 경우 같은 브랜드의 다른 숙성 연수 혹은 다른 배치의 위스키를 시음하는 것을 수직적 시음, 또는 버티컬 시음 Vertical Tasting 이라 합니다.

이 시음법을 통해 같은 브랜드의 술이 빈티지, 등급, 숙성 연수, 배치 등에 따라 색, 향, 맛에서 어떤 일관성을 가지고 있으며 어떻게 다른지의 차이를 느끼며 비교할 수 있습니다.

■ 수평적·호라이즌 시음

수평적 시음 또는 호라이즌 시음 Horizontal Tasting 은 같은 등급, 빈티지, 또는 숙성 연수의 술을 여러 브랜드나 생산자별로 비교하며 시음하는 방법입니다. 즉, 동일한 조건에서 만들어진 술들을 한자리에 놓고, 브랜드나 생산자별로 어떤 차이와 개성이 있는지 직접 비교해 볼 수 있는 시음법입니다.

이 시음법을 통해 각 브랜드나 생산자의 특징과 스타일을 보다 명확하게 느낄 수 있습니다.

■ 테이스팅 노트 만들고 기록하기

테이스팅 노트를 작성하고 기록하는 것도 하나의 테이스팅 방법입니다. 처음에는 술의 이름과 마신 후 느낀 간단한 인상만 적어도 충분합니다. 점차 익숙해지면 술의 이름, 도수 등 기본 정보를 비롯해 시각, 후각, 미각으로 느껴지는 다양한 요소들을 기록할 수 있습니다. 개인적인 평가와 함께 시음 당시의 분위기나 상황을 함께 남기는 것도 좋은 방법입니다. 시중에 나와 있는 테이스팅 노트 양식을 활용하거나 출력해서 사용하다가, 점차 자신만의 테이스팅 노트를 만들어 기록하는 것도 추천합니다.

특히, 풍미나 향처럼 자신이 중요하게 생각하는 요소를 중점적으로 기록하는 것이 좋습니다. 예를 들어, '과일 향'이라고만 적기보다는 '붉은 과일', '레드 체리'처럼 조금씩 더 구체적으로 표현하면 더욱 풍부한 기록이 됩니다. 이러한 경험이 술을 만나는 데 더 많은 즐거움과 깊이를 더해줄 것입니다.

CHAPTER 01 함께할 술 만나기 · 547

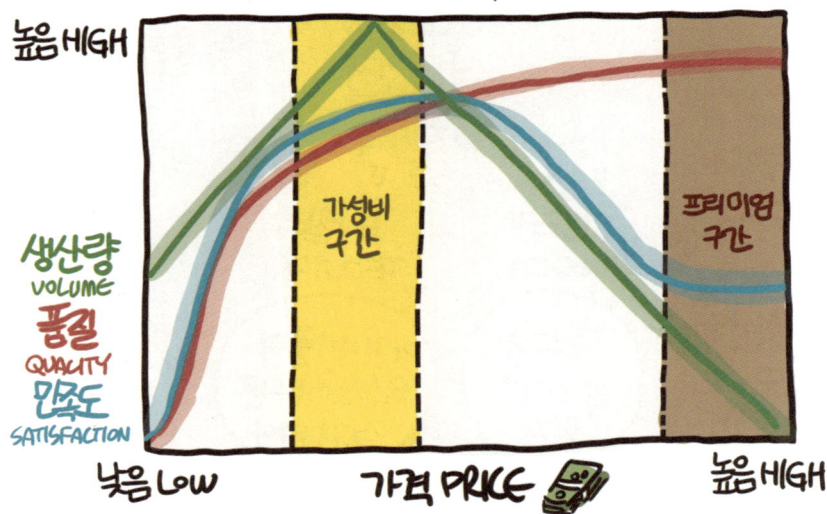

맛과 가격 그리고 슬기롭게 맛보기

술을 좋아하다 보면 자연스럽게 더 다양한 술, 더 좋은 술, 더 가치 있는 술을 찾게 마련입니다. 요즘처럼 정보가 넘쳐나고 다른 사람의 삶을 쉽게 엿볼 수 있는 시대에는 비싸고 희소한 술을 마시며 유창하게 평가하는 모습을 자주 볼 수 있습니다. 그런 모습을 부러워하거나 직접 경험해보고 싶어지는 것도 자연스러운 일입니다. 게다가 최근에는 한 브랜드에서도 여러 등급의 술을 출시하면서 이러한 경향이 더욱 두드러지고 있습니다. 등급은 대개 가격으로 나뉘죠.

원하는 술을 자유롭게 살 수 있다면 좋겠지만, 대부분의 평범한 사람들에게 너무 비싼 술은 부담이 될 수밖에 없습니다. 그래서 '과연 비싼 술이 정말 그만큼 맛있을까?'라는 의문이 들기도 합니다.

유명한 와인 일화가 있습니다.

2002년, 미국 뉴욕의 발타자르 레스토랑에서 2,000달러짜리 샤토 무통 로칠드를 주문한 손님과 18달러짜리 피노 누아를 주문한 손님의 와인이 바뀌어 서빙된 적이 있었습니다. 레스토랑 측이 이를 알리기 전까지, 두 손님 모두 바뀐 사실을 전혀 눈치채지 못했다고 합니다. 이 일화는 우리가 인지하는 '가격'이 품질에 대한 인식에 얼마나 큰 영향을 미치는지를 잘 보여줍니다.

실제로 여러 실험에서도, 술의 가격을 알고 마실 때 더 맛있다고 느끼는 경향이 있지만, 가격 정보를 모를 때는 가격과 맛 평가 사이에 큰 상관관계가 없다는 결과가 많습니다. 즉, 비싼 술이 항상 더 맛있는 것은 아니라는 뜻입니다.

대부분의 술은 어느 수준까지는 품질이 올라갈수록 만족감도 함께 오르지만, 그 이상이 되면 큰 차이가 없고, 오히려 개인의 취향 차이가 더 크게 작용합니다. 각 주종의 대표 제품들은 바로 이런 '적정 가격대'에 위치하며, 주종의 특성과 풍미를 느끼기에 부족함이 없으며 가장 많은 판매량을 기록합니다.

흔히 말하는 '가성비' 좋은 제품들이 바로 이 구간에 속하죠. 반면, 사람들이 선호하는 비싼 술은 한정적이거나 희소성을 가진 경우가 많습니다. 이러한 희소성은 가격을 끌어올리고, 오히려 그 희소성과 가격 자체가 소비자의 만족감을 높여주는 역할을 하기도 합니다. 결국 이는 맛·품질의 차이보다는 가치, 희소성, 취향의 영역에 더 가깝습니다. 앞서 소개한 와인 일화처럼 말이죠.

다양한 가성비 좋은 술들을 맛보고, 상황에 맞는 적당한 주종을 선택해 좋은 사람들과 좋은 자리를 만들고, 혹은 좋은 음악과 음식과 함께 즐겁게 마시는 데 중심을 두는 것, 그것이야말로 술을 슬기롭게 즐기는 방법입니다.

물론 그렇다고 해서 프리미엄급이나 희소성을 가진 비싼 술을 경험하는 것이 슬기롭지 않은 것은 아닙니다.

술 자체에 중심을 두고, 여건이 된다면 비싼 술을 사서 특별한 경험을 해보는 것 역시 술을 즐기는 좋은 방법입니다. 그 과정 자체가 큰 즐거움이 될 수 있으니까요. 앞서 말한 가격과 맛의 상관관계는 큰 문제가 되지 않을 수도 있습니다. 기대와 경험이 더 큰 만족으로 이어질 수 있으니까요.

결국, 술은 즐기기 위해서 마신다는 것을 잊지 않는 것이 술을 맛보는 데 가장 중요한 것이겠죠.

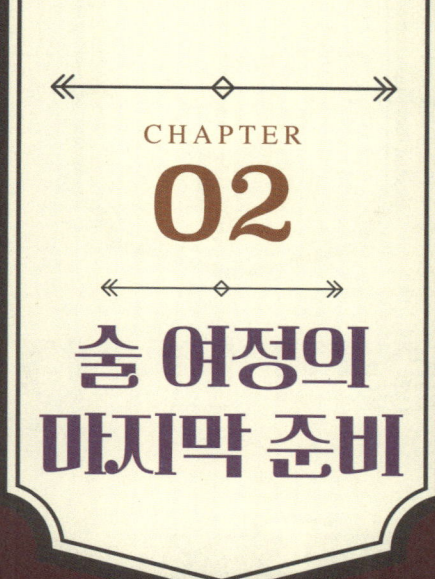

CHAPTER
02

술 여정의 마지막 준비

술의 그림자

자, 이제 술을 만날 시간입니다. 그전에 마지막으로 한 번 더 생각해 봐야 할 것이 있습니다.

술은 우리에게 많은 것을 줍니다. 삶을 윤택하게 해주고, 기쁨과 위로를 안겨주기도 합니다. 그러나 반대로 삶을 어둡게도 만들고 슬픔과 후회를 가져다주기도 합니다. 그 정도가 지나치면 심지어 삶을 망가트리기까지 합니다. 술은 결코 만만한 존재가 아닙니다. 겉으로는 매력적이고 귀여워 다루기 쉬워 보이지만, 빈틈을 보이는 순간 언제 돌변할지 모르는 존재입니다.

절제되지 않은 음주로 인한 피해는 자신뿐 아니라 주변에도 큰 영향을 끼칩니다. 술로 인한 폐해는 개인적인 건강은 물론 사회적으로도 심각한 문제를 일으킵니다. 음주로 인한 사회적 비용은 연간 10조 원에 이를 정도라고 하지요.

무엇보다 과도한 음주로 인해 소중한 생명까지 잃고 있습니다. 하루 평균 13명이 음주로 인해 사망하고, 점점 줄고는 있지만 여전히 음주로 인한 교통사고 사망자는 전체 교통사고 사망자의 8% 정도에 달한다고 합니다.

1급 발암 물질, 술

술은 중독 물질이자 1군 발암 물질로, 각종 질병과 암 발생의 원인이 되기도 합니다.

술의 1급 발암 물질은 '에탄올'과 에탄올이 간에서 알코올 탈수 분해 효소에 의해 분해되는 과정 중 생성되는 '아세트알데하이드'라는 물질입니다. 에탄올 대비 10~30배의 독성을 가지고 있는 아세트알데하이드는 반응성이 높아 DNA에 붙어 발암 물질을 만들고, 단백질 생성을 방해하며, 여러 신체 작용을 방해합니다. 이로 인해 호흡 마비, 구토, 빈맥, 고혈압 등을 유발합니다.

숙취의 원인은 여러 이유가 복합적으로 작용한다고 보고 있습니다. 흔히 아세트알데하이드 때문으로 생각하고 실제로도 가장 큰 원인이지만, 숙취가 가장 심할 때는 알코올 농도가 0%에 가까울 때이며, 이때 아세트알데하이드 수치도 낮다고 합니다. 탈수, 혈당, 젖산 수치 상승 등을 원인으로 지목하기도 하지만 확실하게 밝혀지지는 않았습니다. 때에 따라 다르기는 하지만 착향료, 푸르푸랄, 타닌 등의 불순물에 의해 숙취가 더해지며, 무엇보다 알코올 농도가 큰 영향을 끼친다고 보고 있습니다.

술과 우리의 몸

우리가 마신 술에탄올은 간에서 알코올분해효소 ADH에 의해 1차적으로 아세트알데하이드로 분해됩니다.

아세트알데하이드는 알데하이드 분해 효소 ALDH에 의해 분해되어, 결국 크게 해가 없는 아세트산이 됩니다. 아세트알데하이드를 분해하는 효소 ALDH는 사람마다 다르게 가졌기 때문에, 이 효소가 부족한 사람은 술을 조금만 마셔도 얼굴이 빨개지기도 하며, 술로 인한 암 발병률이 5배 이상 높을 수 있습니다.

ALDH는 서양인보다 동양인이 더 부족하다고 합니다. 연구에 따르면 서양인의 7%, 동아시아인의 35~40% 정도가 결핍증을 가지고 있다고 보고되고 있습니다.

주량은 정신력이 아닙니다. ADH와 ALDH 효소에 따라 술을 잘 마실분해할 수 있는 것입니다. 술을 마시는 데 있어서 정신력이란 자신의 주량을 알고 그 이상을 마시지 않는 것이겠죠.

아세트알데하이드 농도 (mg/L)

 맥주 5% 9–16
 와인 12% 34–70
 보드카 40% 3–17
 위스키 40% 28–56

아세트알데하이드는 술을 만들 때 발효 과정에서 미생물에 의한 화학작용으로도 생성됩니다. 제조 공정에 따라 다르지만, 술 자체에 포함된 아세트알데하이드의 양은 일반적으로 강화와인 > 브랜디 > 위스키 > 증류소주 > 과실주 > 약주 > 탁주 > 보드카 > 희석식 소주 순입니다.

흔히 말하는 발효주와 증류주에 따라 숙취 정도가 다르다는 것은 정확하지 않은 내용입니다. 숙취는 아세트알데하이드 외 다른 원인도 작용하기 때문입니다. 결국 확실한 것은 술을 많이 마실수록 숙취도 심해진다는 것입니다.

알코올 계산법: 도수(%) × 양(mL) × 0.8 ÷ 100
1일 적정량 20g 이하

맥주 5% 360mL — 14.4g
와인 12% 150mL — 14.4g
소주 16.5% 50mL — 6.6g
위스키 40% 30mL — 9.6g

정확하게 정해진 기준은 없지만, 1일 음주량은 알코올 40g을 넘기지 않는 것이 좋다고 권장되며, 건강을 위한 적정량은 20g 이하를 권고하고 있습니다. 누군가에게는 턱없이 모자랄 수도, 누군가에게는 적당한 양일 수도 있습니다. 가장 중요한 것은 자신에게 적합한 양을 알고 그 안에서 적당히 즐기는 것이겠지요.

위드마크 공식을 참고하면, 몸무게 70kg의 남자가 5%의 술(맥주)을 500ml 마시면 혈중 알코올 농도는 0.022mg입니다. 이를 분해하는 데는 약 1시간 30분 정도 소요됩니다. 혈중 알코올 농도가 0.03mg이면 운전면허 정지, 0.08mg이면 운전면허 취소, 0.15~0.3mg은 신체에 손상을 일으킬 수 있으며, 0.4mg에 이르면 사망에 이를 수 있습니다. 따라서 책임 있는 절제된 음주는 가장 중요하고, 가장 우선시되어야 합니다.

그동안 우리 사회에서 술의 남용에 대해 관대했던 것은 사실입니다. 시대의 변화에 따라 거칠었던 술자리가 점점 인간관계에 도움을 주고, 자신의 즐거움을 위한 문화로 바뀌고 있습니다. 다양한 술에 대해 알아가는 것은 술을 취하기 위한 도구로 마시는 것이 아니라, 건강하게 즐기기 좋은 술 문화를 위해 필요하다고 생각합니다.

자, 이제 정말 재미난 친구들을 만나러 가봅시다!

EPILOGUE

유명한 영화 '쇼생크 탈출'에는, 옥상에서 죄수들이 일을 마치고 맥주를 마시는 유명한 장면이 있습니다. 노을 지는 옥상에서 세상 부러울 것 없는 표정으로 맥주를 마시는 죄수들, 그리고 그 모습을 바라보는 주인공이 있습니다.

많은 사람들이 좋아하는 명장면이고, 개인적으로도 얼마나 봤는지 모를 정도로 무척 좋아하는 장면입니다. 그곳에는 사람들과의 이야기가 있고, 술이 있습니다. 어느 것 하나 빼놓을 수 없죠.

몇 번을 생각해 봐도, 그 장면에는 맥주 아닌 술은 어울리지 않을 것 같습니다. 그곳의 사람들에게 그 맥주는 어떤 의미였을까요? 어떤 술이 그 가치를 대신할 수 있을까요?

"세상에 나쁜 술은 없다. 나쁘게 만든 사람만 있을 뿐."이라는 이야기가 있습니다.

잘못 만들거나 나쁘게 사용하는 것이 아닌 이상, 세상의 술들은 높낮이가 없다고 생각합니다. 다만, 다양한 개성을 가진 술들이 존재할 뿐이죠.

저에게는 맥주의 시원함이 즐겁고, 막걸리의 걸쭉함이 즐겁고, 사케의 깔끔함이 즐겁고, 청주의 고소함이 즐겁고, 소주의 어울림이 즐겁고, 보드카의 깨끗함이 즐겁고, 위스키의 차분함이 즐겁고, 테킬라의 독특함이 즐겁고, 럼의 자유로움이 즐겁고, 진의 향긋함이 즐겁고, 브랜디의 달콤함이 즐겁고, 와인의 느낌이 즐겁고, 리큐어의 다양함이 즐겁고, 백주의 따뜻함 즐겁고, 우리 소주의 깊음이 즐겁습니다.

새로운 술을 만나고, 맛을 보고, 그 술에 대해 알게 되는 모든 과정이 저에게는 즐거움입니다.

　《세상 모든 술 안내서》를 쓰려고 한 이유도 바로, 그런 다양한 술을 소개하고 싶었던 것에서 시작되었습니다. 다양한 술들이 있고, 각 술은 다양한 역사와 다양한 이야기를 가지고 있다고 말이죠. 그렇게 썼던 짧은 글들이 모여 결국 아주 두꺼운 책이 되었습니다.

　많은 술들을 한권에 담는다는 욕심을 부리며 내용이 조금 깊어지고 책이 두꺼워질수록 '내가 이런 책을 써도 되는 걸까?'라는 생각이 들었습니다. 책이 두꺼워질수록 마음도 무거워졌죠.
　하지만 한 잔의 술 속에서, 그런 무거운 마음은 '이런 책 하나 쯤은 있으면 좋지 않나'라는 생각과 함께 가벼워졌습니다. 술이 가지고 있는 긍정의 힘이겠죠. 혹은 더 나은 책을 만들지 못한 변명일수도 있겠네요.
　바라는 것은 이 책이 보시는 분들에게 즐거움이 되었으면 합니다. 알지 못했던 새로운 술을 만나는 즐거움, 짧은 글귀에서, 그림에서, 이야기 곳곳에서 작은 즐거움을 찾으셨으면 좋겠습니다.

　무라카미 하루키의 유명한 "좋은 술은 여행 하지 않는다."는 말이 있습니다.
　술을 찾아 여행을 떠날 수 있다면 무엇보다 좋겠지만 여건이 되지 않는다면, 이 책을 통해 이곳으로 여행 온 술의 이야기를 듣는 것도 나름의 즐거운 여행이 될 수 있지 않을까 생각합니다. 그리고 욕심일 수도 있지만, 술에 관심은 있지만 여건이 되지 않거나 여러 이유로 술을 마시지 못하는 분들에게도 이 책이 즐거움이 되기를 바래봅니다.

Foreign Copyright:
Joonwon Lee   Mobile: 82-10-4624-6629
Address: 3F, 127, Yanghwa-ro, Mapo-gu, Seoul, Republic of Korea
         3rd Floor
Telephone: 82-2-3142-4151
E-mail: jwlee@cyber.co.kr

초보 드링커를 위한
세상 모든 술 안내서

2025. 6. 11. 1판 1쇄 인쇄
2025. 6. 18. 1판 1쇄 발행

> 저자와의
> 협의하에
> 검인생략

지은이 | 김성욱
펴낸이 | 이종춘
펴낸곳 | BM (주)도서출판 성안당

주소 | 04032 서울시 마포구 양화로 127 첨단빌딩 3층(출판기획 R&D 센터)
     | 10881 경기도 파주시 문발로 112 파주 출판 문화도시(제작 및 물류)
전화 | 02) 3142-0036
     | 031) 950-6300
팩스 | 031) 955-0510
등록 | 1973. 2. 1. 제406-2005-000046호
출판사 홈페이지 | www.cyber.co.kr
ISBN | 978-89-315-8612-1 (13590)
정가 | 35,000원

이 책을 만든 사람들
책임 | 최옥현
기획·진행 | 정지현
표지 디자인 | 임흥순, 상:想 company
본문 디자인 | 상:想 company
홍보 | 김계향, 임진성, 김주승, 최정민
국제부 | 이선민, 조혜란
마케팅 | 구본철, 차정욱, 오영일, 나진호, 강호묵
마케팅 지원 | 장상범
제작 | 김유석

이 책의 어느 부분도 저작권자나 BM (주)도서출판 성안당 발행인의 승인 문서 없이 일부 또는 전부를 사진 복사나 디스크 복사 및 기타 정보 재생 시스템을 비롯하여 현재 알려지거나 향후 발명될 어떤 전기적, 기계적 또는 다른 수단을 통해 복사하거나 재생하거나 이용할 수 없음.

■ 도서 A/S 안내

성안당에서 발행하는 모든 도서는 저자와 출판사, 그리고 독자가 함께 만들어 나갑니다.
좋은 책을 펴내기 위해 많은 노력을 기울이고 있습니다. 혹시라도 내용상의 오류나 오탈자 등이 발견되면 **"좋은 책은 나라의 보배"**로서 우리 모두가 함께 만들어 간다는 마음으로 연락주시기 바랍니다. 수정 보완하여 더 나은 책이 되도록 최선을 다하겠습니다.
성안당은 늘 독자 여러분들의 소중한 의견을 기다리고 있습니다. 좋은 의견을 보내주시는 분께는 성안당 쇼핑몰의 포인트(3,000포인트)를 적립해 드립니다.
잘못 만들어진 책이나 부록 등이 파손된 경우에는 교환해 드립니다.